世界で一番やさしい

建築入門

最新改訂版

小平恵一＝著

23

CONTENTS

CHAPTER 1 設計・デザインとは 5

CHAPTER 2 設備とは 33

CHAPTER 3 建築材料とは 65

CHAPTER 4 工法とは 97

CHAPTER 5 施工とは 129

CHAPTER 6 法規とは 161

CHAPTER 7 住宅とは 177

カバー・表紙デザイン……neucitora
印刷・製本……シナノ書籍印刷

CHAPTER 1 ……設計・デザインとは

001 建築デザイン

POINT

建築に形態を与えることは、秩序を与えること

建築におけるデザインとは、建築のプログラム（計画条件など）に、説得性をもった形態を与えることである。

この形態という言葉には、均整、秩序といった意味が含まれている。自然界の生物の生長の過程は秩序の生成でもある。建築に形態を与えることは、秩序性を与えることに等しい。

この形態を導く手法として、人間は古代より幾何学のもつ秩序性を発見し、理論化し、それを空間化することが行われてきた。

古代ギリシャの哲学者プラトンは「火は正4面体、空気は正8面体、水は正20面体、土は正6面体の微生物から成り、創造者は宇宙全体を正12面体として考えた」というピタゴラス学派の自然哲学を自らの著書で書いている。後に、この5つの立体はプラトン立体と呼ばれるようになる。宇宙の構造を幾何学の秩序性で理解しようとの試みである。

また、秩序の中にある美しいリズムを、比例という尺度で分析し、さまざまな比（√矩形など）が導き出されている。

√矩形の中でも、φ矩形と呼ばれる比例は対数螺旋（→004）をもっており、巻貝の殻に見られる成長の過程や、植物の枝葉の生長のリズムなど、自然界のさまざまな事象で見ることができる。

建築をデザインするという行為は、建築のさまざまなプログラム（空間を構成している光、空気、構造、そしてその建築をとりまく環境や景観など）を形態のシステムとして造り上げていくことである。

建築は、そこに出現した時点で何かしら環境に影響を与える。その建築のあり方によっては、景観が大きく変化し、活性化を呼び起こすこともある。デザインという行為がその存在に力を与える。

現実世界に存在するプラトン立体

プラトンは、紀元前427年、アテナイ（ギリシャ共和国の首都アテネの古名）で生まれた古代ギリシャ哲学者である（紀元前347年没）。
ソクラテスの弟子で、アリストテレスの師になる。
プラトンの思想は西洋哲学の源流であり、哲学者のホワイトヘッド（イギリスの数学者、哲学者）は「西洋哲学の歴史とはプラトンへの膨大な注釈である」といった。
目に見える現実の世界「現実界」と、その元となる完全なる世界「イデア界」に分けるイデア論の展開を行った。

◀ **「アテナイの学堂」（プラトン（左）とアリストテレス）**
画：ラファエロ、1509年

自然界には、以下のような規則正しい形状が存在するが、建築デザインにおいては、正六面体のプラトン立体が広く引用されている。

蛍石の結晶、食塩の結晶	：正6面体
ミョウバンの結晶、磁鉄鉱、金剛石（ダイヤモンド）	：正8面体
黄鉄鉱の結晶	：正12面体
貴鉄鉱、ウィルスのタンパク質の分子配列	：正20面体

▲ **正4面体**

▲ **正6面体**

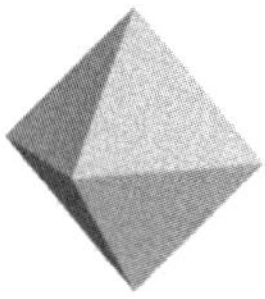

▲ **正8面体**

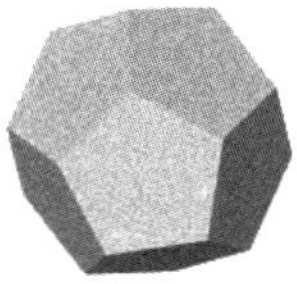

▲ **正12面体**

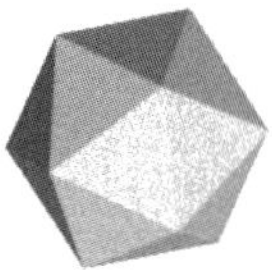

▲ **正20面体**

プラトン立体の建築的引用（群馬県立近代美術館）

磯崎新の設計によるこの美術館は、120cmを基準のモジュールとし、12mグリッドの純粋幾何学形態である立方体フレームによって、美術作品を内包する額縁のような空洞として構成されている。この立方体フレームはプラトン立体の建築的引用と見ることもできる。
2005年にいったん閉館し、耐震補強や設備の改修が行われた後、2008年にリニューアルオープンした。

◀ **群馬県立近代美術館**
（1974年、群馬県高崎市）
設　　計：磯崎新アトリエ＋環境計画
構　　造：RC造
階　　数：地上3階
敷地面積：258,689m^2
建築面積：　4,479m^2
延床面積：　7,976m^2

写真：Wiiii

002 建築を設計するということ

POINT

景観に関わる意識をもつ

建築は、建てるための場所「敷地」が重要である。都市の狭小住宅地、邸宅地、山間部の過疎地など、どこであろうと、その場に建築が新しく建てられることで新たな環境、風景が作られ、景観の一部となる。

新しく作る建築の空間ボリュームを大きく設定するか、スケールを抑えたボリュームとするか、シルエットを重く見せるか、浮いたように軽やかに見せるか、素材の選定を硬質なものにするか、柔らかいものにするか、色の明度の高いもの、低いもの、原色、無彩色など、それぞれの選定によって、新しく建てられる建築の景観へ波及する印象は、柔らかくもなり、硬くもなり、挑発的にも、親和的にもなる。建築は一度建てられたら、修正することはとても困難である。

そのためにも、プロポーション（率）の設定は注意深く慎重に行うことが求められ、物質のもつ力の正確な理解が必要となる。

このように、建築を設計するという行為は、建築を建てる場に新しい風景を作り出す行為でもあり、景観に関わる意識をもって設計を行うということが求められる。

また建築は、建てるためにさまざまな資源の消費、エネルギーの消費が行われ、環境に負荷を与える。このような建築を建てることで生じる原罪性への意識をもつことは、これからの環境に対して謙虚な姿勢で設計に臨むことでもあり、景観への配慮を促すことにもなる。

景観法

２００５年から景観法が全面施行となっているが、この法律は、地方の主体的な取り組みを後押しするもので、国が地方公共団体に景観の保全や形成を実施させるものではない。

現在、地方の現場において多様な取り組みが行われている。

都市景観

1966年10月、東京駅丸の内にある(株)東京海上火災が古い建物を壊し、超高層建築(高さ120m超の30階建て)での事務所の建築を申請したが、当時の東京都の建築主事が、皇居周囲は戦前の美観地区の指定と高さ制限「百尺」(31mまで)がなされていたことにより不許可としたため、論争が起こった。

皇居の前という特別な場所にスカイラインを乱す高さが不揃いな超高層建築を建てることに対しての反対意見に対し、近代主義建築が世界の趨勢であるという意見などが展開された。結局、建築主事の不許可に対して行った東京海上火災側の建築審査会への不服審査請求により、建築主事の不許可が覆される結果となった。

1970年になり、東京都と東京海上火災の間で建築計画案に対して修正案が出され、25階建て(高さ100m)で建設されることとなった。

この問題は、国内で初めて、群としての都市景観を考える機会を提供したことでも意義深い事案となった。

◀ **東京海上火災ビル(現、東京海上日動ビル)**
皇居側から見る

◀ **都市の「ヒドケイ」 現在の六本木ヒルズ**
(森タワー・スカイギャラリー 52階からの眺望)
建築後に現れる風や日照の変化、心理的な影響を与える建築本体の質感、形状、シンボル性など、建築は建てられる建築のボリュームが大きくなればなるほど環境に与える影響は増大する。

景観法(一部抜粋)
第一章　総則
第一条　(目的)
この法律は、我が国の都市、農山漁村等における良好な景観の形成を促進するため、景観計画の策定その他の施策を総合的に講ずることにより、美しく風格のある国土の形成、潤いのある豊かな生活環境の創造及び個性的で活力ある地域社会の実現を図り、もって国民生活の向上並びに国民経済及び地域社会の健全な発展に寄与することを目的とする。
第二条　(基本理念)
良好な景観は、美しく風格のある国土の形成と潤いのある豊かな生活環境の創造に不可欠なものであることにかんがみ、国民共通の資産として、現在及び将来の国民がその恵沢を享受できるよう、その整備及び保全が図られなければならない。
2
良好な景観は、地域の自然、歴史、文化等と人々の生活、経済活動等との調和により形成されるものであることにかんがみ、適正な制限の下にこれらが調和した土地利用がなされること等を通じて、その整備及び保全が図られなければならない。
3
良好な景観は、地域の固有の特性と密接に関連するものであることにかんがみ、地域住民の意向を踏まえ、それぞれの地域の個性及び特色の伸長に資するよう、その多様な形成が図られなければならない。

003　モジュール、木割、尺

POINT

モジュールや尺などは、身体を基準とした身体尺を用いて作られてきた

モジュールとは建築の標準寸法をいう。このモジュールの基本となっている考えはギリシャ建築に始まる。厳格なモジュールの規定はオリンピアのゼウス神殿から用いられた。1モジュールとは柱の下部の太さを基準として、他の建築物を比例関係を基に定めていた。

日本では、木割（きわり）という寸法体系が使われていた。もともと、木割とは木砕（きくだき）ともいわれ、建築に必要な部材の寸法を原木に墨付けする技術をいう。全体に体系化されてくるのは桃山時代からで、柱の寸法を基準にした統一的な比例関係が用いられ、日本建築における設計技法の美的規範となった。

このような木割などの日本で古来より用いられている寸法体系には尺（しゃく）という単位が用いられている。尺という文字は親指と人差指を広げた形をかたどったもので、親指の先から中指の先までの長さ（約18㎝）を1尺とする身体尺（これは現在の尺の6割くらい）であった。しかし、身体尺は人によって長さが異なることや時代の政権によっても影響を受け、尺の長さが長くなるなど変化するようになる。

その中で、大工が使用していた曲尺（かねじゃく）という寸法を測る道具は、建築技術として師匠から弟子へと受け継がれるため、政権の影響を受けず変化しなかった。これが唐の時代でも継承され、それが日本にも導入された。8世紀初頭の大宝律令で大尺・小尺を制定している。律令制の崩壊後は全国一律の尺は維持されなくなり、各地でさまざまな尺（竹尺や鉄尺）が使われるようになる。

明治に入り、伊能忠敬が竹尺と鉄尺を平均して作った折衷尺を公式の曲尺として採用し、国際メートル原器の10／33の長さと定め、メートル法が法律化されている現在でも、大工の間では用いられ続けている。

尺、インチとフィート、メートル

右図で、咫(あた)とは、手を開いて測ることを意味する。「あた」は寸法を当たる「あつ(当)」が名詞化したものである。

◉ 尺

1 分 =　3.03 mm
1 寸 = 30.3 mm
1 尺 = 10 寸 =　303 mm
1 間 = 6 尺　= 1,818 mm
1 町 = 60 間 =　109.08 m

◉ インチとフィート

フィート(feet、複数形)またはフート(foot、単数形)は、ヤード(yard)・ポンド(pond)法における長さの単位である。足の踵（かかと）から爪先までの長さ（約30cm）を使用した身体尺である。

フィートは紀元前6,000年頃の古代メソポタミアで生まれ、古代ギリシャ・ローマ時代にヨーロッパ諸国に伝わり、基本的な長さとして定着したキュービット(cubit)という単位の派生である。キュービットは肘（ひじ）を意味し、肘から中指の先までの長さ(約50cm)を指す。

1 インチ　= 25.4 mm
1 フィート = 12 インチ　= 304.8 mm
1 ヤード　= 3 フィート = 36 インチ = 914.4 mm

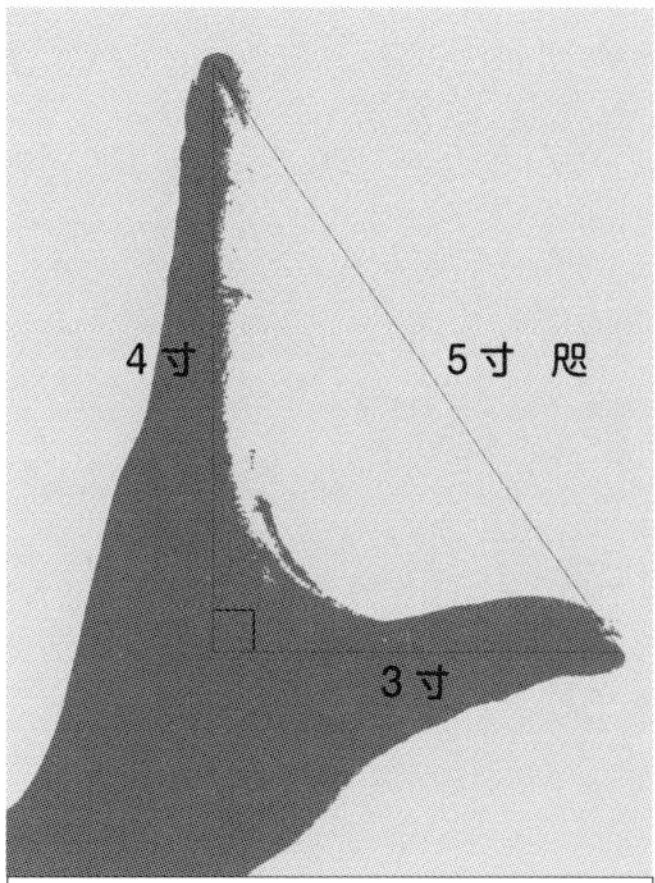

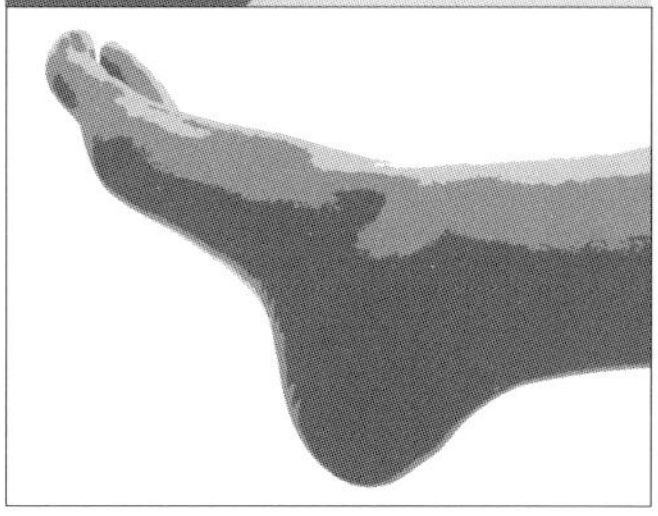

曲尺

「サシガネ」「カネジャク」「マガリガネ」「マガリジャク」などと読む。長い方を長手(ながて)、短い方を妻手（つまて)、直角のところを矩手（かねのて）という。長手を垂直にした時に妻手が右側にある状態を表、反対を裏と呼ぶ。表には通常の目盛り(表目)、裏には表目を倍にした目盛り（角目）や円周率で割った目盛りが刻まれている。曲尺の幅は通常5分（15mm)、厚みは約6厘(2mm)である。

曲尺の用途は直角や寸法を取るだけでなく、勾配や直線の分割、表の倍の目盛りが裏に刻まれていることで、計算せずに直角三角形の斜辺を導き出せるようになっている。この裏目を利用して隅の屋根材の複雑な納まりを解く技を極めたものを規矩術（きくじゅつ）と呼び、高度に体系化した。しかし、この習得は困難を極めるようで、「大工と雀は軒で泣く」という言い回しの由来となっている。

現在はメートル法の適用が緩和されたことで、尺寸法の曲尺も使うことができる。

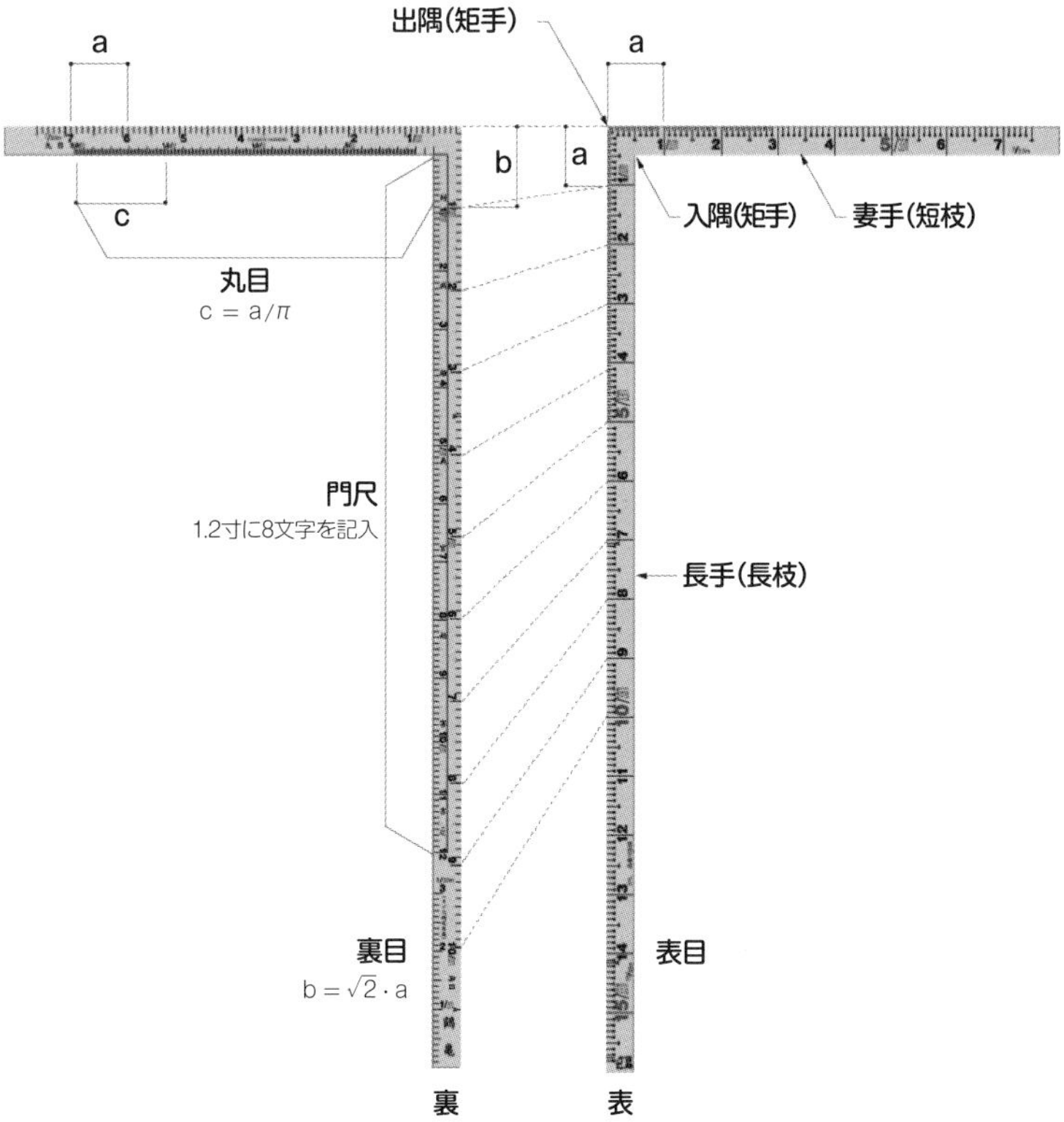

資料出典：(財)竹中大工道具館

004 比率、プロポーション

POINT

プロポーションの設《しつら》えは設計者に委ねられている

スケールとは尺度、規模、物差を指す。比率とは変数を用いて書かれる2つの量に対し一方が他方の定数倍であるような関係をいい、プロポーションとはいくつかを数値化して比べた時の率、割合をいう。

最も美しいとされる比に黄金比1対1・618（近似値約5対8）がある。この比は、建築においてはクフ王のピラミッドやパルテノン神殿などの歴史的建造物にも見られる。近代では、建築家のル・コルビュジエが、人体のプロポーションと空間のプロポーションを黄金比を用いて建築の基準寸法を数列化し、モデュロール（Modulor）を作成した。このモデュロールという言葉は、フランス語のモジュール（module、寸法）と、黄金分割（Section d'or）から作ったコルビュジエによる造語である。日本でも丹下健三がその日本版を考察したことが知られている。

空間のデザインを行うということは、自分が意図した空間に適正なスケールを与えるということであり、さまざまなスケールに応じた適正なプロポーションを導き出す作業であるといえる。

物が複数あれば、そこにはかならず比が生まれ、その比に対し、デザインを行う者が求める空間のイメージに沿うよう意識を向けさせる仕掛けとして、プロポーションの設《しつら》えがある。

適正なプロポーションの選択は金具、家具、照明などの設備器具、インテリア、開口の大きさ、建築全体のボリューム、シルエットなど、さまざまに及ぶ。それらはスケールについてだけではない。物のもつ質感や色についてもプロポーションの範疇に入る。

プロポーションの設《しつら》えはデザインを行う者に委ねられている。建築を設計するという行為は、さまざまな事象から適正なプロポーションの選択を行い、環境を設《しつら》えるということである。

比率

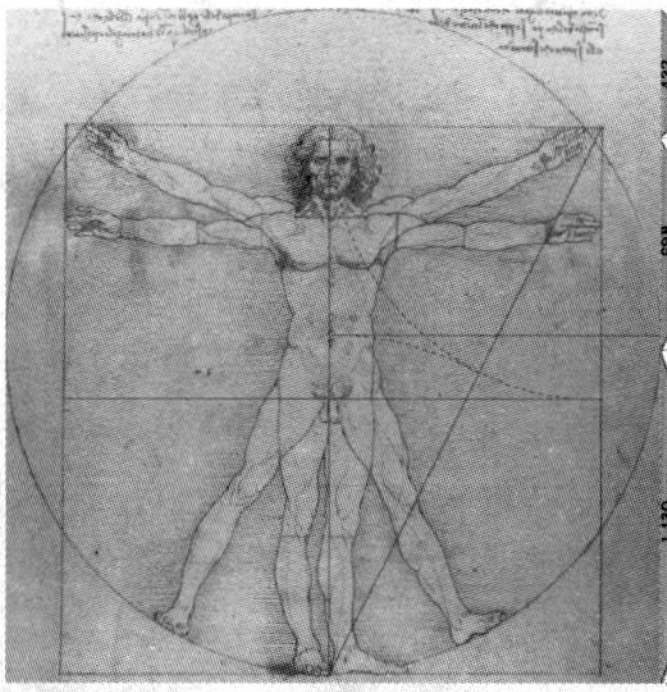

▲「ウィトルウィス的人体図」
画：レオナルド・ダ・ヴィンチ、1487年頃
古代ローマ時代の建築家ウィトルウィスの著作をもとにダ・ヴィンチが書いた手稿の挿絵。ウィトルウィスは著書の中で人体こそが建築様式のオーダーにおける重要な構成要素であるとしている。

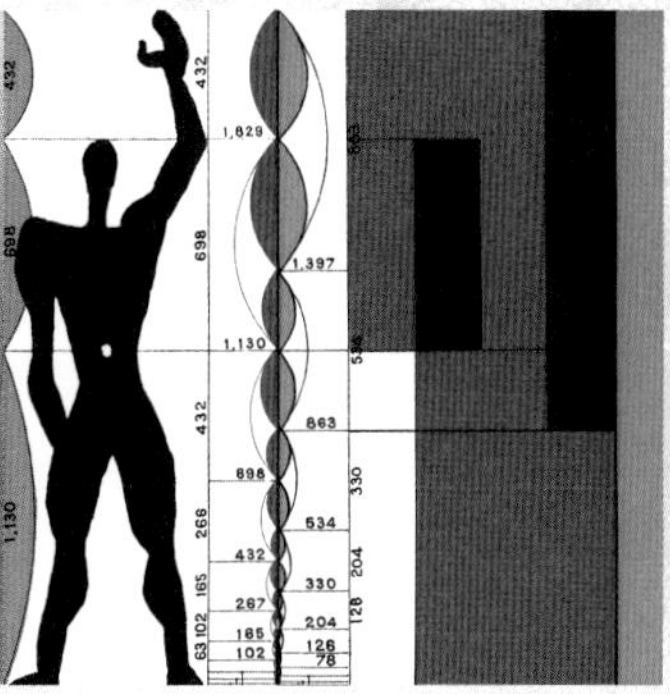

▲「モデュロール(Modulor)」
画：ル・コルビュジエ

◉ 人体と比率

コルビュジエによるモデュロール(Modulor)は、レオナルド・ダ・ヴィンチのウィトルウィス的人体図やアルベルティ（初期ルネッサンスの人文主義者、建築家）の仕事などから、数学的な比率(フィボナッチ数列)を見出し、人体寸法を基準とした新しい尺度を提唱したものである。

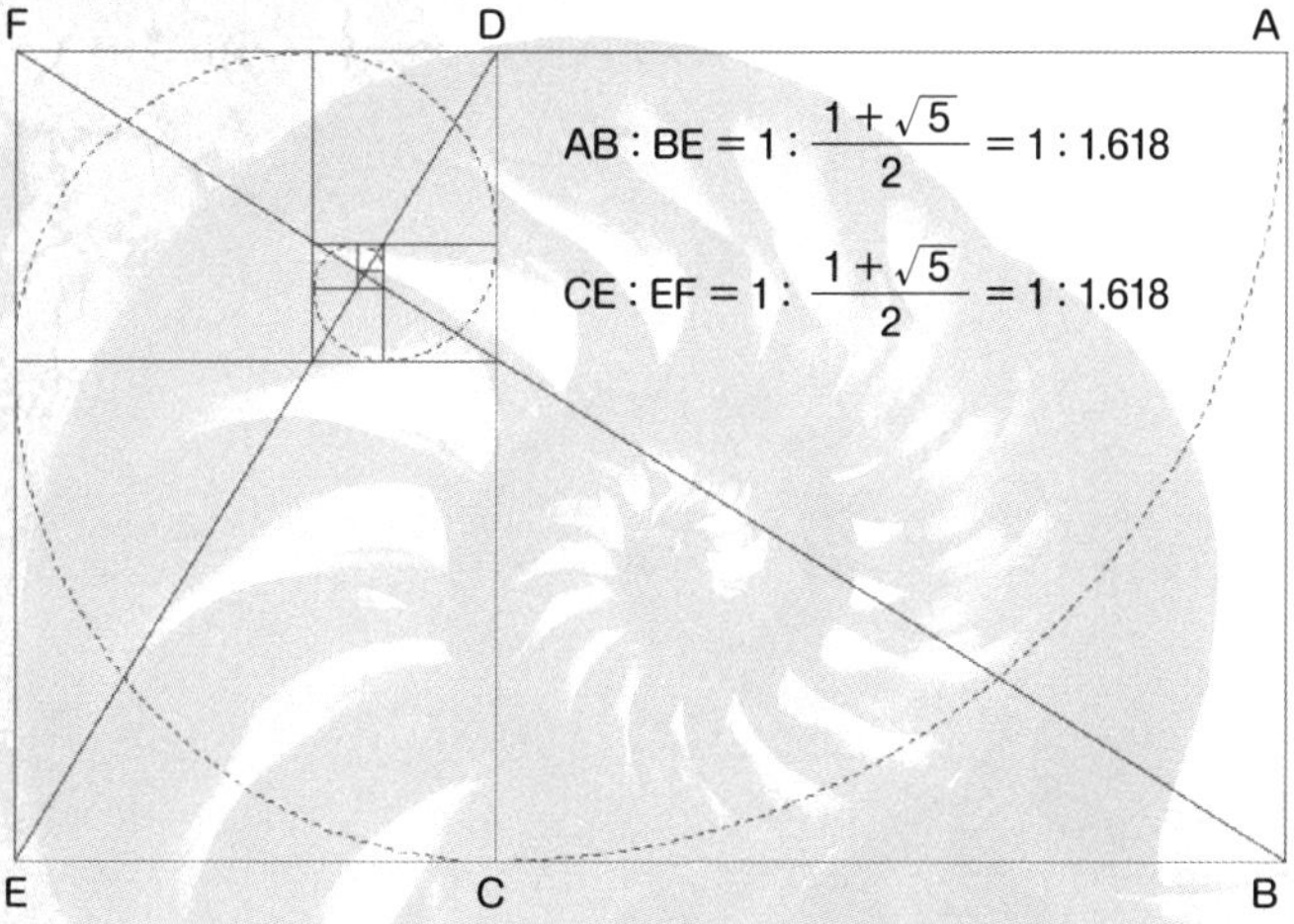

◉ 黄金比が美しいと感じるわけ

左図の黄金比をもつ長方形から正方形を取り除いていくと、黄金比をもつ長方形が残り、またその長方形から正方形を除いても黄金比をもつ長方形が残る。この状況は永遠に続く。つまり、この長方形はそこから正方形を取り除いても、元の長方形と相似な長方形が繰り返し現れる。これは正方形に徐々に小さくなる正方形を付け足していき、完全に正方形で充填できる長方形であるともいえる。
このような性質は、自然界の生物の生長プロセスに強く結びついている。私たちは、この長方形から受けるイメージに、自然界の比率を感じ取ることで美しいと感じるのではないだろうか。

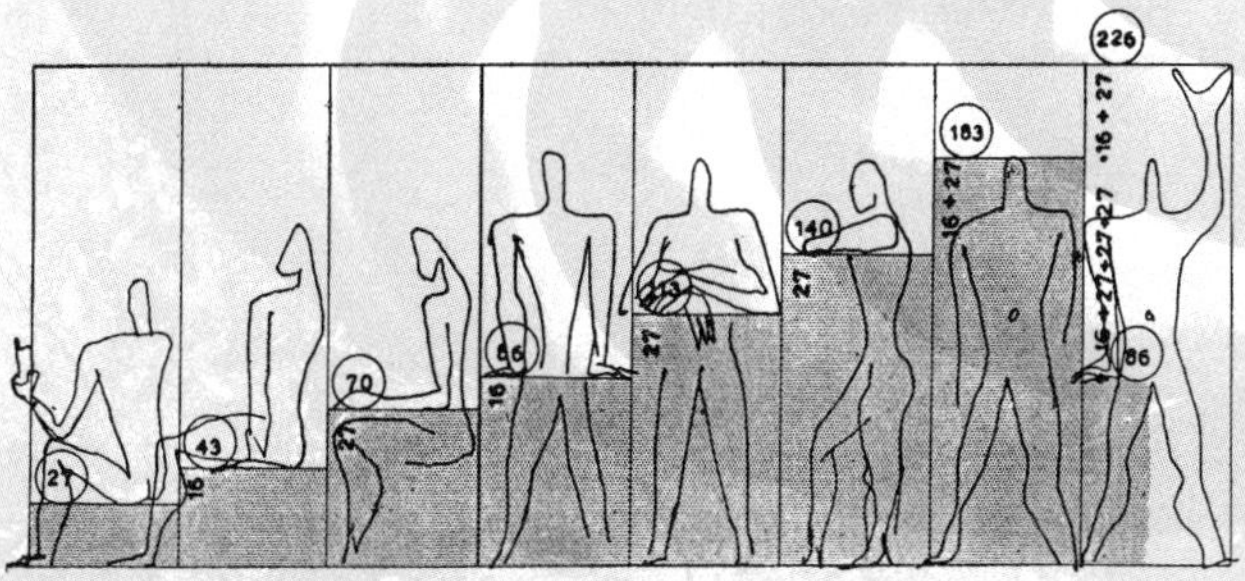

◀ モデュロールの数列と人間動作の関係
画：ル・コルビュジエ

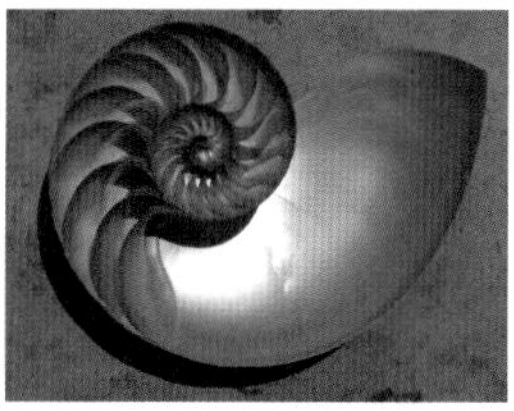

◉ 対数螺旋

自然界に見られる巻貝や花の芽などは、相似形を保ちつつ、少しずつ螺旋を描きながら大きくなる。この自己相似を有する螺旋を対数螺旋という。このように、本体の成長とともに次第に追加するように成長する生物の器官や宇宙の銀河の渦にも、このような対数螺旋を見つけることができる。

◀ オーム貝切断写真

005 20世紀初頭の芸術運動

POINT

20 世紀初頭に展開されたさまざまな芸術運動は、今日のデザインに多くの影響を与えている

20世紀初頭に起きたさまざまな芸術運動は、現在のデザインの礎になっている。

１９１０年代半ば、絵画、彫刻、建築、写真などの芸術運動がロシア革命期の社会主義国家の建設と連動して起きた。この芸術運動の総称をロシア・アバンギャルドという。

この芸術理念は、レイヨニスム（Rayonism。ロシアのミハイル・ラリオーノフが１９１３年の「標的展」で宣言した前衛絵画運動をいう。光を描くことを中心に、光線による画面構成を行った）、シュプレマティスム、ロシア構成主義（キュビズムやシュプレマティスムの影響を受け、１９１０年代半ばに始まった総合芸術運動。建築、映画、文学、絵画、デザイン、批評など多岐にわたる）などがあり、いずれも過去の様式を断ち切り、新しい様式のデザインを行うことを目的とした。

ロシア・アバンギャルドの建築、映画、絵画などの構図や構成、手法などは、後の抽象絵画や建築に影響を与えている。

デ・スティルとは、オランダ語で「様式」の意味である。１９１７年にオランダで創刊された芸術雑誌やグループの名称であり、それを中心とした芸術運動の総称を指す。

その理念は、新造形主義（ネオプラティシズム）と呼ばれるもので、このグループの指導者的立場であったピエト・モンドリアンによって提唱された。彼は自分の作品にコンポジションの語を用いている。コンポジションとは構成、構図、作文、文を組み立てるなどの意味をもつ。コンポジションは、絵画、写真、グラフィック、ＷＥＢデザイン、音楽、舞台美術、建築など多様な世界で用いられる。各部分の形態を、ボリュームや動態などを調整し、絡め合わせ、３次元的な組み合わせによって調和を作り上げる。

ロシア・アバンギャルドとデ・スティル

▲「タトリンの肖像」
ミハイル・ラリオーノフ

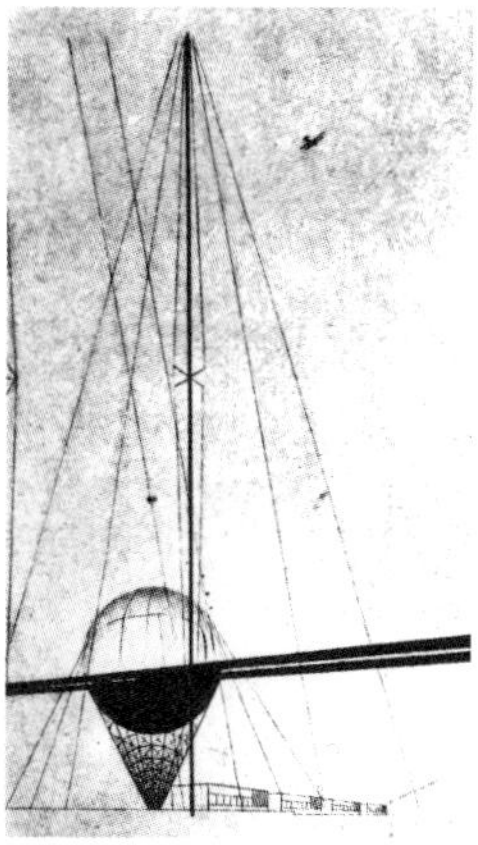

▲「レーニン研究所」

▲「第3インターナショナル記念塔」(高さ6m超)
ウラジミール・タトリン

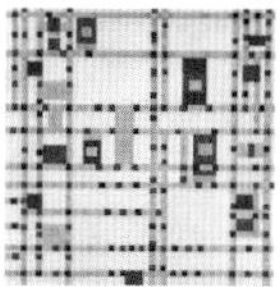

▲「ブロードウェイ・ブギ・ウギ」
ピエト・モンドリアン

◉ シュプレマティスム(Suprematisum)

1913年頃のロシアで起こった抽象性を徹底させた芸術運動。絶対主義ともいう。キュビズムと未来派の影響を受けた立体未来主義の集大成という位置付けで、マレーヴィッチが主張した。同時期のロシア構成主義や後のバウハウスに影響を与える。

◉ ロシア構成主義

1930年代に国際的に伝播した思想。ナウム・ガボ、アントワーヌ・ペヴスナー、ウラジミール・タトリン、アレクサンドル・ロドチェンコ、エル・リシツキー、イワン・レオニドフ、コンスタンチン・メリニコフなどが属していた。

◉ レーニン研究所の模型

設計:イワン・レオニドフ、1902～1959年。
レーニン記念委員会代表のクラシンが提言し、レオニドフが卒業制作した。モスクワのレーニン丘を敷地とし、博物館、図書館、講義やコンサートのためのホールなどを有する宮殿などの文化施設として構想されたものを下敷きとしている。その基本構想を基に、高層棟、低層棟、ガラス球体など3種の形態を合成したものとして翻案した。浮上させたガラス球体、蔵書保管庫とされている異常に上空まで引き延ばされた高層棟、3方向に直線上に延びる低層棟によって構成された建築群などで、強い浮遊感、反重力性を作り出している。また、模型写真に見られる上空からの斜めに見下ろした超鳥瞰的な視点は、建築の見せ方としてまったく新しい視点を作り出した。レオニドフによるこれらのアンビルトプロジェクトは、20世紀の建築に多大なる影響を与えた。

◉ 第3インターナショナル記念塔の模型

設計:ウラジミール・タトリン、1885～1953年。
第3インターナショナルは、共産主義を掲げる労働運動の団体で、レーニンによって組織されたもの。模型は、螺旋状の構造体に3つの立体が吊るされ、塔の軸が傾斜し、その角度は地軸の傾きに一致している。3つの立体は、下から立方体(プラトン立体)、ピラミッド、円柱で、それぞれ1年に1回転、1カ月に1回転、1日に1回転するようになっている。中の立体はガラスで、用途は会議場、行政機関、報道センターが配置されている。

◉ ピエト・モンドリアン

アムステルダムで絵画を学び、パリでキュビスムから抽象主義へと向かう。初期は風景画を描いていたが、後に独自の抽象表現を生み出す。1920年代後半、アムステルダムでファン・ドゥースブルフやファン・デル・レックら厳密なスタイルを唱える抽象主義者と出会い、1917年、「デ・スティル」を創刊、「新造形主義」を提唱して理論・実践活動を行う。1924年、ファン・ドゥースブルフとの思想的不一致により「デ・スティル」を離れた後は、パリの抽象主義の運動「セルクル・エ・カレ(円と四角)」やその後継の「アブストラクシオン・クレアシオン」などを拠点に世界的名声を確立する。この時期のアトリエには、バウハウスの設立者グロピウスなども頻繁に訪れていた。第2次世界大戦期にはアメリカに亡命し、「ブロードウェイ・ブギ・ウギ」など、その新造形主義の集大成といえる作品を製作するとともに、ポロックら、戦後のアメリカの抽象表現主義に大きな影響を与えた。

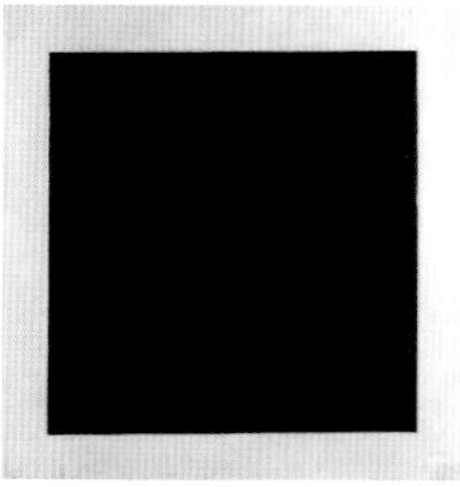

▲「黒の正方形」
マレーヴィッチ

▲「雲の鐙(あぶみ)」
エル・リシツキー

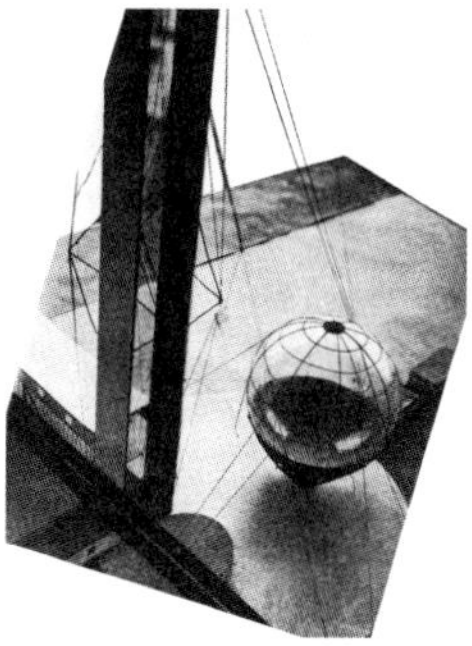

▲「レーニン研究所」
イワン・レオニドフ

▲「レッド&ブルーチェア」
ヘリット・トーマス・リートフェルト
デ・スティル運動に刺激されて製作された椅子

006 都市計画

POINT

江戸の都市計画に学ぶ未来の循環型社会

都市計画には、建築家や都市計画家が計画した理想都市計画と、行政による法的な拘束的性質をもつ行政都市計画の2種類がある。

行政都市計画は建築基準法と密接に連携している。概要は、都市の健全な発展と秩序ある整備を図るため、現在から将来にわたる総合的な土地利用計画であり、土地利用、都市施設の整備、市街地再開発事業などを効果的に実現するためのルールである。

過去の日本で政治の中心地であった江戸ではどのような都市計画が行われていたのだろうか。江戸に入場した家康は、家臣団の江戸入りによる人口増加で飲料水を確保する必要に迫られたため、引水を行い、また、塩を下総国・行徳の塩田から運ぶための運河（全長4.6㎞）を完成させている。さらに、江戸湊から江戸城へ物を最短距離で運ぶためのバイパスとして、道三堀も開削した。

秀吉の没後、天下普請が行われる。これは江戸城の建設と、町人地、武家地、寺社といった都市配置の計画であり、大規模な都市整備事業であった。

江戸が都市の形状として特異だった点は、渦巻上に周辺に拡大する堀があったことである。これは、江戸城と江戸の町を防備するため、敵からの侵入の防御が目的だった。また、埋立地が多くて井戸が掘れなかったため、神田上水に加え、玉川上水も建設している。さらに、糞尿などを換金商品として扱い、完全な循環型社会が構築されていた。

現在の東京は江戸時代の土地利用（都市計画）を踏襲しているが、当時行われていた循環型社会からは、はるかに遠くなっている。都市は膨張から縮小に転じ、さらに経済システムの変革期にも直面している。

時代認識の変化は、都市計画のあり方にも影響を及ぼす。

都市計画

◉ 東京計画 1960

1961年に東京大学の丹下健三研究室が設計したのが「東京計画1960」という都市計画だ。

丹下氏は、戦後、東京に物的投資が過剰に行われた結果、都市の混乱が生じたが、その混乱の原因が求心型都市構造にあることを指摘した。そして、「東京計画1960」の中で、新しい都市の構造として求心型放射状システムからの脱却をめざし、都心から東京湾にスパインを延ばした場合にどのようになるか、「求心型放射状から線型平行射状への変革」を提案した。

◉ 理想的都市計画

都市計画家でもある丹下健三による「東京計画1960」以外に、日本で建築家が計画した都市計画では、メタボリズム運動の渦中にあった菊竹清訓による「海上都市」(1958 ～ 1963年)、黒川紀章による「霞ヶ浦湖上都市」(1961年)、磯崎新による「空中都市」(1960年)などがある。

写真：丹下都市建築設計(撮影：川澄明男)

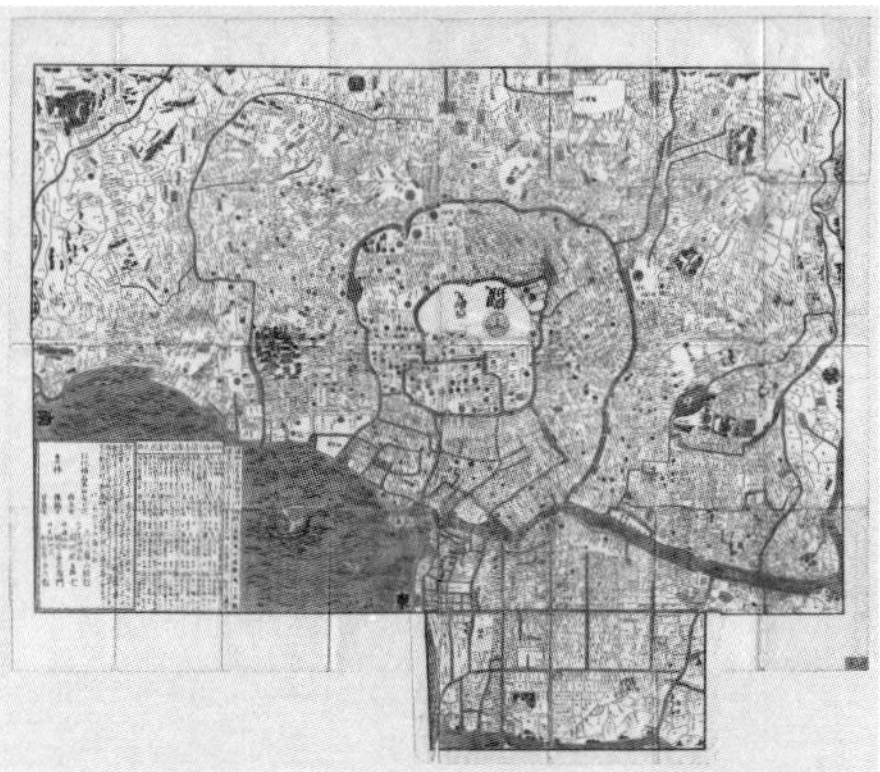

▲「改訂江戸図」、1844 ～ 1848年　作成者：不詳

▲「江戸鳥瞰図江戸城図」、1862年　作成者：立川博章

◉ 江戸～明治時代にかけての東京周辺の土地利用状況

徳川家康は、雨が降るたび関東平野一帯の湿地帯に利根川の水が流れ込んでいたため、江戸湾に流れる利根川と渡良瀬川を鬼怒川や小貝川と繋ぎ、最終的に利根川の本流を銚子へ流すことで改善を図った。結果、湿地帯は乾燥していき、関東平野は日本一の穀倉地帯となった。また、飲料水を確保するため、上水道(神田上水)を整備している。

江戸幕府の諸制度は、3代将軍家光から4代将軍家綱にかけて整えられたが、江戸城構築当初は、急激な発展で都市機能が限界に達していた。1677年の大火および振袖火事(明暦の大火。外堀以内のほぼ全域、江戸城や多数の大名屋敷、市街地の大半を消失、死者数3 ～ 10万といわれている)がきっかけで、防火対策中心の都市改造が行われた。

幕府は、江戸城が火事に遭わないように大名屋敷を遠ざけ、町々に火除け地を作り、寺のすぐそばにも火除け地として上野広小路や浅草広小路を作った。

大火後に両国橋が作られると、都市が隅田川の東に拡大していった。

大名屋敷は上屋敷、中屋敷、下屋敷に分かれ、丸の内地域には諸大名が、霞ヶ関地域には外様の大大名が、麹町・お茶の水地域には旗本、御家人が居住していた。商人の町は日本橋、神田、京橋、銀座に、市民は街道にと、居住地域ははっきりと分かれていた。

明治に入り、丸の内地域は、明治政府が接収後、三菱グループに払い下げてオフィス街となり、外様の大大名の霞ヶ関地域は政府が召し上げ、そのまま官庁街となった。

なお、江戸から東京に時代が変遷する中、関東大震災や東京大空襲などがあったが、道はほとんど動いていない。

▼ 愛宕山(東京都港区愛宕)から見た江戸のパノラマ
北は江戸城西の丸下から南は芝増上寺まで、武家屋敷が林立する景観を写し出している。　写真：ベアト

007 ランドスケープデザイン

POINT

デザインの経年変化が大きな魅力を作り出す

ランドスケープとは、日本語の風景を原語とする英語のLandscapeからきていて、景観を構成するさまざまな要素（建築、樹木、街路）、地形、そして個々の建築が作り上げる都市なども含まれる。

ランドスケープデザインの魅力とは時間の経過とともにデザインにも経年変化が営まれることにある。ランドスケープは、建築が時間の経過とともに風景に馴染んでいくように、空間がポジティブな方向へ変化する。それは植物の生長であり、多様な人との関わりであり、空間へのマネジメントが行われるということである。

ランドスケープは、19世紀後半、アメリカのフレデリック・ロー・オルムステッド（注）により提唱され、ランドスケープアーキテクツの第1号となった。このランドスケープの思想は時代によって変化をみせている。１９６０年代は環境デザインと住民参画が大きな流れとなり、公害問題が顕在化し始める１９７０年代からは環境計画や環境問題がランドスケープの中心的なテーマとなり、現在はランドスケープデザインとアートの融合の試みやエコロジカルな環境創造、住民参画の展開などの試みを見せている。

また、都市部のヒートアイランド現象、大気の浄化、エコロジカルな素材、生物多様性環境の創出、水質保全など、地球規模の環境問題にどう関われるか、あるいはどのように関わるべきなのかといった視点や、持続可能性を問う視点も、ランドスケープデザインに求められている。ルーラル・ランドスケープ、ビオトープ、エコシティなど、ランドスケープデザインの領域は、さらに広がりを見せている。

（注）フレデリック・ロー・オルムステッド (Frederick Law Olmsted)
１８２２～１９０３年、アメリカの造園家、都市計画家。アメリカランドスケープの父と称される。

時間形成によって育まれた都市のランドスケープデザイン

▲ 写真左、右上：御茶ノ水橋より聖橋と御茶ノ水駅を見る
写真右下　：外堀通りより御茶ノ水駅方向を見る
下を流れるのが神田川

◉ 御茶ノ水駅周辺（東京都千代田区）

御茶ノ水付近を流れる神田川は、江戸時代の1616年、江戸城拡張のために伊達正宗によって工事が行われるが、難工事となり、1660年、伊達綱正によって再度工事が行われ、流路が作られた。この工事で駿河台の水脈が断たれ、湧き水が出現した。これが「御茶ノ水」の由来となっている。

この河川（江戸城の堀）を利用して鉄道が敷かれ、御茶ノ水橋と聖橋に挟まれた崖の上に御茶ノ水駅が作られた。総武線や中央線、その下を走る地下鉄丸ノ内線など、重層的にダイナミックな流れが作り出されている。

谷の深さ、水の流れ、強く生い茂った樹木、そして、川に近接する建築がそれほど高くなくて空が広く抜けていること、これらの空間の深みと重層した時代の痕跡などが、美しいランドスケープを形成している。

「聖橋」という名称は、御茶ノ水駅をはさんで位置する湯島聖堂とニコライ堂（東京復活大聖堂）とを結ぶことにちなみ、公募の中から選ばれた。表現派風の大きな円形アーチと複数の大きさの異なる先尖りのアーチを左右に配した姿は、シンプルで力強い。設計は山田守。彼は東京中央電信局（現存していない）でも、この先尖りのアーチをファサードに採り入れている。

近年の化粧直しで、石を模した仕上げと石積みを模した目地が入れられ、元々のコンクリートの可塑性を活かした表現派風なデザインは失われている。

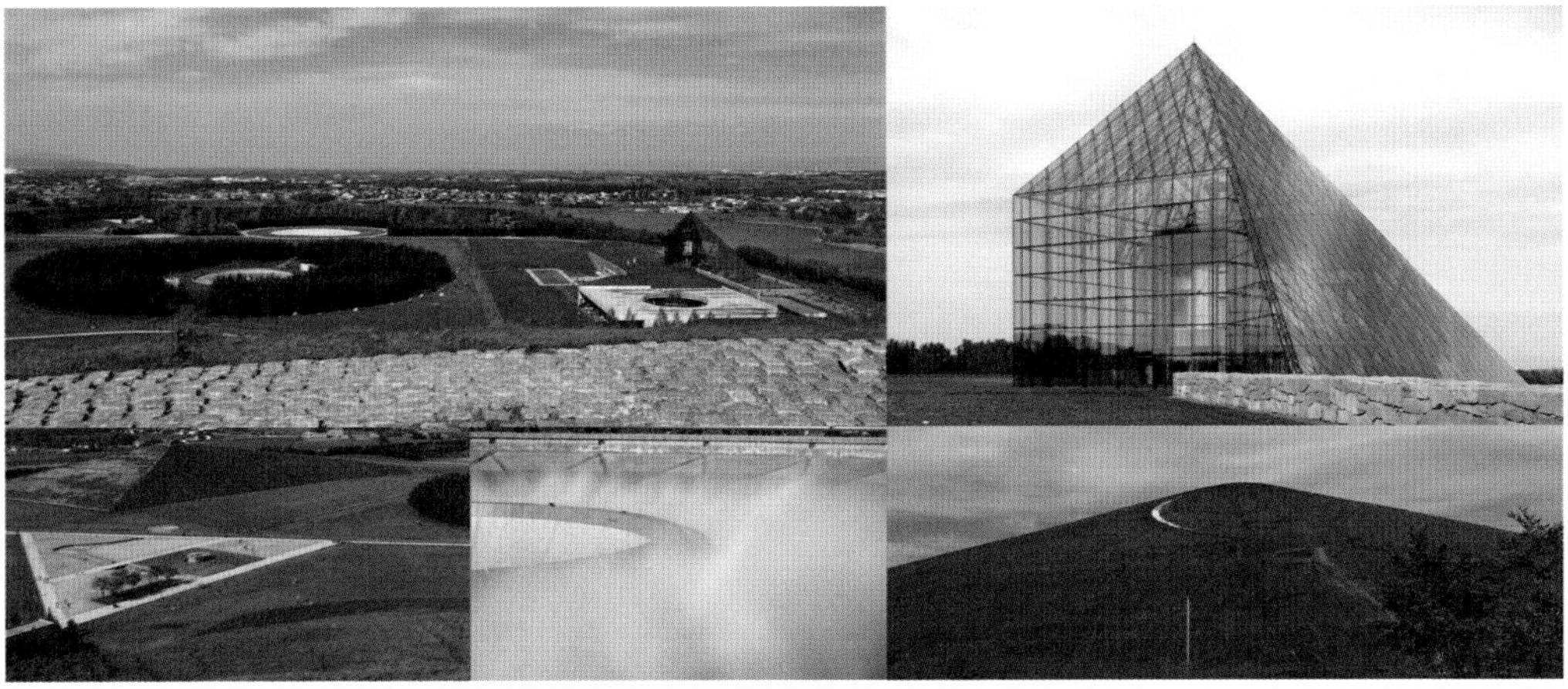

◉ モエレ沼公園（北海道札幌市東区）

彫刻家のイサム・ノグチが計画に参画し、基本設計が策定された。この計画地は、もともと不燃物の処理場として利用され、約270万tのゴミが埋め立てられていた。その土地をイサム・ノグチは「全体を1つの彫刻とみなした公園」として構想した。その構想を基に造成され、2005年にグランドオープンした。

イサム・ノグチによってデザインされた遊具、噴水、丘、彫刻、建築などが大地と一体となった心地よいランドスケープを形成している。ガラスのピラミッド（右上写真）では雪冷房システム（→022）が使用されている。

008 コンテクスト

POINT

設計にはコンテクストを読み解く力が求められる

「場所」には、その土地の「場」が時を刻んだ歴史をもち、文化があり、気候があり、景観をもっている。その場がもっている特有でさまざまな背景をコンテクスト＝文脈という。これは、「con（＝together）＝本文を共にする」「text＝織る」から来ており、「共に織りなす」とか「組み合わせる」という意味合いをもつ。

建築は、建てられれば、その建築本体とその建築をとりまく外部との関係が生まれる。それは建築の大小とは関係ない。どのような建築であっても必ず外部、社会との繋がりが生じる。

その社会、地域の文化、気候、景観などへの配慮を行うことは、建築を作る者の責務である。そのためには、建てる土地のコンテクストを分析し、読み解き、適正と判断される客観的な視点をもったデザインを行うことが求められる。

世界遺産にもなっている広島県・宮島の厳島神社は、島を背後にして、入江の海に建つ水上の神殿である。沖に建つ鳥居の赤、島を覆う森の緑、海水の青など、この場所固有のコンテクストが丁寧に読み解かれ、景観と建築とが一体となった美しいランドスケープを作り出している。

イタリア・シエナにあるカンポ広場は扇形をしたすり鉢状の広場で、その底に市庁舎とマンジャの塔がそびえている。広場の周囲の建築は市庁舎の装飾様式に合わせられ、市庁舎の高さ、塔の高さ、広場を取り囲む建築群の高さなど、適正な比率で作られ、心地よい空間を構成している。

設計という行為には、目に見えにくい文化的な背景を探り、読み解くことが必要であり、場所によって敷地の環境が混乱している場合などは、コンテクストを批判的に読み解く力や、理想的なかたちをイメージできる力が必要になる。

コンテクストを読み解く分析能力と感受性

▲ 厳島神社（広島県・宮島）

日本の伝統建築や現代建築も、良いものは総じて土地のコンテクスト（文脈）を丁寧に読み解き、デザインしている。

コンテクストには、大まかにいって「社会」「環境」「時間」などの意味が内包されており、これらをそれぞれの土地に対してどれだけ情報として引き出せるかが設計者としての能力として問われる。

実際には、空間（環境）を知覚するためにフィールドワークを行い、土地のもつ歴史や文化などの情報収集、また、俯瞰した視点や近距離での視点など、さまざまな角度からの分析を行う。

コンテクストに対してのこうした読み解き方では、分析能力や感受性によって、得られる情報が深くもなり浅くもなる。

▼ カンポ広場（Siena Piazza del Campo）▶
イタリア・トスカナ地方・シエナ

009 色彩が景観に及ぼす力

POINT

色のもつ力と効果について識る

近代以前では、人工物の材種は今ほど多様ではなかった。石、木、土などの自然素材によるものが主体であり、必然的に使用する材種による色数も限られ、風土性をもった景観が形成されていた。現在は石油文明の恩恵を得て、あらゆる分野で材種が新しく開発され、選択の幅が広がった。しかし、景観への配慮が伴わずに選択の自由度が広がったことは、不調和な景観を多く作り出す要因となっている。

色は人の心理にさまざまな影響を与える。自然素材である石、木、土などの風化には優しさを感じ取ることができるが、プラスチックなどの工業製品の朽ちる姿にそれを見出すことは難しい。古い街並みを訪れると、落ち着きを感じたり癒されたりするが、これは景観を形成している素材が風化を伴った美しさを持ち合わせ、色の情報が適正にバランスされているためである。

色彩が景観や人への心理効果に及ぼす影響についての研究は、環境工学、色彩心理学、ランドスケープなどの分野で行われている。環境工学では、光環境の対象として色彩環境に対する心理評価や景観評価などの研究が行われ、ランドスケープデザインの分野では、色が果たす景観への役割についての考察、実践、研究がされている。人が好ましいと感じる色のばらつきは、自然のもので構成されている景観に多くみられ、人工的なものでの色のばらつきの心理的評価は高くない。

このような評価で街を見ると、建物を広告として目立たせるために原色を用いたり、配色を強いものにしている建物を多く目にし、また、乱立する看板群はさらに色のばらつきを増幅させ、街にノイズを発生させ、行き交う人々に心理的ストレスを与えている。

建築は単体で成立することはない。必ず周囲の環境を巻き込み、建築を取り巻く環境をも作り上げている。

地方都市の街並みに見る建築の色彩

景観は、建築だけでなく、土木構築物や造園など、視野に入るすべてのものが対象物となる。
私たちは、その景観を形作っているさまざまな対象物のデザインを行う過程で、常に色の選択を行っている。.

写真は日本の地方都市の古い街並み(A ～ F：茨城県桜川市真壁)と、イタリアの地方都市の街並み(G ～ L：アッシジ)をランダムに並べたもので、建築に用いられている石のグレー、白、バラ色(アッシジの街に見られるストライプ状の色は白とバラ色の石灰岩を縞模様に積み重ねていることによる)、木の風化による黒ずみ、漆喰の白などの自然素材による色彩によって、心地良い優しい景観が構成されている。

ただ、日本の景観を印象付けている大きな要素に看板などのサインがある。景観に配慮を欠いたサインはノイズとなり、そこに住む人や訪れる人に対して心理的な影響を及ぼすことになる。「デザインを行う」ということは、色彩の選択を行うことでもあり、それは景観への責任を伴うことでもある。

010 インテリアデザイン

POINT

インテリアデザインの領域拡大は魅力を拡げる

インテリアデザインは、屋内の環境を形作るすべてのものがデザインの対象となる。建築の内装、椅子、テーブルなどのプロダクトを含む室内の環境を形作るすべてに及ぶが、その領域は建築だけにとどまらない。車、航空機、電車や船舶などのインテリアも含まれる。インテリアデザイナーとは前述した領域のデザインや構成を手がける職業をいう。活躍の場は広範囲にわたる。

インテリアデザインには心理学的なアプローチも必要になる。色や材質が人の心理に及ぼす影響、インテリアに流れる音、光の移ろいなどによる時間の概念などである。そして、物や環境を人間が自然な状態で使えるよう設計し、生理的な反応や変化、心理的な感情の変化を読み取り、人間本来の五感の回復を行うことが求められる。

また、インテリアデザインに影響を与えているものに、バリアフリーデザイン、ユニバーサルデザイン、インクルーシブルデザイン（子供から大人、高齢者や健常者、障害のある人も取り込めるデザイン）、デザイン・フォー・オール（あらゆる範囲の能力・状況にある人々にとって使いやすい製品やサービス、システムを作ること）などの概念がある。これらは人間中心の設計による考え方で、ユーザーとの関係性からデザインに影響を与えている。

拡がる領域

インテリアデザインは、当初、家具や装飾中心で行われていた。現在では、建築の要素が大きく取り込まれることになり、空間や環境のコントロールへと移ってきている。さらに、建築デザインとインテリアデザインの領域も曖昧になりつつある。現在は建築が家具のように動き、家具が建築の機能をもつような提案も見られ始めている。領域の曖昧さはインテリアデザインの魅力の拡大にも繋がっている。

インテリアデザインのスタディ

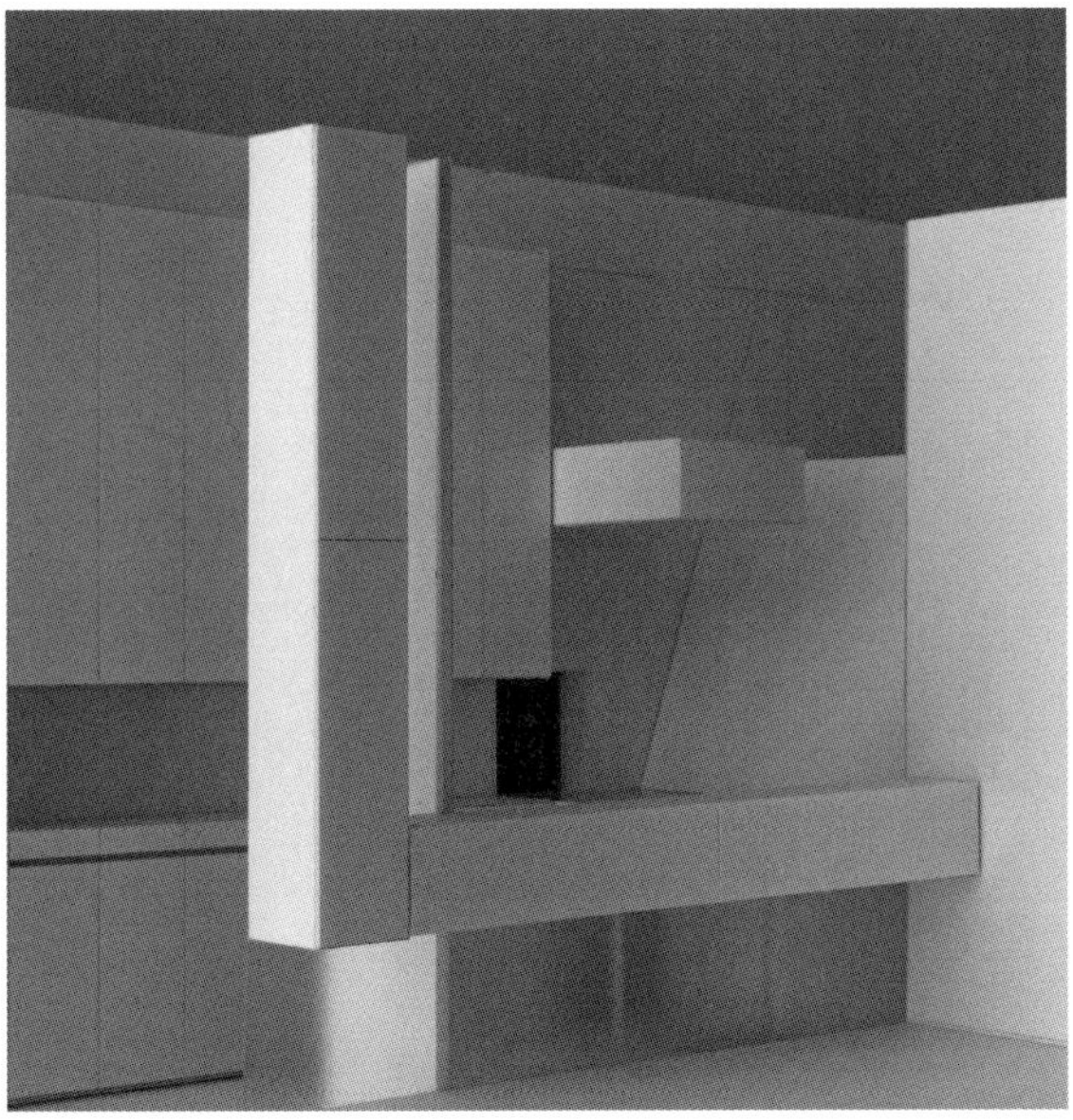

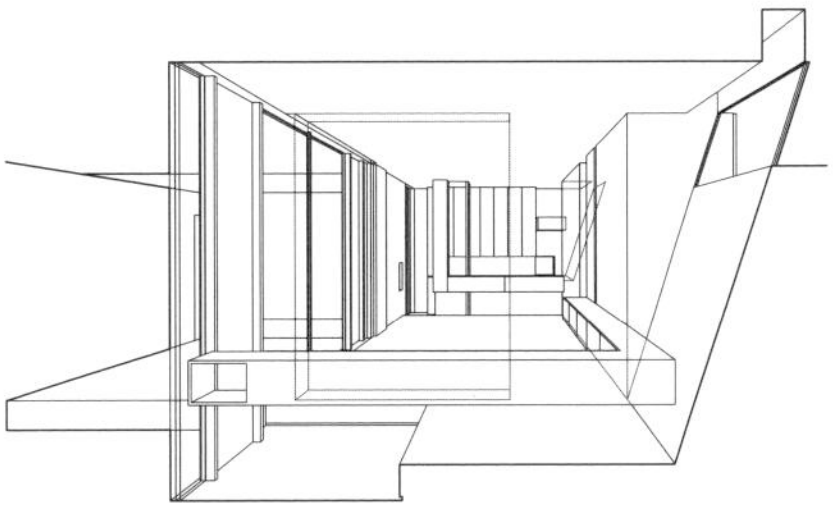

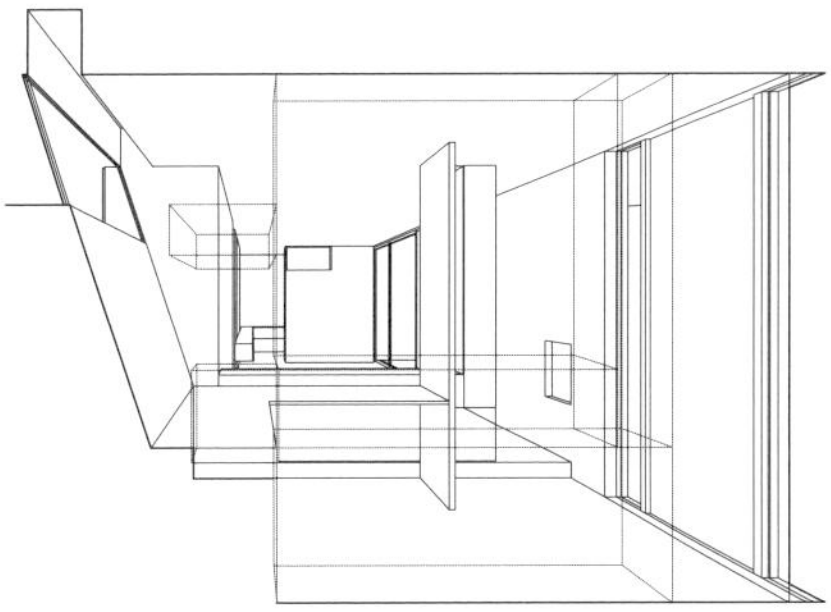

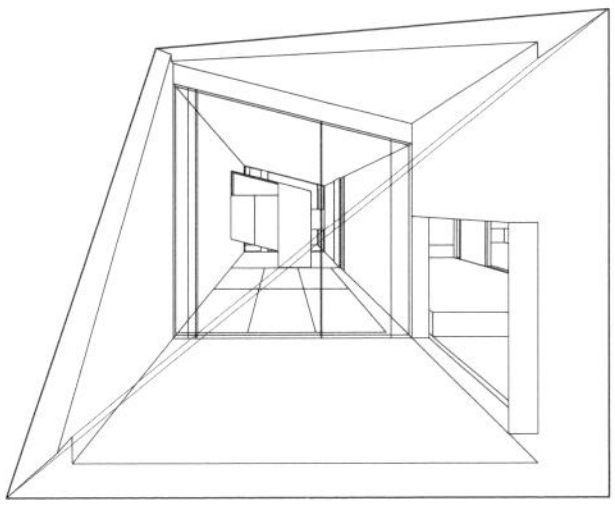

住宅のインテリアは、そこで生活する居住者の日々の生活シーンに想像の目を向けながら、光や風の導入方法、生活動線の詳細な検討などを行い、家具などを設えていく。
プロポーションの検証は、インテリアの模型やパースを描くことで容易になる。
素材に関しては、同形状の家具や建具でも用いられる素材の選択によって、人が受ける印象は異なる。設えられた空間に対しどのような素材が適正であるか、心理的な影響などを考慮しなければならない。住む人の居心地の良さを左右するのは、こうした細やかな設えに対する想像力をもった意識の向け方にある。

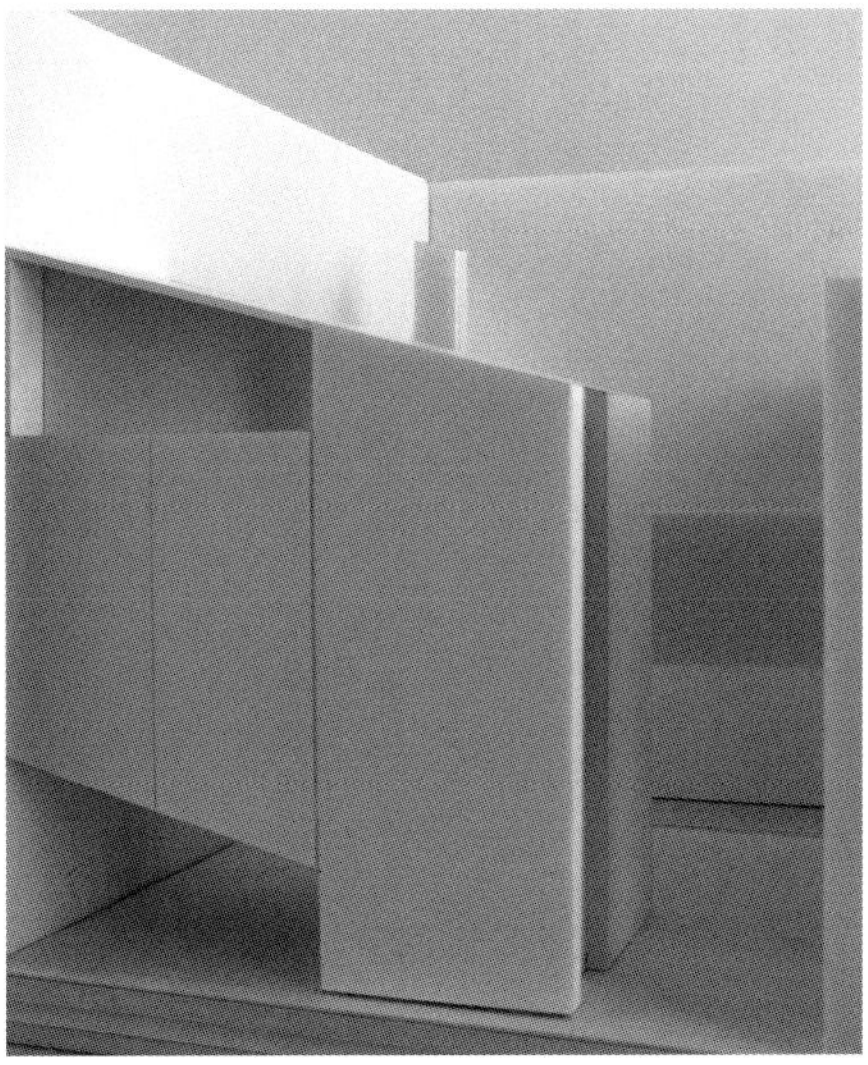

建築家具

写真は、建築家であり、プロダクトデザイナーでもある鈴木敏彦により開発、製作された「建築家具」と呼ばれるものである。

建築の躯体は長寿命化の傾向にあるが、間仕切りや設備が固定されていることで空間の可変性を阻害させている。間仕切りや設備を家具と一体とさせることで、インテリアに可変性をもたらし、自由度を確保できると考え、モバイルキッチン、フォールダウェイオフィス、フォールダウェイゲストハウス、建築家具オフィスなどの一連の建築家具が開発された。新しいライフスタイルや生活空間への提案がなされている。

▼ 建築家具オフィス

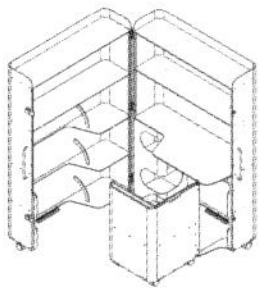

▼ 左から、
モバイルキッチン、フォールダウェイオフィス、フォールダウェイゲストハウス

図、写真：www.atelier-opa.com

011 光の導き方

POINT

時間の移ろいや仕上げの質感を意識した開口部のデザイン、照明の選択

建築は、構造を構成している材、建築の外部・内部に使われる各種の仕上材など、さまざまなマテリアル（素材）によって構成され作られている。素材のもつ色や質感は、光がなければ感じ取ることはできない。

自然光でも、窓の開口部の開け方で素材の印象は大きく変化する。窓の高さを地窓のように低い位置にとった場合、光は床面をなめるように柔らかく入り込む。床から天井まで大きく開口を設けた場合、入り込む光量は多くなり、素材は強い光を受け止めることになる。また、縦長のスリットのような開口部では、光はシャープに切れ込むように差し込み、室内ではマテリアルのコントラストが強くなる。このように、同じ自然光でも、開口部の切り取り方で印象はさまざまに変化する。

また、照明器具の光源を白色にするか、赤みや青みのある照明にするかなどの選択で、その光を受けるマテリアルは同素材であっても印象は変わる。部屋の印象を落ち着いたものにしたい場合、ＬＥＤや白熱灯、蛍光灯では電球色など温かみのある色合いの照明を選択する。また、さらに柔らかくしたい場合は、天井面や壁面に光を当て反射させるようにして、直接光源が見えないようにした間接照明とする。しかし、これらの光は、光を受ける素材により印象を大きく変える。白い壁面では反射する率も高くなり、色の濃い暗色系の壁面では反射率は低くなる。勉強部屋やキッチンなどの視作業を伴う場所では、昼間の太陽光に近い青白い蛍光照明が適する。

マテリアルを設《しつら》えるということは、マテリアルのもつ特性、魅力を的確に読み取るだけでなく、マテリアルが置かれる状況を、照明器具の選択や開口部の取り方などで表れる時間の移ろいなども含めた空間のさまざまな状況を同時に思考することも必要とされる。

光の効果が印象的な建築

◉ パンテオン（イタリア ローマ）

紀元前27年アグリッパが建設、118～128年頃ハドリアヌス帝が再建。

ドーム断面は直径43.2mの球体が内接する。天井中央頂部に直径9mの天窓（オクルス／ラテン語で目の意）が開いている。オクルスを通して太陽光、雨などが直接神殿内に降り注ぐ。

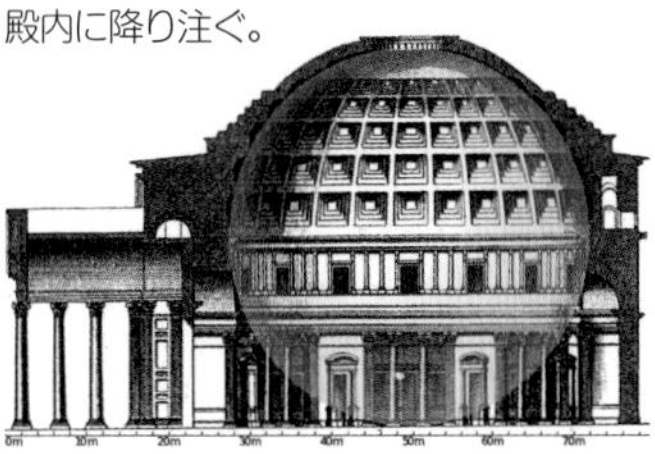

出典：Wikimedia Commons, License: CC BY-SA 3.0

◉ キンベル美術館（1972、アメリカ合衆国 テキサス州 フォートワース）

自然光による美術館。インテリアを特徴づけているライン状のトップライトから落ちた光が、パンチングメタルの反射板により、サイクロイド曲線から導かれたヴォールト形状の曲面のコンクリート仕上面に反射され、室内全体が柔らかい光に包まれる。
設計：ルイス・カーン

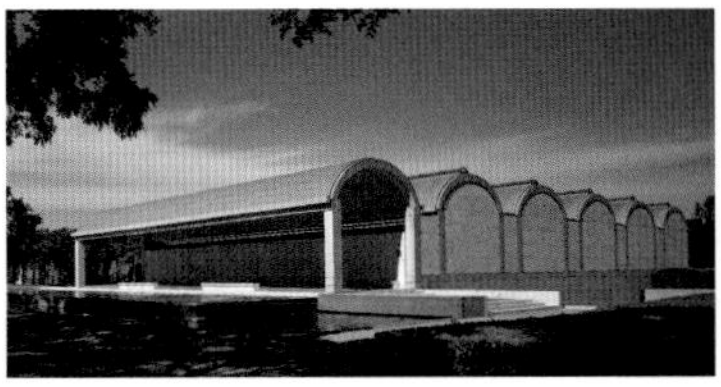

Photo：Rosenfeld Media

◉ ロンシャンの礼拝堂（1950～1955年、フランス ロンシャン）

Photo：Roberto Faccenda

Photo：John Lord

Photo：antonio gallud

厚い傾斜した壁面に自由に開けられた窓のステンドグラスを通して入ってくる光は、祈りの空間を豊かに彩っている。
設計：ル・コルビュジェ

012 構造デザイン

POINT

自然界の形象は、構造デザインの啓示となる多くのヒントを宿している

建築の構造は、人類の長い歴史の中でさまざまなバリエーションを作り出してきた。石や煉瓦などの組積造、木材の伝統建築工法から集成材による大架構、コンクリート造、S造、SRC造、アルミ造、プレキャスト工法などである。また、構造のアイデアは、生物の姿や自然界で見られる現象などから多くの啓示を受け、新しい工法が導き出され、空間の可能性を広げてきた。卵の殻や貝殻など強度をもった構造はシェル構造を導き出した。

円筒シェルのシドニーオペラハウス（意匠＝ヨーン・ウッソン、構造・オブ・アラップ）や双曲放物線シェル（HPシェル）の東京カテドラル聖マリア大聖堂のように、内外部とも美しい大空間を作り出している。

現在では、カーボンナノチューブの原子構造を建築の構造に置き換えるという発想のもとに、ハニカムチューブ・アーキテクチャーが構想されている。蜂の巣などにも見られる正6角形のハニカム構造は、幾何学的特性の対称性、力学特性の高い剛性・耐力がある。

ハニカムチューブ・アーキテクチャーはこの能力を応用したもので、さまざまな建築シーンを想定し、構造解析が行われ、次世代ビルディングタイプとしての有効性が期待されている。

構造デザインとは「個々の建築がもつ固有の特性、性格を引き出し、「構造のあり方」の模索を行い、空間に秩序を与え、技術工学を駆使しながら全体と部分との統合を図ること」と定義できる。自然界の形象はいまだ多くの建築の可能性を押し拡げるヒントを宿している。構造デザインを志す者は、工学的な知識や技法を学ぶことの他に、風景、植物、動物などさまざまな自然の形象に対して興味を抱く感性を持ち、学ぶことも必要であり、それは工学的な感性を磨くことにつながる。

ハニカム構造

◀ **東京カテドラル聖マリア大聖堂（1964年、東京都文京区関口）**
設計：丹下健三
構造：坪井善勝
構造システム：
HPシェル（hyperbolic shell）
双曲線外殻構造

▲ **せんだいメディアテーク（2000年、宮城県仙台市）**

敷地面積：3,948.72㎡
建築面積：2,933.12㎡
延床面積：21,682.15㎡
最高高さ：36.49m

設　　計：伊東豊雄建築設計事務所
構　　造：佐々木睦朗構造計画研究所
構造システム：
建物全体は13本の鉄骨独立シャフト（チューブ：主に鋼管トラス構造）と7枚の鉄骨フラットスラブ（ハニカムスラブ：鋼鈑サンドイッチ構造）で構成され、各階で異なる平面計画が採用されている。

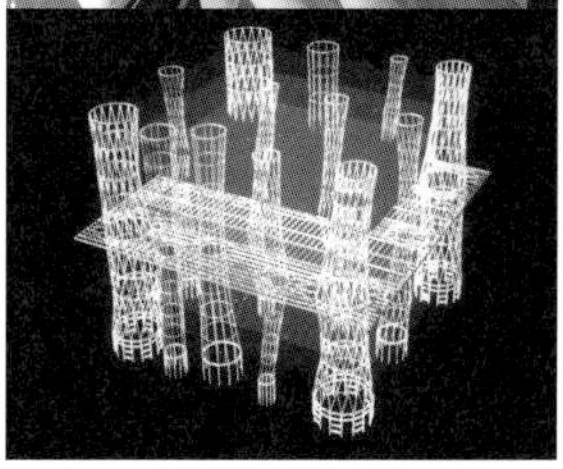

画像：佐々木睦朗構造計画研究所

◉ ハニカムチューブ・アーキテクチャー（HTA）

ハニカムチューブ・アーキテクチャーは、PC（プレキャスト・コンクリートとプレストレスト・コンクリートの両方の技術を合体させた）工法や、S（鉄骨造）を用いたライトハニカム工法、フラクタルハニカム工法、ハニカムチューブ・スカイスクレーパ工法など、さまざまに開発され、中高層マンション、低層建築、超高層建築などの新しい可能性を拓き始めている。

構造特許：積水化学工業
模型写真：インターデザインアソシエイツ

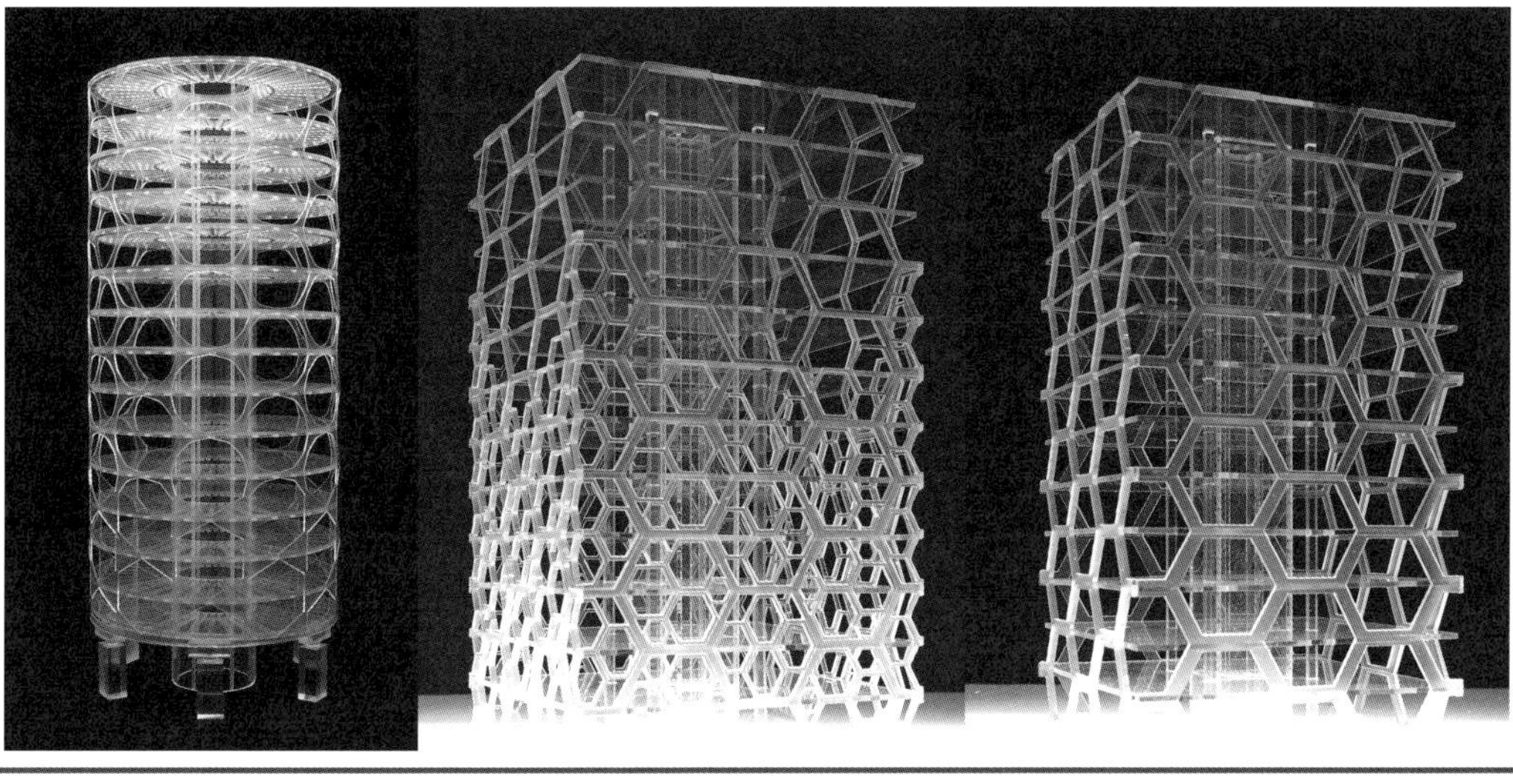

013 環境設備と建築デザインの関係

POINT

次世代の環境制御技術はバイオクライマティック（生態気候的）デザインに向かう

建築は、近代において潤沢な（当時の認識）化石燃料の供給を背景に、建設技術や設備技術の進歩とともに、室内気候を人工的にコントロールすることができるようになった。このような人工環境技術の発展は時間や場所の拘束を受けないということであり、今までのその土地の気候風土によるデザインの拘束からの解放を行い、インターナショナル・スタイルとして全世界に波及し、20世紀建築のモデルとなった。

インターナショナル・スタイルは一般的な建築のあり方として主流となったが、室内環境を快適にするため、外部と内部との境界は遮断され、また外部の自然環境との心理的な距離感も開くという結果をもたらした。

近代以前は、エネルギー資源は希少であり、そのため、エネルギー消費を抑える工夫がさまざまに行われていた。建築の建設にかけるエネルギーを抑えるために地場の材を用いること、土地の気候を丁寧に読み込んで風道、日除、換気、防風など建築的な工夫を凝らし自然に対処していた。近代以前の建築は、外部環境との関係性が柔らかく緩やかに作られていた。

次世代の建築環境を作り出すシステムは、バナキュラー建築（→１０７）の特性と、パッシブデザイン（太陽エネルギーを壁や床に蓄熱して冬期の室内空気を暖めたり、緑化による熱負荷軽減や屋外暑熱環境緩和などの機械動力を伴わないシステムをもつもの→０９４）による環境制御技術を採り入れた地域性、場所性を重視したもの、自然の力を積極的に採り入れたバイオクライマティックデザイン（生態気候的デザイン→０９６）に向かっていくだろう。

１９２８年に建てられた聴竹居はバイオクライマティックデザインの原点とされる。この建築の試みから学ぶことは多い。

バイオクライマティックデザインの原点「聴竹居」(ちょうちくきょ)

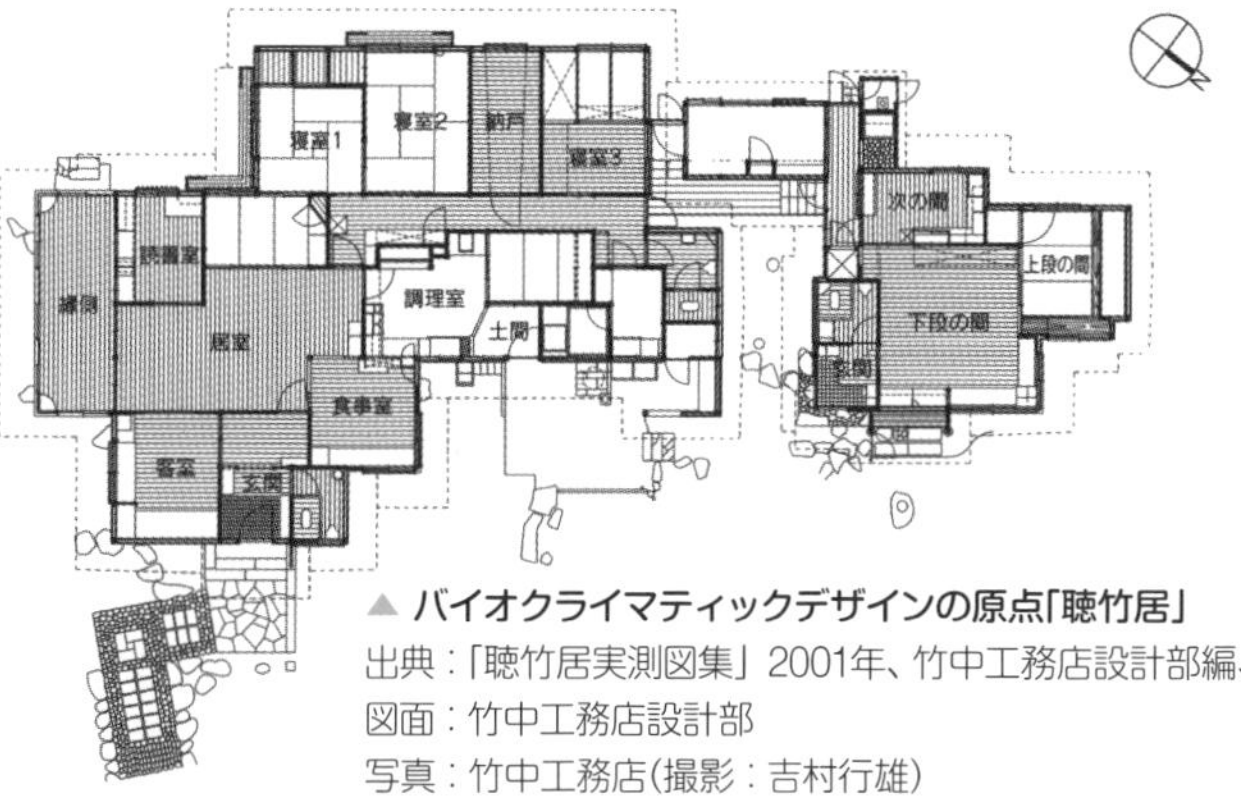

▲ バイオクライマティックデザインの原点「聴竹居」
出典：「聴竹居実測図集」 2001年、竹中工務店設計部編、彰国社
図面：竹中工務店設計部
写真：竹中工務店(撮影：吉村行雄)

「聴竹居」は1928年、藤井厚二によって京都府乙訓郡大山崎町の天王山麓に建てられた最後の実験住宅（自邸）である。日本の気候風土に適応した住宅のあり方を実証するため、5棟の実験住宅を建てたが、「聴竹居」はその集大成となった近代住宅建築の代表作である。

◉ 建物配置

南北軸から角度を振った配置を行い、東西に長い間取りとすることで、東西面を小さくしてエネルギー消費を抑えるように配慮されている。

◉ 仕上材

外壁に木舞、土、煉瓦、鉄筋コンクリートなど、さまざまな壁の仕上げを作り、太陽を直射させて内部温度の比較実験を行い、優れた素材として土壁を採用している。屋根材は断熱性や耐火性が比較検討され、葺土(ふきつち)をひいた瓦葺が有効と判断された。しかし、周辺の景観への配慮から、実際に採用したのは瓦葺と銅板葺で、両者が使い分けられている。

◉ 縁側、室内換気システム

南端の部屋に「縁側」と命名したサンルームを設け、夏期は緩衝スペース、冬期は居室と一体とすることで日射が床面に吸収、蓄熱され、ダイレクトゲインとしての役割をもたせている。風当たりの良い西側から外気を取り入れ、地中に埋設した導気筒から居室へと導いている。換気の重要性から、欧米のように気密性を高めるのではなく、「一屋一室」として気積を大きくとるよう、各居室間の間仕切り上部に欄間を設け、通風を確保している。導入した空気は、各居室の天井面に設けられた換気口から屋根裏を通じて、妻面の通風窓から排気させる工夫がされている(以上の内容は「竹中eレポート2003」より引用)。

「聴竹居」は、現在のように設備機器に依存することなく、気候風土を丁寧に読み込み、工夫を重ねることで、快適性を確保させている。藤井厚二の設計思想にはバイオクライマティックデザインの思想の原点を視ることができる。
2022年8月現在、「聴竹居」は予約すれば見学可能である。

▲「聴竹居」全景

▲ 食事室から見た居室

▲ 居室

▲ サンルーム、縁側

▲ 客室

▲ 藤井厚二(ふじいこうじ)
1888～1938年、建築家、建築学者、建築環境工学の先駆者。環境工学的アプローチで日本の気候風土と西洋的空間構成の融合手法を提示。

インターナショナル・スタイル
個人や地域などの特殊性を超えて世界共通の様式へ向かおうとする機能主義的な立場から試みられた建築様式のこと。無彩色で無装飾の壁面をまとい、内部空間を自由間仕切りとしたユニバーサルスペースを有していることが特徴。H・R・ヒッチコックとフィリップ・ジョンソンによって作られた造語で、1932年のニューヨーク近代美術館で開催された「モダン・アーキテクチャー」展での展覧会で定着させた。代表例としては、ミース・ファン・デル・ローエの一連の作品がある。

◀ シーグラムビル(Seagram Building) 1954～1958年
マリオンとガラス面による均質性が表現されている。
設計：ミース・ファン・デル・ロー、フィリップ・ジョンソン
写真：Tom Ravenscroft

BIM

BIM（ビム）とはBuilding Information Modeling（ビルディング　インフォメーション　モデリング）の略称。コンピューター上に作成した3次元の建物のデジタルモデルに素材や組立工法、コスト、設備機器、管理情報などを盛り込み、立体モデルを構築する。設計から施工、維持管理まで含めたあらゆる工程での情報管理が行え、メンテナンスや資材管理などさまざまに活用ができる。

アメリカで開発されたBIMは、2007年にアメリカのBIMガイドライン公表に伴い「BIM」の概念が日本に輸入された。その後2009年にBIM関連の書籍が発売されたことで導入が活発化。2009年は「日本におけるBIM元年」と呼ばれている。

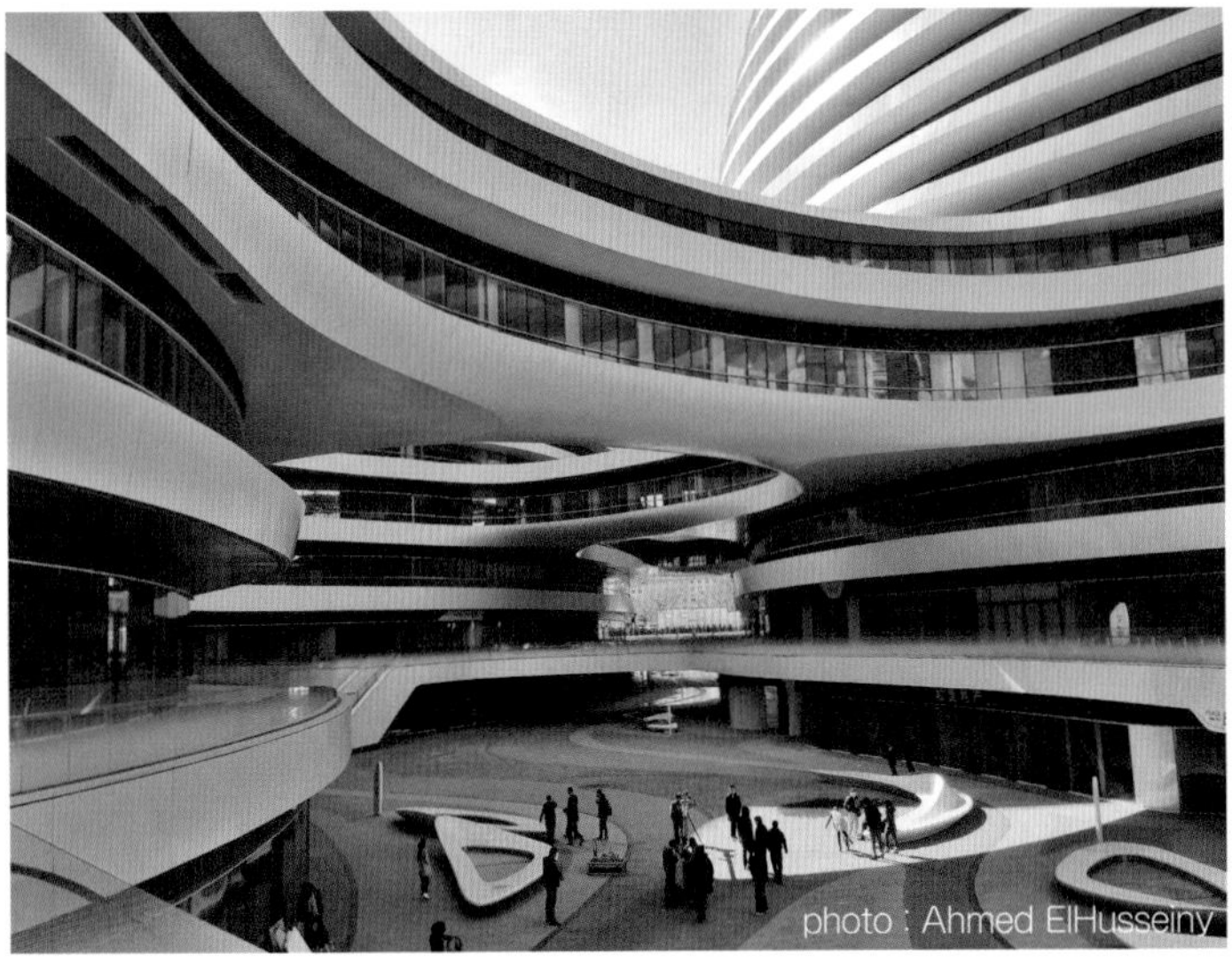

photo : Ahmed ElHusseiny

◀ **BIMが活用されている建築事例（左写真）**
ギャラクシー SOHO
設計　：ザハ・ハディド・アーキテクツ
用途　：複合ビル
所在地：中国・北京
竣工　：2012年

▼ **BIMが活用されている建築事例（下写真）**
フォンダシオン・ルイ・ヴィトン
設計　：フランク・ゲーリー
用途　：美術館
所在地：フランス・パリ
竣工　：2014年

photo : Francisco Anzola

▲ **曲面ガラスで覆われた外観のデザインを含め、コンピューター制御の型枠を使ったコンクリートパネルやガラス部材の工場製作までもBIMモデルデータを活用している**

CHAPTER 2 設備とは

014 建築設備と省エネ

POINT

地球環境に学ぶ

地球は、太陽から届く放射エネルギー量、地球が吸収するエネルギー量、反射するエネルギー量、放散するエネルギー量がバランスされ、地球の平均表面温度は15℃に保たれている。

　また、地球の自転によってコリオリの力（転向力）が生まれ、ジェット気流や海流の運動に影響を与える。大気は流れ、さまざまな風を生み出し、水蒸気を運び、雨を降らせ、川となり、海へ注ぐ。大気の循環や、水の循環が奇跡のようにバランスがとられて、地球環境は維持されている。しかし、人が作り出すエネルギーやそのエネルギー消費、作り出される物質や廃棄されていく物質など、生産、消費、再生としての循環は、いまだに模索している状況にある。

　建築設備は人が生み出すエネルギー消費のあり方に大きなウェイトをもつ。現在、人類が直面しているこのような状況を考慮して設備を設えていかなくてはならない。

建築設備の省エネルギー

　省エネルギーの考えには、エネルギーを使わない配慮、無駄にエネルギーを消費しない配慮、効率よくエネルギーを使う配慮などが重要となる。

システムのあり方

　氷蓄熱や水蓄熱による夜間電力の利用での契約電力の低減、エネルギー利用の局所制御、受電のピークカット、機器台数の制御、大温度差空調システム、オープンネットワーク（→016）などが挙げられる。

自然エネルギーや排熱の利用

　太陽光、太陽熱、風力などの自然エネルギー、雨水の利用、外気冷房、排熱回収冷凍機による温水の製造などの方策を考える。

管理・合理化

　節水や不使用照明の消灯などの施設管理、集中監視、効率の良い機器の導入などの方策を行う。

地球のエネルギー収支

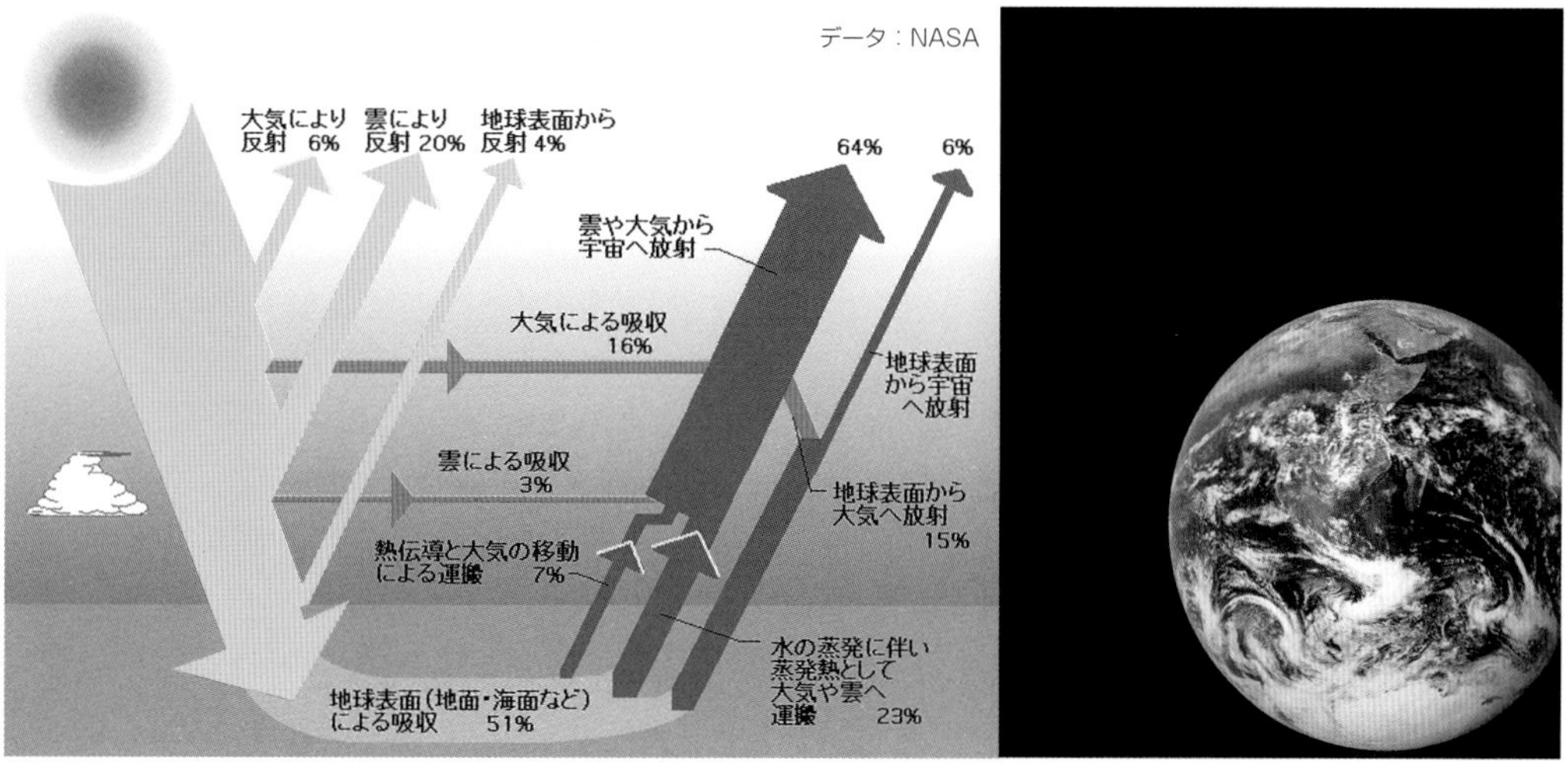

地球全体に注ぐ太陽エネルギーの反射率の平均は0.3ほどであり、地球に注がれるエネルギー量の30%は宇宙に向けて反射され、残りの70%は地球に吸収される。

◉ 反射される 30% の内訳

6%は大気によって反射される。

20%は雲によって反射される。

4%は地球表面（地面、水面、氷面など）によって反射される。

◉ 吸収される 70% の内訳

51%は地球表面に吸収される。

16%は大気に吸収される。

3%は雲に吸収される。

◉ 吸収され再放射される 70% の内訳

大気や雲に吸収された19%はそのまま再放射される。

15%は地球表面から大気に放射され、やがて宇宙へ放射される。

7%は、大気の移動に伴って地球表面から大気に移り、やがて宇宙へ放射される。

23%は水の蒸発によって潜熱として地球表面から大気や雲に移り、やがて宇宙へ放射される。

6%は地球表面から放射される。

（注）地球は東向きに自転しており、低緯度の地点から高緯度の地点に向かって運動している物体には東向き、逆に高緯度から低緯度に向かって運動している物体には西向きの慣性力（発見した学者にちなんで「コリオリの力」（転向力）と呼ぶ）が働く。台風が北半球で反時計回りの渦を巻くのは、この慣性力による。また、大気だけでなく海流動もこの慣性力を受けている。

ビル設備の省エネ技術と効果

電気設備

要素技術	効果
省エネ型照明	高効率化による電力低減
太陽光発電	自然エネルギー利用

空調設備（空調システム）

要素技術	効果
大温度差空調システム	搬送動力低減
床吹出空調システム	空調負荷低減
外気量制御	空調負荷低減
躯体蓄熱パッケージ	蓄熱効率化
PAC本体デマンド制御	PAC動力削減

電気設備

要素技術	効果
低損失変圧器	高効率化による電力低減

エネルギーマネージメント

要素技術	効果
エネルギーマネージメント	エネルギーの見える化

空調設備（空調システム）

要素技術	効果
冷媒自然循環式局所冷却システム	空調動力削減
IT連携制御	空調動力削減

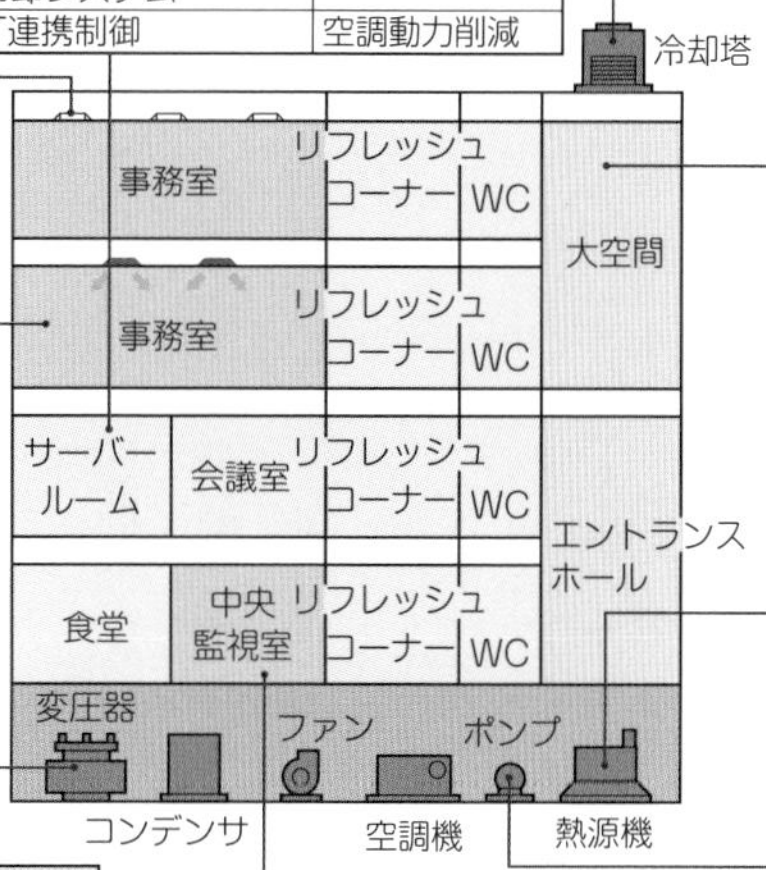

空調設備（空調システム）

要素技術	効果
自然エネルギー利用フリークーリング	冷凍機動力削減

空調設備（空調システム）

要素技術	効果
大空間成層空調システム	空調負荷低減
置換空調システム	空調負荷低減

空調設備（熱源）

要素技術	効果
氷蓄熱式大温度差空調システム	搬送動力低減
デシカント空調	排熱利用
大温度差吸収式冷温水発生機	搬送動力低減
最適化制御システム	総合効率向上

空調設備（搬送）

要素技術	効果
インバータ付ファン・ポンプ	搬送動力低減
増圧給水ポンプユニット	搬送動力低減

図：（株）日立プラントテクノロジー

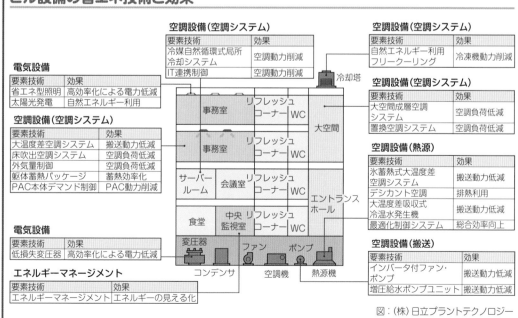

015 建築と設備のライフサイクル

POINT

建築の長寿命化を図るには、設備の改修を想定した入念な検討を行っておくことが求められる

近代建築は新しい建築材料の供給と設備技術の進歩とともに歩んできた。その設備技術のあり方も量から質へ、さらに環境共生へと、時代とともに変化してきている。

今までのスクラップ&ビルドのような大量消費の時代は終焉を迎えており、建築の長寿命化を前提とした建築設備のあり方を考えていかなければならない。

建築と設備の関係は、人に例えると、骨格と臓器、皮膚と血管との対比として見ることができる。寿命については、建築のライフサイクルと設備のライフサイクルとでは、当然、建築本体が長く、設備は短いというように、性質が異なる。したがって、設備計画を行う時は、建築の耐用年数（ライフサイクル）の設定を行い、その間に必要とされる改修計画を考える必要がある。改修工事では、改修対象の部材よりも長い寿命をもつ部材への影響を考えたり、必要のない「道連れ工事」を極力減らすよう、企画段階での入念な検討が必要となる。

現実には、多くの既存の建築でこのような「道連れ工事」が行われている。建築の長寿命化を図るためには、設備のメンテナンスや改修を容易に行えるよう建築と設備の各要素が分離され、交換・改修が問題なく行えるような設計がなされていることや、将来の機器の性能向上を見込み、あらかじめ予備スペースを確保しておくなどの配慮が求められる。

このような配慮が欠けていた従来の建築では、改修や更新が困難となり、コスト増などを招き、結果、設備の短い寿命が、建築の寿命となって解体されていくような事例が数多く見られた。

設計の企画段階から、このような将来の改修に対する考えを盛り込み詳細な検討を重ねておくことが、建築の長寿命化を促すことになる。

道連れ工事

photo:Bex Walton

◀ **ロイズオブロンドン(1986年、イギリス)**

ロイズオブロンドンは、設備配管がむき出しとなったオフィスビルである。

縦横に駆け巡る配管や外部階段の腰壁のステンレスパネルが石油コンビナートのような強い印象を与えている。

機械設備、EV、ロビー、トイレ、給湯室、非常階段といったサービス的な機能をもたせたシャフトを、建築の外部に独立して配置している。

階ごとのゾーニングが行われていることから、垂直構造体による制約から逃れており、改修の際には他のテナントに影響を及ぼさないですむというメリットが期待されている。

設計：リチャード・ロジャース

用途：事務所

構造：鉄筋コンクリート造、鉄骨造

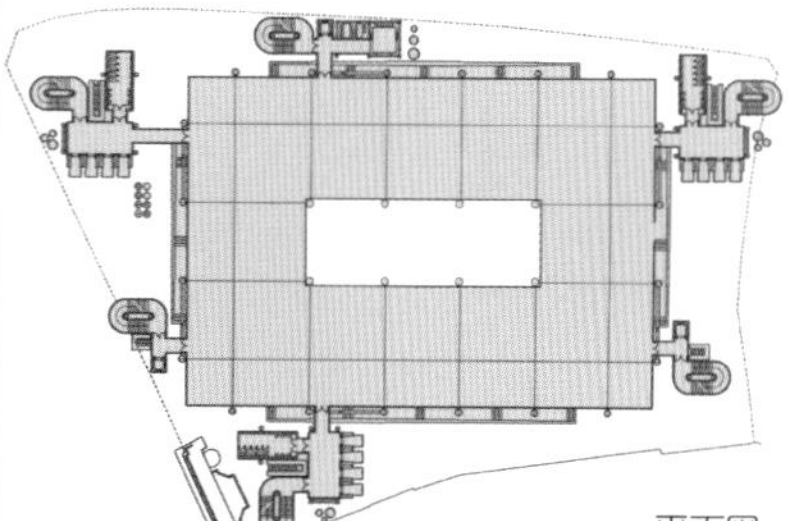
平面図

設備は建築本体よりも寿命が短いため、建築を長い間使用すると、ある時期には設備の更新が必要となる。

建築時の、設備配管の寿命を考慮しない不適切な隠蔽配管や納まりの不適切さによって生じる、目的の改修以外の工事などを「道連れ工事」という。

一般的に、リニューアル時の工事費は新築時と比較して割高となる。理由は、上記の道連れ工事や、足場の設置、既存の内装、設備の撤去費用が加算されるためである。リニューアル費用をできるだけ抑えるためにも、建築の計画時に設備の更新がスムーズに行えるよう、また道連れ工事が発生しないような設計を行う必要がある。

◉ 道連れ工事の防止策

① 構造躯体の耐久性
- 構造躯体の耐久性を高め、劣化防止の検討を行う。

② フレキシビリティの確保
- 将来的な用途変更や高機能化に対応可能なように、階高、延床面積、各階床面積にゆとりをもたせる。
- 将来の用途変更や高機能化に対応可能なように、床荷重を設定する。
- 増築にも対応可能なように、建築物の配置および構造について十分に検討する。
- 用途変更や高機能化を考慮し、設備機器の容量、配管やダクトのサイズの増大に備え、スペースを確保するなどの対策を検討する。
- 部分的な更新が容易となるよう、分解が容易な資機材、モジュール材料などを使用する。

③ 建築部材と設備部材の取り合い、耐久性
- 内部の仕上げと設備など、複数の材料が複合的に用いられる箇所での道連れ工事を防止するため、各材料の更新周期を合わせるほか、部分更新を容易にするため、内部仕上げと設備のシステム化を図る。
- 点検、部品交換が容易な機材の選定を行う。

④ 維持管理の容易性の確保
- 建築部材・設備機器・設備システムの補修・更新・維持・管理などを効率的・効果的に実施するため、適切な作業スペースを確保する。
- 建築設備の配管・ダクトなどの更新に配慮し、点検、メンテナンスが可能な設えとする。

016 設備設計と管理

POINT

設備設計は、竣工後の運用点検も重要な設計業務である

設備設計とは、建築に備えられる各機能を十分に発揮させるための設計を行うことである。

設備機能が複雑な建築の場合、その運用において、竣工後1年目ぐらいまでは、利用者が設備機能について十分な理解をできず、2年目以降からようやく適正な運用がなされるようになる場合が多い。設備設計者にとっては、建築の竣工が設計の終着点とはならない。竣工はまだ中間点であり、竣工後の運用点検も設備設計者にとって必要な業務となる。

設備機器の選択

設備設計者にとって、機器の選択に際してもつべき重要な視点は、機器性能の最新の情報や知識を常に身に付けたうえで、建築をとりまく環境、建築の性格などを把握し、諸条件の考察を行う視点である。

建築に与えられる条件設定は、設計が進行していく過程で変化を伴う。そのような条件変化に適した機器を適正に判断し、決定していくことが重要である。

設備管理の今後

今後の設備管理方法ではオープンネットワークの促進で、設備機器の管理では機器へ直接センサーを設置し、インターネット回線を用いてモニタリングする管理運用が主流となるだろう。このような管理方法であれば、建物が遠隔地にある場合などでも常時監視することが容易となり、経費低減が可能となる。

今後は、さらに細かなレベルで機器にセンサーが取り付けられるようになり、詳細なデータが得られるようになっていく。また、これらのデータの解析を行うことで、使用者への設備機器の運用効率化を図ることや、設計へのフィードバックを行うなどして、さらにレベルの高い運用に生かされるようになる。

オープンネットワークの促進

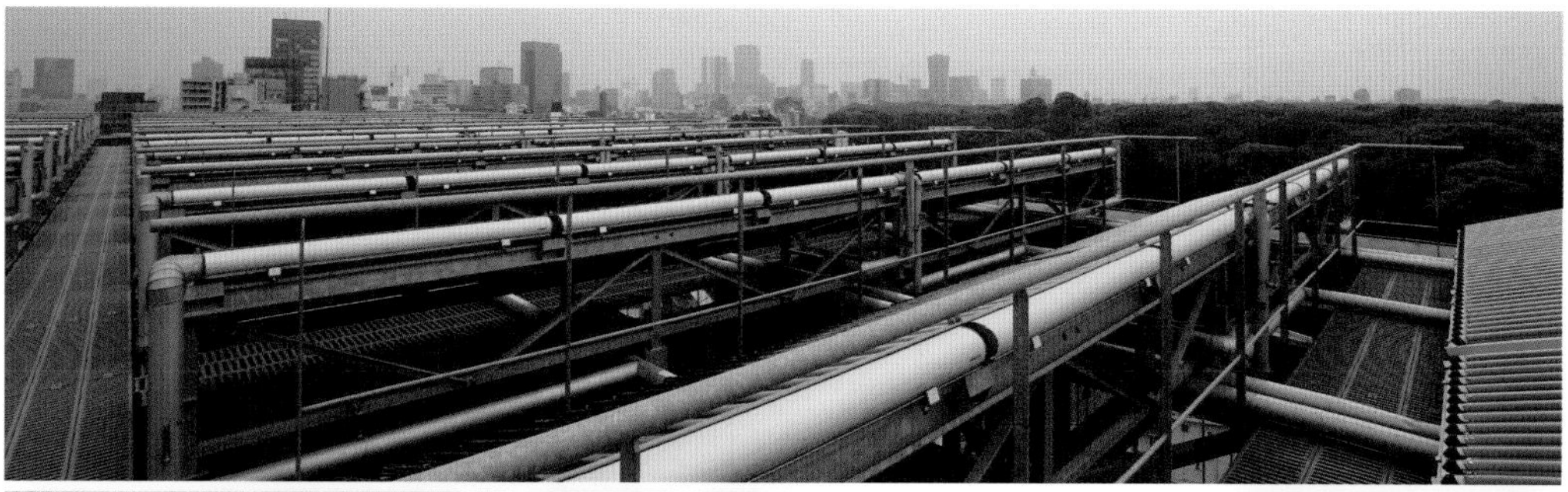

商業施設、工業施設、公共施設、一般住宅など、各種施設で使用されている照明、空調、セキュリティなどの機器設備は、通信ネットワークによって相互に接続され、管理、監視、制御されている。

しかし、設備情報のネットワークは、特定メーカーのパソコンや周辺機器だけで構築されているため、システム間の相互運用性が確保されていない。

また、メンテナンスや更新時には、納入時の単一メーカーのものしか扱えないというユーザーにとって、他社とのコスト比較が難しいという状況にあった。

このような環境に対して、国際的に標準化が進んでいるネットワークの規格をすべての建物・施設で共通に採用して、特定メーカーの制約を受けないように、ネットワーク設備の更新、拡張、効率的な運用、省エネルギー対策、維持管理費用の低減などが容易に行えるオープンネットワークの普及が促されている。

ITによる設備管理

現在では、設備機器の運転状況を監視するセンサーをインターネット回線と接続させることで、常時、設備機器の運転状況を確認できるようになっている。

このようなITを活用したモニタリングシステムにより、現場を訪れることが難しい遠隔地での設備状況の確認も可能となる。

したがって、遠隔監視方法であるリモートメンテナンスが、新しい技術のキーワードとなっている。

また、設備の履歴（設計段階から現在に至るまでの重要な情報を建物カルテという形で残す）を、ITを通じて毎日の建物のカルテをデジタルデータで管理し、日々の状況を把握して、より良い環境につなげる管理をするという手法も期待されている。

◉ リモートメンテナンス

リモートメンテナンスの導入事例としては、各種ビル、工場、製造業施設などがある。

その効果としては、監視体制が強化されることにより、設備機器の異常の早期発見が可能になり、故障を未然に防ぐことができることが一番の効果である。また、データの分析・解析を行うことで、不具合などの原因・改善対象を明確にすることもできる。

省エネ・低コストの対象設備を把握しやすくなるという波及効果もある。

インターネットで閲覧できる運転データから正確な運転状況を把握し、日常管理の効率化につなげることができる。

017 建築設備士

POINT

建築設備士とは、建築設備全般に関する知識と技能を有し、建築士に適切なアドバイスができるアドバイザー資格である

建築設備士は、建築設備全般に関する知識と技能を有し、建築士に対して建築設備の設計と工事監理に関する適切なアドバイスを行える、建築士法に基づく国家資格である。

建築設備士の習得者は、4年の実務経験で一級建築士試験の受験資格が得られ、また、実務経験不要で二級建築士および木造建築士試験の受験資格が得られる。

建築士法においては「建築士が大規模の建築物その他の建築物の建築設備に係る設計又は工事監理を行う場合において、建築設備士の意見を聴いたときは、設計図書又は工事監理報告書に、その旨を明らかにしなければならない」とされている。

また、建築基準法による建築確認申請書、完了検査および中間検査申請書においても、その旨を明記しなければならない（設備設計一級建築士の資格概要→０７８）。

建築設備士はあくまでも、建築士へのアドバイザー資格であり、建築設備設計業務は建築士の独占業務であるため、建築設備士には認められていない。

しかし実際には、建築設備士が設備設計業務を行っている実体があることを設備団体自らが国土交通省で公表して問題となった。

これを機に、建築設備士が建築設備設計の業務において建築士へのアドバイザー資格であることを明確にし、新たに、設備設計一級建築士という資格が創設された。

しかし、この建築士法の改正により、有資格者をもたない設備事務所は設計を行えないという事態が発生することになり、現場は混乱を起こしている。

資格者不足が懸念される改正建築士法の影響をどのように抑えるかが課題となっている。

建築設備士と設備設計一級建築士

◉ 建築設備士

建築設備士は、建築設備全般に関する知識および技能を有し、建築士に対して、高度化・複雑化した建築設備の設計・工事監理に関する適切なアドバイスを行える資格者である。ただし、建築設計を行うことはできない。

〈受験資格〉

① 学歴を有する者。具体的には、大学、短期大学、高等学校、専修学校などの正規の建築、機械、電気に関する課程を修めて卒業した者。
② 一級建築士などの他の関連資格取得者。
③ 建築設備に関する実務経験を有する者。

①〜③それぞれの建築設備関連の実務経験年数が必要。

◉ 建築設備士登録制度

(社) 建築設備技術者協会により登録が行われる。

◉ 設備設計一級建築士

設備設計一級建築士は、2006年12月20日に公布された新建築士法により、その資格認定制度が創設された。
一定規模以上の建築物の設備設計については、設備設計一級建築士に設備関係規定の適合性の確認を受けることが義務付けられている。
資格の習得には、原則として一級建築士として5年以上、設備設計の業務に従事した後、国土交通省の登録を受けた登録講習機関が行う講習の課程を修了することとされている。

空気調和・衛生工学会設備士

空気調和・衛生工学会設備士とは、(社)空気調和・衛生工学会が主催する建築設備における空気調和、給排水衛生設備の設計、施工、維持管理、教育、研究に携わる人々の資格で、検定試験が1956年(第1次)より毎年1回実施されている。

建築設計事務所、施工会社、メンテナンス会社などで活動するが、合格後2年の実務経験により建築設備士の国家試験の受験資格が得られる。

設備設計一級建築士の設計関与が義務付けられる場合の建築設備士の位置づけ

資料：新・建築士制度普及協会

(1) 設備設計一級建築士が設計を行う場合

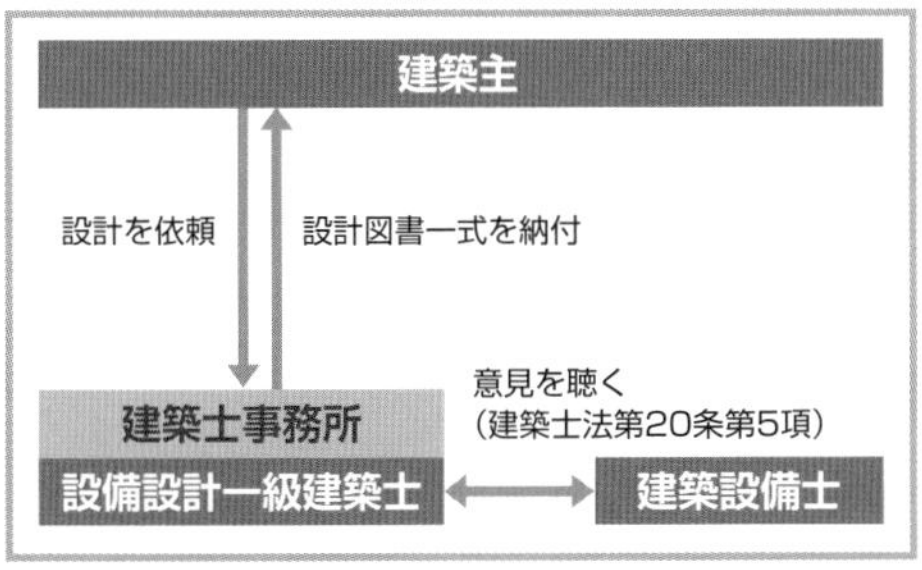

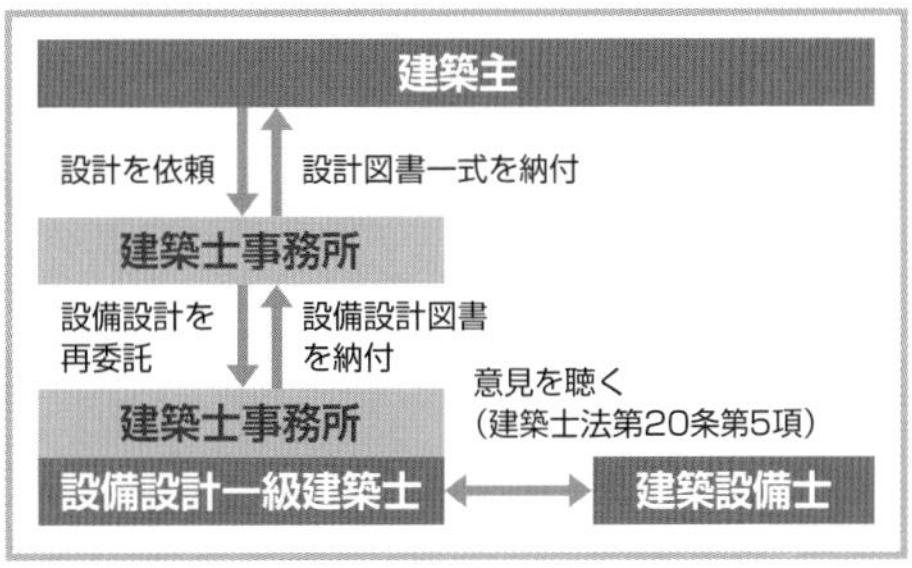

(2) 設備設計一級建築士が法適合確認を行う場合

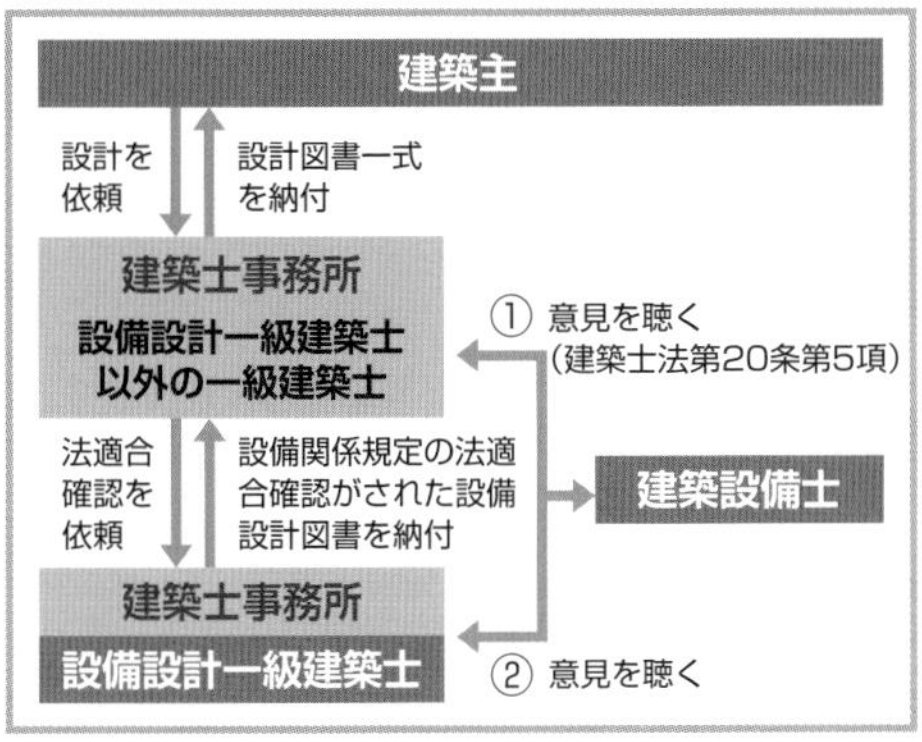

建築士は、建築士法第20条第5項に基づき意見を聴く場合では、設計図書または工事監理報告書などにおいて、建築設備士の意見を聴いた旨を明らかにする必要がある。また、その他の場合には、建築設備士の意見を聴いた旨を明らかとすることが望ましい。

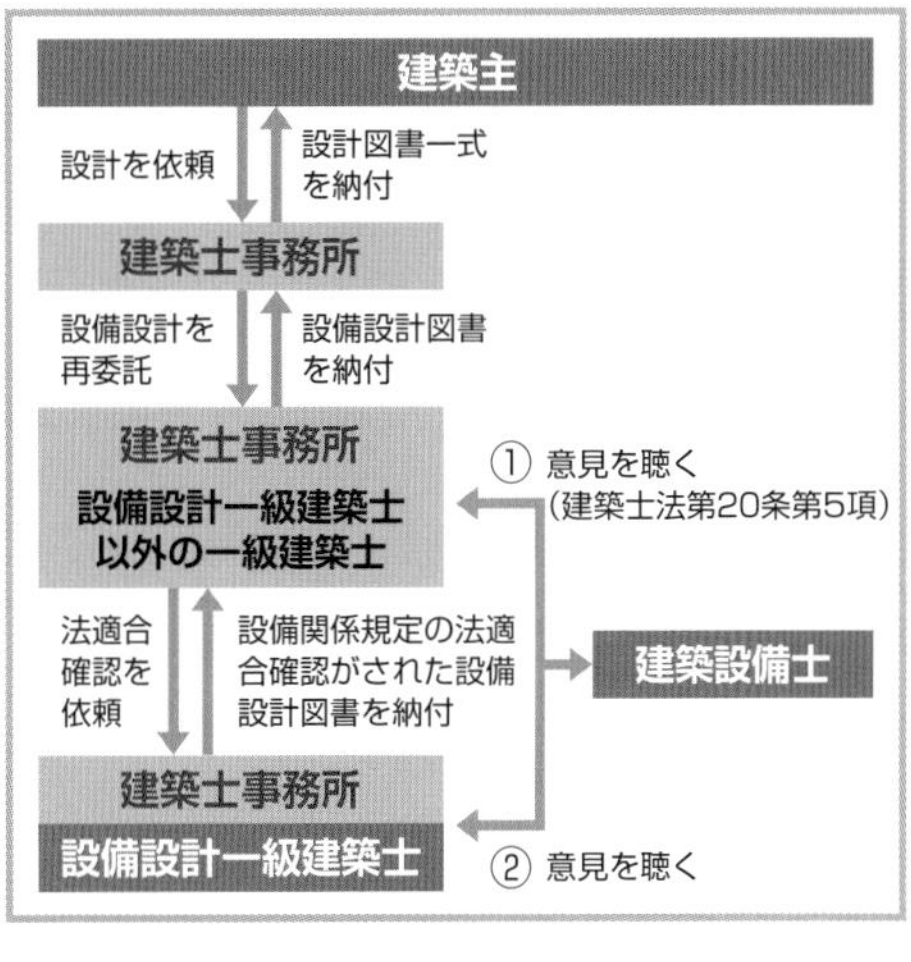

018 水の流れ

POINT

給排水・衛生設備は、人の生命維持に関わる衛生的な環境実現のために、重要な役割をもたされている

水源地から供給された水は、浄水場で処理され、水道管を通り、各建築物へ供給される。使用された水は、排水管を通って下水へ流れ、処理場で処理され、川に放流される。この地球上には、およそ14億km^3の水分があるといわれているが、そのうちの約97・5％が海水、約2.5％が淡水、その淡水の約70％が極地の氷として存在している。人は地球上の水のわずか0.8％しか存在しない淡水を生活の水源としている。

上下水道の歴史

日本では、17世紀中期の江戸時代に、地下式上水道として延長距離150kmに及ぶ世界最大の上水道、神田上水と玉川上水が江戸に作られた。

下水道は、江戸時代はし尿を農作物の肥料として利用し、直接川に捨てるようなことはなかったが、明治時代に入って都市に人が集まり出すと、大雨によって家が水に浸かり、溜まったままの汚水によって伝染病が発生するなどしたため、１８８４年に日本で初めての下水道が東京に作られた。この下水道が本格的に整備されるようになるのは、戦後、都市部への人口流入が進んでからである。

水質の基準

水質の基準は水道法、建築基準法などに定められている。水道法では、水道に定める水質基準に適合するものでなければならない。井戸水（地下水）を飲用として利用する場合は特に水質基準はないが、安全を確認するために、水道水と同様に水質検査を受け、水質基準を満たしたものを飲用とする。

給排水・衛生設備

建築またはその敷地における給水・給湯・排水・通気および衛生機器などに関する設備のことを給排水・衛生設備という。これらは、人の生命維持に関わる衛生的な環境の実現のために、重要な役割をもたされている。

給水方式

給水方式には、主に水道直結方式、水道直結増圧方式、加圧給水(ポンプ直送)方式、高置水槽方式などがあり、建築の規模により適正な方式を選定する(写真は高置水槽方式の事例)。

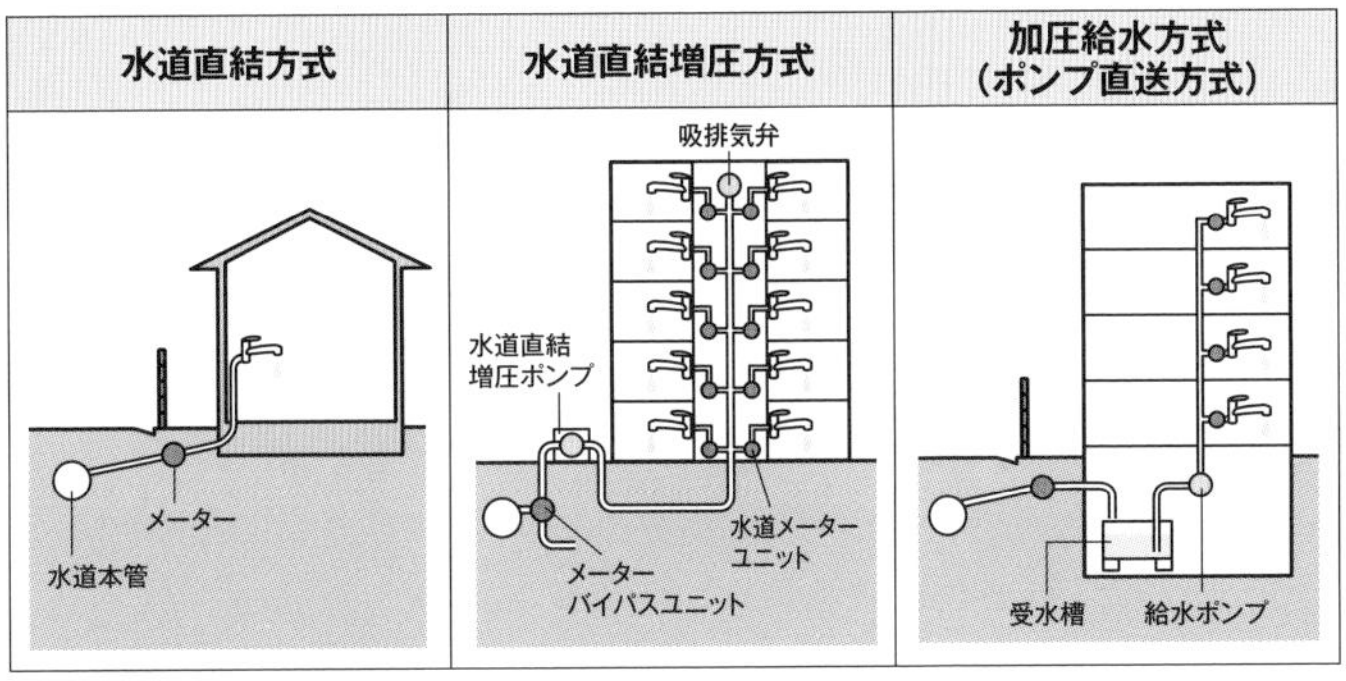

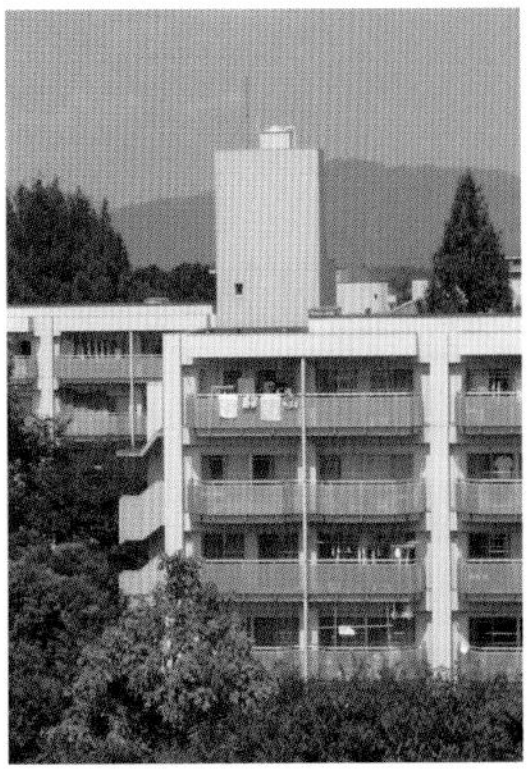

◉ 水道直結方式

給水本管の圧力を利用して給水する最も単純で一般的な方法で、戸建住宅などの低層、小規模の建築に適する。水道水が直結しているため、衛生面でも水質汚染の心配が少ない。断水時は給水できないが、停電時は給水できる。

◉ 水道直結増圧方式

水道本管から引き込まれた給水管に増圧給水装置(増圧ポンプ)を直結し、給水管内の水圧を増圧して供給を行う。このタイプは水槽が必要ないため、管理の手間が少ない。衛生面でも水質汚染の心配が少ない。

◉ 加圧給水(ポンプ直送)方式

受水槽に一時貯水した水道水を加圧給水ポンプの圧力で給水する。断水時はタンク内の残留分は給水可能であるが、停電時は給水できない。

◉ 高置水槽方式

高置水槽方式は、必要とされる圧力を得るため、給水の高さよりも高い位置の大型水槽にポンプでいったん揚水し、その後、使用時に重力で落下給水する。断水時や停電時でも水槽に貯留した水で給水できる。必要な動力は少なく、省エネルギーだが、水槽の定期点検と水質検査が必須である。

排水方式

排水には、雨水と生活排水を合流させて下水管に放流させる合流方式や、市街地で都市下水が整備されている地域では、雨水排除のため雨水のみを分けて排水させる分流方式などがある。

各地域での適正な排水方式の選択を行う。

詳細は右図を参照していただきたい。

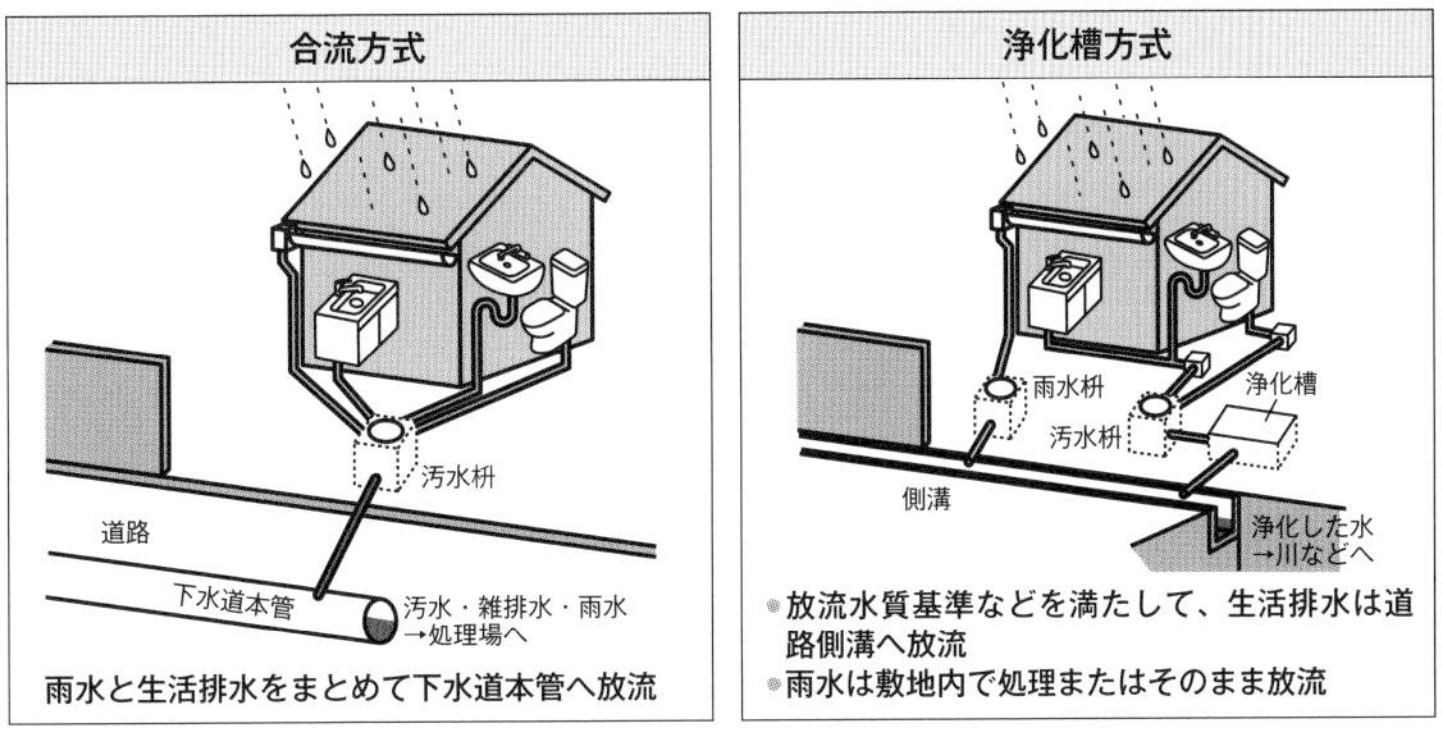

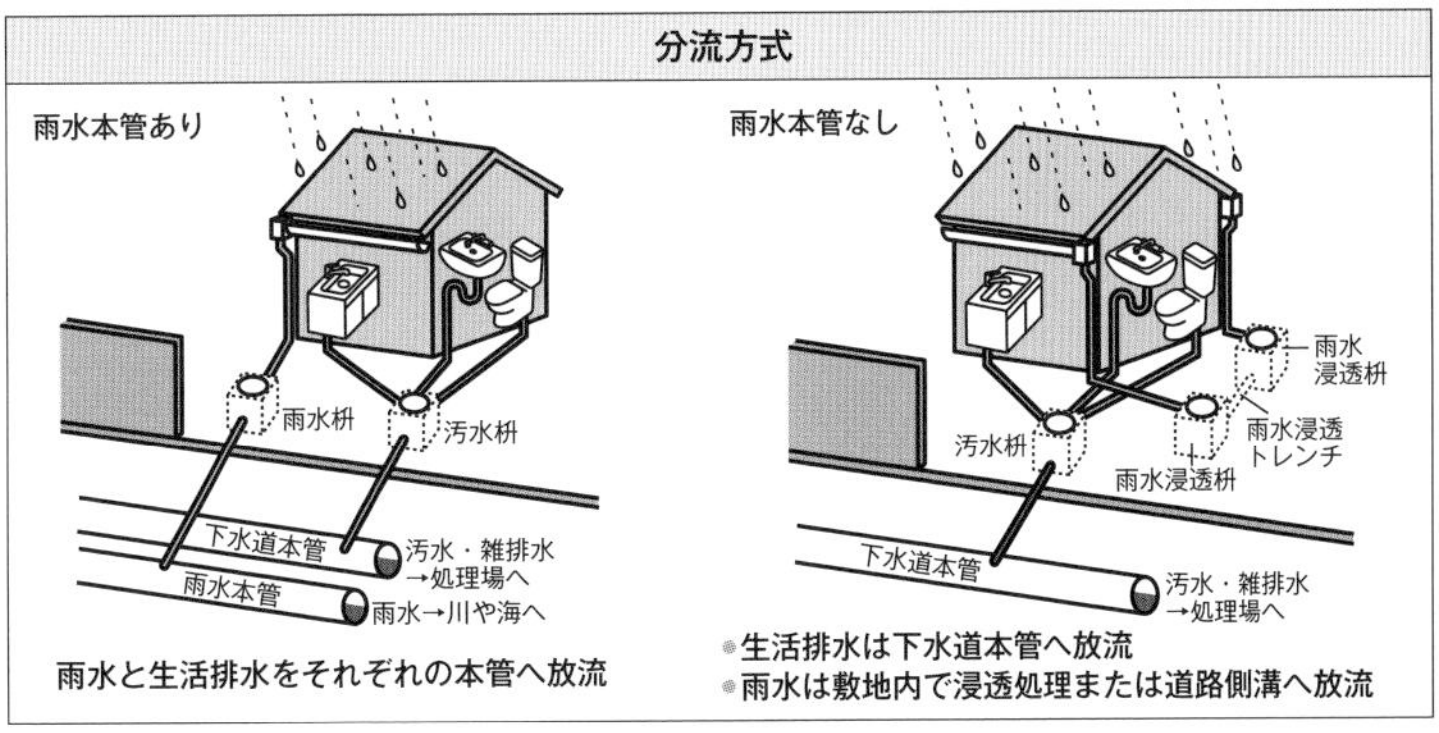

図:「世界で一番やさしい建築設備」

019 空気の流れ

POINT

清浄で快適な環境を実現するために、空調・換気計画が必要となる

建築空間内で快適に過ごすためには、空気環境は常に清浄なものでなければならない。そのような空気環境を実現するため、空調・換気計画が必要となる。

室内空気汚染

近年の高気密、高断熱化、新建材の使用、冷暖房による室内管理により、居住環境は、快適性を獲得してきた。しかし、それと同時に、シックハウス症候群や化学物質過敏症などの室内空気汚染を引き起こしている。これらの問題に対処するため、国では取り組みを行っている。厚生労働省では「室内濃度指針」「ビル衛生管理法」、国土交通省では「建築基準法」「住宅品質促進法」、文部科学省では「学校環境衛生の基準」など、法律によりさまざまな基準が定められている。

空気質

空気質とは、建築物内の空気中のガス成分量を指す。シックハウス症候群などの問題の他、美術館や博物館の収蔵庫や展示室の空気質は、収蔵品や展示品に大きく影響を与える。対策として、温湿度や照明などを管理し、建材を選択し、空調設備に高性能フィルターを設置して空気を浄化している。

快感空気調和（保健空調）

快感空気調和とは、建築物、車両、船舶など、人が居住する周囲の環境を快適な状態に維持し、健康で能率的な空気条件を確保することをいう。人の健康や安全を保つ意味も有することから、「保健空調」とも呼ばれる。

また、空気の対象を、工場、食品貯蔵庫、農園芸施設、電算機室、クリーンルームとした「産業空調」もある。

ビル空調の省エネ事例

熱や日射の建築的制御、外部自然環境とのコミュニケーション、効率の良いシステムの構築などを行うことで、省エネや就労環境向上などを実現させるさまざまな模索が行われている。

事務室内のエネルギー負荷低減（日建設計東京ビル、2003年、東京都千代田区）

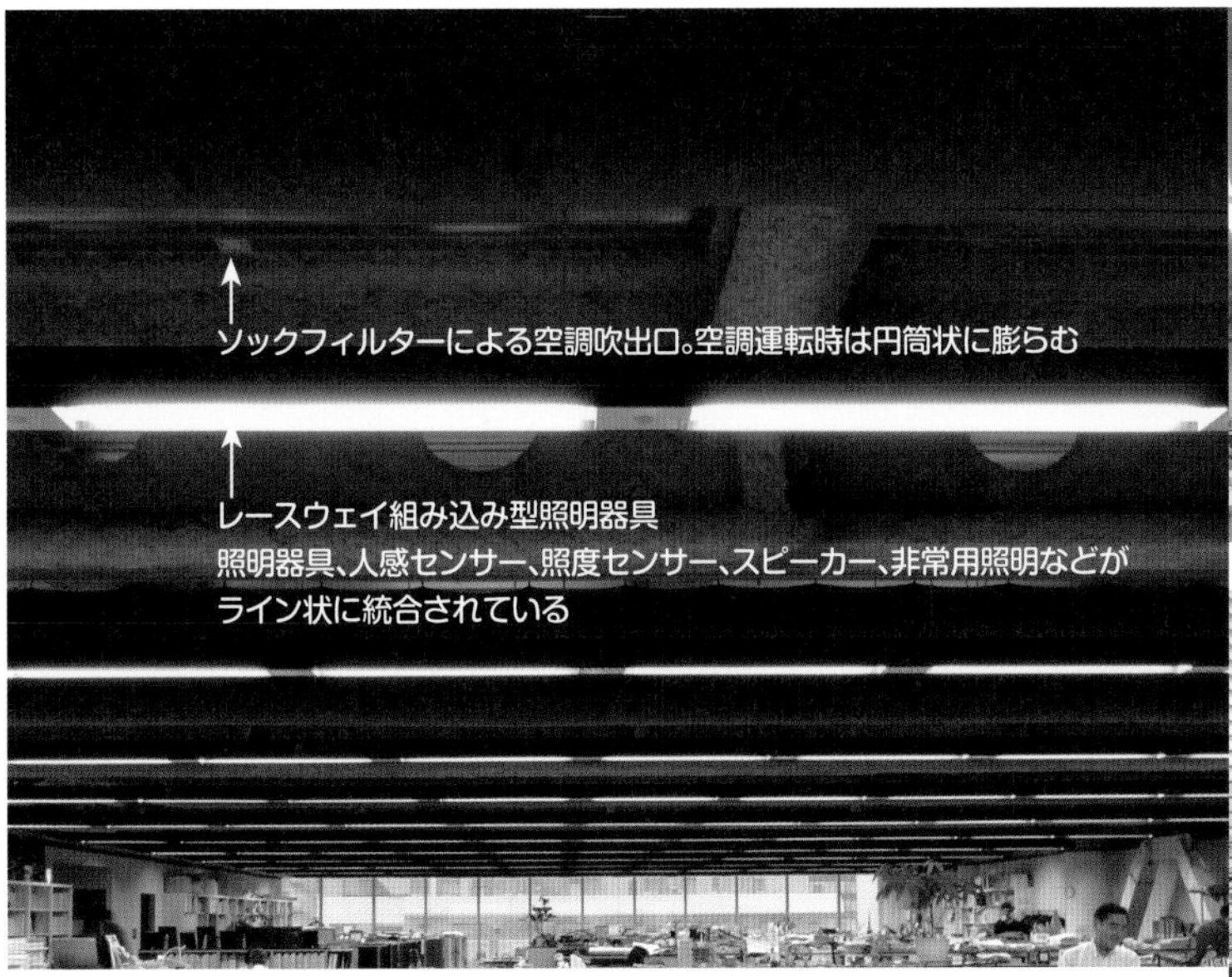

太陽高度に応じてブラインドの角度が制御される
自然換気口
手動で開閉可能

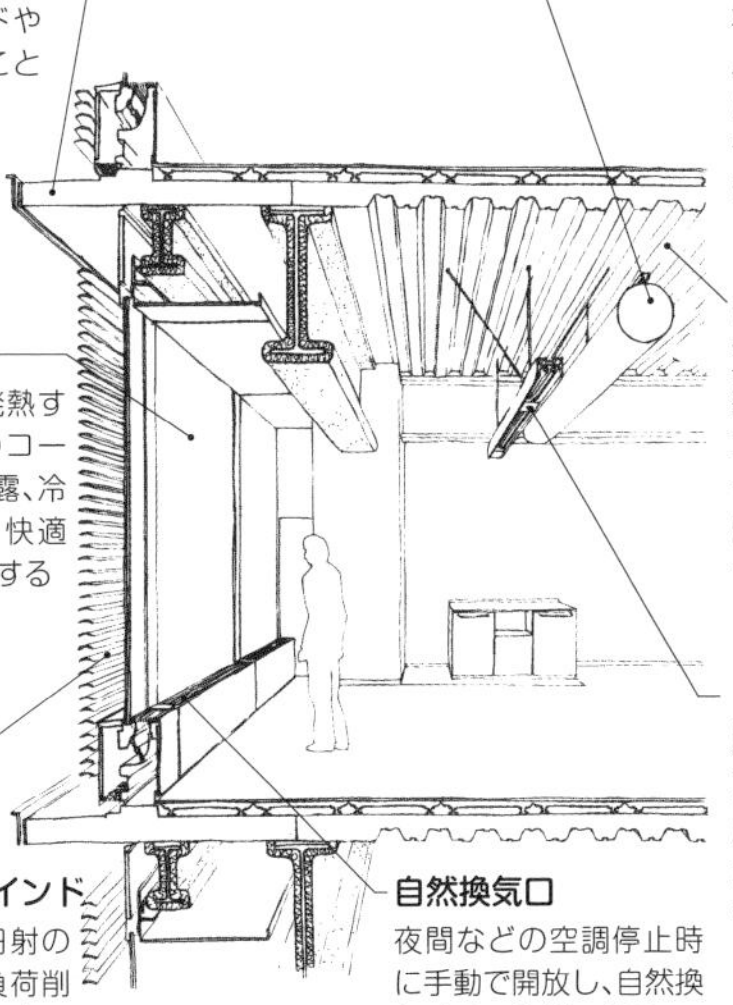

ソックフィルターによる空調吹出口。空調運転時は円筒状に膨らむ
レースウェイ組み込み型照明器具
照明器具、人感センサー、照度センサー、スピーカー、非常用照明などがライン状に統合されている

ソックフィルターによる空調吹出口。空調停止時はカーテン状に垂れ下がる

バルコニー庇
夏季の直射を遮り、雨が直接ブラインドやサッシにかかることも防ぐ

空調の吹出口には吹き流し状のシンプルなソックフィルターを採用し、低温送風による大温度差吹き出しでもドラフトが生じないシステムである
ダクトレス排煙
天井板を省略したことで、梁高さ分の蓄煙有効スペースを確保し、ここに排煙竪ダクトから直接分岐した排煙ダンパーを設置し、排煙ダクトの横引きを省略した
レースウェイ組み込み型照明器具
スピーカー・非常用照明・照度センサー・人感センサーがライン構成を形成して統合されている
自然換気口
夜間などの空調停止時に手動で開放し、自然換気することができる

空調の省エネルギーの基本は、外装の高遮熱・高断熱である。

日建設計東京ビルでは、東西面ファサードに外付け電動ブラインドを採用し、直達日射を外部で遮蔽し、冷房負荷の発生を防ぐ。また冬期には、複層発熱ガラスが貫流熱損失を抑え、窓際の暖房が不要となるため、空調システムをペリメータレス化し、大幅な省エネと快適性の両立を実現している。さらに、外付け電動ブラインドの自動制御は、直達日射の遮蔽とともに、昼光照明と眺望確保を目的としており、Ｈｆ蛍光灯(高周波点灯専用型蛍光ランプ)の照度センサーによる調光制御と合わせて、照明電力の削減に貢献している。

天井板のない基準階事務室の空調給気には、布の目地から均等にゆっくりと吹き出すソックフィルターを用い、大温度差低温送風によるドラフトを防止し、意匠的にもシンプルにまとめられている。ちなみに、大温度差低温送風は、同じ空調負荷に対して、給気量を少なくできるため、空調機ファンの電力エネルギー削減に効果がある。

設　　計：日建設計
構　　造：S造（柱のみCFT造）、SRC造、一部RC造
階　　数：地下2階、地上14階
敷地面積：2,853.00㎡
建築面積：1,497.75㎡
延床面積：20,580.88㎡

資料：日建設計

ガラス面全体が発熱することで、冬季のコールドドラフト、結露、冷輻射が防止でき、快適な執務環境を確保する

スラットは直達日射の遮蔽による冷房負荷削減、天空光による昼光照明、グレア低減をパラメーターとして自動制御されている

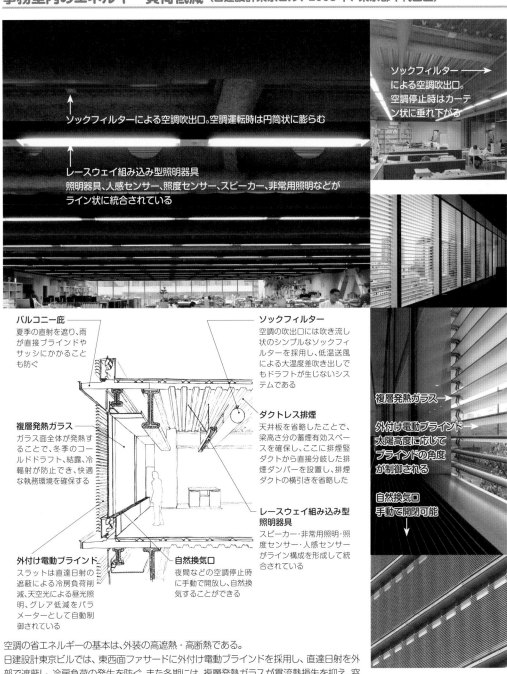

020 エネルギーの流れ

POINT

設備計画とは、電力やガスなどのエネルギーの流れをデザインすることでもある

建築では、設けられた設備機器、シャフト、天井裏や床下の設備スペース、設備関連諸室などを通じてエネルギーを流し、設備機器を稼動させる。設備計画とはこのようなエネルギーの流れをデザインすることでもある。

電力供給と電気設備

電気設備は、電力会社から送電された電気を受け取る受電設備、使用する電気機器に合わせた電圧に降圧させる変電設備、動力系統と電灯系統に分け、制御機器や安全装置を設置する配電設備で構成されている。また、電力の受電にあたり、供給側と需要側の両方から電力を制御して最適化を行うシステムとして、「スマートグリッド」の整備が進みつつある。

電気設備とは、光（照明設備）、力（動力設備）、通信・情報設備などに、安定的に電気を分配・供給し、光や機械的エネルギーに変換し、情報を伝達・処理するための設備をいう。

照明設備は、照度、まぶしさ、全体と作業面の明るさの差、光の色、光源の動揺、メンテナンス性、器具デザインなどを考慮して設計を行う。

ガス供給

ガス供給には、都市ガスとＬＰガスの2種類がある。

都市ガスの主原料は、主に液化天然ガス（ＬＮＧ）を気化させた天然ガスである。ガス規格は現在7種類ほどが使われているが、経済産業省のＩＧＦ21計画により、２０１０年を目途に、都市ガスのガスグループを天然ガスを中心とした高カロリーガスグループ（13Ａ、12Ａ）へ統一することが進められてきた。都市ガスの供給は、ガスの製造工場から道路の埋設管（導管）を通じて供給される。

ＬＰガスは液化石油ガスの略称で、一般家庭用で使われているのはプロパンガスと呼ばれる。ＬＰガスは液体の状態で貯蔵、配送される。

スマートグリッド

スマートグリッド(次世代送電網)とは、電力の流れを供給側・需要側の両方から制御して最適化する送電網をいう。専用の機器やソフトウェアが送電網の一部に組み込まれている。

このシステムはアメリカの電力事業者が考案したもので、「スマート」という語が表わすように、通信機能をもった人工知能搭載の電力系や制御機器などをネットワーク化することによって、発電設備から末端の電力機器までを通信網で接続し、自動的に需給調整が可能な電力系統を構築することで、電力の需給バランスを最適化しようというものである。

巨額の公共投資を必要とするため、計測機器、システム、設備工事といった関連業界が推進し、特にこうした産業をもつ日本や米国などでは官民一体で推進している。

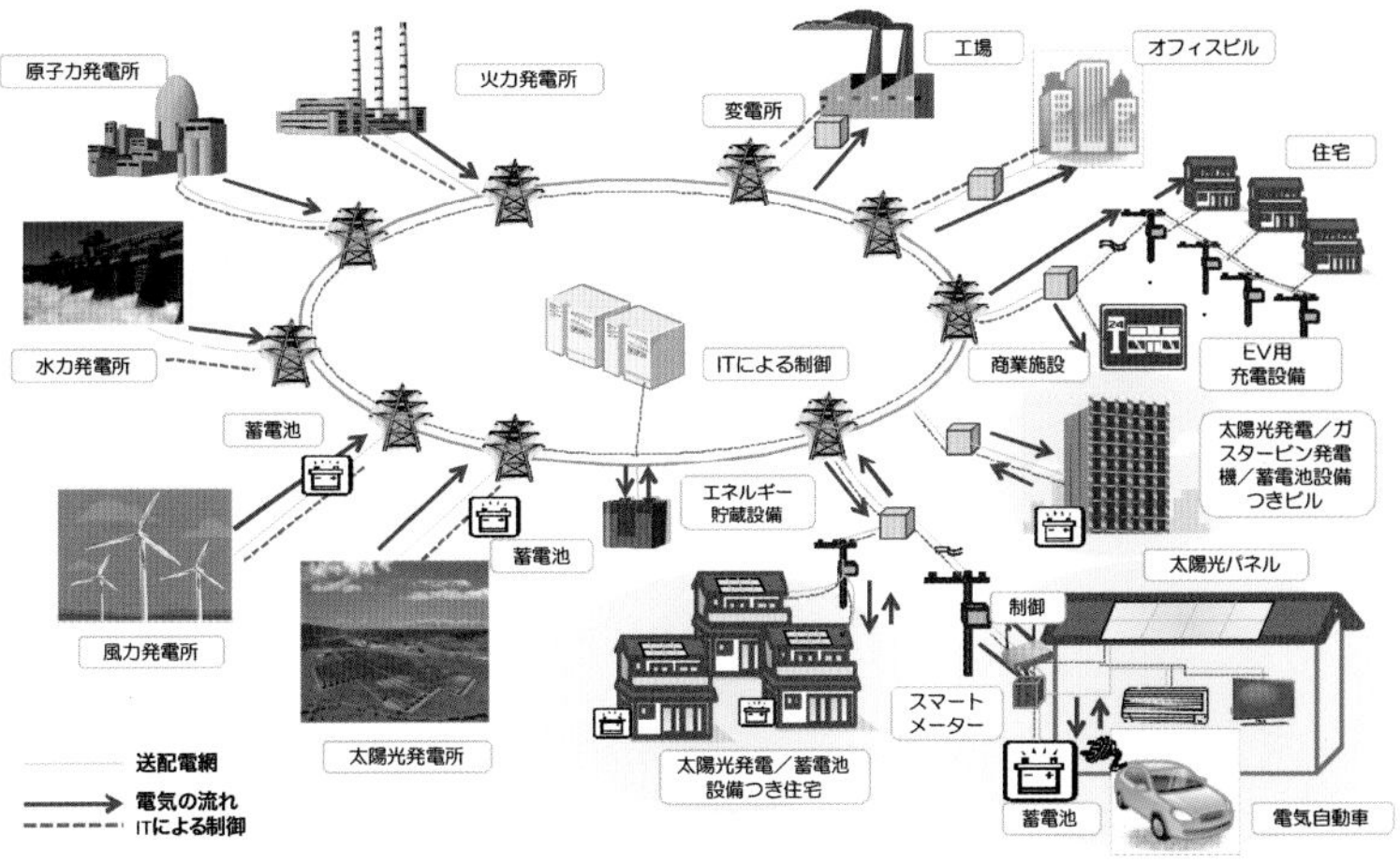

図：「次世代エネルギーシステムに係る国際標準化に向けて」スマートグリッド概念図
経済産業省　次世代エネルギーに係る国際標準化に関する研究会報告資料

スマートハウス

スマートハウスとは、HEMS（ヘムス：Home Energy Management System)というシステムを用いて、家庭の設備や家電をコントロールし、消費エネルギーを最適化する住宅のことである。

HEMSは、「創エネ」・「畜エネ」・「省エネ」の3つで運用しており、家庭内のエネルギー（電力)が「いつ・どこで・どれだけ」使用されているかをネットワークを用いて一元的に管理し、エネルギー消費量の最適化、リアルタイムの発電量や電力使用状況などの見える化を行う。

政府は2030年までにHEMSの全世帯普及を目指している。

自宅でエネルギーを創り出し、蓄電池でエネルギーを貯蓄し、効率的にエネルギーを使えるスマートハウスは、CO2排出削減の面でも評価されている。

しかし、発電設備や蓄電池など設備導入の初期費用が高額であることや、設備の維持管理にコストがかかることを考慮しておく必要がある。

都市ガスとLPガスの仕組み

都市ガス

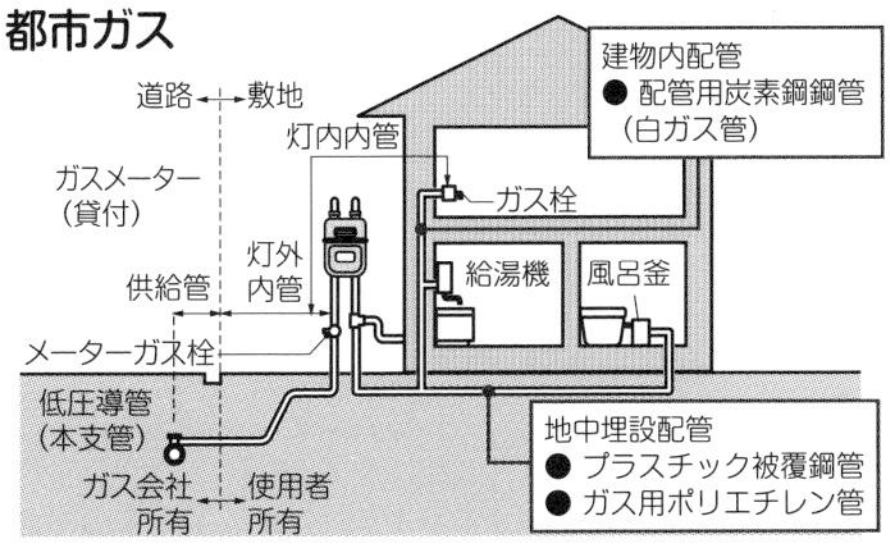

LPガス（ボンベ供給方式）

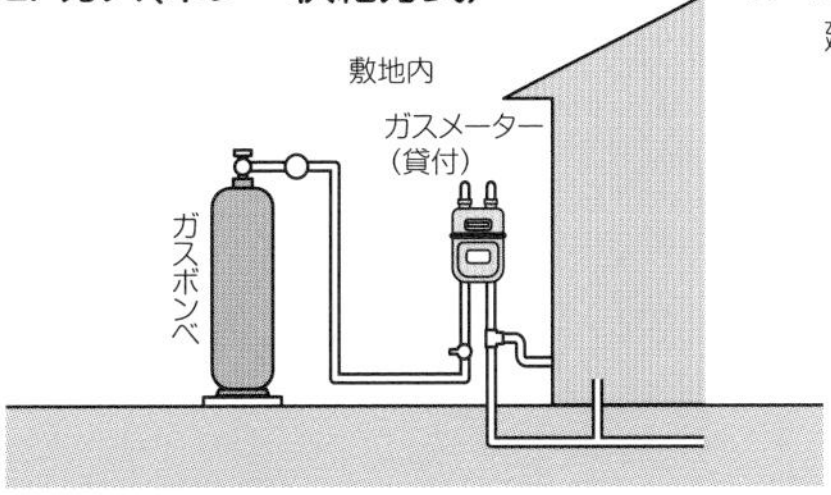

図：「世界で一番やさしい
建築設備」

021 断熱と遮熱

POINT

断熱は熱移動を緩慢にして熱伝導を抑えるために用いられ、遮熱は輻射熱対策として用いられる

断熱とは、建物に伝わった熱の移動を緩慢にし、熱の伝導を抑えることをいう。遮熱とは、建物躯体に熱を寄せ付けず、熱線を反射させる。つまり輻射熱対策として用いられる。

断熱

建物の断熱性能を高めることは、その建物で消費されるエネルギーを抑え、快適性を産み出すことにもなる。住宅での断熱工法には、柱などの構造部材間の空隙に断熱材を詰め込み断熱する充填断熱工法や、柱などの構造部の外気側に断熱材を張り付ける外張り断熱工法がある。

窓などの開口部から流失するエネルギー量の割合は約48%になるといわれている。開口部の断熱性能を高めるために、断熱性能が高い樹脂サッシ、木製サッシ、アルミと樹脂を組み合わせた複合樹脂サッシを用い、ガラスに複層ガラスやＬｏｗ—Ｅ（低放射）ガラス、真空ガラスなどを使用することで流失エネルギーを抑える。

遮熱

建築に用いられる遮熱材には、遮熱塗料や遮熱フィルム、Ｌｏｗ—Ｅガラス材などがある。

遮熱塗料は屋根面などに使用され、夏季の太陽熱を反射し、表面温度の上昇を抑える効果がある。しかし、断熱材とは違い、冬場の室内温度を保温する効果はない。

遮熱フィルムは、フィルムをガラス面に張り付けることにより、ガラス開口面からの流入熱量を減少させ、窓際の温度上昇が抑制できる。

Ｌｏｗ—Ｅガラスには、太陽の熱を採り入れ室内側の熱を逃がさないように、室内側のガラスの空気層に金属膜を蒸着させた高断熱Ｌｏｗ—Ｅガラスと、太陽の熱を遮り、かつ室内の熱を逃がさないように室外側の空気層に金属膜を蒸着させた遮熱高断熱Ｌｏｗ—Ｅガラスの2種類がある。

木造建築の断熱

▲ 充填断熱工法（壁面はグラスウール100mm）

充填断熱工法

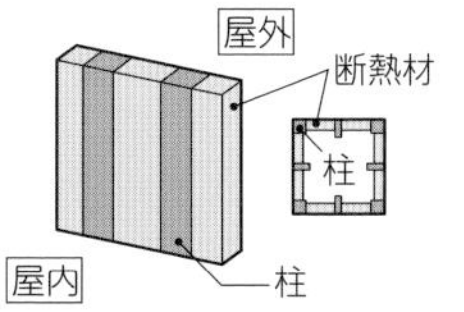

主に繊維系の断熱材を用い、柱など構造部材間に充填

外張り断熱工法

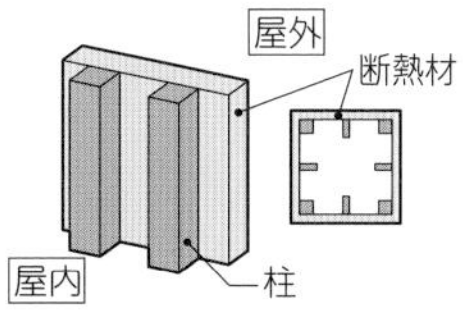

発泡系の断熱材など、ボード状の断熱材を構造体の外側に張る

付加断熱工法

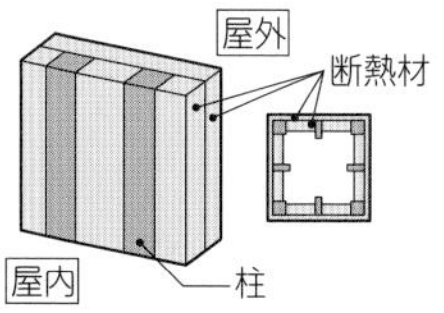

外張り断熱工法と充填断熱工法を併せたもの。寒冷地向け

◉ 充填断熱工法

充填断熱は、軸組材や2×4材の空洞中に断熱材を充填させる工法をいう。材種としては、グラスウールやセルロースファイバーなどがある。グラスウールはガラス繊維で作られた綿状の素材で、一般的に広く用いられている。

〈メリット〉

- 工期やコストを抑えることができる。
- 施工が容易であることから、業者の選択肢が広い。
- 複雑な外形への対応が容易である。
- 蓄熱量が低く、床を暖めやすい。
- 外壁の仕上げに制約はない。

〈デメリット〉

- 構造体の内側に気密シートを張ることで、気密性を確保することはできるが、完全な気密は難しい。
- 気密不良箇所からの結露が生じやすい。

◉ 外張り断熱工法

外張り断熱は、躯体の外側に発泡樹脂系の断熱板を張る工法をいう。欧米などでは一般的な工法で、日本でも普及が進んでいる。断熱ボードの板厚は30 ～ 70mm以上がある。

〈メリット〉

- 熱橋(ヒートブリッジ)が少なく、気密性をとりやすい。
- 配管や配線などの融通性が確保できる。
- 結露が生じにくい。

〈デメリット〉

- 充填断熱と比較してコストが高い。
- 基礎部分の断熱が難しい。
- 断熱材の厚さや外装材に制約がある。
- 壁厚が大きくなる。
- 高気密だが、湿気が内部にこもりやすくなる。その湿気を外に排出させるよう通気層を設ける必要がある。

RC造の断熱

内断熱

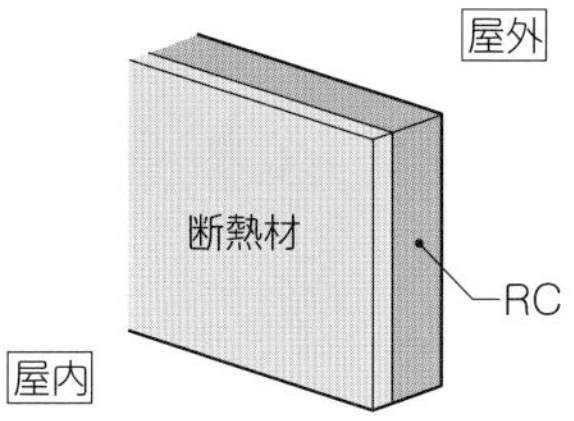

コンクリート内部に断熱材を吹き付けたり張り付けたりする。熱橋などに注意

外断熱

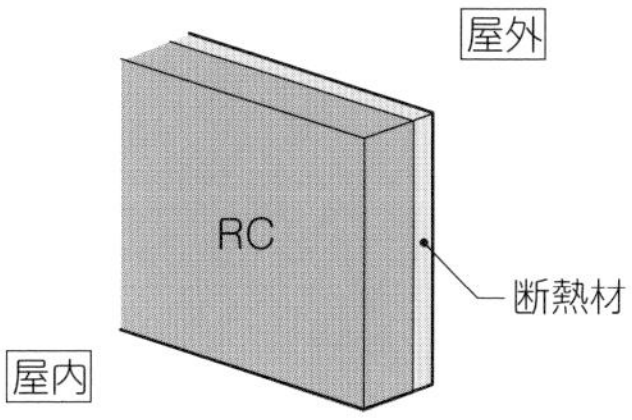

コンクリートの躯体を断熱材で覆う。躯体保護にもつながる

遮熱と遮熱塗料

遮熱塗料(高反射塗料)とは、塗料に赤外線の反射率が高い顔料を用いて近赤外線(熱線)を反射させ、透過する熱量を減少させるもので、現在、塗料メーカーによりさまざまな製品が市場に出ている。

工場や倉庫などの金属屋根への改修に多く採用されている。

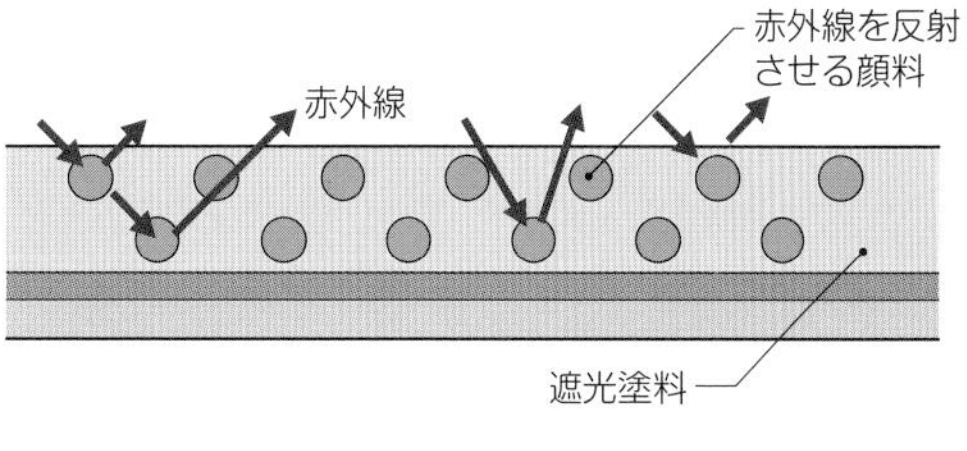

022 未利用エネルギー

POINT

未利用エネルギーを積極的に利用することで、生活を犠牲にすることなく省エネルギーを推進する有効な手段となる

未利用エネルギーは、河川水や下水などの温度差エネルギー（夏は大気よりも冷たく、冬は大気よりも暖かい）や工場の廃熱といった生活・業務・生産活動の結果として生じるが、ほとんど有効に回収されることなく今まで利用されていなかったエネルギーをいう。

未利用エネルギーには、生活排水や中下水の熱、清掃工場や変電所の廃熱、河川水・海水の熱、工場内の照明や排水熱、地下鉄や地下街の冷暖房廃熱、雪氷熱などがある。

フランス、スウェーデン、フィンランドでは、未利用エネルギーを用いた地域熱供給システムにより都市の熱需要の半分がまかなわれている。日本でも、１９９７年度から「新エネルギー利用等の促進に関する特別措置法」に基づき認定を受けた計画に従って、新エネルギー導入事業（熱供給事業関係においては、例えば、温度差エネルギー、天然ガスコージェネレーション（↓０２４）、廃棄物熱利用など）を行う者に対する助成や地方自治体に対する助成も行われている。現在は、海水、河川水、下水道の温度差、工場排熱などの未利用エネルギー活用型の地域熱供給事業が各地で実施されている。

さらに、北海道、東北地方日本海沿岸部を中心とした豪雪地域では、地方自治体が中心となり、雪氷熱を農産物の保冷（雪は適度な湿度を有しているため農産物を乾燥させずに保存できる）や公共施設の冷房などの熱源として利用する取り組みが活発化しつつある。

雪氷熱利用は、冷凍機やクーリングタワーを使用しないため、運転へのエネルギー供給が少なく、運転音や廃熱が少ないという特徴がある。

また、雪を用いた直接熱交換冷風循環方式では、濡れた雪の表面により、空気中の塵やガスを吸着させ、空気を浄化させる作用があり、クリーンルームへの応用も期待されている。

雪氷冷熱エネルギー

北海道では近年、雪氷冷熱エネルギーを利用した施設が多数見られるようになった。

◉ 直接熱交換冷風循環方式

雪を貯蔵し、ファンなどで空気を循環させ、米穀や野菜などの冷蔵や広い空間の冷房を行う方式である。

◉ 熱交換冷水循環方式

熱交換器を介して融雪水を冷房機に供給し、住居などの冷房を行う方式である。

北海道美唄市に1999年に建設された貯雪庫併設の賃貸マンション(ウエストパレス)は、春先に雪を貯雪庫にため、熱交換器を介して冷やした不凍液を24戸各室のファンコイルユニットに循環させ、7月上旬から8月中旬の冷房に利用している。このマンションは2002年度に第7回資源エネルギー庁長官賞を受賞している。

◉ 自然対流式

ファンなどの機械力を使わず、自然対流での冷却を行う方式である。穀物や野菜などの冷蔵に用いられている。

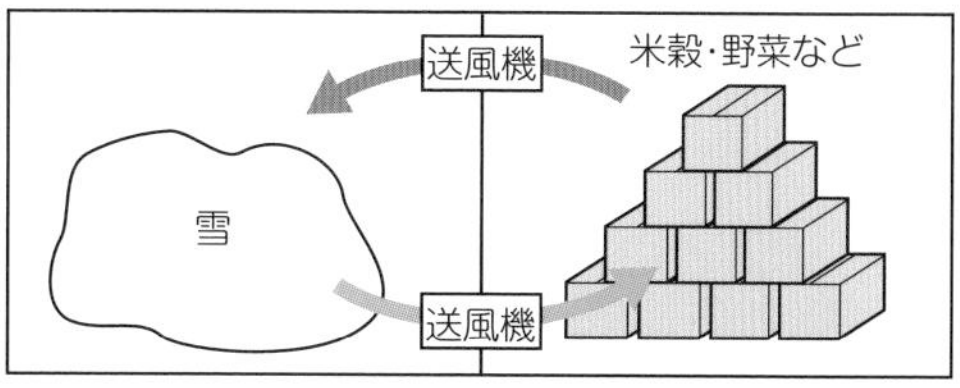

▲ 直接熱交換冷風循環方式

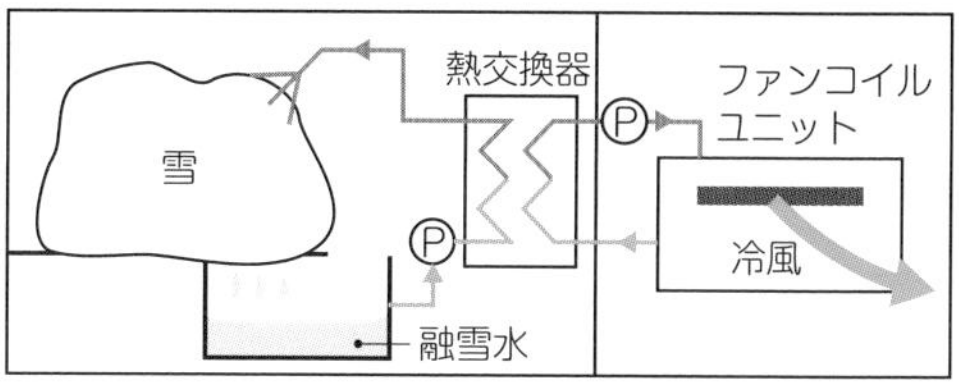

▲ 熱交換冷水循環方式

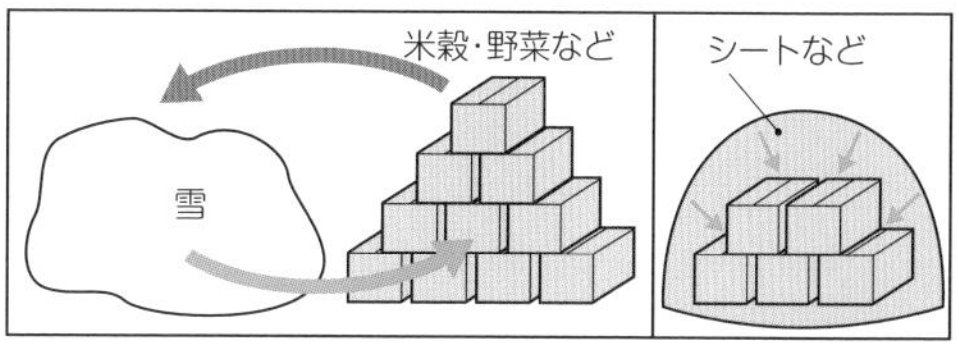

▲ 自然対流式

温度差エネルギー

海や川の水温は1年を通して大きな変化がなく、季節によって大気との温度差が生じる場合がある。この温度差をヒートポンプや熱交換機を使って冷暖房に用いるものである。

温度差エネルギーの利用は初期投資に費用がかかるため、各種の助成措置が講じられている。設備の導入には、熱源の発生地と熱需要地の地理的な問題、温度差、時間的な課題の検討が必要となる。

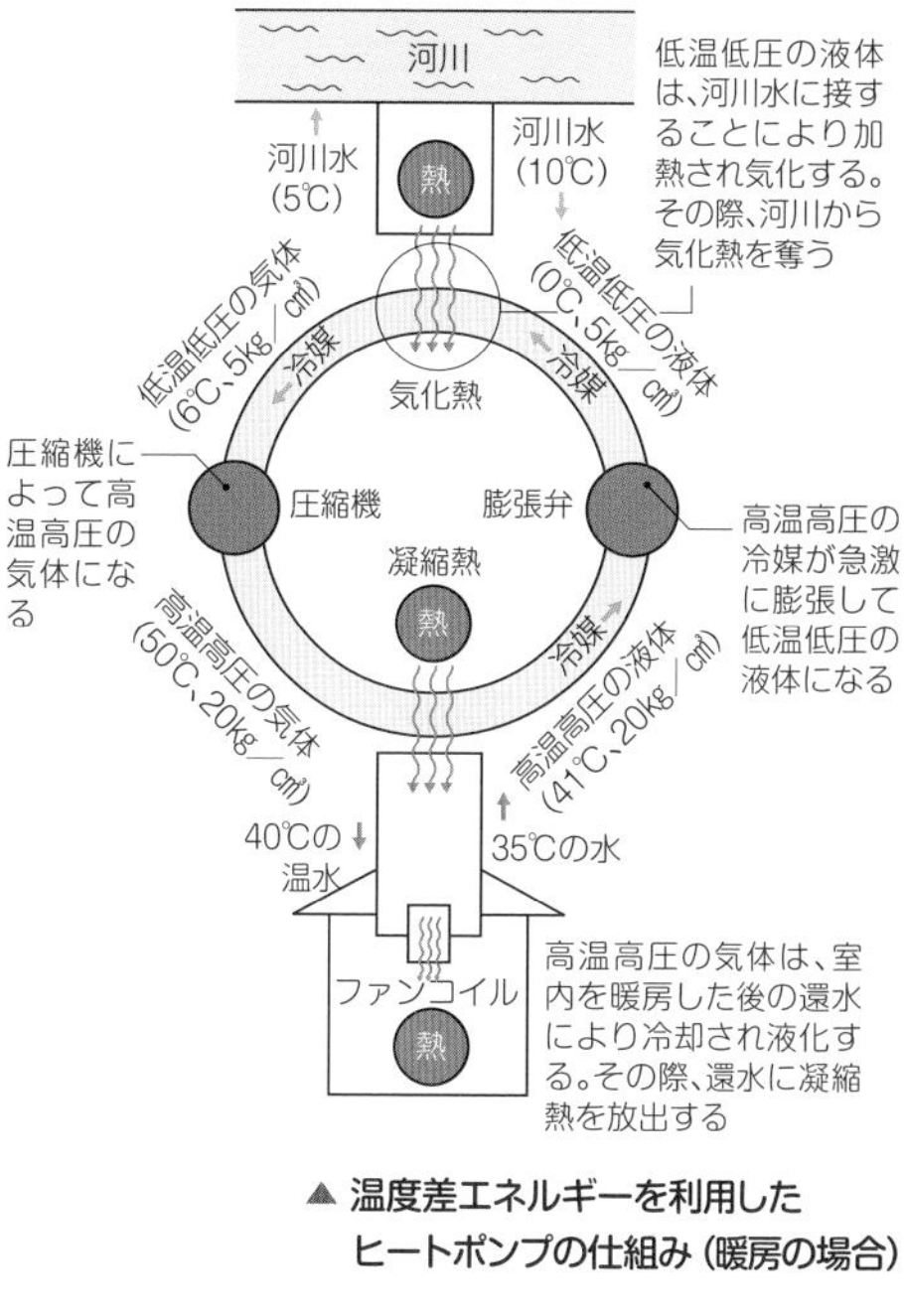

▲ 温度差エネルギーを利用したヒートポンプの仕組み(暖房の場合)

廃棄物焼却熱エネルギー

ゴミ焼却時に発生する熱を利用して蒸気を作り、場内で必要とされる電力を自家発電でまかない、余剰電力は電力会社へ売電する。近接する温水プール施設への熱源供給を行う施設なども増加傾向にある。

023 地熱と雨水の利用

POINT

日本に豊富に存在する地熱資源や水資源の積極的な利用が促されている

地熱利用

日本は世界有数の火山国であり、それは地中に豊富な地熱資源を保有していることでもある。この地熱資源は、フラッシュ発電、バイナリー発電、温度差発電などの地熱発電、浴用・給湯・養殖産業・工業冷暖房・融雪などへの熱水供給、地中熱利用ヒートポンプシステムなど、さまざまに利用されている。

　地中の温度は年間を通じてほぼ一定である。地中は地上の夏の気温より低く、冬の気温より高くなっている。この温度差を利用して熱交換を行い、冷暖房をなどを行うシステムが地中熱利用ヒートポンプシステムである。このシステムは、エアコンでの大気との温度差を利用するシステムよりも効率が良い。用途としては、住宅やビルなどの冷暖房、給湯、給冷水、冷蔵、製氷、プールの温水造成、車道などの無散水融雪などに利用されている。

雨水利用

都市の下水道普及率が高まるにつれ、集中豪雨時の下水の氾濫や逆流が起きている。また、道路面や駐車場などのアスファルトやコンクリート化が進んだことで雨水が地下へ浸透しなくなり、そのことが原因で都市部のヒートアイランドの発生を促している。

　このように、捨ててしまっている水をタンクなどで貯留することで節水を行い、下水へ直接放流するのではなく浸透させるなどして、下水の氾濫やヒートアイランドの抑制を行える。

　大規模な震災では、水道管の破裂で水道が使用できなくなることが予想される。雨水を貯留しておけば、火災などでの初期消火やトイレ流水にも利用でき、緊急時の飲料水にもなる。

　１９８３年の三宅島の火山噴火時には、島民が昔から雨水を生活用水として貯留していたため、水道管が破裂しても乗り切ることができた。

地熱利用「地熱発電」

地球の内部で生成される地熱エネルギーによる地熱資源には、地下の深部から上昇してくる熱水によって熱が運ばれる対流型地熱資源と、熱水の上昇がなく熱伝導によって熱が運ばれる高温岩体型地熱資源との2種類がある。

地熱発電では、対流型地熱資源での利用が多いが、量としては高温岩体型地熱資源の方がはるかに多いため、現在は、この利用技術の開発が進められている。

対流型地熱発電には、杭井から蒸気だけが噴出する蒸気卓越型地熱資源と、熱水まじりの蒸気が噴出する熱水型蒸気発電がある。

また、中間熱媒体を利用する方法として、熱媒体にフロンやアンモニアを利用して、80℃以上の熱でフロンやアンモニアを沸騰させ、蒸気タービンを回すバイナリーサイクル発電がある。バイナリーサイクル発電は、設備が複雑でコストが高いため、日本では研究が進んでいない。

さて、日本は火山が多く膨大な地熱エネルギーが埋蔵されているが、日本での地熱発電の総容量は561mW（メガワット）で、世界第5位であり、有効利用しているとはいえない。

日本での地熱発電が進んでいない理由としては、立地場所が国立公園や国定公園に指定されていたり、温泉地であったりするため景観上の問題から立地への理解が得られにくいことがある。

しかし、地熱発電は天候に左右されにくいことや、二酸化炭素を出さない純国産の再生可能な資源エネルギーなので、今後は、温水資源を利用しない高温岩体発電が進めば、38gW（ギガワット）以上（大型発電所40基程度に相当）の資源量が、国内で利用可能とされている。

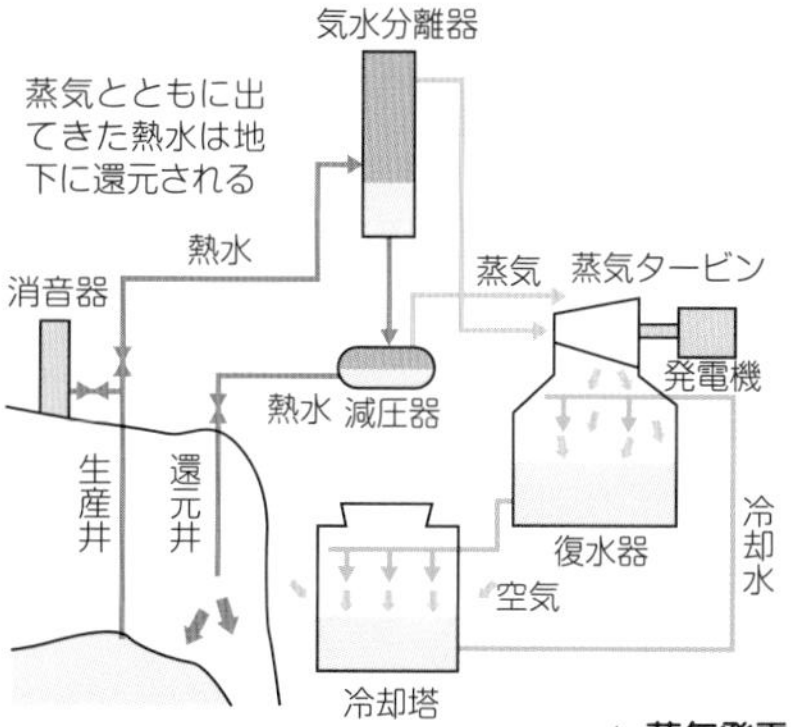

▲ 蒸気発電

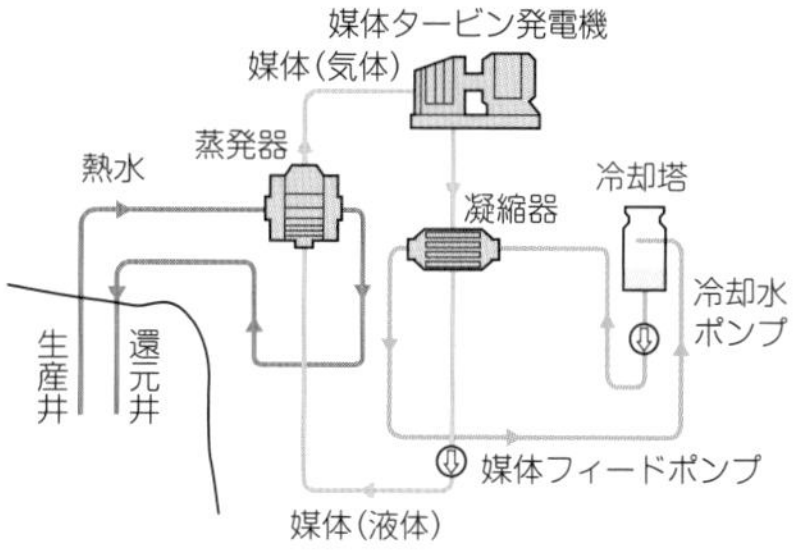

▲ バイナリーサイクル発電

雨水利用「都市のミニダム」

巨大ダムの建設は、上流山域の森林を伐採し、山を削り、生態系を狂わせ、莫大な費用を投入するにもかかわらず、大雨が繰り返されればダム湖は土砂で埋まり、貯水容量は減少してしまう。

一方、各自が雨水を貯留するようにすると、都市部に限っても戸建住宅の年間貯水量が国内のダムの総貯水量を上回るという計算がある。家庭用雨水タンク（都市のミニダム）を各自で所有すれば巨大ダムにも匹敵するというわけである。

ダム建設費は、取水して浄水場まで送水する費用、浄水に関わる費用、各戸まで配水する費用と、膨大なエネルギーコストがかかるが、都市のミニダムは、設置や維持管理の容易さ、ダムのように堆砂で貯水容量が減ることがないこと、送水費用やエネルギー費用もほとんどかからないなど、メリットは大きい。

◀ 市販されている家庭用雨水タンクのいろいろ

024 エコキュート、エコウィル、エコアイス

POINT

ヒートポンプを利用した電気給湯器「エコキュート」
ガスによる発電・給湯暖房機「エコウィル」
夜間電量を利用した「エコアイス」

エコキュート

エコキュートとは、空気の熱を熱交換器で冷媒に集め、その冷媒を圧縮機で圧縮して高温にし、高温になった冷媒の熱を水に伝え、お湯を沸かす方式である。CO_2を冷媒とするヒートポンプを利用した電気給湯器だけがエコキュートを名乗ることができる。

深夜電力を利用することで光熱費を抑えられるが、高圧性能が求められ、機械が複雑になることで高価となることが欠点といえる。設置方法により低周波騒音の発生も指摘されている。

エコウィル

エコウィルとは、ガス発電による給湯暖房システムをいう。都市ガスやLPガスで自家発電を行い、その時に発生する熱で同時にお湯を作り、給湯や暖房として使う家庭用のガスコージェネレーションシステムである。コージェネレーションという名称は、1つの1次エネルギーから2つ以上のエネルギーを発生させることから「CO（共同の）generation（発生）」となった。

発電時の排熱を有効利用することから、家庭でエネルギーを効率よく使うシステムといえる。しかし、発電量はそれほど多くなく、発電を主目的としたものではない。また、ガスエンジンのため、震動や騒音の発生がある。エコウィルは電気よりもお湯の比率が高いため、お湯を多く使う家庭に向いている。

エコアイス

割安な夜間電力を利用して、夏は氷、冬は温水を作り、冷暖房に利用する氷蓄熱式空調システムで、電力会社各社より提供されているシステムである。

エコアイスの蓄熱運転は夜間に行うため、その時間のエアコンなどが使用できなくなる。よって、このシステムでは、夜間に人がいなくなる事務所、店舗、学校、工場などが適する。

エコキュート

◉ エコキュートの歴史

「エコキュート」というのは商品名で、その実体はヒートポンプ式給湯器である。ヒートポンプはエアコンの技術として開発され、欧米では20世紀初めから、日本では1932年、すでに個人住宅で使われ始めていた。

ヒートポンプ式給湯器は1970年代の前半にはすでに存在していたが、その後普及しなかったのは、冷媒に何を使うかという問題があったためである。

1930年、アメリカで発明された冷媒用フロンは、それまでの爆発事故などが絶えなかった冷媒にとってかわり、その安定性から冷蔵庫やエアコン用として世界中に普及したが、1974年、アメリカのNATURE誌に発表された仮説(フロンはその安定性ゆえに分解されないまま成層圏に届きオゾン層を破壊する)により、フロンを冷媒として使用することが困難になる。1982年、日本の南極探検隊が南極での調査でオゾンホール発生を観測し、他の調査でもオゾン層の破壊が確認された。1987年、カナダ・モントリオールで開かれた国際会議の議定書で、特定フロンの段階的規制を実施することが約束された。このことを受けて、冷媒としては効率が悪いとされていた二酸化炭素の制御を技術力で克服して「エコキュート」の製品化に成功した。

◉ エコキュートの給湯システム

① まず、ファンを回し、空気(大気)をヒートポンプユニットに採り入れる。
② 集めた空気の熱を冷媒(エコキュートの場合は二酸化炭素)が吸着して集める。
③ 集めた熱気をコンプレッサーで圧縮する。
④ 圧縮して高温になった熱気を給湯器に送り出し、水を加温する。
⑤ 冷媒は膨張機を通過して膨張し、低温化させてから①に戻る。

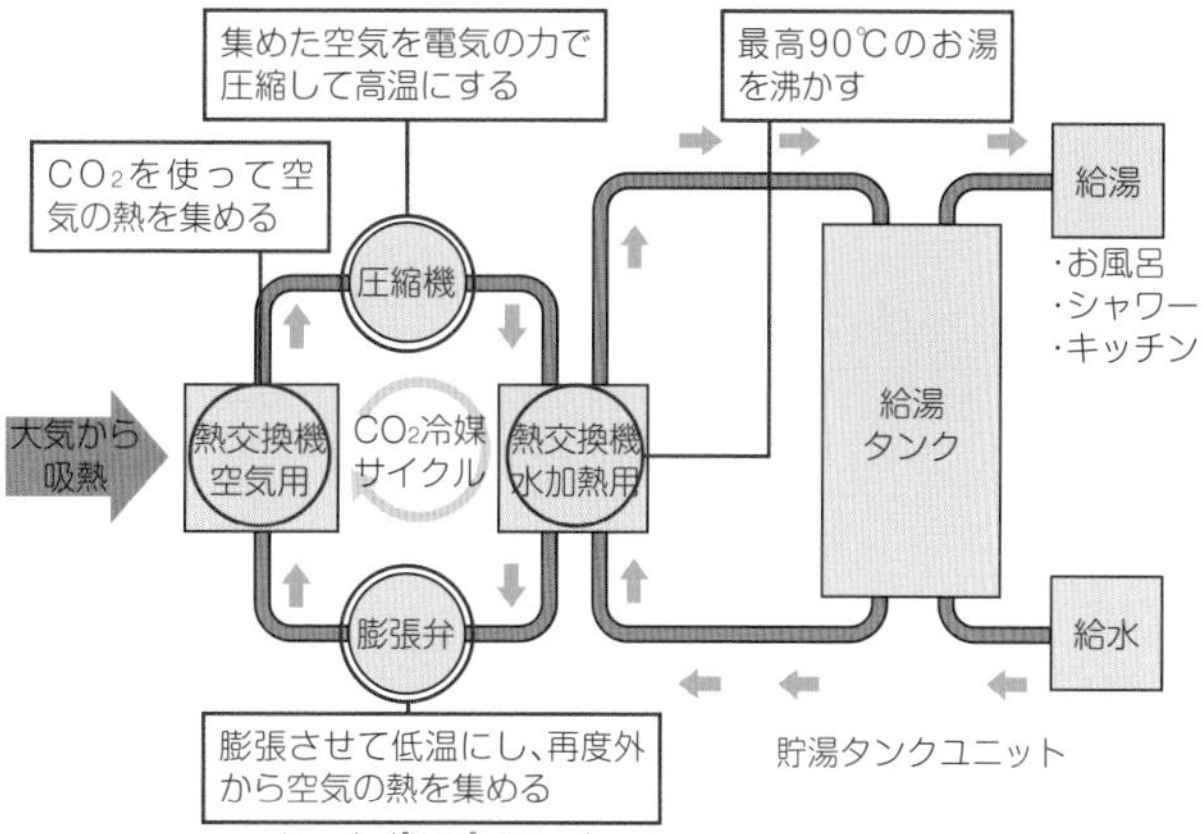

エコウィルのメリットとデメリット

◉ メリット

- 発電時の排熱を利用してお湯を作るので、エネルギーを効率的に利用できる。
- 設置費用が比較的安価である。
- 使用する時間帯に合わせてお湯を作るので、生活パターンが一定している家庭ほど、その節約効果を高めることができる。
- 使う時間に合わせてお湯を作ることができるので、無駄を防ぎやすい貯湯型給湯器である。

◉ デメリット

- 発電効率が比較的低い。
- 発電した電気の売電ができない。
- ガスエンジンなので、多少の振動や騒音が発生する。
- 生活パターンが変動する家庭では節約効果は期待できない。

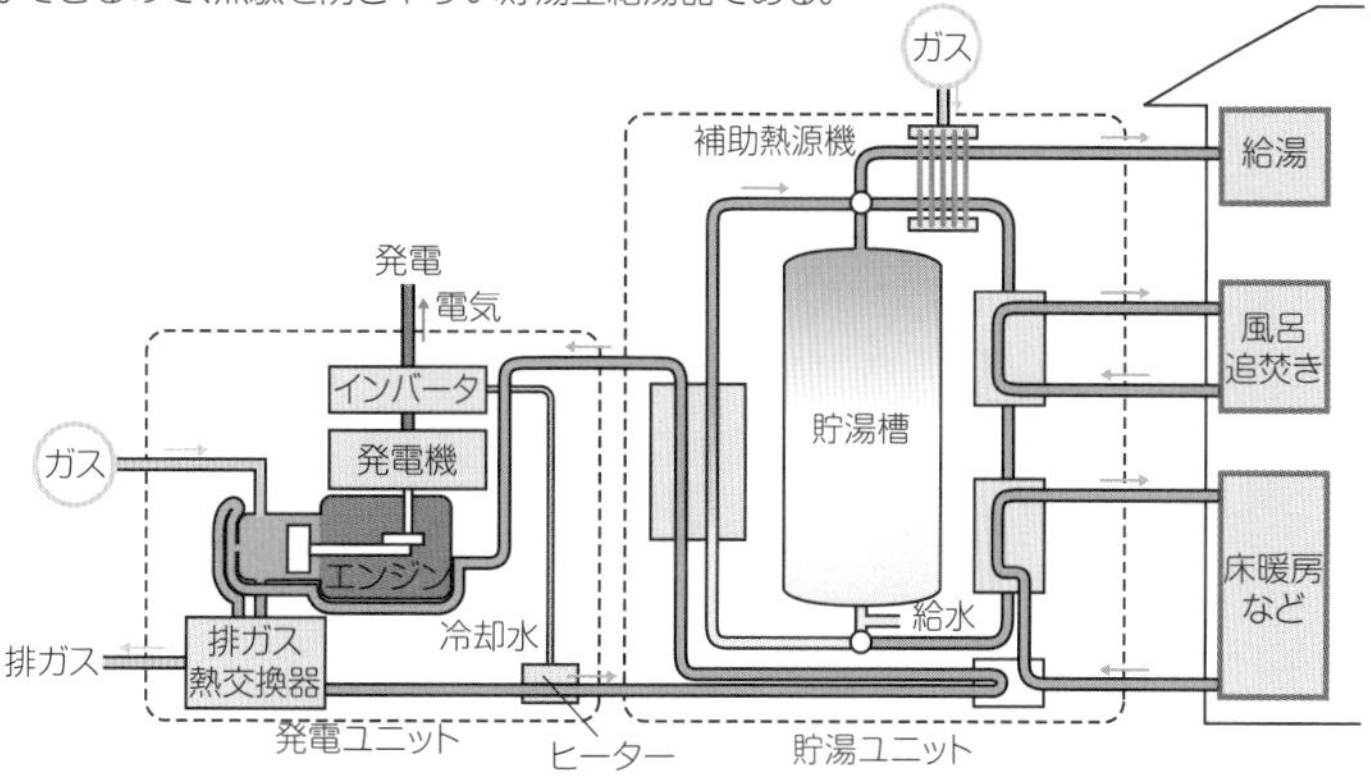

図：「世界で一番やさしい建築設備」

025 地域冷暖房

POINT

地域冷暖房は、未利用エネルギーを活用することで、高い省エネルギー効果が得られる

地域冷暖房とは、一定地域内の建築群に、地域冷暖房プラントで作られる冷水、温水、蒸気などの熱媒を供給するシステムをいう。

地域冷暖房は１８５７年のドイツで温水専用の地域暖房として始まった。アメリカでは、１８７７年、ニューヨークのロックボードで共同ボイラーから複数の住宅に対する蒸気供給が行われたのが始まりとされる。日本では、１９７０年に大阪万国博覧会会場へ地域冷暖房が導入されたのが最初で、次いで千里ニュータウンや新宿地域冷暖房センターへと導入される。

地域熱供給量の国別比較では、ロシアが最大で、以下、アメリカ、東欧諸国、西欧ではドイツ、北欧ではスウェーデンが最大で、日本は21番目である。

住まいやオフィスなどの冷暖房は個別に行われるのが一般的だが、地域冷暖房はボイラーや冷凍機などの熱源機器が集約されるため、次のような数多くのメリットが得られる。

建物間で重複する設備が不要で、設備が過剰にならずスペースの有効利用が図られること、冷・温水を貯留する蓄熱層がある場合には、災害時の防火、生活用水への利用が可能であること、エネルギーの安定供給や省エネルギー効果の向上、経済性、ライフサイクルコストの低減などである。

エネルギー源

地域冷暖房へのエネルギー源としては、以下のような方策を講じて、化石燃料への依存度を抑えて末永く安定供給させていく必要がある。

- ゴミ焼却による廃熱。
- 下水、河川、海水、生活排水などの保有熱と外気との温度差の利用。
- 超高圧地中送電線の排熱。
- コンピュータや人体、照明などから発生するビル内の廃熱。
- 地下鉄や地下街から発生する廃熱。

新宿地域冷暖房センター

新宿地域冷暖房センターのプラント

新宿地域冷暖房センターは、新宿新都心地区の冷暖房を一手に担う地域冷暖房施設として、1971年に開設された。設置当時は高度成長期の大気汚染を改善する切り札としての意味合いが強くあった。1991年には、都庁移転に伴うエネルギーの需要の増大に対応するための設備を整え、世界最大級の地域冷暖房施設となった。

この地域冷暖房センターは、エネルギーを有効利用できるほか、環境負荷の低減など多くのメリットがあり、都市の環境改善や省エネなどに有効である。

地域冷暖房センターで作られたエネルギーは、東京都庁舎をはじめ、新都心高層ビルへ送られている。都庁移転に合わせ、最新技術を導入したプラントを増移設しており、新プラントの冷凍能力は59,000RT（約20万7千kW）と世界最大規模である。

供給開始：1971年4月1日

供給区域：東京都新宿区西新宿

延床面積：2,241,911m^2（2015年3月末日現在）

供給建物：東京都庁舎ほか（右図参照）

◉ システム概要

都市ガスを熱源とした水管式ボイラー、定格能力1万RT（約35千kW）の復水タービン、ターボ冷凍機、蒸気吸収式冷凍機でシステム構成されている。

ガスタービン・コージェネレーションによる電力をプラントで自家使用するとともに、排熱も有効利用している。

①センターのプラント
②京王プラザホテル本館
③京王プラザホテル南館
④損保ジャパン本社ビル
⑤新宿野村ビル
⑥新宿センタービル
⑦新宿三井ビル
⑧KDDIビル
⑨新宿モノリスビル
⑩新宿住友ビル
⑪小田急第一生命ビル
⑫ハイアットリージェンシー東京
⑬都庁議会棟
⑭都庁第一本庁舎
⑮都庁第二本庁舎
⑯新宿NSビル
⑰東照ビル
⑱新宿パークタワー
⑲山之内西新宿ビル
⑳東京ガス新宿ショールーム
㉑タイムズ・アベニュー
㉒都営大江戸線都庁前駅
㉓あいおいニッセイ同和損保新宿ビル

既存の地域冷暖房の抱える課題

現在では全国に133件の地域冷暖房施設がある。これらの既存施設は、竣工後20年を経過したものが約90%を占めるなど、省エネ性能の低下が進んでいる。また、需要側の状況を正確に予測して熱源を運転させることは、経験豊富なオペレーターの知見をもってしても困難である。そのため、運転方法の見直しも含め、改修による省CO2化は必須の状況となっている。

このような状況を打開するため、AIプログラムを組み込んだエッジパソコンを設置し、運転データを読み込ませるだけで、ローコストかつ短工期で省CO2を実現できるようなシステムが開発され、実証試験が開始されている。

026 省エネと創エネ

POINT

省エネルギーから創エネルギー社会へ

日本の省エネルギー政策は１９４７年の「熱管理規則」と１９５１年の「熱管理法」の制定から始まる。これらの法律は、当時の産業エネルギーで用いられていた石炭の有効利用や、ばい煙対策に充てられていた。その後、１９７３年と１９７９年に起きた２度の石油ショックを経験し、１９７９年に「省エネ法（エネルギー使用の合理化に関する法律）」が施行されるに伴い「熱管理法」は廃止された。この頃から、省エネルギーという言葉が頻繁に用いられるようになった。

　経済優先で環境に対する配慮が欠如していた弊害が、社会にさまざまな形で表れ出した。また、有限の資源である石油などの化石燃料に対して、石油ショックを経験したことから節約意識が高まり、エネルギー使用の合理化へと繋がっていった。その後、１９９２年に地球サミットが開催され、１９９７年には「京都議定書」が採択される。日本は温室効果ガスの第１次削減目標を６％減と公約し、２００５年に発効した。また、省エネ法については、１９９９年と２００３年の改正を経て、２００９年に産業部門に加え、大幅にエネルギー消費量が増加している業務・家庭部門での対策を強化するための改正省エネ法が施行され、産業界だけでなく国民を巻き込んで対応が行われている。

　太陽光発電、風力発電、地熱発電などはすでに普及が始まっている。ハウスメーカーでは、屋根面に太陽光パネルを設置したＺＥＨ（ゼロエネルギー住宅）の販売がすでに行われている。（→０９５）また、東京都ではハウスメーカー等の事業者を対象に、一戸建て住宅を含む新築建築物に太陽光パネルの設置を義務付ける条例改正の答申が２０２２年に行われ、年度内の条例改正に向けた基本方針の策定を行うとしている（２０２２年９月現在）。

太陽光発電

太陽光発電は太陽光を太陽光パネルで直接受けて発電するため、天候に左右される。ハウスメーカー各社からはいろいろな太陽光パネルを搭載した商品が販売され、太陽光パネルは街中の建物で普通に見かける風景となりつつある。
しかし、太陽光パネルは景観を損なうなどの理由で、実際に設置を規制する自治体も出始めている。京都市では、2007年に新景観政策を導入し、歴史的風土特別保存地区や伝統的建造物群保存地区では、原則として太陽光パネルの設置を認めないと決めた。このような風致地区の一部では、多結晶シリコンを使用した青色のパネルについては、その色調が屋根材と一体化していないということから禁止され、濃い灰色や黒色の太陽光パネルのように、その色調が屋根の色彩と調和したものに限るという基準が設けられている。

◉ 太陽電池の分類

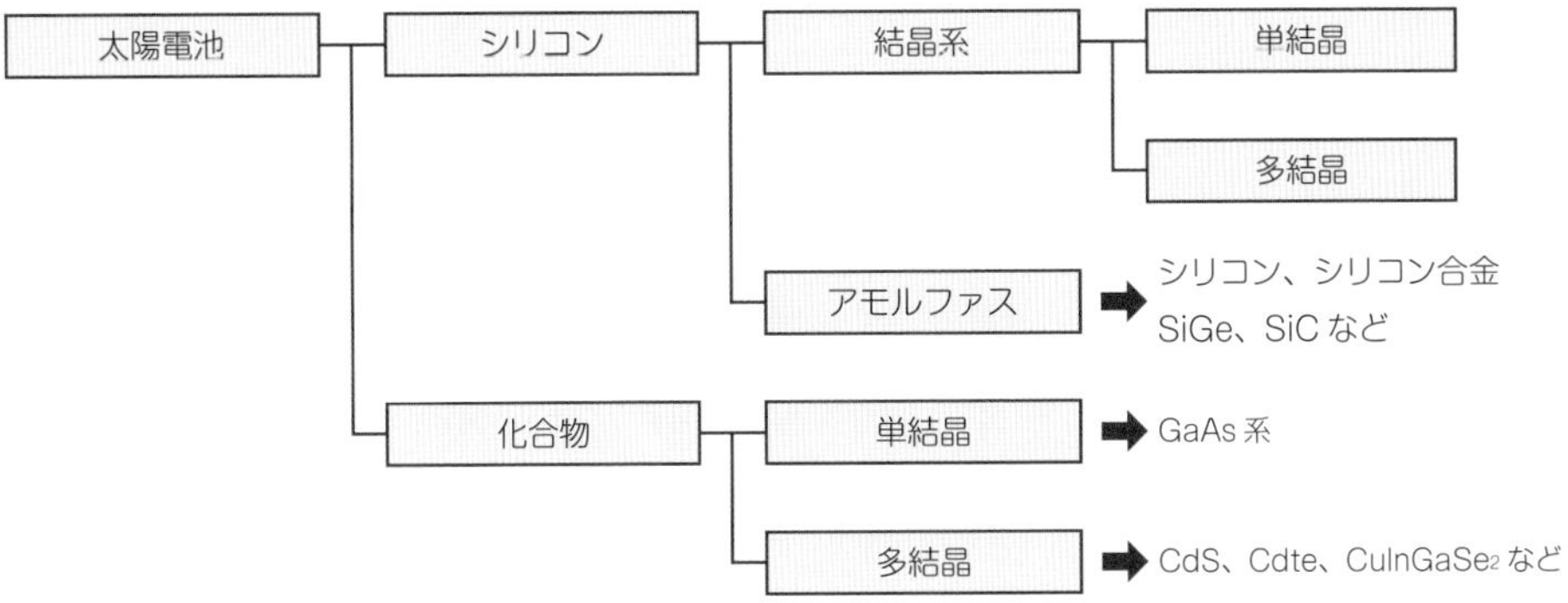

◉ 太陽電池の特徴

- 単結晶シリコン：変換効率、信頼性ともに高く、豊富な使用実績をもつ。
- 多結晶シリコン：変換効率は単結晶シリコンには劣る。信頼性は高く、大量生産に適する。
- アモルファス　：変換効率、信頼性ともに劣るが、蛍光灯下で比較的よく作動する。
- 単結晶化合物　：変換効率、信頼性ともに高いが、高価である(GaAs系)。
- 多結晶化合物　：変換効率、信頼性ともに劣る。
  材料によって用途や使用方法が変わる(CdS、Cdte、$CuInGaSe_2$など)。

風力発電

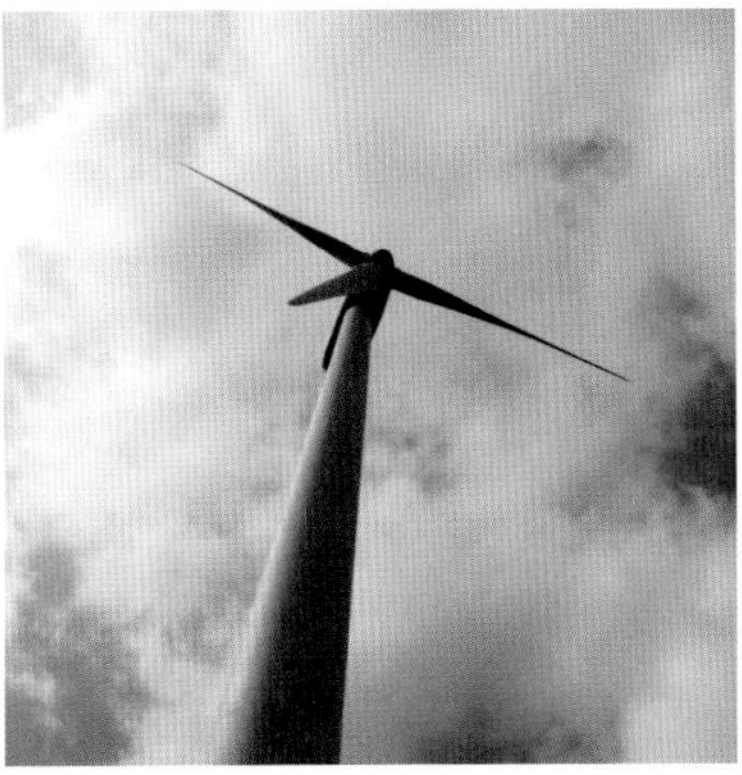

◉ メリット

- 風力発電は自然の風を利用するため、原子力発電による放射性廃棄物などのように自然界に重大な危害を与える心配がない。
- エネルギー自給率の向上が見込める。
- 運転に燃料を必要としないため、離島などの僻地で燃料源の確保の必要がなく、独立電源として活用できる。
- 個々の設備が小規模であることから、個人での運用が可能である。

◉ デメリット

- 自然の風を利用するため、計画的な発電ができない。
- 落雷に弱い。
- 周辺への電波障害の発生源になる場合がある。
- 景観上のマイナス面の問題も発生している。
- 風車が住宅地の近くに設置される場合、低周波による住民への健康被害の報告例が増えてきている。低周波とは100Hz以下の低周波音で、頭痛や不眠などの原因となっているようである。

しかし、風力発電は太陽光発電と違って風車の動きが見えるため、環境意識の啓発には効果的である。

小型の風車を設置し、低周波音に配慮した分譲マンションなども販売されている。

027 スケルトン・インフィル

POINT

スケルトン・インフィルは、建築の長寿命化を作り出せる

スケルトン・インフィルとは建築の構造体と内装・設備に分けて設計を行うことをいう。特に集合住宅で見られる手法である。建築を成り立たせている構造（スケルトン）と内部空間を成り立たせている内装・設備配管（インフィル）を独立させて考え、スケルトンは変わらないもの、インフィルは変えられるものとして建築を考える。この考え方は、オランダの建築家ニコラス・ジョン・ハラーゲンによって提唱されたオープンビルディングという原理（左ページ注）を基に日本が独自に理論付けた。

「建築と設備のライフサイクル」（↓０１５）で解説したように、設備と建築との取り合い部分でメンテナンスや更新が難しいような場合、例えばパイプスペースやパイプシャフトを室内に取っている場合は、設備の更新時に内壁を壊して工事を行う「道連れ工事」が起きてしまう。このような事例を発生させない工夫が求められる。

スケルトン・インフィルの手法

スケルトン・インフィルの手法のポイントは以下のとおりである。

・ＰＳを共用部分に設ける。

・床や天井を2重とすることで、設備の配管、電気の配線、各種ダクトを自由に設置することを可能とする。このことにより、階高は通常より高くなる。

・室内部の間仕切り変更工事を容易にするため、断熱施工を室内側ではなく外断熱施工とする。

・スケルトン（構造体）の耐震性を高め、長期耐久性をもたせる。

・空間にゆとりをもたせる。

これらの手法を適用することで専有部分と共用部分の区別が明確になり、リフォーム時の変更に対する判断に迷うこともなくなり、給排水管や電気設備のメンテナンス、更新などが容易となる。環境負荷は、建築の寿命を全うさせることで抑えることができる。

スケルトン・インフィルの事例「大阪ガス実験集合住宅NEXT21」(1993年、大阪市)

写真：北田英治

NEXT21は、大阪ガス(株)によって大阪市内に作られた実験集合住宅で、社員16家族が実際に居住して、さまざまな実験が行われている。

主要用途：共用住宅(18戸)
設　　計：大阪ガスNEXT21建設委員会
構　　造：B1F ～ 2F：SRC造、3F ～ 6F：PCa+RC造
階　　数：地下1層、地上6階
敷地面積：1,542.92㎡
建築面積：　896.20㎡
延床面積：4,577.20㎡

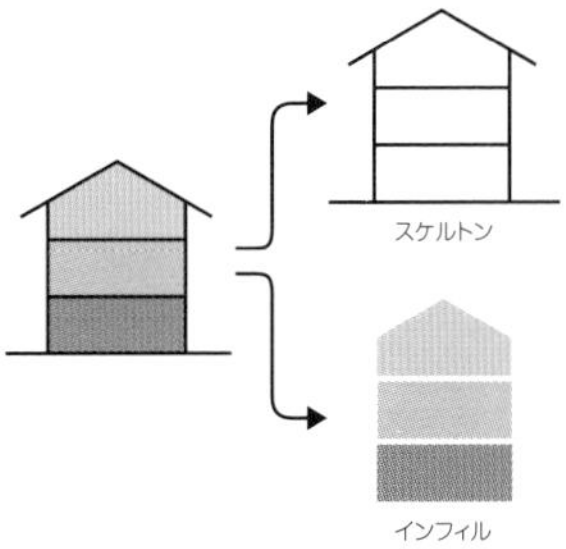

◀ **構造**

躯体と住戸部分は分離されスケルトン・インフィルの構成となっている。構造躯体には100年間の長期耐久性をもたせている。

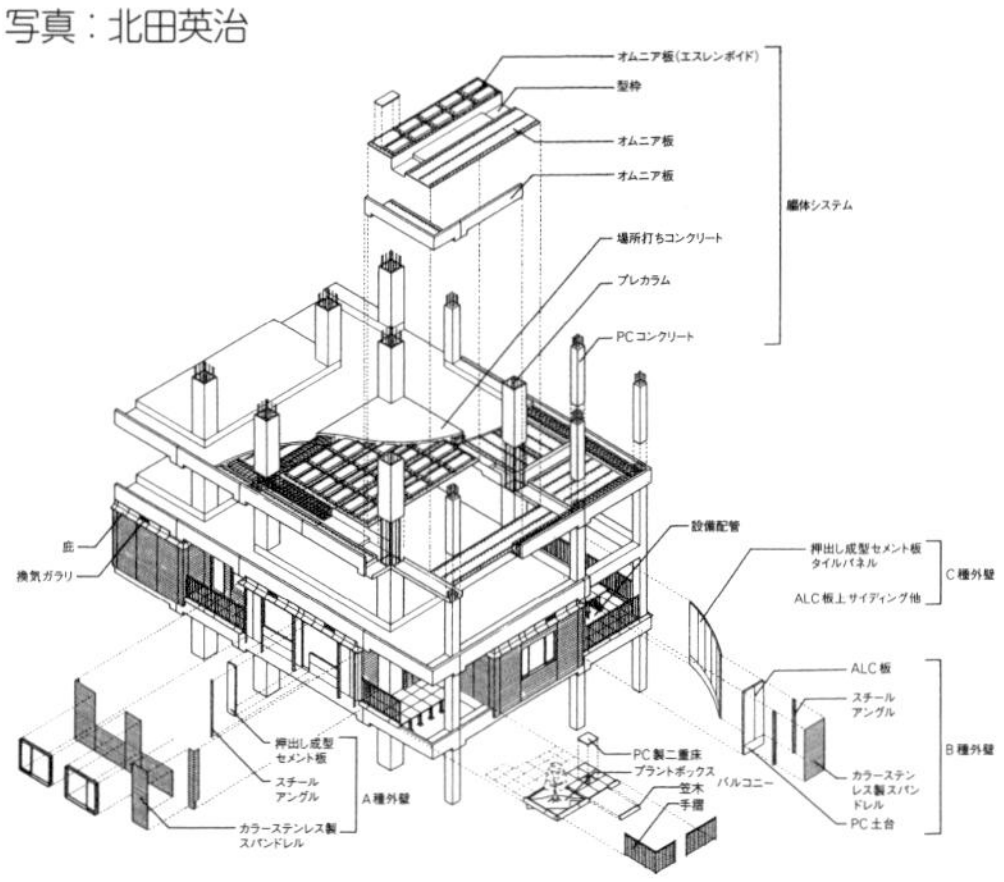

◀ **システムビルディング**

住戸の外壁などを規格・部品化することにより、その取り替えや移設を容易にしている。外壁などの移動や再利用も可能。

図：集工舎建築都市デザイン研究所

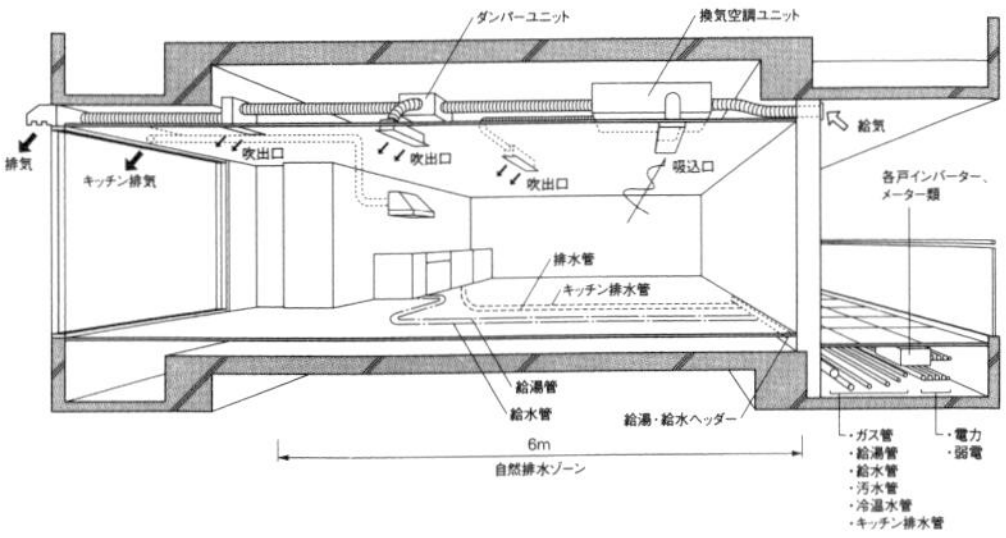

◀ **フレキシブル配管システム**

立体街路（共用廊下に相当する部分）の下部は配管スペースに充てられ、住戸内は2重床、2重天井とし、配管の移設を容易にしている。

図：大阪ガス(株)

(注) オープンビルディングの原理

オープンビルディングの基本的な原理は、空間を、街並み→住宅建物(住棟)→住戸という、パブリックからプライベートにつながる3つのレベルでとらえ、それぞれのレベルごとにふさわしいデザインで建設しようというもの。オープンビルディングはハウジングや都市に関わる空間構成システムである。

英語では、街並み=ティッシュ、住宅建物=サポート、住戸および内装・住宅設備=インフィルという。

街並みは、自治体がコミュニティの意向を受けてデザインし、建設し、管理する。街並みを構成する道路や公園は、寿命が長く、土木技術の適用対象である。

住宅建物(住棟)は、街並みに合わせながら、居住者の意見を採り入れてデザインし、建設される。その構造には適度な寿命を必要とし、建築技術の適用対象となる。

住戸は、それぞれに居住する居住者が、住棟の枠内でデザインし、建設し、自ら管理するものである。住戸を構成する内装や住宅設備は、比較的寿命が短く、造作・仕上げや設備機器の技術の適用対象となる。オープンビルディング・システムでは、各レベルでのデザイン、建設、管理、運営の業務が明確になり、その結果、フレキシブルな住空間が実現する。

出典：日本建築学会　建築計画委員会
オープンビルディング小委員会ホームページ

028 CASBEE（キャスビー）

POINT

CASBEEを用いることで、バランスのとれた環境配慮を行うことができる

CASBEEとは、建築物を環境性能で評価して格付けする手法をいう。正式名称は「建築物総合環境評価システム」という。近年では、横浜市や川崎市などの自治体がその認証の義務付けを行い、注目を集めている。CASBEEは、アメリカやイギリスなどですでに建築物の環境性能を評価するシステムがあり、その日本版を作るべきだという考えから、2001年に国土交通省の主導によって作られた。

諸外国での環境性能評価方法は、環境性能の長所と短所を足し算、引き算して評価するが、CASBEEは単位環境負荷あたりの製品およびサービスの価値という環境効率を考えているため、「建物自体の環境性能」÷「周辺環境への負荷」という計算方法をとっている。

評価の内容

CASBEEでは環境性能効率を「BEE」と呼ぶ指標で評価を行う。BEEは、建築物の環境品質および性能を表す「Q」と、建築物の環境負荷の総合値を表す「L」を、それぞれ点数化し、「Q／L」（QをLで割る）で算出する。

総合評価は、Sランク（素晴らしい）、Aランク（大変良い）、B+ランク（良い）、B−ランク（やや劣る）、Cランク（劣る）の5段階で評価される。また、CASBEEには建築物のライフサイクルや目的に応じた多くのツールがあり「CASBEEファミリー」と呼ばれる。新築、改修、企画、既存、ヒートアイランドなどが、その例である。

「CASBEE」利用のメリット

持続可能な都市計画の推進に開発業者が環境配慮をアピールする場合、CASBEEを用いることで配慮の偏りが起きないよう、バランスのとれた形での環境配慮を促すことができる。

CASBEEは常に改良が重ねられ利用者の裾野を拡大してきている。

CASBEE（建築物総合環境性能評価システム）

CASBEEとは建築物総合環境性能評価システムの意味で、「Comprehensive Assessment System for Building Environment Efficiency」の頭文字をとったものである。省エネルギーなどに限定された従来の環境性能よりも広い意味での環境性能を評価する必要が生じてきたため開発された。音環境、光・視環境、換気性能など、住み心地に大きく関わる要素、そしてランニングコストの決め手となる冷暖房効率は、建築物の環境負荷低減として求められるもので、これらの客観的な評価は消費者が一覧できるようになっている。

CASBEE評価事例（竹中工務店東京本店ビル、2004年、東京都江東区）

竹中工務店東京本店ビルは、環境に配慮した新しい都市型サスティナブル・オフィスとして計画された。CASBEEによる環境性能評価では「Factor4」を実現させている。建築物環境性能効率BEE－4.9の格付けでは5段階中最高ランクのSに位置付けられている。

◉ 光と風

東西外壁の窓と南北のカーテンウォールからの光に加えて、吹き抜け上部から入り込む太陽光を、RFの集光装置を用いて斜めの日射を真下に導いている。

東西の多機能外壁から風を取り込み、オフィス内に風の道を作りながら、オフィス中央の吹き抜けより上部に導き、屋外に排出する。

◉ 多機能外壁の構成

外周に分散配置した構造ブレースと、その下のデッドスペースに設置した薄型ハイブリッド空調機および背面外壁の外気導入口を一体化させたもので、自然の風を直接室内に導き、もしくは空調ダクトを経由して室内に分配させることができる。

ハイブリッド空調機は、室内外の環境条件によってさまざまな方法で自然風を内部に取り込み、室内環境を適切に保ちながら、年間を通じて外気のもつエネルギーを最大限に利用している。

◉ ダンボールダクト

空調ダクトとして「ダンボールダクト」が新たに開発された。全ダクトの60%に採用されており、ダンボールダクトには80%以上の古紙が利用されている。

コストは従来の金属ダクトの6～7割ほどで、使用後は元の材料（ダンボール+アルミ箔）に戻したり、固形燃料などに転用して再利用可能となっている。

◉ 太陽光集熱ダクト

低層棟の屋上には太陽熱利用のための集熱ダクトと屋上緑化とが一体として設置され、冬季は食堂の暖房にまわし、夏季は集熱部と食堂内の空気の温度差による自然対流換気に利用されている。

図、写真：竹中工務店

竹中工務店東京本店ビル設計概要
設　計：竹中工務店
構　造：S造+CFT柱、外殻ブレース構造
階　数：地上7階、塔屋1階
敷地面積：23,383㎡
建築面積：　5,904㎡
延床面積：29,747㎡

▲ 竹中工務店東京本店ビル　上写真：小川泰祐

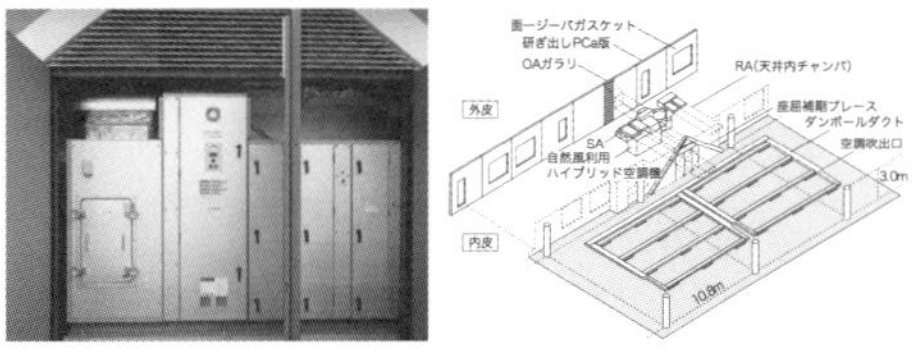

▲ 多機能外壁内ハイブリッド空調（左）と多機能外壁構成図

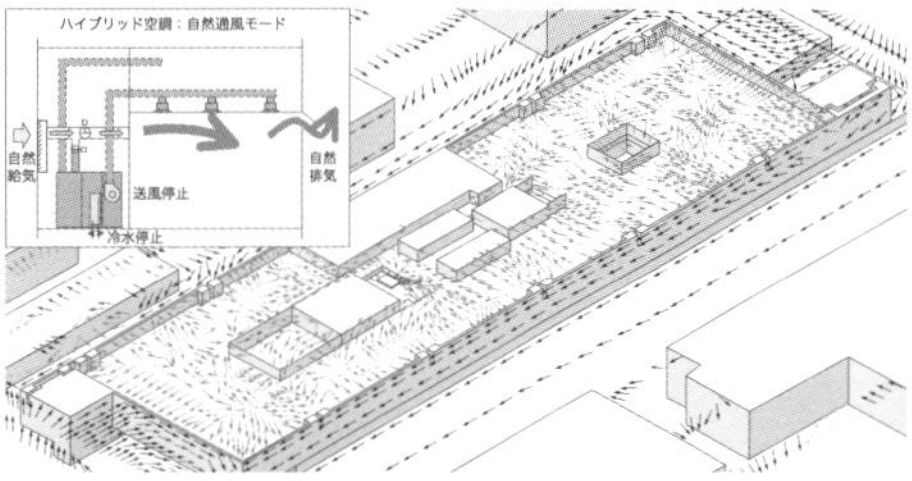

▲ 自然通風の気流シミュレーション

◀ 光庭
外周壁より取り込まれた風はオフィス内を通り抜け、光庭に導かれて外部に排出される。
左写真：小川泰祐

▲ 屋上緑化と太陽光集熱ダクト

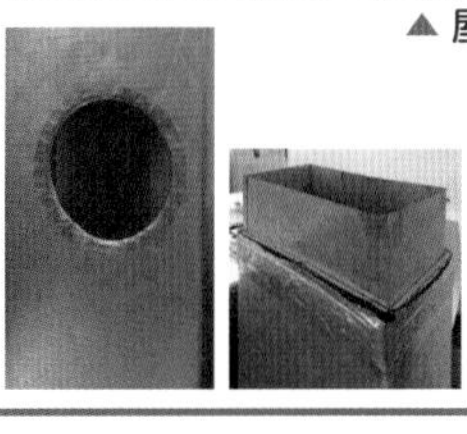

◀ ダンボールダクト
運搬時は平板状とすることができ、現場で加工、組み立てを行う。ダクトジョイント部にはスチールを使用。

ZEB

ZEBとは（Net Zero Energy Building）の略称で、通称ゼブと呼称される。

室内環境を快適にした上で、建物の年間一次エネルギー消費量収支をゼロとすることを目指したものである。

	定性的な定義	定量的な定義（判断基準）
ZEB	年間の一次エネルギー消費量が正味ゼロまたはマイナスの建築物	以下の①～②のすべてに適合した建築物 ①基準一次エネルギー消費量から50%以上の削減（再生可能エネルギーを除く） ②基準一次エネルギー消費量から100%以上の削減（再生可能エネルギーを含む）
Nearly ZEB	ZEBに限りなく近い建築物として、ZEB Readyの要件を満たしつつ、再生可能エネルギーにより年間の一次エネルギー消費量をゼロに近づけた建築物	以下の①～②のすべてに適合した建築物 ①基準一次エネルギー消費量から50%以上の削減（再生可能エネルギーを除く） ②基準一次エネルギー消費量から75%以上100%未満の削減（再生可能エネルギーを含む）
ZEB Ready	ZEBを見据えた先進建築物として、外皮の高断熱化及び高効率な省エネルギー設備を備えた建築物	再生可能エネルギーを除き、基準一次エネルギー消費量から50%以上の一次エネルギー消費量削減に適合した建築物
ZEB Oriented	ZEB Readyを見据えた建築物として、外皮の高性能化及び高効率な省エネルギー設備に加え、更なる省エネルギーの実現に向けた措置を講じた建築物	以下の①及び②の定量的要件を満たす建築物 ①該当する用途毎に、再生可能エネルギー除き、基準一次エネルギー消費量から規定する一次エネルギー消費量を削減すること A）事務所等、学校等、工場等は40%以上の一次エネルギー消費量削減 B）ホテル等、病院等、百貨店等、飲食店等、集会所等は30%以上の一次エネルギー消費量削減 ②更なる省エネルギーの実現に向けた措置として、未評価技術（WEBPROにおいて現時点で評価されていない技術）を導入すること

ZEBの定義・評価方法

ZEBは4段階で定性的及び定量的に定義されている。

設計段階で、建築計画的な手法(パッシブ手法)を最大限に活用しつつ、長寿命かつ改修が困難な建築外皮を高度化した上で、設備の効率化を重ね合わせる ことで、省エネルギー化を図ることが重要であり、省エネ基準よりも50%以上の省エネをZEB基準(ZEB Ready)として設定、前述の省エネ率については設計段階で評価する。

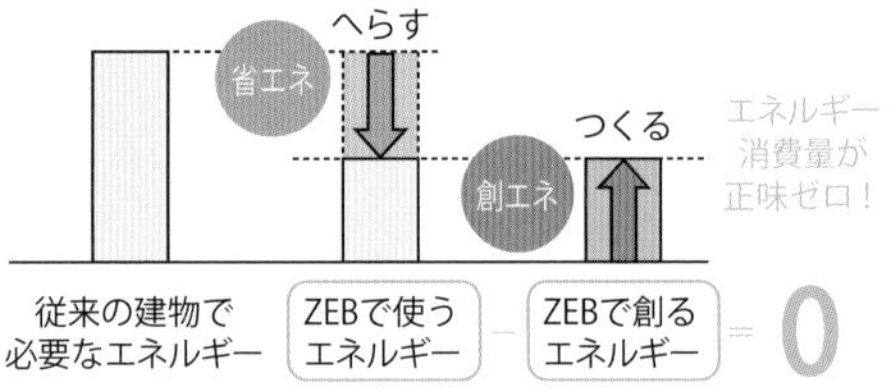

Nealy ZEB

東急コミュニティー技術研修センターNOTIA

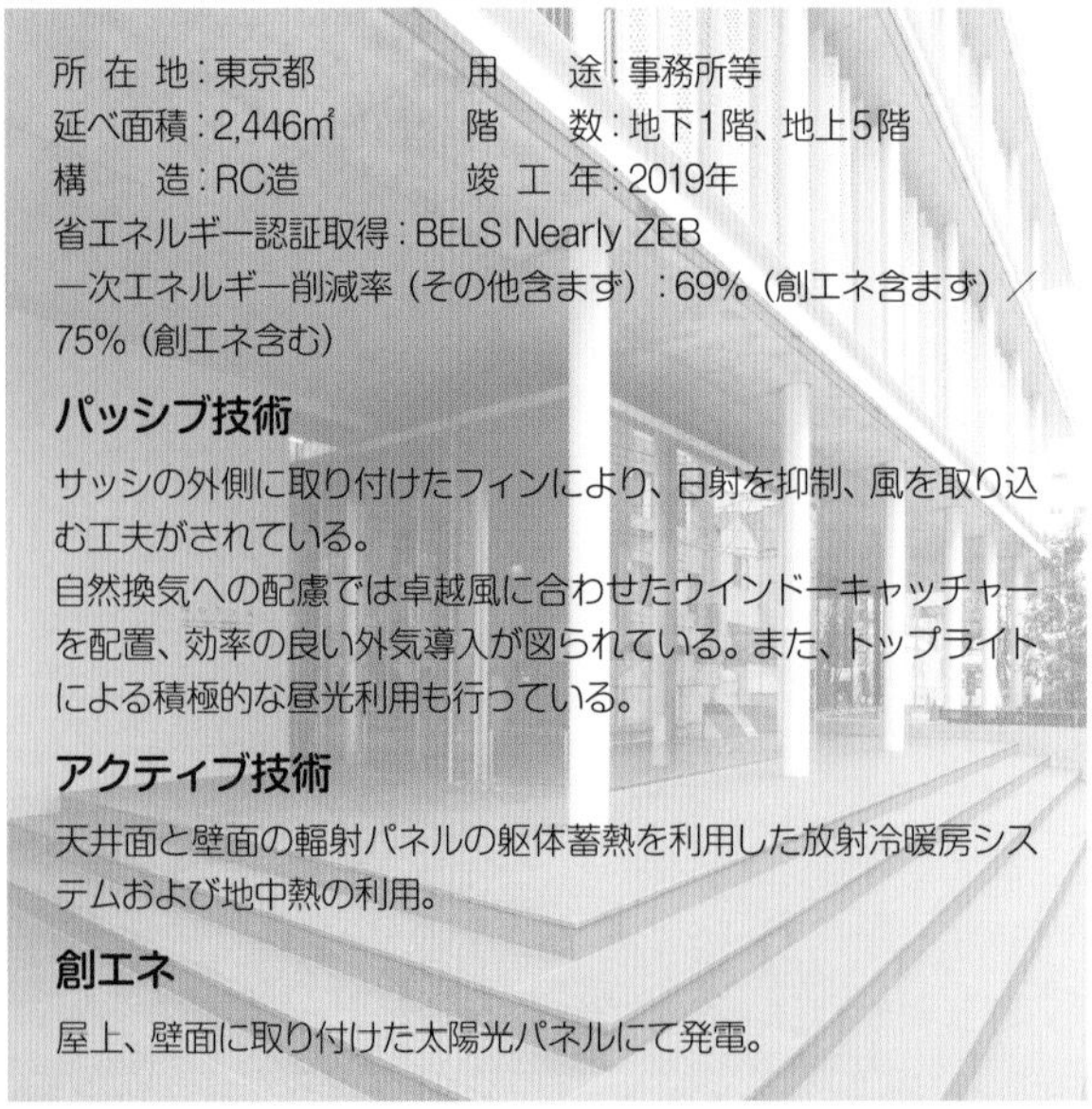

所在地：東京都　　用途：事務所等
延べ面積：2,446㎡　　階数：地下1階、地上5階
構造：RC造　　竣工年：2019年
省エネルギー認証取得：BELS Nearly ZEB
一次エネルギー削減率（その他含まず）：69%（創エネ含まず）／75%（創エネ含む）

パッシブ技術

サッシの外側に取り付けたフィンにより、日射を抑制、風を取り込む工夫がされている。

自然換気への配慮では卓越風に合わせたウインドーキャッチャーを配置、効率の良い外気導入が図られている。また、トップライトによる積極的な昼光利用も行っている。

アクティブ技術

天井面と壁面の輻射パネルの躯体蓄熱を利用した放射冷暖房システムおよび地中熱の利用。

創エネ

屋上、壁面に取り付けた太陽光パネルにて発電。

▲ 壁面に設けられたウインドーキャッチャー

▲ サッシの外側に設けられたフィンの様子

CHAPTER 3 建築材料とは

029 建築材料

POINT

材料の選択は、材料のもつ特性の正確な理解だけでなく、土地の気候なども考慮に入れて行う

建材の歴史

建築の構造体や仕上げに用いられる建材はさまざまな地域の気候風土に適した材料が選択され、育まれてきた。

アメリカ南西部の乾燥地帯では「アドベ」と呼ばれる土や砂を混ぜた粘土と、藁《わら》や動物の糞などによる有機素材で作られた日干煉瓦で家が作られている。イタリアでは大理石が豊富に産出するため、大理石による石造建築が多く見られる。湿潤な気候風土にある日本では、木材、漆喰、茅葺き屋根などで構成された住まいが作られている。

このように、気候風土に適した自然素材から、工法技術の進歩とともに、瓦、タイル、焼成煉瓦などの人工材料が作られるようになる。工業化の進行とともに、コンクリート、ガラス、プラスチックなどの工業化材料が作られ、近年では特殊金属や複合材料などの高性能材料、そして緑化材料、環境対応材料、エイジング材料などの多様な性能材料が開発されている。

建築材料の選択

建築材料は、建築に求められる構造、意匠、機能性の性能を実現するために選択され用いられる。建築の構造体に使用される建築材料には、風雨や気温などの建てられる場所の特性（気候）や地震力などの外力に抵抗させるため、安全性、強度、耐久性などの性能が求められる。意匠などの仕上材に用いられる建材には、質感、感触、風合いなどといった感覚的、心理的な要求や機能性を満足させる建築材料が選択される。特に、工法による構造の特性に対し、仕上材の特性とのバランスを欠いた選択（柔らかい構造で堅い仕上を行うとクラックが発生しやすい）を行うと、不具合を発生させる。

建築材料の選択には、材料の特性に関する正確な理解だけではなく、その土地の気候なども考慮においた選択が必要となる。

建材発展の経緯

建築の工法の発展とともに、用いられる建築材料(建材)に要求される性能も、それに対応させるように変化していく。

- 人工材料　　：自然材料に手を加えて改良したもの。
- 工業化学材料：工業化学によって生産される材料。
- 高性能材料　：複数の素材や高度な技術を利用して作られる材料。
- 多様性能材料：多様な性能を複合させた材料。

天然材料 ― 石、日干煉瓦、石灰、木、草、天然アスファルトなど

↓

人工材料 ― タイル、焼成煉瓦、瓦、石膏、セメントなど

↓

工業化学材料 ― コンクリート、ガラス、鋼材、樹脂材など

↓

高性能材料 ― 特殊金属、新素材、複合材料など

↓

多様性能材料 ― 自己修復材料、緑化材料、環境対応型材料など

材質による分類

建材の材質は、無機材料と有機材料に分類される。

◉ 無機材料

特性として、熱に強い、強い、強度が高い、腐食されにくいなどの機械的特性に優れる他、透明である、電気を流す、電気を蓄える、絶縁体であるなどの機能も有する。

このような多様な特性を有するのは、セラミックスが有機材料および金属材料以外の多くの化合物からなるためである。ただし、同一元素からなるセラミックスでも、その製造方法（粉末の合成→成型→焼結)によって特性が変化する。建築では、瓦、煉瓦、鉄材、セメント、石材などに使われている。

▲ 石材（無機材料）による構造体の構成事例

ウシュマル遺跡・総督の家

（マヤ文明古典後期600～1000年、メキシコ・メリダ近郊）

◉ 有機材料

炭素化合物(木材、瀝青《れきせい》材、ゴム、プラスチックなどの有機化合物)を原料とする材料で、高分子材料ともいう。

合成樹脂(ポリエチレン、ビニル、エポキシ、ポリエステルなど)、合成繊維(ナイロンなど)が主体で、建築では、管、接着剤、塗料、止水板、目地材などに用いられる。

有機材料は、ガラス転位温度に代表される特別な熱的性質を有している。その他、粘弾性という特殊な性質も有する。急激な変形時には完全な弾性体として働き、ゆっくりした変形時は粘性体として働くため、多様な用途展開を可能としている。

▲ 木材（有機材料）による構造体の構成事例

桂宮家の別荘として造営された桂離宮書院

（17世紀、京都市西京区）

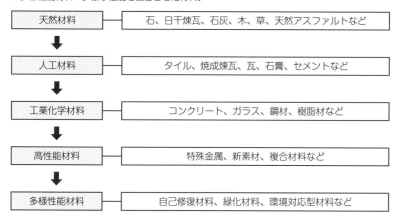

030 組積材と煉瓦（れんが）

POINT

煉瓦材には耐火煉瓦など、機能性をもたせたものがある

組積とは、煉瓦・石材・コンクリートブロックなどの材をモルタルで積み重ねることをいう。

組積材は、有史以来より構造材として用いられており、中近東やヨーロッパでは数千年の風雪に耐え、現在でも使われ続けているものも数多く見られる。組積材は耐久性が高く、風化に強い構造を有する。

煉瓦の原料には粘土、頁岩《けつがん》、泥などを用いる。紀元前３５００年のメソポタミア文明では煉瓦を用いた建造物が築かれており、エジプトで見られるギザの3大ピラミッドの原型とされるマスタバ墳という台形の墓は、日干煉瓦で作られていた。日干煉瓦は現在でも中東地域で家作りに使われており、手入れを怠らなければ数百年は保つことができる。

中国の万里の長城には焼成煉瓦が使われている。使用されている煉瓦は長城煉瓦と呼ばれるもので、通常の煉瓦よりも強度を高め、吸水性を少なくし、耐久性を高めるために焼成温度を高くして時間をかけて焼かれていた。焼成煉瓦の赤褐色は土の中に含まれる鉄分の影響による。

煉瓦造の建築は、日本には近代化とともに導入され、明治中期には一般的な技術の1つとなったが、関東大震災で、煉瓦を用いた建築が多くの被害を出したことにより、耐震性の問題から鉄筋コンクリート造に注目が集まるようになった。そして、外壁が赤煉瓦積みに見えるよう煉瓦タイルが外装にタイル状に張られるようになった。

また、耐火煉瓦と呼ばれる高い耐火性能をもたせたものがあり、焼却炉や陶芸用、調理用の窯などに用いられている。煉瓦の色は土や粘土の配合による焼きあがりによって発色が決まる、自然素材としての味わいをもつ。また、風化によっても魅力を引き出すことができる。

日干煉瓦

日干煉瓦とは、土に藁《わら》などをすき込み、型に入れて型抜きし、天日で乾燥させて作った煉瓦で、日乾(にっかん)煉瓦とも呼ばれる。断熱性に優れた素材である。日干煉瓦は、当然ながら材料である土の性質によってでき上がりも異なる。赤みを帯びた土で煉瓦を作ればでき上がる煉瓦の色も赤みをもつ。その土地の土の性状により色味が変わるのである。ちなみに、外国の中東地方では、黄土地帯が多いため黄色みを帯びている。

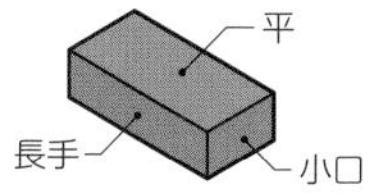

◉ 寸法・規格

煉瓦の寸法は、職人がもちやすい大きさで、慣習や規格によって統一されている場合が多い。国、地域、時代で違いがあり、たとえば現在、アメリカでは203×102×57mm、イギリスでは215×112.5×75mm、日本では210×100×60mmのものが広く使われている（日本ではJIS規格が定められるまでさまざまな寸法があった）。

この寸法を標準とし、各辺を1/2、1/4、3/4などの単純な分数で細分割したものを組み合わせて用いる。たとえば、日本で建築用に使われているものには、以下のような寸法がある。

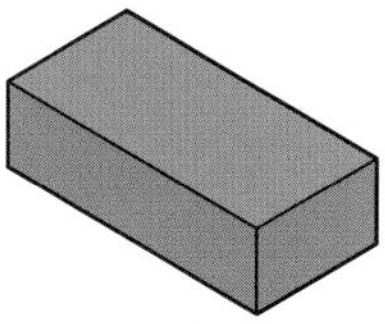

▲ 全形
(210×100×60mm)

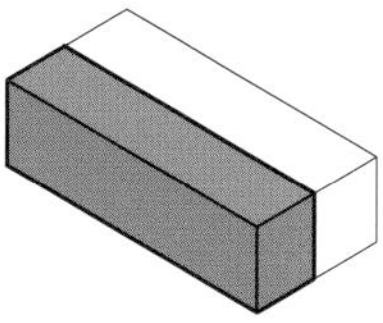

▲ ようかん
(210×50×60mm)

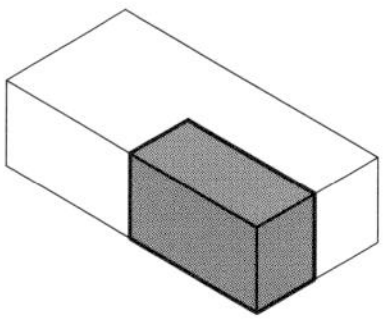

▲ 半ようかん
(105×50×60mm)

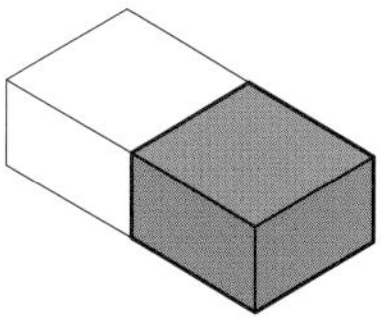

▲ 半ます
(105×100×60mm)

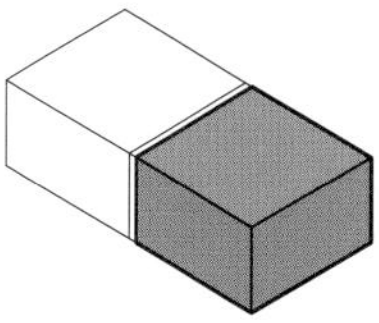

▲ さいころ
(100×100×60mm)

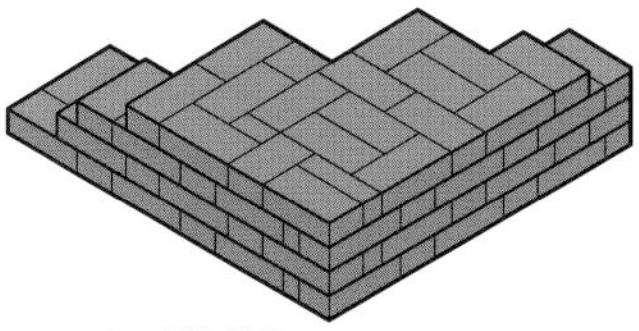

▲ フランドル積み
煉瓦の長手と小口を交互に積む方式。積み上がった壁面の柄は最も煉瓦らしく美しいとされる。フランドル地方（ベルギー全土からフランス東北部）で完成した積み方である。

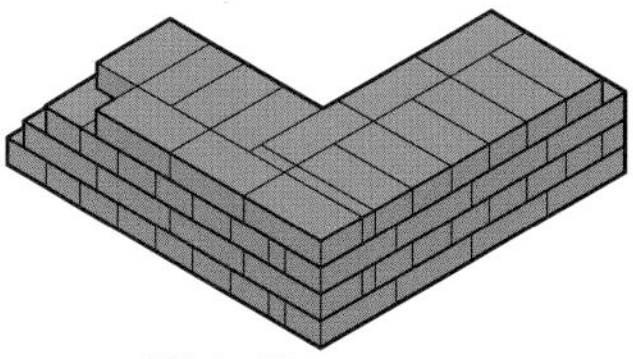

▲ イギリス積み
煉瓦を長手だけの段、小口だけの段と1段おきに積む方式。この積み方は強度が高く、使われる煉瓦を少なくすることができ、経済的とされる。

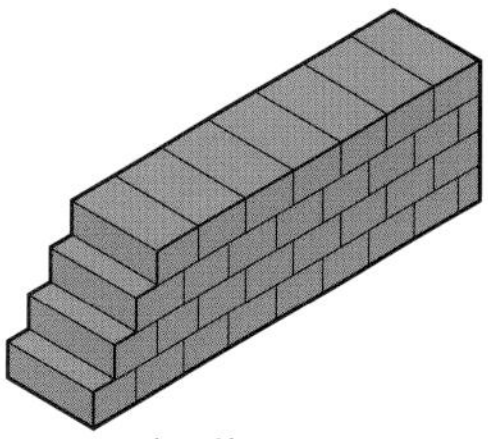

▲ 小口積み
すべての段に小口が見えるように積む方式。ドイツ積みとも呼ばれる。

大谷石地下採掘場跡

大谷石は、軽石凝灰岩で、耐火性・防湿性に優れ、柔らかく、加工がしやすい。塀や外壁、蔵などさまざまに使われているが、古くは縄文時代に炉石としての使用が確認されている。

大谷石地下採掘場跡
(大谷石資料館　栃木県宇都宮市大谷町909)

1919年から1986年の70年間をかけて、大谷石を採掘してできた巨大な地下空間。

戦時中は軍の地下工場として使われ、戦後は政府米の貯蔵庫として利用された。

現在は資料館として公開されている。

031 ガラス

POINT

ガラスのもつ熱的性質を理解したうえで、使用箇所によるガラスの選択を行う

アメリカ工業規格協会では、ガラスについて「結晶を析出することなく、溶融体が冷却固化した無機物」と定義している。つまり、ガラスとは、高い透光性をもった準安定状態にある非常に粘性の高い液体のことをいう。ガラス表面に透視性を確保させながら光を拡散させたり、視認性に変化をもたらすなど、さまざまな加工が可能な材質である。

強度

ガラスは脆性変形をほとんど起こさない脆性材料であるため、ガラス表面に生じた傷先端に応力が集中し、その傷が伸長することで破損に至る。ガラスは理論値よりも2桁以上弱い強度で破壊する。

熱的性質

ガラスは熱割れという現象を引き起こすことがある。これは、ガラスのもつ比熱や熱膨張係数が大きく、熱伝導率が小さいため、部分的に熱が加えられると、ガラス面に熱応力が発生して熱割れが起きるためである。

ガラスの設置場所に部分的に常に影が生じている場合などは、熱割れ計算を行い検証する。特に網入りガラスは、ガラスと鉄線との熱膨張率が異なるため、設置場所には注意が必要である。

ガラス成形品の種類

ガラスブロックは建築壁面や間仕切りなどに用いられる。ガラスブロックの中空内部が真空状態に近いため、遮音効果や断熱効果もある。

デッキガラスは、床下に光を落とすために地下室の天井や舗道などに埋め込まれる断面形状がプリズム状になっているガラスブロックのことである。

波板ガラスやガラス瓦は採光を確保するために屋根材などに用いられる。

また、特殊組成のガラスに酸化物蓄光材料を分散させた蓄光性ガラスなど、インテリアに用いられる商品なども開発されている。

ガラスの性質と種類

◉ ガラスは液体？

ガラスは粘度の非常に高い液体である。もともと液状だったガラスが冷えて硬いガラスになるのだが、ガラスには液体から固体に変化する際の明確な変化(相転移)がない。

鉄などの金属は、固化するときに原子が規則正しく配列した結晶状態になるが、ガラスにはそれがない。つまり、ガラスは結晶状態を取らないから、化学的には液体と分類される。

古い教会のステンドガラスなどは下の方が少し厚くなっていることが多いが、長い年月を経て、ガラスが徐々に「垂れて」きているためである。

▲ ガラスブロック
光を緩和し、軟らかい光を作り出す。断熱性、遮音性に優れる。

▲ 波板ガラス
波型であるため剛性が高く、広い空間をもつ体育館、工場、アーケード屋根面、壁面などに用いられる。

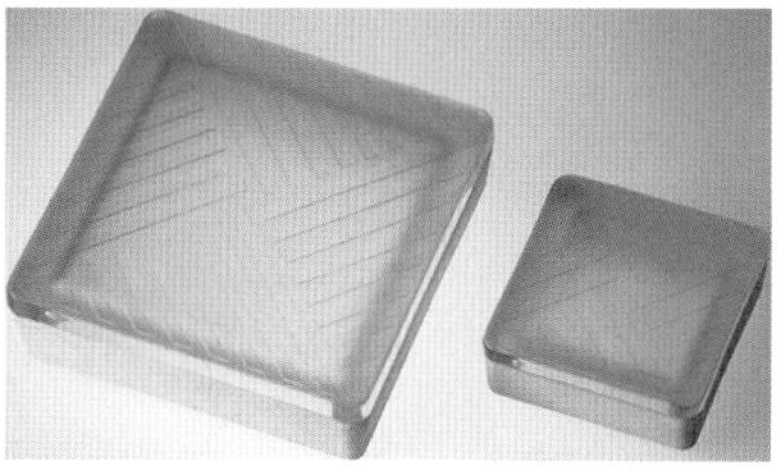

▲ デッキガラス
トップライトや建築下層部への自然光への採り入れに使われる。

▲ ガラス瓦
ガラス製の瓦で、屋根開口部分に葺き、トップライトとすることができる。

ゼリーのようなガラスのビル「プラダブティック青山店」(2003年、東京都渋谷区)

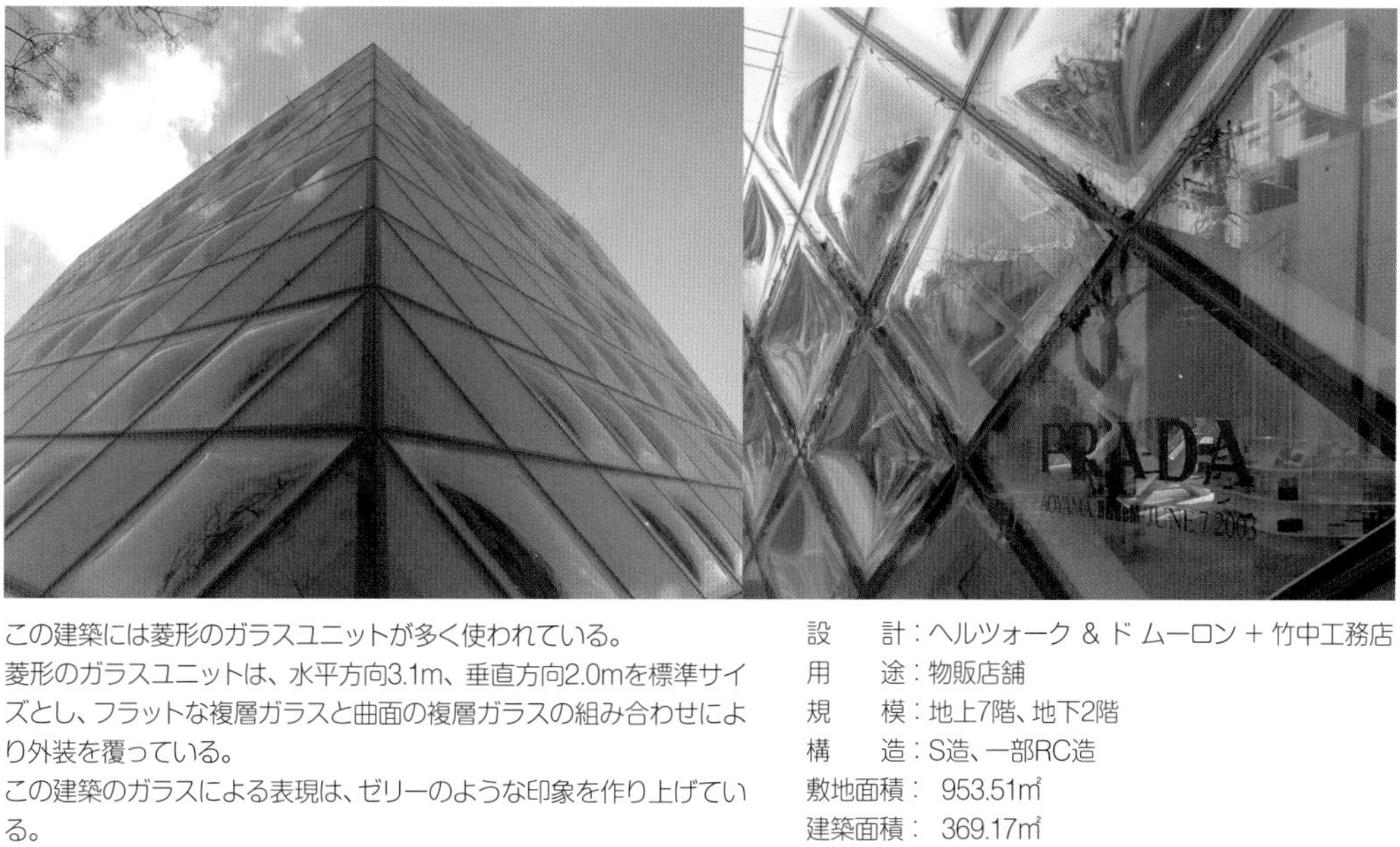

この建築には菱形のガラスユニットが多く使われている。
菱形のガラスユニットは、水平方向3.1m、垂直方向2.0mを標準サイズとし、フラットな複層ガラスと曲面の複層ガラスの組み合わせにより外装を覆っている。
この建築のガラスによる表現は、ゼリーのような印象を作り上げている。

設　計：ヘルツォーク ＆ ド ムーロン ＋ 竹中工務店
用　途：物販店舗
規　模：地上7階、地下2階
構　造：S造、一部RC造
敷地面積： 953.51㎡
建築面積： 369.17㎡
延床面積：2860.36㎡

032 木材

POINT

樹種や木取りによって、木材が用いられる部位が決まる

木材の特質

木材は、用いる樹種や切り出し方向によって、物理的、機械的性質が異なる。樹種には、年輪をもつ外長樹（硬木類）と、年輪をもたず長さだけが成長する内長樹（軟木類）とに分けられる。さらに外長樹には針葉樹や広葉樹がある。針葉樹は材質が均一で、通直性（木目などが縦にまっすぐに通っていること）がよく、長大材が得やすい。また加工性にも優れ、構造材、板材、小割材など幅広く用いられる。広葉樹は、ナラ、ケヤキ、キリなどが縁甲板や家具などに使われる。

製材

製材とは、木材を所要のサイズの板材や角材に切断したものをいう。

製材に用いる樹木の伐採時期は、樹液が少なく生長も少ない厳冬が最も良い。伐採樹齢は全樹齢の２／３ぐらい（日本の針葉樹では40～50年）の時期が良い。

木取り

木取りとは、製材するにあたり、目的とする材料を最も歩留まり良く取るために、採材の位置や裁断手順を決めることをいう。この「歩留まりが良い」とは、１本の原木からいかに無駄なく建材が取れるかということを意味する。

木取りで建材が取れないような端材は、割り箸や、チップとして紙などの原料に加工される。木取りによって表れる木目には柾目（まさめ）や板目（いため）があり、これらの木目模様を木理（もくり）という。

柾目は樹芯を通る年輪の縦断面で、収縮変形が小さく美しい。

板目は樹芯を通らない年輪の縦断面で、材質は柾目よりも劣る。板目材は、樹芯側を木裏といい、樹皮に近い側を木表という。板目は乾燥すると、木表側に反る。鴨居に用いる場合は、木表を下に向け、敷居では木表を上向きに使う。

製材方法（木取り）

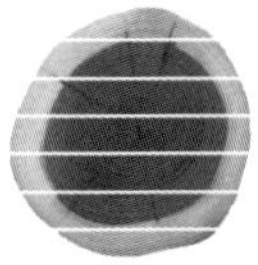

◀ **丸挽き（だら挽き）**
単純に丸太を一方から平行に挽き割る方法。小径木やわん曲材に用いる。

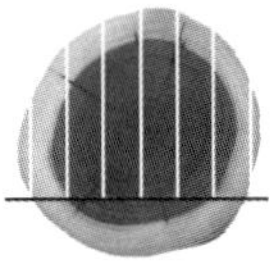

◀ **二方挽き**
座りがいいように、まず片面を落としてから木返しして挽く方法。

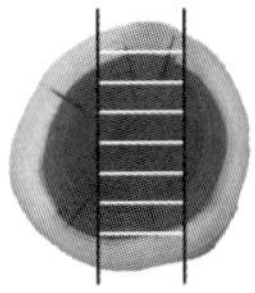

◀ **太鼓挽き**
両面を落としてから直角および平行に挽く方法。

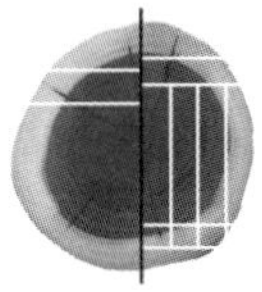

◀ **胴割り**
中心で2つ割りしてから挽く方法。大径木に適している。

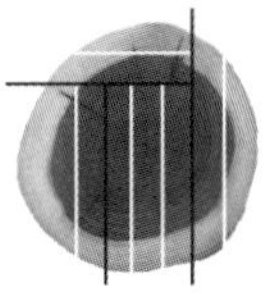

◀ **回し挽き**
丸太を回転させながら落としていく方法。小幅板を取るのに適している。

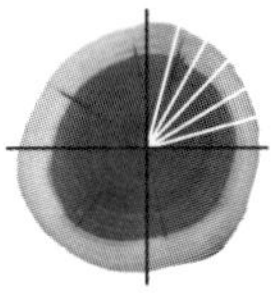

◀ **みかん割り**
放射状に挽く方法。柾目板を取るときに用いる。

木材の欠点例

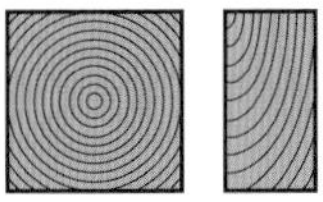

◀ **丸み**
材断面の不足が原因で起こる。

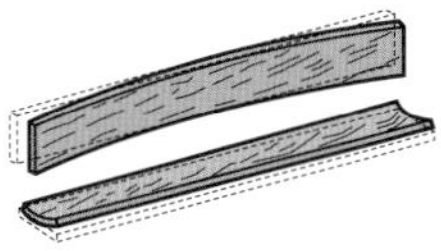

◀ **曲がり、反り**
柱、梁、丸太材の通直性を必要とするものに対する欠点となる。

◀ **割れ**
木材の割れには発生原因と現れ方によってさまざまな種類がある。

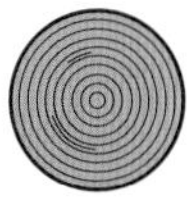

目回り

目回り
年輪に沿った円形の割れ。風、凍裂などが原因で起こる。

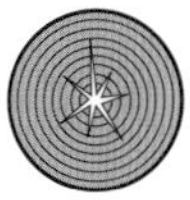

心割れ

心割れ
中心から放射組織に沿って放射状に外側に発達する割れ。

はだ割れ

はだ割れ
乾燥に伴って収縮した結果、生じた割れ。

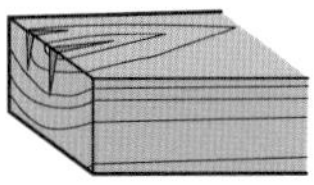

◀ **ひ割れ**
直射日光を受けて材面に生じた小さな割れ。

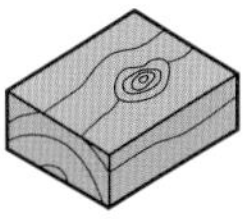

◀ **生き節**
生き枝から生じ、周囲の組織とつながって離れない健全な節。

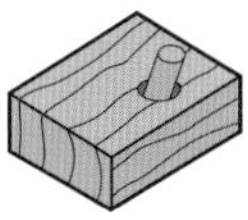

◀ **死に節**
枝と幹との組織が不連続であるが、しっかり結合している節。抜けてなくなってしまうと抜け節という。

木材市場風景

木材市場は木材の買い付けを行う場所で、国内産の材や外国産の材など、幅広く扱われている。角材や板材などさまざまに加工されたものが広大な倉庫内や土場に保管されており、買い付け時には木目や曲がりなどをチェックできる。

033 樹脂材

POINT

樹脂材は、軽量、成形の容易さ、耐薬品性など、優れた材質特性を持ち、さまざまな用途に使われている

プラスチック（樹脂材）とは「可塑性を持つもの」という意味で、人工的に成形することができる合成高分子物質（合成樹脂）の総称である。主に石油を原料として製造される。

プラスチックには、熱を加えると溶けて柔らかくなり、冷やすと再び堅くなる熱可塑性を持つものと、熱を一度加えると柔らかく軟化するが、再び加熱しても軟化しない熱硬化性を持つものに大別される。

プラスチックの長所は、塑性や延性が大きいため成形が容易であること、軽量で強度が高いこと、良好な電気絶縁性を持つこと、耐薬品性に優れること、着色が自由にできることなどが挙げられる。

一方短所は、耐熱性が低く燃えやすいこと、紫外線に弱く劣化しやすいこと、表面硬度が低く傷つきやすいことなどがある。また帯電しやすいことで汚れが付着しやすい。

各種樹脂材の特質

上水や下水に使われる配管類には、ポリプロピレン管、水道用塩化ビニル樹脂管、ポリブテン管などがある。

ＦＲＰ樹脂は強度や耐久性が高いため、屋根材やユニットバスなどの浴槽に使われている。

住宅外壁下地材の透湿防水シートはポリエチレン製不織布を原料とする。

硬く、耐熱性、耐水性、耐候性の高いメラミン樹脂は内装化粧板やキッチンのワークトップなどに用いられる。

耐熱性、耐薬品性、耐油性が求められる病院や工場の床にはエポキシ系樹脂やウレタン系樹脂による塗り床材が用いられる。継ぎ目がなく、平滑に仕上げることができる。

ビニル樹脂が含まれるビニル床材は、安定剤のバインダー含有率が30％以上のホモジニアスビニル床タイルと、30％未満のコンピジション床タイルに分類される。

建材に使われる主な樹脂材

◉ ポリ塩化ビニル樹脂

塩化ビニルを重合したものである。硬質にも軟質にもなり、耐水性、耐酸性、耐アルカリ性、耐溶剤性を持つ。硬質材は水道管、波板、平板、雨樋、サッシ、自動車用のアンダーコートなどに、軟質材はタイル、シート、ホースなどに用いる。

◉ ABS 樹脂

ABS (Acrylonitrile Butadiene Styrene copolymer)樹脂は、アクリロニトリル、ブタジエン、スチレンからなる熱可塑性樹脂の総称である。堅牢で、引っ張り、曲げ、衝撃などに強く、耐熱性、耐寒性、耐薬品性にも優れている。台所、家電製品、リコーダーなどの楽器、自動車の内装パネル部品などに用いる。

◉ ポリプロピレン樹脂

ポリプロピレンは、プロピレンを原料に生産される合成樹脂である。軽量で耐熱性が良く、耐薬品性に優れ、艶があるのが特徴。自動車部品、医療用途(器具、容器、医薬包装)、家電製品、日用品、住宅設備、コンテナ、パレット、飲食料容器、フィルム、シート、繊維、ヤーン、バンド、発泡製品など、広く用いられる。

◉ ポリスチレン (PolyStyrene) 樹脂

ポリプロピレン樹脂同様、幅広く使用されるプラスチックである。PS樹脂ともいう。大きく分けると透明な汎用ポリスチレン(GPPS)と耐衝撃性ポリスチレン(HIPS)の2種類がある。GPPSは透明性に優れ、HIPSはGPPSにゴム成分を加えてあるため、割れにくく耐衝撃性に優れている。発泡させたものは発泡スチロールといわれ、断熱材として用いられる。

◉ アクリル樹脂

アクリル酸とその誘導体の重合によって作られる合成樹脂である。透明度が高く、軽く、丈夫で、酸・アルカリに比較的安全である反面、傷つきやすく、アセトンなどの有機溶剤に溶けやすい。有機ガラス、歯科材料、接着剤、塗料などに用いる。

◉ 繊維強化プラスチック (FRP)

ガラス性の繊維などをプラスチックの中に入れて強度を向上させた複合材料である。小型船舶の船体、自動車・鉄道車両の内外装、ユニットバス、浄化槽、防水材などに用いる。

◉ ポリカーボネイト樹脂

高い透明性とプラスチック最高の耐衝撃性をもつ。DVDを含むCD (コンパクトディスク)、機動隊の盾や防弾チョッキ、屋根用波板、高速道路の防音板、自動車のヘッドランプなどに用いる。

その他、メタクリル樹脂、ポリエチレン樹脂、フッ素樹脂、フェノール樹脂、メラミン樹脂、シリコン樹脂、エポキシ樹脂など、さまざまな特性をもった樹脂が開発され、幅広い分野で用いられている。

◀ **アクリルスクリーン「ディオール表参道」(2003年)**
外壁ガラススクリーンの内側に3次曲面によるアクリルスクリーンが設えてある。アクリルスクリーン表面には白いストライプが印刷されており、柔らかい表情が作られている。
設　計:妹島和世 + 西澤立衛、SANAA
構造設計:佐々木睦朗構造計画事務所
用　途:テナントビル
規　模:地上4階、地下1階
構　造:S造
敷地面積: 314.51㎡
建築面積: 274.02㎡
延床面積:1492.01㎡

034 コンクリート

POINT

コンクリートは、生産者と購入者による適正な検査が行われることにより、品質が確保できる

コンクリートは、水、セメント、砂（細骨材）、砂利（粗骨材）などを練りまぜて作る。空気により硬化する気硬性セメントは、古代エジプト、ギリシャ、ローマ時代から石材の接着用としてすでに使われていた。１７００年代中期には水と反応して硬化する石灰を発見する。これはローマンセメントと呼ばれ、ポルトランドセメントが普及するまでの間、ヨーロッパ建築の発展に寄与していた。

コンクリートの性質

コンクリートは圧縮に強く、引っ張りに弱い。引張強度は圧縮強度の1／10程度である。コンクリートの中に鉄筋を入れた鉄筋コンクリートは、引っ張強度を補うために作られている。

コンクリートの強度は、水セメント比によって決まる。水セメント比は、単位水量÷単位セメント量×100（%）で、単位量はコンクリート1m^3作るのに必要な量をいう。

コンクリートの品質管理

コンクリートは、プラントでセメント、粗骨材、細骨材、混和材、水などを練り製造される。そして、現場に搬入され、打設されて構造物となる。それらの各工程で入念な検査を行い、品質の確保に努める。

生産者（生コン工場）が行う品質検査には、製造時の品質検査（工程検査）と荷卸し時の品質検査の２種類がある。購入者（施工業者）が行う検査には、荷卸し時の受入検査、打込み時の品質検査、構造物の品質検査などがある。

スランプ試験（生コンの流動性を測る）や、コンクリート内に含まれる空気量、コンクリート温度、塩化物含有量の測定を行い、要求されている基準と合致しているか、確認を行う。また、強度の確認や型枠解体時期の決定に用いるため、生コンから供試体を作り、材齢後に圧縮強度試験を行う。

コンクリートの各種試験方法

◉ スランプ試験（図・写真A）

スランプ試験とは、凝固前の生コンクリートの流動性（作業性）を示す試験をいう。スランプコーンと呼ばれるコーンを垂直に外してできた山の頂点の高さを計測し、山の下がり方が大きいほど軟らかく、作業性は高まる。一般的に、コンクリート中の水分を多くすることによりスランプは増大するが、水を過剰に加えるとコンクリート強度は低下するので、15～18cmで施工を行う。

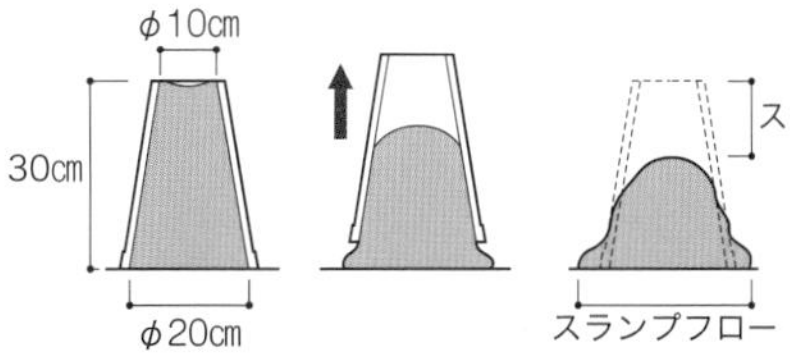

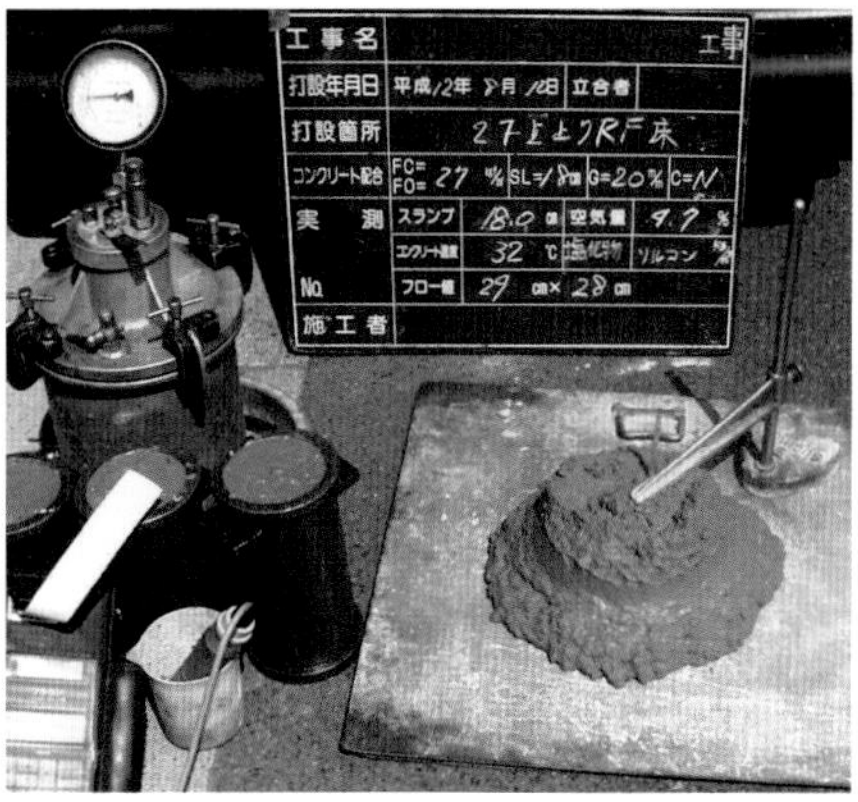

◉ 空気量試験（写真B）

生コンの材料の中に含まれる空気量を測定する試験をいう。密封された容器にコンクリートを入れて圧力をかけ、空気量の比率を測定する。一般的に、コンクリート中の空気量の比率は4.5±1.5%と規定されている。

◉ 供試体（圧縮強度試験）（写真C）

コンクリート打設の際に、圧縮強度試験用のコンクリート供試体を製作する。一般的に、4週を経た後に強度試験を行う。

◉ 塩分濃度および温度の測定（写真D）

コンクリート中に塩化物が多いと鉄筋を錆びさせる。一般的に、塩化物含有量は0.3kg/㎥以下と規定されている（JIS A5308：日本工業規格にあるレディーミクストコンクリートに関する規格にて規定されている）。

高流動コンクリートを使用した「TOD'S表参道ビル」（2004年、東京都渋谷区）

この建築には、高流動コンクリート（スランプフロー 550mm）が使用されている。高流動コンクリートとは、フレッシュ時の材料分離抵抗性を損なうことなく、流動性を著しく高めたコンクリートをいう。流動性の程度はスランプ試験で評価している。一般的には、50～75cm程度の範囲に入るものを呼んでいる。打設されたコンクリートは、バイブレータと呼ばれる振動機で締め固められて密実なコンクリートになるが、狭い場所や障害物のある場所などではバイブレータを十分に使用できないため、高流動コンクリートが使用される。
三角形鋭角部分の開口部廻りには、クラック防止のために補強筋やコンクリート収縮低減材など、さまざまな工夫が行われている。

設　　計：伊東豊雄（伊東豊雄建築設計事務所）
構造設計：オーク構造設計
用　　途：テナントビル
規　　模：地上7階、地下1階
構　　造：RC造、一部S造（免震構造）
敷地面積：　516.23㎡
建築面積：　401.55㎡
延床面積：2,548.84㎡

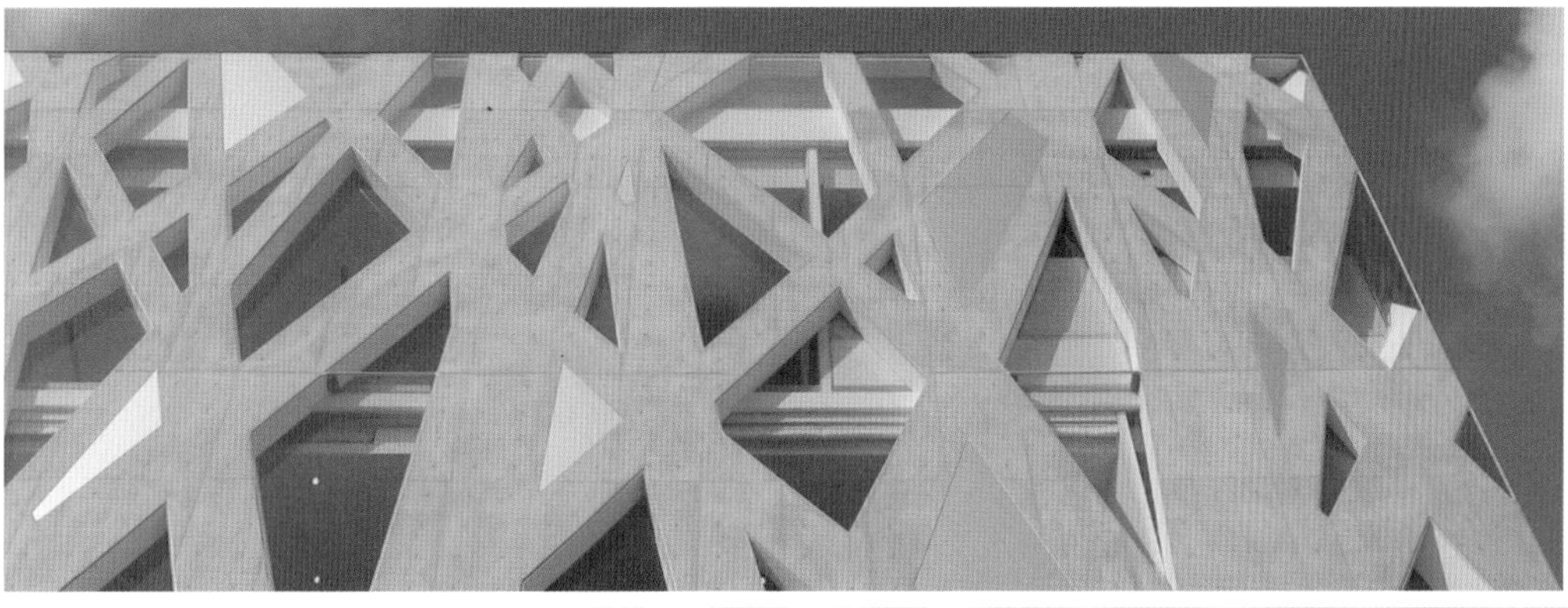

035 左官材

POINT

左官材料は、水硬性のものと、気硬性のものに分類される

左官（さかん）とは、土、モルタル、砂壁、漆喰などの仕上げを、こてを使って塗り上げる職種をいう。

左官の呼称は、平安時代に宮殿の建築や宮中を修理する職人に対し「木工寮の属（さかん）」と呼び、壁塗り職人を木工属に任命して宮中の出入りを許可し「さかん」と呼んでいたことが由来とされる。

左官材料は、水硬性材料と気硬性材料の大きく2つに分類される。

水硬性左官材は、左官材を水で練る際に水が吸収がされると、化学反応が起きて硬化が始まる材で、気硬性左官材は、空気中の炭酸ガスに触れることで化学反応を起こし硬化する材である。

水硬性左官材

土壁

土壁は、粘土と藁《わら》スサを混ぜて寝かせたものを塗り付けた荒壁に、土で上塗りした壁の総称をいう。中でも、植物性プランクトンの死骸が堆積してできた土層から採取した土を用いた珪藻土は、組織が弾性多孔質で吸放湿性に優れ、耐火性、断熱性、脱臭性、防カビ性などの機能も備えている。

モルタル

モルタルは、セメント、細骨材を水で混ぜ練ったものである。施工しやすく安価であるため、広く用いられる。

混合石膏プラスター

焼石膏を主原料とし、消石灰、緩結材を既調合した左官材料である。施工時に砂を加え水練りする。硬化後は耐水性が発現する。

気硬性左官材

漆喰

石灰に海藻糊（現在は高分子化合物が使われている）やスサ（麻の繊維や紙などを細かくしたもの）を混ぜた左官材料である。

空気中の炭酸ガスと結合し、もとの石灰岩と同じ組成に戻り、硬化する。

左官材の特性

左官材は継ぎ目のない一体的な仕上りが可能で、複雑なレリーフ、模様の塑造、曲面壁なども作り上げることができる。また、粒の大きさで風合いを変えたり、色を加えたり、表面を磨くなど、多様な表現が可能な素材である。自然原料を錬り込んで塗る左官壁は、配合や仕上方法により表情が変わり、素材感を楽しめる。

もともとの材料に耐火性があり、断熱性、遮音性、調湿性などの機能性を合わせもっている。

土壁の材料

▲ 土壁製作過程

◉ 粘土と花崗土

壁土に用いる土は田の底から採取された粘土が良いとされているが、現在は丘陵地などの粘土層が採取地となっている。壁土製造には土のストック、配合のためのスペースや設備が必要であり、昨今の需要不足や後継者不足などの問題が山積していて、広く一般的に使われる状況にはない。

荒壁土には粘土と花崗土が使われる。粘土の粒子は極めて小さく、水を含んだ粘土は可塑性に富み、乾燥により収縮硬化するが、粘性の高い粘土は、硬化後の強度が高い代わりに、乾燥収縮が大きくて施工性も悪いため、花崗土をまぜて調整を行う。花崗土は花崗岩が風化してできた土で、関西以西の山間部に多く見られる。砂に比べて粒度のバランスが良く、壁土に適している。荒壁土の配合は粘土6～7に対して花崗土4～3程度が目安とされる。

◉ 藁(わら)

藁(わら)を混入する目的は、壁土の乾燥収縮の防止、曲げ強度の向上、壁の補強など、壁強度向上のための補強である。この練り込みに使う藁を、関西では「スサ」、関東では「ツタ」と呼んでいる。

◉ 中塗土

粒の細かい乾燥粘土が多く使われる。中塗りには、これに砂、スサ、水を加える。配合の目安は砂6～7に対して中塗土4～3程度である。

伊豆の長八美術館(1984年、静岡県賀茂郡松崎町)

長八美術館は江戸の左官として前後に比類なき名人「入江長八」の業績や伝統左官技術のすばらしさを伝えることを目的とした美術館で、建物のさまざまな場所に、全国から集まった優秀な技術者が左官の芸をちりばめている。　設計：石山修武

入江長八
江戸末期から明治時代にかけて活躍した名工。なまこ壁や鏝絵といった漆喰細工を得意とした。

版築(はんちく)

版築(はんちく)は、土壁や建築の基礎部分を堅固に構築するために古代から用いられてきた工法である。非常に頑丈で、土塀、墳墓、家屋の壁、地盤改良など、道路や家屋などにも用いられてきた。原料は一般に、土、石灰、にがり、魚油などが配合される。型寿司を作るように型枠に土を入れ、それを半分のかさになるまで突き固め、型枠をスライドさせて壁体を作る。現在でも中近東やブータンでは建築製作に見られる。土が構造体で、外装材と内装材の役割もある。調湿および調温機能をもち、地産地消の観点からも見直されてきている。

▼ コンセプト住宅案「造成建築」
「つくばスタイルフェスタ2005」設計コンペでの1等案。
設計：ロコアーキテクツ／根津武彦、沢瀬学

036 タイル

POINT

タイルを仕上材に使うことは建築の耐久性向上に貢献するが、剥落防止のため、設計・施工時には適切な留意が必要

耐久性に優れた材料であるタイルや石を外装仕上げとして用いることにより、建物の耐久性を高めることができる。世界で最も古いタイルは、4650年前の古王国第三王朝期のジュセル王の時代に建造された、エジプト階段ピラミッドの地下通路に張られていた水色のタイルといわれている。

張り付け工法の種類

タイル張り施工は主に3種類ある。

後張り工法

調整された下地面にセメントモルタルを用いてタイルを張り付ける。

先付け工法

タイルまたはタイルユニットを事前に外型枠の内側に固定し、コンクリート打設と同時にタイルを張り上げる。

乾式工法

弾性接着材でタイルを張る接着張り工法や、金物などでタイルを固定する引っ掛け工法などがある。

設計時は目地の深さや幅、割付、役物、施工時は取り付け方法、凍害、剥離、クラック、汚れなどに留意する。

施工時の留意事項

凍害

タイル素地の空隙に入った水が凍結することで体積が膨張し損傷する現象をいう。陶器質タイルやせっ器質タイルは吸水性が大きいため、寒冷地では内装であっても水がかりするような浴室壁面などでは注意が必要となる。

剥離

タイルと下地モルタルの境界面は剥離しやすい。原因はタイルの圧着不足、タイル裏足に付着した不純物、圧着セメントの鏝圧不足などがある。工法の入念な検討が必要である。

白華

セメントの硬化過程で生成する水酸化カルシウムが水に溶け、仕上面が乾燥する時に空気や炭酸ガスと反応して不溶性の炭酸カルシウムとなり、残る現象をいう。適正な工法を選定する。

陶磁器の分類

分　類	焼成温度	特　徴	吸水率	釉の有無
磁器質タイル	800℃以上	原料は粘土、珪石、長石、陶石からなり、素地が緻密で、用途は外装タイル、床タイル、モザイクタイル	ほとんど吸水しない（1%以下）	施釉、無釉
せっ器質タイル	1200℃以上	原料は粘土、珪石、長石、陶石からなり、素地原料や用途は磁器質タイルと同じ	硬く吸水率は5%以下	施釉、無釉
陶器質タイル	1000℃以上	素地主原料は粘土、石灰、蝋石などで、用途は内装タイル。寸法精度が高い	多孔質で吸水率が高い（22%以下）	多くが無釉
土器質タイル	800℃以上	素地主原料は粘土、石灰、蝋石などで、用途は内装タイル	吸水性が高い	主に無釉 施釉もある

タイルの主な工法

◉ 乾式工法

目地なしタイプ（ブリックタイプ）

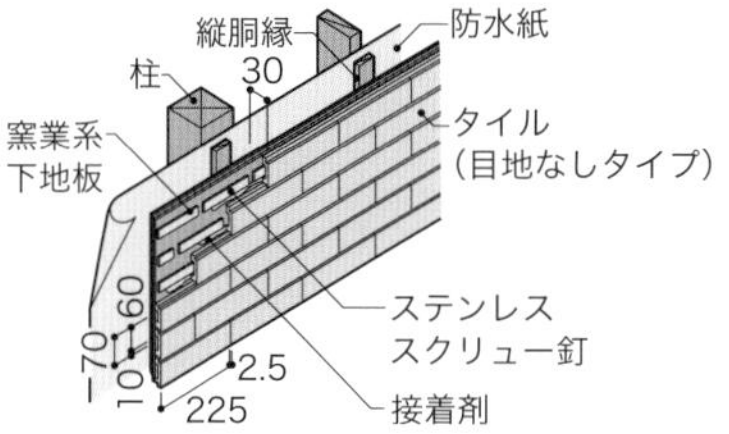

◉ 湿式工法

改良圧着張り工法

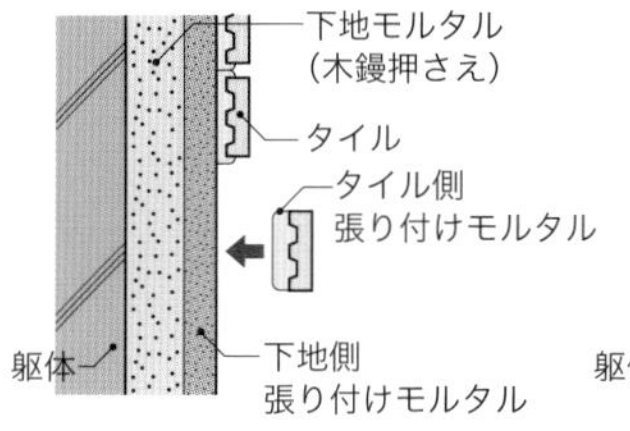

接着張り工法

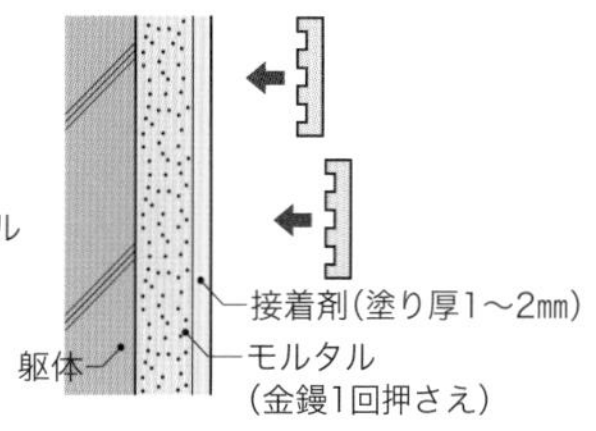

目地の用語

通し目地
縦、横とも直線状に通した目地（芋目地）をいう。

ねむり目地
タイルとタイルを突き合せるように張り、目地幅を作らない。

馬目地
横方向目地は通し、縦方向の目地を半分ずらす目地をいう。

深目地
目地を深くして表情に深みをもたせる技法をいう。

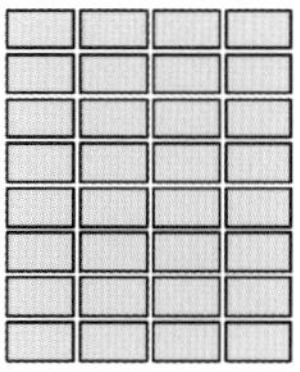

▲ 通し目地

▲ 馬目地

磁器質タイル打込による外壁「東京海上日動ビルディング」（1974年、東京都千代田区）

東京海上日動ビルディング（旧東京海上ビルディング）は、磁器質タイル打込プレキャストコンクリート版による外壁で作られている。外壁に張り付けられた磁器質タイル（基準寸法：290×90×13mm）打込みのプレキャストコンクリート版は、柱型が横張り、梁型が縦張りとなっている。開口部と外周部柱の間に設けられた外周部バルコニーは避難通路やガラス清掃などにも使用される。バルコニー梁上端は、雨水の溜まりに配慮され、横目地ができないような大判のタイル（660×285×30mm）1枚張りで仕上げられている。

設計：前川國男建築設計事務所　階数：地上25階、地下4階

037 鋼材、アルミニウム材

POINT

鋼の熱膨張係数はコンクリートの熱膨張係数とほぼ同じで、アルミニウムの比重は鉄の約35%である

鋼の性質

鋼（はがね）とは鉄を主成分とする合金をいう。鉄に対する炭素重量の割合が少なく扱いやすい鉄のことを、鉄と区別して鋼と呼ぶようになった。

鋼の熱膨張係数はコンクリートの熱膨張係数とほぼ同じであり、ＲＣ造に都合よい。引っ張り強さは炭素量の増加とともに上昇するが、約０・85％で最大となり、それ以上では低下する。

鋼材の種類

鋼材は、炭素含有量が2.0～4.5％の鉄を銑鉄、０・007～1.2％のものを鋼と呼び、鉄と炭素の合金で、炭素含有量が２％以下のものを炭素鋼と呼ぶ。この炭素鋼に微量の元素（マンガン、ニッケル、クロム、シリコン）を加えて鋼材の溶接性や強度を高めたものに溶接構造用鋼材や建築構造用鋼材がある。また、耐候性鋼（コールテン鋼）と呼ばれ鋼表面に保護性錆（安定錆）を形成させた鋼材は、無塗装で優れた防食性能を有し、また溶接構造用鋼材としての優れた特性を備えている。

アルミニウムの性質

アルミニウムの原料は鉱物のボーキサイトを水酸化ナトリウム液で溶かし、アルミナ（酸化アルミニウム）を取り出した後、電気分解を行って製造する。アルミニウムの比重は鉄の約35％であり、軽量で展性が高く、加工しやすい。また、アルミニウムは空気中で自然に緻密で安定的な酸化皮膜を生成し、耐食性が大きく、酸に強い。

純アルミニウムの引っ張りに対する強さはあまり大きくないが、これにマンガン、マグネシウム、銅、ケイ素、亜鉛などを添加して合金とし、圧延などの加工や熱処理を施したりして強度を高めることも可能である。

２００２年の建築基準法の改正により、アルミニウム合金が建築構造材として認定され、アルミニウム建築が作られるようになっている。

踏鞴（たたら）

踏鞴（たたら）とは、世界各地で見られた初期の製鉄法で、製鉄反応に必要な空気を強制的に送り込む送風装置の鞴（ふいご）が踏鞴と呼ばれていたため付けられた名称をいう。非常に古い言葉で、日本書紀に神武（じんむ）天皇の后になる媛蹈鞴五十鈴姫命（ひめたたらいすずのひめのみこと）の名前が出てくる。

日本列島においては、この方法で砂鉄・岩鉄・餅鉄を原料に和鉄や和銑が製造された。こうして製造された鉄や銑は、「大鍛冶」と呼ばれる鍛錬によって脱炭された。

この方法で和鋼が製造されたこともあったが、現在では行われていない。

鋼材の種類と性質

鉄に含まれる炭素は、鉄のさまざまな性質に影響を与える。炭素量の多いものほど硬質となり強度が大きくなるが、もろくなり、加工や溶接性に劣る。逆に、炭素量が少ないものほど軟質となり強度も低下するが、粘り強く加工性や溶接性が増す。鋼鉄は鉄と炭素の合金である炭素鋼と、合金元素を1種または2種以上含有させた合金鋼に分類される。

建築で用いられる鋼材では、炭素量の少ない軟鋼や半軟鋼が広く使われる。

練鉄	炭素量0.02％以下
鋼鉄	炭素量0.03～1.7％
鋳鉄	炭素量1.7～6.7％

耐候性鋼による外壁「IRONHOUSE」（2007年、東京都世田谷区）

設　計：椎名英三建築設計事務所 ＋ 梅沢建築構造研究所
用　途：専用住宅
規　模：地上2階、地下1階
構　造：S造、RC造
敷地面積：135.68㎡
建築面積：　66.77㎡
延床面積：172.54㎡
外壁仕上材：
　サンドイッチ折板パネル工法
　コールテン鋼（耐候性鋼）素地仕上げ

アルミ建築構造に関する告示と設計基準

2002年、アルミ建築に関わる一連の告示が公布・施行され、アルミニウムが鋼材などと同様に構造部材として使用できる材料として認められた。

構造計算に必要な各種許容応力度およびアルミニウム建築物の構造方法に関する技術基準が定められたことにより、通常の建築確認申請で容易に可能となった。

アルミニウム合金「sudare」（2005年、東京都新宿区）

約70×80mm断面のアルミ押出角材をワイヤーで緊張してつなぎ合わせる簾（すだれ）のような構造となっている。

写真：アイツー

設　計：伊東豊雄建築設計事務所　構造：オーク構造設計
用　途：展示用ブース　施工：SUS
構造形式：アルミニウム合金造
規　模：全長6m×最大幅3.7m×最高高さ2.78m

038 塗装材

POINT

塗料には、保護や美観などの目的の他に、さまざまな機能をもたせることもできる

塗料の構成

塗料は、顔料、樹脂、溶剤、添加剤などを混ぜて作られている。

塗料の成分構成は、乾燥後も塗膜として残る塗膜成分と、塗膜形成中に揮発してしまう非塗膜成分からなる。

展色材

顔料を分散して塗布後に塗膜を形成する液状成分をいう。ビヒクルやバインダーとも呼ばれる。

顔料

水、油、溶剤などに溶けず、それ自身が色をもつ粉末固体で、着色を目的とする着色顔料、体質の改善（塗装を肉厚にする、丈夫にする、塗装の機能を付与する、光沢を調整する）のための体質顔料、発錆の防止を目的とした防錆顔料の3種類がある。

添加剤

塗料の性能を向上させるための補助薬品で、可塑剤、沈殿防止剤、乳化剤（塗料の粘度や流動性を調整する）、防カビ材などがある。

塗料の種類

油性塗料

ボイル油などの脂肪油を展色材とし、これに顔料を加え練ったもの。顔料と油分の比率により、固練り、種、調合の3種類に分類される。

天然樹脂塗料

天然由来の原料を用いた塗料で、古くは柿渋や漆、カシューナットオイルを主成分としたカシュー塗料、ダンマル樹脂、コバル樹脂、そして昆虫の分泌物によるセラック樹脂などがある。

合成樹脂塗料

合成樹脂（アクリル、エポキシ、ポリウレタン、フッ素、塩化ビニル）などを展色材とし、溶剤または乾性油を加えて熱し、さらに溶剤を加えた塗料をいう。

溶剤を加えない水溶性のエマルション塗料は有機溶剤を使用しないため、化学物質の揮発がない。

塗料の分類

- 塗料
  - 塗膜形成型
    - ペイント（不透明）
      - 油性ペイント
      - 合成樹脂ペイント
      - 水性ペイント（エマルジョンペイント）
    - ワニス（透明）
      - 油性ワニス
      - 合成樹脂ワニス、ラッカー
      - 天然樹脂ワニス
  - 浸透型
    - ステイン
  - 伝統的塗料
    - 漆
    - 柿渋

塗膜を形成する塗料の分類では、塗料の透明性は顔料による。顔料が含まれるものは不透明塗料「ペイント」と呼ばれ、顔料が含まれない塗料は透明塗料「ワニス」と呼ばれる。

エナメル
平滑で光沢のある塗膜を形成するものである。

ステイン
木質系材料に含浸させて用いるステインは塗膜は形成しない。

漆
ウルシ科のウルシやブラックツリーから採取した樹液を加工し、ウルシオールを主成分とした天然樹脂塗料である。漆塗りは、美しさと強靭さから、食器、家具、楽器などに用いられる。

柿渋
渋柿の未熟果を擦り潰して発酵させ濾過したものを柿渋という。柿渋液の中に含まれる柿タンニンには、防水、防腐、防虫効果があるとして、塗料として用いられている。

機能性塗料

塗料の役割には、塗装される材を保護して長持ちさせることや、美観上の演出であったりするが、特別な機能をもたせたさまざまな機能性塗料も作られている。

電気・磁気的機能
導電、電磁波シールド、電波吸収、磁性、プリント回路、帯電防止、電気絶縁機能など。

熱学的機能
耐熱、太陽熱吸収、示温、熱線反射機能など。

光学的機能
蛍光、蓄光、遠赤外線反射、紫外線遮断、光電導機能など。

機械的機能
潤滑機能など。

物理的機能
着氷防止、貼紙防止、結露防止機能など。

生物的機能
防かび、防虫、汚染、水産養殖、動物忌避機能など。

光触媒塗料

光触媒とは、光の照射を受けることにより、自らを変化させることなく周辺の化学反応を促進させる触媒物質を指す総称である。酸化チタンは、微生物や酸化物の分解力、親水性、抗菌、殺菌、脱臭などの光触媒能力に優れている。光触媒塗料とは、この光触媒技術を利用した塗料をいう。

光触媒塗装の外壁「森山邸」(2005年) ▶
設　計：西沢立衛建築設計事務所
構　造：ストラクチャード・エンヴァイロメント
用　途：専用住宅＋賃貸住宅
規　模：地上3階、地下1階
構　造：S造
敷地面積：290.07㎡
建築面積：130.09㎡
延床面積：263.32㎡
外壁仕上材：
スチールプレート16mm
溶接部G処理＋パテ錆止め塗装後、光触媒塗装

039 接着剤

POINT

被着材の接着用途により、適正な接着剤を選択する

接着剤の特性

接着剤によって2つの被着体が接着するその理由はまだ解明されていない。

現在考えられている接着の説明には、力学的連結（被着剤の表面にある微細な凹凸に接着剤が入り込み、引っ掛かりを作ることによって接着される）、化学結合（接着剤と被着材の分子が化学反応によって化学結合して接着する）、分子間力（分子間に働く電気的な引力）などがある。

天然系接着剤

天然系接着剤の種類には、石油由来のアスファルト、小麦粉由来のしょうふ、米粒をへらで潰して練り上げた続飯（そくい）、馬鈴薯デンプンから作るデキストリンなどのデンプン系、動物の骨や皮から作る膠《にかわ》、チーズと石灰で作るカゼインなどの蛋白系、植物の樹液を加工して作るラテックスやゴム糊などの天然ゴム系などがある。

合成ゴム系接着剤

合成樹脂、合成ゴム、天然ゴムを有機溶剤に溶かした接着剤である。

耐水性、耐酸性、対アルカリ性、耐熱性があり、初期接着力が強い。

合成樹脂や合成ゴムの接着対象物としては、紙、布、皮革、木材、各種建材など広範囲に及ぶ。天然ゴム系接着剤は、建築用ではなく感圧型粘着剤として包装用や粘着テープなどに使われる。

樹脂系接着剤

樹脂系接着剤は、種類（酢酸ビニル樹脂系接着剤、エポキシ樹脂系接着剤、シアノアクリレート系接着剤など）が豊富にあり、その特性がそれぞれ異なるため、被着材によって使用に適した接着剤を選定する。樹脂系接着剤の一般的な特徴としては、耐薬品性、耐熱性、耐水性などの物理性質に優れ、車両や建築などに幅広く用いられている。

接着剤と建築との関わり

接着剤の歴史は古く、石器時代には、黒曜石などで作られた矢じりが木や竹の接着に使われていた。

「ウルのスタンダード」と呼ばれる、紀元前2700年頃のメソポタミア古代都市ウルの王墓から発掘されたモザイク画には、天然アスファルトで貝殻や宝石が張られていた。

また、獣類の皮や骨から煮出されて作られた膠《にかわ》や、漆《うるし》の樹皮から得られる漆、米などから作られるデンプン糊は、日本の寝殿造りに用いられている襖や障子を作るときに使われている。

19世紀後半から20世紀初頭にかけて、天然素材を原料としない合成接着剤(石炭を原料とした人工的な物質)が誕生した。1882年、ドイツ人のA・V・バイヤーが、石炭から得られるフェノールとホルマリンを反応させてできる樹枝状の物質（プラスチック)を発見し、後にレオ・H・ベークランドにより「ベークライト」と名付けられ製品化されるなど、さまざまな素材が作られてきた。

◉ 木質材と接着剤

集成材は、薄い板材(ラミナ)を人工的に乾燥させ、接着剤で張り重ね、圧力をかけて作られる木質材料である。その製造特性により、大きな断面のものや湾曲させたものなどが製作できる。

木質構造の接合に鋼材と接着剤との併用で構造耐力を確保する例や、木質パネルを高分子接着剤、スクリュー釘、接合金物などによって面接合を行い、構造耐力を確保するなど、接着剤の果たす役割は木造建築の構造にまで及んでいる。

接着の仕組み

接着とは、2つの物体の面が、接着剤を媒介として、力学的連結、化学結合、分子間力作用によって結合した状態をいう。

▼ 力学的連結（アンカー効果）

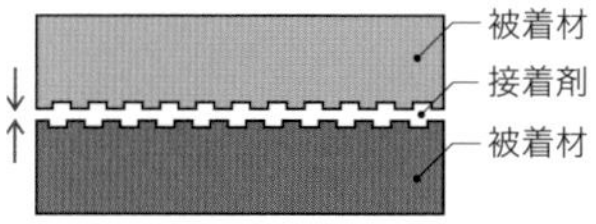

▼ 化学結合

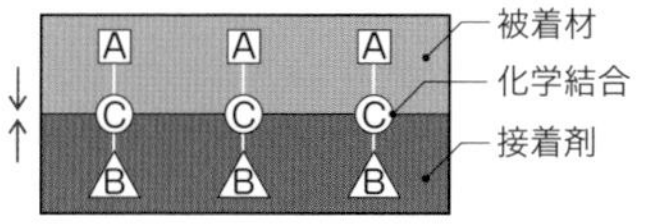

▼ 分子間力作用

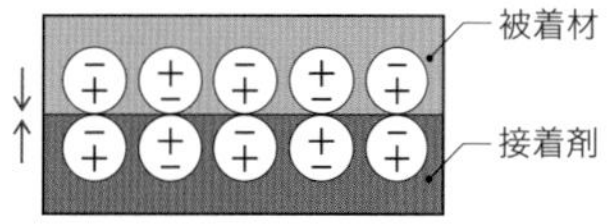

接着剤の種類と分類

- 接着剤
  - 無機系 ➡ ケイ酸ソーダ、セメント、セラミックス
  - 有機系
    - 天然系 ➡ デンプン系、タンパク系（膠《にかわ》、カゼイン、大豆蛋白)、天然ゴム系、アスファルト
    - 合成系
      - 熱可塑性樹脂系 ➡ 酢酸ビニル樹脂、ポリビニルアセタール系、塩化ビニル系、アクリル樹脂系、ポリアミド系、セルロース系など
      - 熱硬化性樹脂系 ➡ ユリア樹脂系、メラミン樹脂系、フェノール樹脂系、エポキシ樹脂系、構造用アクリル樹脂系、ポリエステル系、ポリウレタン系など
      - 弾性系 ➡ クロロプレンゴム系、ニトリルゴム系、ポリサルファイド系、ブチルゴム系、シリコンゴム系、アクリルゴム系、変成シリコンゴム系、ウレタンゴム系など

集成材の接着剤

当初、集成材に用いられていた接着剤は、接着力が強く、高耐久性や高耐水性を有するレゾルシノール樹脂を主成分とする接着剤が使用されていたが、人体に悪影響を及ぼすホルムアルデヒドを排出するため、現在では、排出しない水性高分子イソシアネート系への移行が進んでいる。

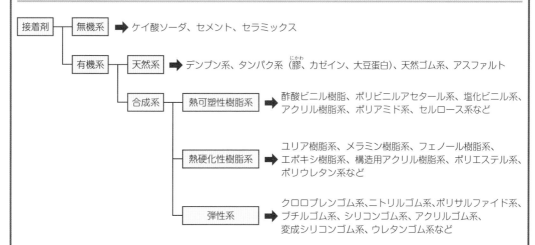

040 防水材

POINT

適正な防水材の選択が、建物を長く維持させることに大きく関わる

防水材の役割

建物を長く維持させるためには、漏水による強度低下や耐久性の衰えを防ぐ防水が必要不可欠である。

屋根、外壁、床、水を使用する設備機器類など、防水材が用いられる箇所は多数ある。適用される防水箇所への防水材の適正を見極め、採用する。

塗膜防水

塗膜防水とは、液状の樹脂やゴムなどを刷毛やローラーを用いて下地に塗布したり、吹き付けなどにより、シームレスな（継ぎ目のない）防水層を形成する。複雑な形状でも対応できるが、下地のひび割れや変形に対する追従性に劣る。

シート防水

塩ビ（塩化ビニール）や合成ゴムなどをシート状（厚さは1.2～2.5㎜程度）に加工したものを、接着剤や金属製ディスクなどで固定して防水層を形成するものである。

ゴムシートは加硫ゴムとも呼ばれ、ゴム弾性があるため、伸縮性に富む。

塩ビシートの接合には熱融着や溶剤による溶着が可能で、シートを一体化させることができる。

アスファルト防水

アスファルト防水は、合成繊維不織布にアスファルトを含浸させ、コーティングしたシート状のルーフィングを張り重ねて形成するものである。この防水は歴史が最も古く、信頼性も高い。

シール材

目地、サッシ回り、クラックなどの補修に用いられるシール材には、油性コーキング材と、シーリング材がある。

油性コーキング材は、表面は皮膜を形成するが、中は不乾性で、粘着性を保ち、多様の被着材によく付着する。

シーリング材は、不定形シーリング材と定形シーリング材とに分かれ、材質、形状、使用目的が異なる。

ステンレスシート防水工事

◀ **東京体育館(1999年)**
設　　計：槇総合計画事務所
用　　途：体育施設
規　　模：地上3階、地下2階
構　　造：S造、RC造、SRC造
敷地面積：45,800㎡
建築面積：24,100㎡
延床面積：43,971㎡
屋根仕上材：
ステンレス制振鋼板
厚0.2＋0.2mm、溶接工法

ステンレスシートとは、一定幅の耐久性のあるステンレスの薄い板を現場で溶接し、水密な防水層を形成するシートである。耐久性や耐凍害性が高く、勾配屋根などの防水工事に適している。

最近では、より耐久性に優れたチタンシートを利用したものがある。

◉ チタンシート防水

- チタンはPH1まで腐食しない。酸性雨(PH3～4)、肥料などの薬品に対してもメンテナンス不要である。
- 熱膨張係数は、ステンレスの約1/2、鋼の約2/3と低く、コンクリートや煉瓦とほぼ同等で、温度変化による変形や継ぎ目への応力集中が少ない。
- 熱伝導率は鋼の約1/3で、金属下葺材としては優れた熱遮蔽効果がある。

塗膜防水材の種類と概要

◉ ウレタンゴム系

材料であるウレタンゴムは、一般的にはPPGとTDIを主成分とする主剤と、PPGとアミン化合物を主成分とする硬化剤からなり、この2成分を現場で混合攪拌して反応硬化させる。

◉ FRP系(→033)

液状の軟質不飽和ポリエステル樹脂にガラスマットや不織布などの補強材を組み込み、下地に塗布・硬化させることで、積層強化された被覆防水層を形成する。

◉ アクリルゴム系

アクリレートを主原料とするアクリルゴムエマルションに充填剤などを混合した1成分型防水材で、用途としては外壁防水がほとんどである。

◉ クロロプレンゴム系

クロロプレンを主原料とし、充填剤を配合した溶剤系の防水材である。価格が高く、作業工程も多いことから、特に耐候性を要求される場合などに使用されている。

◉ ゴムアスファルト系

アスファルトと合成ゴムを主原料として、硬化剤に水硬性無機材料や凝固剤を用いるエマルション系防水材で、塗布型と吹き付け型がある。土木分野のトンネル、橋梁などが主な用途となっている。

シーリング材

◉ 不定形シーリング材

ペースト状の材料で、施工時に目地に充填後、硬化するとゴム状になるものである。

◉ 定形シーリング材

合成ゴム(シリコンゴム、クロロプレンゴム、エチレンプロピレンゴムなど)を押出し成形などであらかじめひも状などに成形し、目地(部材のすき間)にはめ込むガスケットのことをいう。

▲ **都庁舎**
シーリング材の耐用年数は10年程度といわれている。都庁舎では、シーリング材の劣化から、外壁の大規模な修繕を実施。

041 免震材と制振材

POINT

免震材や制振材の選択は、建物の形状や構造特性を考慮して行う

免震工法と免震材

免震の材料で代表的なものに特殊ゴムを用いた免震積層ゴム支承（アイソレーター）、鋼材の塑性変形を利用した鋼製ダンパー、エネルギーを安定吸収させる鉛ダンパーなどがある。一般的な免震装置はアイソレーター（絶縁装置）とダンパー（減衰装置）で構成され、アイソレーターは周期の短い激しい揺れを長期の揺れに変える働きと建物の重量を支える。ダンパーはゆっくりとした揺れに変わった建築物を早く止めるためのエネルギー吸収装置となっている。また、アイソレーターの中にはダンパー機能を兼ね備えたものもある。

最近では、空気を免震材として使用している空気圧浮動式免震というシステムも作られている。地震発生時に、P波を感知した時点で床下の免震装置から空気が送られて、瞬間的に建築を浮上させるホバークラフトのような装置で、比較的重量の軽い住宅などで普及が広がっている。

制振工法と制振材

制震工法とは、地震エネルギーを吸収させるため、建築の柱や梁などの構造材の骨組に制振装置を組み込むことで、地震時の揺れのエネルギーを吸収させて建築へのダメージの低減を図る技術である。制震工法に用いられる制振部材には、鋼材とコンクリートを併用させて地震エネルギーを熱エネルギーに変換させるもの、建築の最上階におもりを設置してコンピュータによる揺れの解析を通じて反対方向に揺れ返す運動を起こさせることで地震エネルギーを吸収させるものなどがある。

これらの制震工法は、大地震時のエネルギーを中地震程度まで減衰させることができる。地盤を選ばず、工期への影響も少ない。前述の免震工法は揺れをかわそうとするシステムであるのに対し、制震工法は地震の揺れを柔らかく受け止めるシステムといえる。

免震材料

免震とは、地盤の力を受けないように地盤と建物の間に免震装置を取り付け、建物への地震力の伝播を防ぐ工法である。さまざまな規模の建築に有効である。

免震材料には、地震の揺れを建物に伝えない「絶縁機能」、安定して建物の重量を支える「支持機能」、地震後に建物を元の位置に復元させる「復元機能」、地震時の揺れ幅を小さくする「減衰機能」「耐風機能」などの役割をもたせている。

鉛ダンパー

純度の高い鉛による大変形領域での繰り返し塑性変形能力を利用する装置である。

鋼製ダンパー

鋼材の塑性変形能力を利用する装置で、水平方向の大変形とそれに伴う鉛直方向の変形に追従できるように、形状や支持部のディテールなどが工夫されている。

免震積層ゴム支承

積層ゴム支承は、薄い加硫天然ゴム板と鋼板を交互に数十層張り重ねて製造したもので、鉛直方向の耐力が大きく、水平方向の剛性が小さい機能材料である。

▼ **耐震構造**

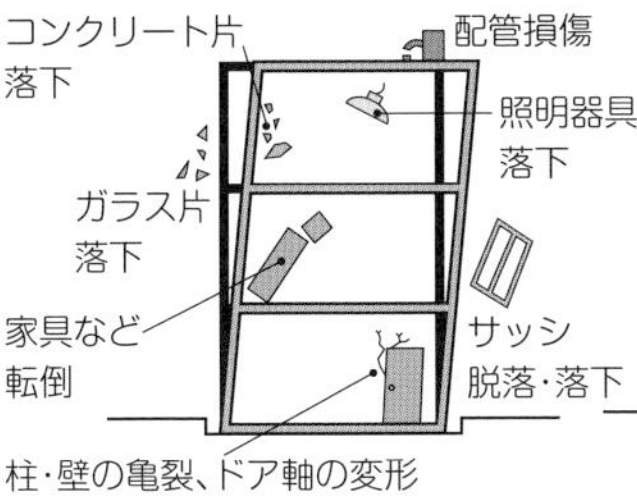

▼ **免震構造**

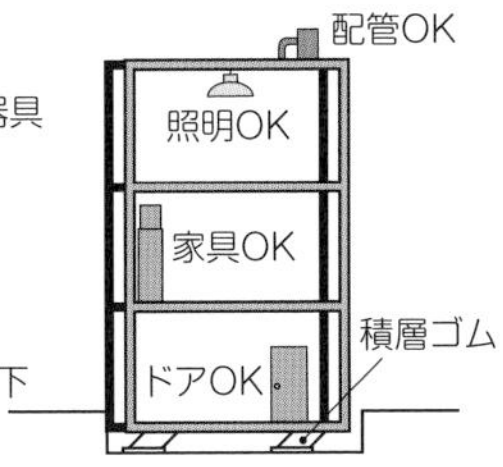

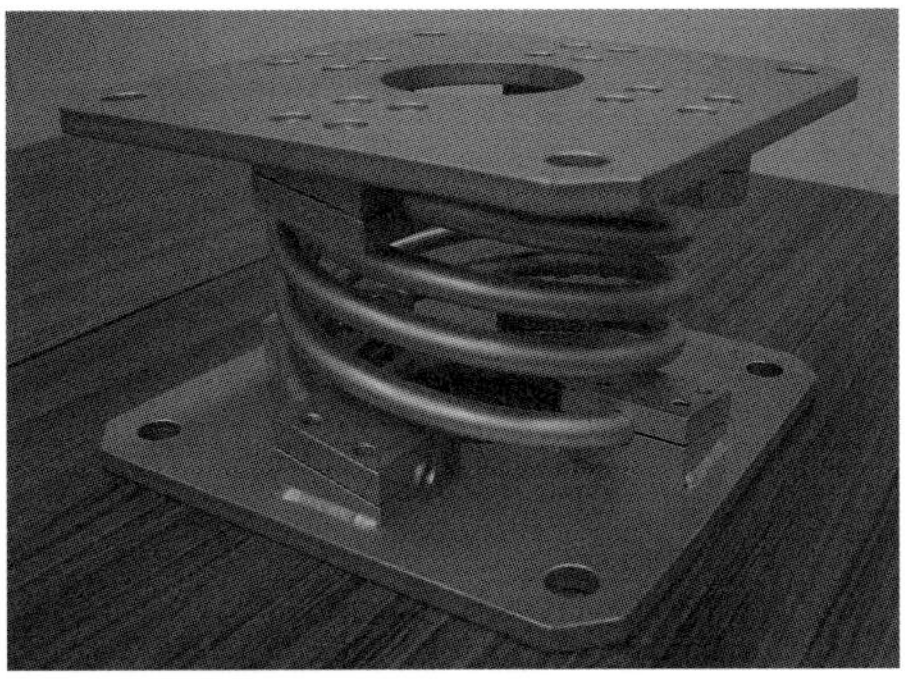

▲ **鋼製ダンパー**　写真：(株) 巴技研

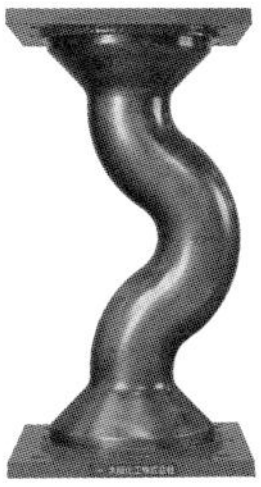

▲ **鉛ダンパー**

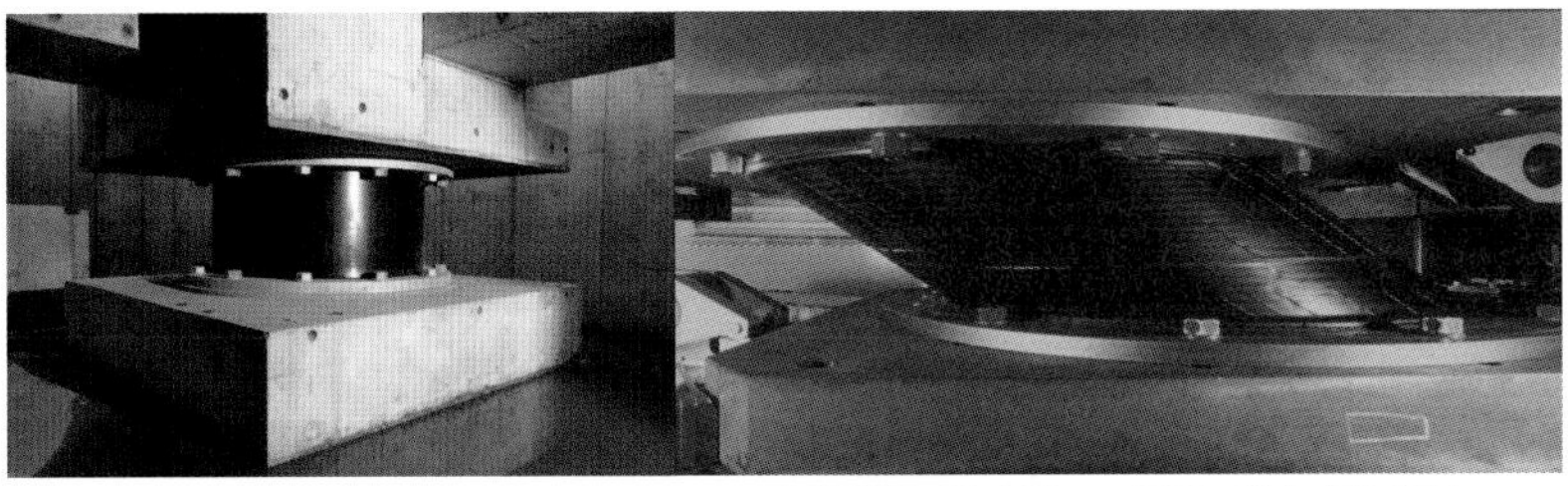

▲ **免震積層ゴム支承**　写真：(株) ブリヂストン

制振材料

建築物の骨組みに制振材を組み込むことにより、地震力や風による揺れのエネルギーを吸収させ、揺れを止める働きをもたせる。

制振システムには、揺れのエネルギーを熱エネルギーに変換するもの、大きなおもり(マスダンパー)を超高層の最上階に設置して建築物の揺れと反対方向に揺れ返す運動を起こさせることで揺れるエネルギーを吸収するもの、コンピュータ制御のものなどがある。

制振材には、エネルギーの吸収に、普通鋼、超底降伏点鋼、鉛、油圧、摩擦、粘性物質などが用いられている。

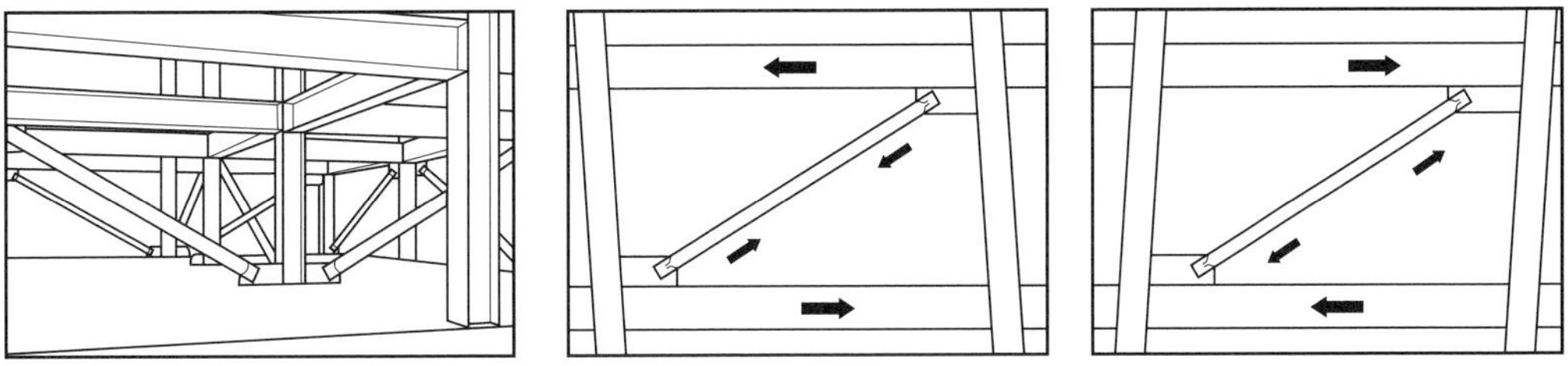

▲ **シリンダー型粘性剪断ダンパー**　粘性体の剪断抵抗力を利用した減衰装置

042 建築再生材

POINT

建築解体時の廃棄材を再生・再利用して、環境負荷の低減を行う

建築再生材とは、建設副産物として発生するコンクリート塊、ボード類、屋根材、床材、エクステリア材（プラスチックデッキ）、インテリア材（壁紙、障子紙、襖紙）、左官材、塗装材、ルーフィング材、断熱材、吸音材などの廃棄物からの再生材料をいう。

日本で古くから石場建て工法によって建てられていた伝統木造建築は、軸組の接合に釘を用いずに仕口のみで接合されていたため、修理や解体がしやすく、長く補修を重ねながら建築の寿命を全うさせていた。

現在建てられている木造住宅は、さまざまな接着剤や防腐剤が混入し、金物や釘などで接合部が補強されているため、細かく材質別に解体分別させるには多大なエネルギーを要する。

今後は、建築のライフサイクルを考慮したうえで、リサイクル、リユースしやすい建築の建設方式を検討し、環境負荷の低減を行う必要がある。

コンクリート再生材

鉄筋コンクリート廃材を素原料としたものがコンクリート再生材である。

再生砕石の粒径範囲40～0㎜相当のものは、道路の路盤材、構造物の基礎、擁壁の裏込め材などに再利用される。

再生複合材

未利用の木材と再生プラスチックを混ぜて成形した再生複合材は、耐水性や耐久性に優れ、外部のウッドデッキや目隠しルーバーなどに利用されている。

再生タイル

再生資源（廃ガラス、アルミスラッジ、鉄鋼スラグなど）を含有した陶磁器質タイルとして再生される。

再生石膏中性固化材

建築廃材に多く見られる石膏ボード廃材を粉砕し、低温加熱し乾燥させて粉末状にした再生石膏は、中性固化材として路盤改良などに利用されている。

建築解体材の再生品目

建築の解体工事で生じる廃材（廃石膏ボード、硬質塩ビ管、板ガラス、蛍光管、衛生陶器、木くず、コンクリート片、汚泥など）は、建設リサイクル法の制定も手伝い、再生品の原料としてさまざまな再生製品が作られ、リサイクル率が向上してきている。

木くずはパーティクルボードの原料、板ガラスは道路の白線用ガラスビーズなどへの再生やインターロッキングの原料、蛍光管は水銀を回収してガラスタイルの原料、衛生陶器は仮設の路盤材の原料、コンクリートの塊は再生砕石、建設汚泥は改良土などに使用されている。

将来的には100%のリサイクル率の実現が期待されている。

再生木材

再生木材とは、解体した木材や製材所から出るおがくず、木製品加工工場から排出される木くずなどの廃木材、医療や食品メーカーなどから排出される端材（ポリプロピレン）などの廃プラスチックを主原料としたものを、それぞれ微粉砕し、混練加熱して半溶融状態としてから、押出し成型して加工したものをいう。

プラスチックのように成型が可能で、耐久性が高く、乾燥収縮がなく、性能が安定している、剛性が高いなどのメリットがある反面、原料を粉砕している関係で、強度の面では天然木材と比較してねばりがないというデメリットがある。

◉ 再生木材の種類

低充填ウッドプラスチック
木質材の充填量が少ないため、プラスチック製品のカテゴリーに属する。

中充填ウッドプラスチック
国内で現在最も汎用となっているタイプで、木質感を有している。加工性を要する建材や、耐久性を要する屋外用途にも広く利用されている。

高充填ウッドプラスチック
素材の大部分が木質材であるため、木材としての特性が強い。樹脂分が少ないため熱寸法安定性と加工性が良い。しかし、木質成分が多いため、室内での利用が中心となる。

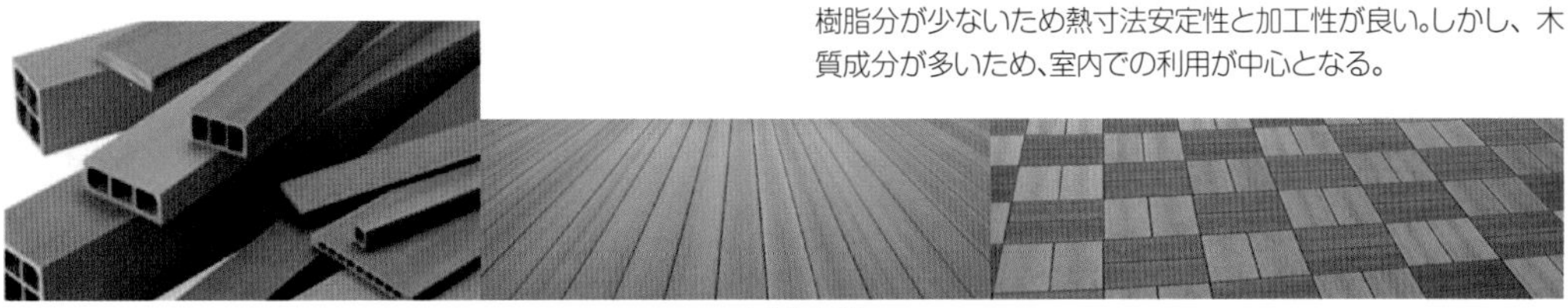

写真：太陽工業（株）

▲ 再生木材
廃プラスチックと木材との複合材である再生木材は、その高い耐久性などから外部デッキ、フェンス、パーゴラ、ストリートファニチュアなど、用途が広い。

▲ リサイクルタイルカーペット
パッキング材に使用済みのカーペットをリサイクルしたものを利用している（インターフェイスフロア社製品）。

▲ リサイクルガラスタイル
廃蛍光管や廃ガラス材によるリサイクルガラスタイルの例　新丸の内ビルECOZZRIA

043 建築とマテリアル（素材）

POINT

素材の選択は、景観への配慮を伴う

マテリアル（素材）はそれぞれに、特性を秘めた魅力をもっている。石には石の魅力、土には土の魅力、木には木の魅力がある。建築の設計において、マテリアルの選択は、空間の構想時にイメージを導くのに重要な要素となっている。

マテリアルの選択理由は、テクスチャー（感触・質感）、機能性、予算、法規的な制約、施工方法の難易性などさまざまであるが、まずは素材を正確に理解する必要がある。安価な材料でも、素材の見せ方や工夫で空間に大きなプラスを与えることは可能であるし、逆に、高価な材料であっても、見せ方によっては猥雑でチープに感じさせることにもなる。つまり、素材自身の問題というよりも、その素材をいかに操作するか、どう料理するか、素材の設《しつら》え方に対する想像力が勝負となる。

近代までは、マテリアルの種類もそれほど豊富ではなかった。その意味では選択肢は狭く、建築に表れる素材数は限定されていた。近代以降からさまざまなマテリアルが開発され、把握しきれないほど広範囲に無数に作られてきた。しかし、近世までの統一感のある街並みの景観と現代の猥雑な景観とを比較すれば自明なように、素材数の多さが景観へのプラスの寄与にはなっていない。素材数が豊富なことは、選択の幅を広く見せているようで、実はそのことが正確な判断を鈍らせている。建築は時間の経過とともに風化していく。美しく風化するマテリアルはそう多くはない。そのような観点からマテリアルを見ると、選択の幅は決して広くはない。

また、建築のライフサイクルの観点からマテリアルを見直す動きがある。製造・使用・廃棄の一連のサイクルでの消費エネルギーが少ないなど、環境への負荷が少ない材料として、エコマテリアルへの移行が促されている。

風化するマテリアル

近世以前の建築に用いられていたマテリアル(素材)は、木材、石、煉瓦(れんが)、漆喰(しっくい)、土などで、材種は少なく、それゆえに、街に対して統一感のある景観を作り出すことができていた。
これらのマテリアルは時間の経過とともに風化していくが、景観に優しさを作り出すことはあっても、チープな景観とはならない。素材の風化自身が景観作りに寄与しているといえる。
自然素材のもつ力は時間が証明している。

エコマテリアル

エコマテリアルとは、材料の製造時、使用時、廃棄時までの、材料の一生全体での環境負荷を考慮した材料である。

エコマテリアルはEnvironmental Consious Materials(環境を意識した材料)由来の造語で、日本の材料研究者の議論から生まれた「優れた特性・機能をもちながら、より少ない環境負荷で製造・使用・リサイクル・廃棄ができ、人に優しい」と定義されている。

エコマテリアルが生まれた背景には環境問題がグローバルな問題へと拡大していることが挙げられる。

エコマテリアルは以下の種類に分けられる。

◉ 資源を最小限に抑えた素材

大豆粕のタンパク質を接着剤とし、古新聞と混ぜて熱圧成形した硬質ボードであるエンバイロンがある。床や壁を中心とした内装材、家具、住宅機器などに幅広く用いられている。

◉ サスティナブルな素材

バイオマス(生物由来のものを使用した)素材、自然に再生される素材、竹、皮、パイナップルの葉などがある。

◉ リサイクルしやすい素材、リサイクルされた素材

リサイクルガラス、リサイクルタイルカーペットなどがある。

◉ 廃棄しやすい素材

生分解性プラスチックがある。生物資源(バイオマス)由来のバイオマスプラスチックと、石油由来のものがある。完全生分解性プラスチックは、微生物などによって分解され、最終的には水と二酸化炭素に完全に分解される。使い捨てを前提とされているため、リサイクルには適さない。

◉ 製造時、使用時に有害物質を出さない素材

ホルムアルデヒドやアスベストを含まないものがある。

▲ エンバイロン
寸法：
1,210×2,420mm
910×1,820mm
厚み：
t=19.1、25.4、15、12.7mm

TOPIC 3

地着工法／フランシス・ケレの仕事

2022年のプリツカー建築賞にブルキナファソ・ガンド出身のベルリンを拠点とするディエベド・フランシス・ケレ（Diébédo Francis Kéré）が選ばれた。

「私はパラダイムを変え、リスクに耐えながらも夢を見る人々を後押しすることを望んでいます。裕福だからといって、素材を無駄にしていいわけではありません。また、貧しいからといって、質の高いものを作ってはいけないということもないのです」と述べる。「誰もが質の高いものや豪華なもの、そして快適さを手にしてよいのです。私たちは互いにつながっており、気候や民主主義、不足への関心は私たちみんなに共通することなのです」　―ディエベド・フランシス・ケレ

気候変動による自然災害の多発、難民の流出など世界的な危機が多発している今日的な状況は、建築に対する人々の認識も大きく変化させ、より社会的な意義を強く求められるようになっている。

フランシス・ケレが展開する、地域に根差した社会的な持続可能性を探るサスティナブル（その土地の素材を使った地着工法など）なデザイン手法に対する評価の高さもさることながら、その建築はエンドユーザーのみならず、周りの地域コミュニティをも巻き込み、明るく前向きにさせる力をもたらしている。

経歴：
1965年　西アフリカ　ブルキナファソ出身
2022年プリツカー賞、2021年トーマスジェファーソン財団建築賞、2012年ホルシム国際賞金賞、2004年アガ・カーン建築賞

◉ ガンド初等学校（1999 ～ 2001 年、ブルキナファソ ガンド）

寄付によって資金を募り、地元住民と協力して実現した。

ブルキナファソの学校は通常コンクリートで作られるが、コンクリートは高価で、室内は暑く、地元の気候にそぐわないと判断し、煉瓦を選択。地元で昔から使われている粘土を使い、粘土とセメントの混成物とすることで強度のある煉瓦を作り出した。

屋根はコルゲートを天井面から浮かし空気の循環を促しており、天井面を構成している煉瓦の穴から暑い空気が排出される。

photo：Schulbausteine

◉ ダノ中等学校（2006 ～ 2007 年、ブルキナファソ ダノ）

施工はケレ・アーキテクチュアのプロジェクトに参加し、訓練を受けた若者たちと協労して進められた。

本体に使用されているラテライト石は地元で容易に入手でき、石の素材が高い熱質量を持つことから室内の熱吸収に貢献させている。室内の漆喰天井は、ヴォールトを逆さにすることで日中の間接光を拡散。張り出された屋根は太陽光の直射低減に貢献している。

photo：GandoIT

◉ サーペンタイン・パヴィリオン（2016 ～ 2017 年、英国 ロンドン）

サーペンタイン・ギャラリーは2000年以降毎年、夏季限定の仮設のカフェ兼休憩所「サーペンタイン・ギャラリー・パビリオン」を当代一流の建築家に依頼して設営している。ケレはケンジントン・ガーデンズにより2017年度に選出された。

故郷ガンドでコミュニティのメンバーがその日を振り返るために集まる、大きな木からインスピレーションを得ている。

photo：George Rex

CHAPTER 4 工法とは

044 工法の種類

POINT

工法の選定は、工法の特性の理解が必要

建築を建てる工法は、構造に用いる材種だけでなく、その材の用い方によっても異なる。

木材を用いる工法としては、木造伝統工法（石場建て工法）、木造在来軸組工法、木造大断面軸組工法、２×４工法、ＳＥ工法などがある。

組積材を用いる工法としては、煉瓦造や、補強コンクリートブロック造などがある。

コンクリートを用いる工法としては、鉄筋コンクリート工法、補強コンクリートブロック工法、プレキャスト工法などがある。

鉄を用いる工法としては、鉄骨工法、コンクリートと鉄骨と鉄筋を組み込んだ鉄骨鉄筋コンクリート工法がある。

そして、異種の工法の混合である混構造、工場であらかじめ量産された部材を用いて製作されるプレハブ工法などがある。

それぞれの工法には、材質による特性があり、どの工法にもメリット、デメリットの両方がある。

工法の選定判断は、建設地の地盤性状（軟弱地盤などでは建築の規模によって工法上の制約を受ける）、発注者から要求された建築の規模に対して負担可能なコスト、建設工期の制約、構造や防火上の制約、効率性、技術的な判断などがある。または、材質についての質感や空間的な特性の獲得を目的とするためという感性的な判断や用途上のものなどさまざまである。工法のそれぞれの特性を正しく理解し、要求される建築にふさわしい工法を選定する。

建築は社会的な構築物としての側面を有することを認識することも重要である。経済合理性だけを主な判断基準として工法の選定を行うのではなく、安全性、耐久性、周辺環境との調和、美観性などの問題についても同時に考慮が必要となる。

構造材と工法の関連図

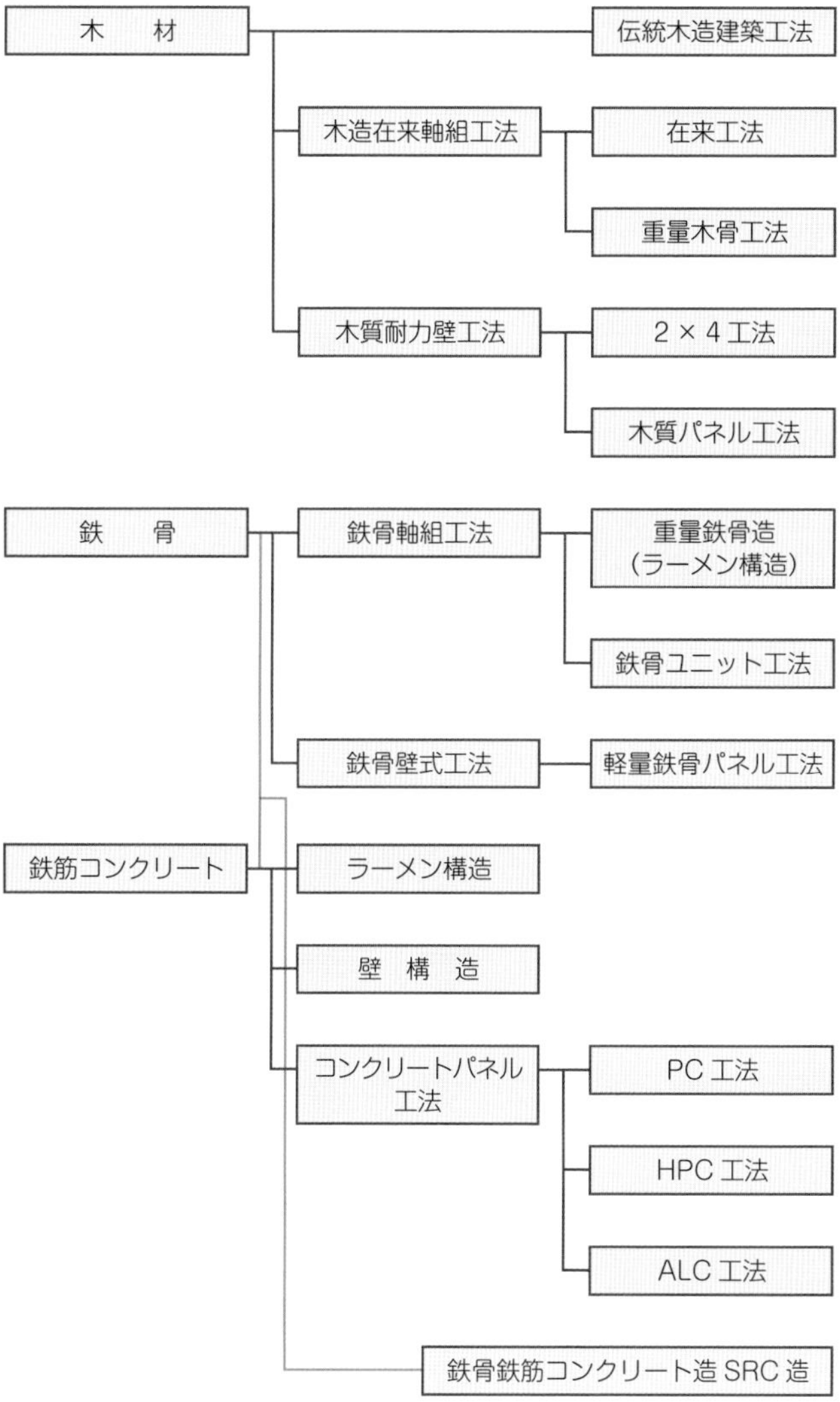

▲ **イリノイ工科大学クラウンホール、1956年**
設計：ミース・ファン・デル・ローエ

軽量鉄骨と重量鉄骨

厚みが6mm未満の鋼材を軽量鉄骨、6mm以上の鋼材を重量鉄骨という。

軽量鉄骨の工法としては鉄骨パネル工法（軽量鉄骨工法）などがあり、ハウスメーカーなどに採用が見られる。

工法

◉ PC 工法 （→ 052）

鉄筋コンクリート造フレームにPC板を接合させたものをPC工法、重量鉄骨にPC板を接合させたものをHPC工法という。

◉ ALC 工法

ALCとは「オートクレーブト・ライトウェート・コンクリート」の略で、オートクレーブトは気泡、ライトウェートは軽量を表し、軽量気泡コンクリートの意味である。これを面材（耐力壁としての使用はできない）として建築に用いる工法をいう。
ALCは、PCと同様に工場生産されるものであるが、このパネルは規格化されていて安価であるため、一般の中低層建築に広く用いられている。

◉ SRC 造 （→ 051）

SRC造とは、柱、梁などを鉄骨で架構し、その鉄骨材に鉄筋などを配筋してコンクリートを打設して一体構造とした鉄骨鉄筋コンクリート造の略称である。

045 建築の寿命

POINT

建築の長寿命化を図るには、その土地特有の気候・風土の正確な分析が必要となる

日本の住宅の平均寿命は１９９６年度の建設白書（建設省、現国土交通省）によると約26年となっている。この報告書は、当時の建築界に大きな衝撃を与えた。アメリカでの平均寿命は44年、イギリスでは75年あり、日本は諸外国と比べてもかなり短い。

日本の住宅の寿命が短い理由は、高度経済成長期のスクラップ&ビルドの体質から抜け出していないことや、建築に関わる技術者が、建築を長持ちさせようという技術的な意識が低いことなどもある。

また、建築の寿命は、その土地特有の気候風土にも大きく影響を受ける。沖縄で建てることと、東北の雪国で建てることとは、建築に対する要求が同じであっても、建て方（工法）はおのずと変わる。

沖縄の民家（→０９６）では、台風などの風による外力が大きいことや、強い日差しがあることなどから、屋根の軒の高さは低く抑え、屋根瓦が風で飛ばされないように漆喰で固定する。これにより、屋根自重が増し、強風への耐性をもたせることになる。また、夏場の日差しを遮るように軒の出を深くした軒下空間が設けられている。

一方、多雪地域の雪国では、雪害、凍害、凍結、すがもりなど、対処すべき項目は多い。左ページの写真にある旧山田家では、冬の間、家の周囲を茅束などで囲い、雪の侵入を防いでいる。

適正な判断を誤ると建築本来の機能まで殺してしまうおそれがある。木造民家の多くは、そのような自然条件に対しての風土的な特徴のある設えがなされている。

その土地特有の気候風土に合致した工法を正確に導き出すためには、その風土（自然環境）を劣化外力とみなし、厳しい目で分析することが求められる。

長寿の建築

◀ **カドガン・スクエア(1887年)**
ヴィクトリアンスタイルのテラスハウス。120年以上経過している。
設計：R・ノーマン・ショウ

写真：渡邉研司

▼ **旧山田家住宅(18世紀初頭、富山県・越中五箇山の桂集落から川崎市立日本民家園内に移築した合掌造りの古民家)**
左写真は、冬の間、雪の侵入を防ぐ雪囲いをした状態 (バナキュラー建築→107)

写真：川崎市立日本民家園

1996年度の建設白書

1996年度の建設白書にある「日本の住宅の平均寿命は26年」という報告は、建築業界に大きなインパクトを与えた。

「日本の住宅の寿命は、建築時期別のストック統計から試算してみると、過去5年間に除却されたものの平均で約26年、現存住宅の「平均年齢」は約16年と推測されるが、アメリカの住宅については、「平均寿命」が約44年、「平均年齢」が約23年、イギリスの住宅については、「平均寿命」が約75年、「平均年齢」が約48年と推測され、日本の住宅のライフサイクルは非常に短いものとなっている。この理由は、日本は、戦後、急速に住宅ストックを充実させてきている中途の段階にあることや、そもそも住宅ストックの質の低さ、リフォームのしにくさ、あるいは使い捨てのライフスタイルに合わせて住宅も建て替えで対応していることなどが考えられる。このように、日本の既存住宅流通量は新築に比べて少なく、大量建設、大量廃棄の構造になっている。これはGDPを押し上げるかもしれないが、良質なストック形成が行われないまま、住み替え需要に的確に応じられず、住生活の充実にコストと手間暇がかかる構造になっていると考えられる。」(以上、1996年度「建設白書」第2章第2節より)

その後、2009年「国土交通省社会資本整備審議会住宅宅地分科会中間とりまとめ案」において、総務省による「住宅・土地統計調査(1998、2003年)」のデータを元に国土交通省が推計したデータで、平均滅失年数(取り壊すまでの年数)は、持家30.7年、貸家25.8年となっている。

046 伝統木造建築（石場建て）工法

POINT

伝統木造建築工法を未来へつなげることは、地場産業や文化伝承としても重要な役割を担う

伝統木造建築工法とは、昔ながらの継手・仕口による木組みの工法をいう。木組みとは、日本に古来から伝わる木の特性を生かした木工技術で、家の骨組み作りにおいて、木と木を組む継手・仕口と呼ばれる接合部に釘や金物などを用いず、木自体に刻みなどを施し、長ほぞ、込み栓、楔（くさび）、だぼなどで固定し、材どうしがより拘束し合うように組上げていく技術をいう。筋交いなどの斜材は用いない。また、基礎はコンクリート造ではなく礎石（玉石）の上に柱を直に建てるもので、礎石と柱とはアンカーボルトなどでの緊結もされていない。このように石の上に直接柱を建てる工法を石場建てという。

果たして、このような伝統木造建築は地震などに対して弱いのだろうか。奈良や京都に見られる伝統木造建築工法による寺社仏閣は数百年経過してもなお健全なたたずまいを見せている。継手や仕口などで結ばれているため、地震時は力の伝わり方が柔らかく粘り強い架構となっている。また、左官壁で地震力を吸収させ、自ら壊れることでエネルギーを拡散させることができる。足下が基礎と緊結されずにフリーなので、柱が礎石の上を滑るか跳ねるなどして力が減衰する。伝統工法は柔構造となっているのである。

このような足下をフリーとする石場建てによる工法は、現在の建築基準法では限界耐力計算が必要であり、また、適合性判定を受けなければならない。したがって、現在では建てにくいのが現状である。

国産材を使うことは地場産業の振興、地域文化の育成などにもつながる。何よりも、伝統工法は街の景観を形作るうえでとても重要な役割を果たしている。今後、伝統木造建築工法は構造的な検証がなされ、作りやすい方向へ向かうものと期待したい。

掘建て、石場建て

日本の中世で主流だった「掘建て」は、柱の根元を地中に埋め込む工法であったが、柱が直接土中に埋まるため、柱根が腐朽しやすいという欠点があり、近世に入り、礎石の上に柱を建てる礎石建て（石場建て）が普及した。この「石場建て」は、礎石の上に直接柱を建て、柱1本ずつ礎石の高さと形に光り付け（光が漏れない程度まで材どうしを密着させる技術、墨付けをいう）するという手間がかかる工法である。

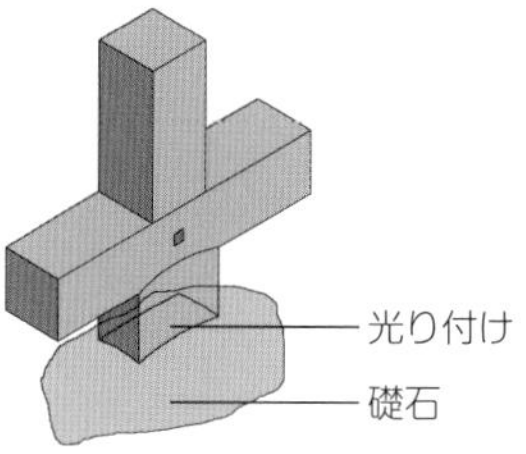

▲ 椎名家住宅（1674年、茨城県かすみがうら市）
江戸中期に建てられた農家建築で、形式は直屋造り、寄棟、茅葺、桁行15.3m、梁間9.6mである。1968年、国の重要文化財に指定された。1970～1971年に行われた解体修理中、広間、座敷境の差鴨居のほぞから、「延宝弐年きのへ寅十二月三日椎名茂工門三十七年」の墨書が発見され、延宝2年（1674年）の建立が確定した。

石場建て工法の実物大住宅振動台試験

国土交通省の補助を受けた（財）日本住宅・木造技術センターによって「伝統的木造軸組工法住宅の設計法作成及び性能検証事業」が設置され、2008年度から3年をかけて、実物大の石場建て建築を揺らすなどして、地震時などの耐力の検証が試みられている。

◀ 試験開始前試験体全景
伝統的木造軸組工法住宅の総2階建てでの実物大住宅性能検証振動台実験「A棟試験開始前試験体」全景写真（2008年実験実施）。
試験場所：（独）防災科学技術研究所兵庫耐震工学研究センター
写真：（財）日本住宅・木材技術センター

047 木造在来軸組工法

POINT

木造在来軸組工法は、伝統木造建築工法の構成材の簡略化を目的として、金物で補強を行うなどして発展してきた

木造在来軸組工法は、伝統木造建築工法を、金物などで簡易に補強を行い簡略化させる工法である。伝統木造建築工法では太い柱や梁を用いて丈夫な構造を成しているが、戦後はそのような木材を手に入れることは難しく、材をできるだけ少なく、構成を簡略化させる必要があった。そのため、筋交いなどを活用して太い材を使わずにすむよう、このような工法が考えられた。

伝統工法が、構造的には粘りで揺れを吸収させる柔構造であるのに対し、在来軸組工法は、基礎と土台を緊結させ、また壁面は筋交いや面材を用いて揺れを受け止める剛構造となっている。基礎の構造と土台との繋ぎ止め方や、柱と梁との緊結方法も、金物の強度が上がることにより性能が改善されてきている。

このような性能向上に至る背景には、過去の地震災害において、軸組工法の脆弱性が指摘されるたびに耐震基準が改正されてきたことがある。

在来軸組工法は、他の構造と比較しても構造上の制約が少なく、開口部を広く大きく取ることも比較的容易である。よって、開放的なプランを作成しやすいという利点があるが、構造としてのバランスがうまく成されていないと偏心がおき、地震や風などの外力に対して応力を局部に集中的に受けることになるので、注意が必要である。

またこの工法は、柱や梁といった線材で構成されているため、面による気密性や断熱性に対しての配慮が必要とされる。しかし、気密性を高めることは内部に湿気などが入り込んだ時、その水分が抜けにくい構造となることでもある。

現実には、床下からすきま風が入り込む家の方が長持ちしており、シックハウスなどの問題も起きていない。気密性を高めることによるデメリットも合わせて考えねばならない。

木造在来軸組工法のメリットとデメリット

◉ メリット

・開口部が大きく取れ、開放的なプランが作成しやすい。
・将来の増改築が比較的容易。
・日本の多湿な気候風土に適している。

◉ デメリット

・偏心が起きないよう、構造的なバランスを考慮して、壁や筋交いなどの配置を行う必要がある。
・大工の熟練度による差が生じやすい。

▲ 仕口　腰掛け蟻継ぎ

▲ 筋交いたすき掛け

▲ 水平構面の補強　火打梁

木材どうしをつなぐ場合、同一方向の木材をつなぐ部分を「継手」(つぎて)と呼び、異なる方向の木材をつなぐ部分を「仕口」(しぐち)と呼ぶ。

現在は、木造建築の躯体に使用される木材の継手、仕口への加工を工場で行うプレカットが流通している。

前川國男自邸（1942年、東京都東小金井市「江戸東京たてもの園」）

この建築は1973年に解体、保存される。その後1997年から、東京都東小金井市の「江戸東京たてもの園」内で復元工事が開始され、同年から公開された。
現在、江戸東京たてもの園で見学が可能である。

前川國男（まえかわくにお）
建築家、1905～1986年
代表作：
東京文化会館
紀伊国屋書店新宿店
東京海上日動ビル本館（東京海上ビル）
東京都美術館

048 木造大断面軸組工法（重量木骨構造）

POINT

材に集成材を用い、接合金物に専用の金物を用いることで、耐震性が高く、大きな架構が可能となる

木造大断面軸組工法（以下「木骨構造」とする）は、柱や梁に大型の集成材を使い架構を行う工法で、木造による大型建造物の工法を住宅に導入したもの。

この工法では材に無垢材ではなく集成材を用いるが、無垢材では材種や径が同じであっても、産地や生育環境によって材の性能に差があり、また、乾燥や湿気などでも個々の強度にばらつきが生じるためである。つまり計算に乗せることは難しいことから、構造計算によって性能確認ができる構造用集成材が使われている。

この構造用集成材とは、節や割れなどの欠点を取り除いた木の辺材をその繊維方向を互いにほぼ平行にして積層接着した材で、構造物の耐力部分として用いられるものをいう。材質が均一で、狂いや割れが生じにくいのが特徴である。

従来の軸組工法では仕口や継手の加工が必要となるが、木骨構造では接合部に専用の金物を用いることで木材の断面欠損が少なく、接合部を頑強に緊結させることができる。そのため変形が起きにくく、耐震性能の高い構造を作り出すことが可能になる。また、構造計算による立体応力解析が行われ、安全確認が行われる。

架構としては、準ラーメン構造とすることが可能で、仕切りとなる壁をあまり必要とせず、比較的大きな空間を作ることができることから、柱の本数を減らせ、間取りの可変性に対し自由度を高めることが可能となる。これは、将来の生活スタイルに合わせて変更できるという大きな魅力でもある。

木骨構造は、このように明快なスケルトン・インフィル構造をもっているため、空間の開放性の確保や間仕切りの編集が自由であること、そして強靱性が高いことなど、今後の住宅建築の可能性を多分に秘めている。

重量木骨構造（SE工法）

SE (Safety Engineering) とは、構造家の播繁（ばんしげる）氏により生み出された工法である。「木造の大型建造物」の技術を住宅に導入した工法で、大部分が柱と梁で支える(準)ラーメン構造になる。

壁を入れない大空間や、壁に制約されない間取り変更のしやすい空間など、一般的な木造住宅(在来軸組工法)では実現できない空間デザインが可能となっている。
柱梁材には構造用集成材を使い、部材間の接合には専用の金物(SE金物)を使う。

写真：リオタデザイン　関本竜太

049 2×4工法（木造枠組壁工法）

POINT

2×4工法は構造的に優れた工法であるが、その構造上の特性のためにデザインの制約が生じる

2×4工法は欧米で一般的に行われている工法で、名前の由来は、下枠・縦枠・上枠などの主要な木材が、2インチ×4インチサイズの規格品を用いて構成されていることによる。

日本では、古くは1921年にフランク・ロイド・ライトの設計による「自由学園　明日館」が枠組壁式工法により作られている（日本で最も古い2×4工法による建築は、1877年建設の北海道大学の模範家畜房である）。

この工法は、規格化された材と構造用合板だけで構成されているため、継手や仕口の加工などの高度な技術力は不要である。

また、構造的にも構造用合板を釘で直接打ち付けた壁面や床で構成されており、床・壁・屋根が一体となったモノコック構造であることから、地震などの外力を六面体の建物全体で受け止めることになり、力を分散させることができている。

その構造耐力上、主要な役割をもつ床組は、側根太がフランジとして曲げ応力を負担し、面材がウェブとして剪断応力を負担しているため、水平剛性は高いものになっている。

このように、建築の構造としての構成自身に高い剛性をもたせているため、2×4工法は地震力に強い構造といえる。実際、過去の地震（阪神淡路大震災や新潟中越地震）でも大きな被害報告はない。

また、構成部材が面材であることから気密性が確保しやすいという利点があり、断熱性能が得やすい。しかし、反面、壁内の空気が滞留したままとなるため、壁体内結露の懸念が生じる。

構造性能などは優れているが、その構造特性ゆえに、軸組工法と比較すると、プランについては自由度は少なく、デザイン上の制約を受けることになる。

2×4 製材断面寸法

2×4の一般的な材幅の寸法形態は、「2インチとび」を基準とし、4から12インチまでの偶数インチ(2インチとび)となっている。

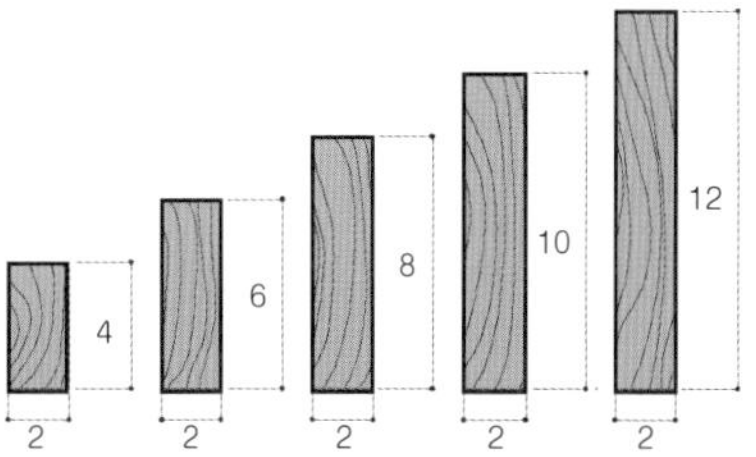

呼称寸法	JASによる寸法形式	実寸法(インチ)
2×4	204	1－1/2×3－1/2
2×6	206	1－1/2×5－1/2
2×8	208	1－1/2×7－1/2
2×10	210	1－1/2×9－1/2
2×12	212	1－1/2×11－1/2

▲ **呼称寸法と実寸法の断面寸法対照表**
(1インチ=25.4㎜換算)

床・壁パネルで構成された6面体面構造

2×4は、枠組材と合板により6面体として構成され、それらが殻のような一体構造となるため、地震に対して高い強度を発揮する。

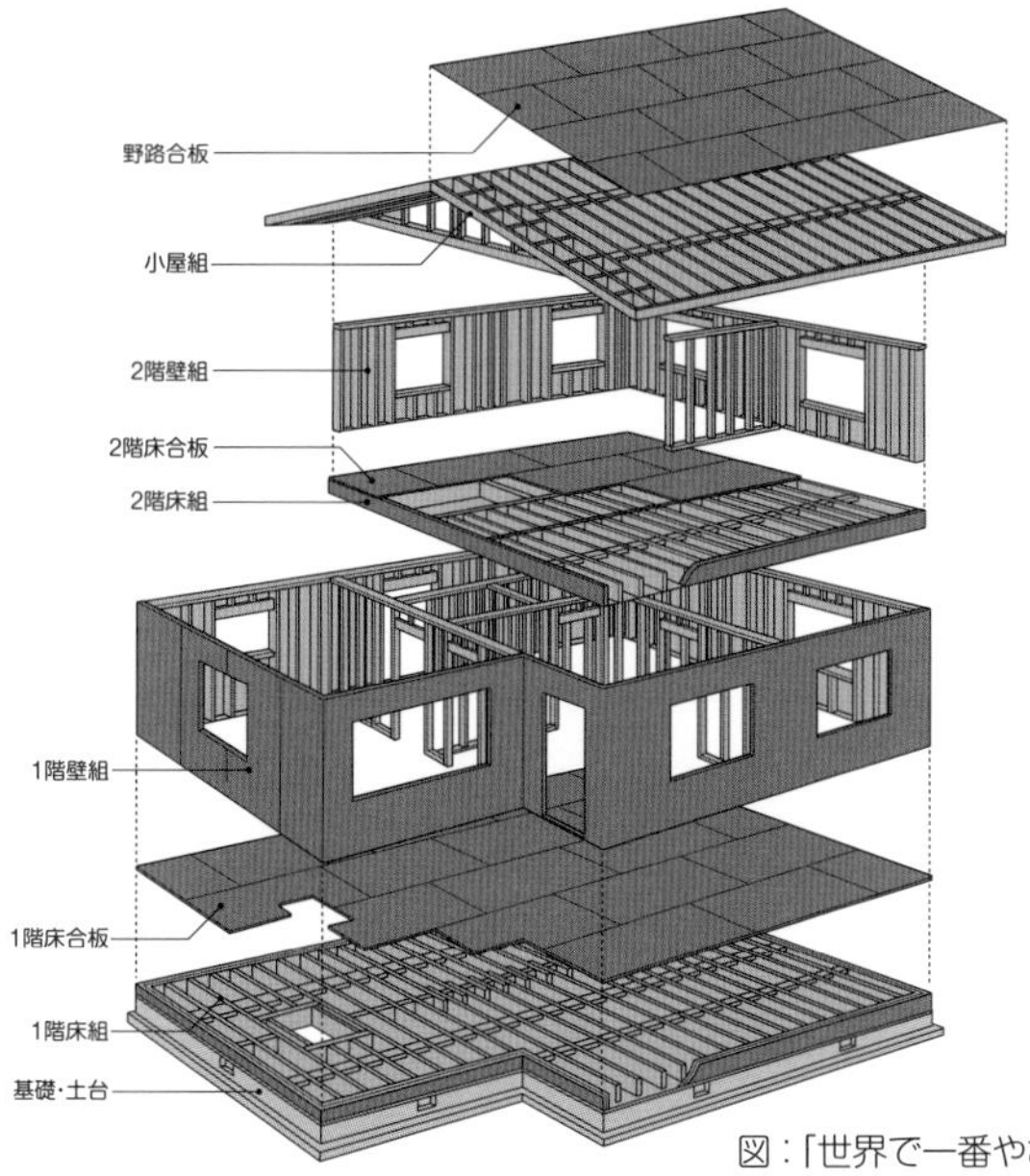

図:「世界で一番やさしい2×4住宅」

自由学園　明日館(みょうにちかん)(1921年、東京都豊島区)

フランク・ロイド・ライト
建築家、1867～1959年
代表作:
帝国ホテル
山邑邸
落水荘
ジョンソンワックス社研究所
グッゲンハイム美術館

この建築は、1921年に中央棟および西教室棟が竣工した。1997年に国の重要文化財に指定され、1999年以降、国および東京都の補助事業による保存および修理工事が行われ、2001年に完了した。使いながら文化財価値を保存する「動態保存」のモデルとして運営されている。
設計:フランク・ロイド・ライト、遠藤新
構造:枠組壁式工法(2×4工法)の先駆けとされる
用途:学校校舎

▲ **北海道大学　模範家畜房(1877年)**
日本で最も古い2×4工法による建築　写真:藤谷陽悦

050 S造、アルミニウム構造

POINT

鉄やアルミニウムなど、材のもつ可能性、そして新しい架構形式など、今後も期待される

S造

S造とはSteel structure（鉄骨構造）の略で、主要構造部に鋼材を用いて組み立てる構造をいう。鋼材は木やコンクリートと比べて強度が高いことや、ヤング係数が大きく剛性が高いという特性がある。架構上の利点は、鋼材の単位重量が軽いことから梁を長くでき、柱数を少なくすることができる。また、ラーメン構造では耐力壁が不要なため、間仕切りの自由度が高い。

このように、鉄骨造では大空間を作り出しやすく、超高層建築が可能である。東京国際フォーラムガラス棟（左写真）では、訪れる人々に圧倒する印象を与えているのは構造的合理性によって導き出された鉄骨による造形である。船底状の竜骨のようなリブ形状と、その中にアーチ状のコンプレッション材、カテナリー状のサスペンション材が配され、それを繋ぐリング材とで構成されている。それらの荷重は２本の大柱で支持させている。鉄骨構造がダイナミックな空間を可能とした。

弱点は鋼材が熱に弱いことである。一定以上（摂氏550℃程度）の温度になると強度が急激に低下するため、耐火被覆が必要となる。また、大気中で錆を発生させるため、錆止めの塗装、メッキ処理、コンクリートによる被覆などが必要となる。

アルミニウム構造

アルミニウムは、サッシやカーテンウオールなどの建築仕上材に用いられてきたが、２００２年の建築基準法改正で構造材に使用することが認められ、建築の新たな可能性が拓かれた。

アルミニウム構造の特徴として、耐食性に優れるために長寿命化が図れること、部材精度がきわめて高いこと、システム化・標準化が容易なこと、部材のリユースが容易であること、サッシや構造と一体化としたデザインができることなどがある。

アルミニウム合金構造

◀▲ **アルミニウム合金構造の建築事例(2005年、福島県須賀川市)**
設計監理：伊東豊雄建築設計事務所
構造設計：オーク構造設計
施設概要：寮
延床面積：489.2㎡
建築面積：489.2㎡
構造概要：アルミの曲面壁は2種類のR形状の押出型材で構成されている。この壁に垂直力と水平力を負担させている。　写真：アイツー

▼ **ダイナミックな空間を演出する鉄骨構造**
東京国際フォーラムガラスホール棟
設計監理：ラファエル・ヴィニオリ
構造設計：構造設計集団　渡辺邦夫
施設概要：ホール、会議室
最高高さ：59.8m

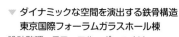

051 RC造、SRC造、CFT造

POINT

RC造、SRC造、CFT造それぞれの特性を理解する

RC造はReinforced Concrete（鉄筋コンクリート）、SRC造はSteel framed Reinforced Concrete（鉄骨鉄筋コンクリート）、CFT造はConcrete Filled steel Tube（コンクリート充填鋼管構造）の略語である。

RC造

RC造は鉄筋のもつ粘り強さと引っ張りの強さ、そしてコンクリートがもつ圧縮強度の強さを併用した構造である。鉄筋は火に弱く錆やすいが、コンクリートが周りに充填されることにより火災や錆の発生を防いでいる。

構造形式を大別するとラーメン構造と壁式構造になる。ラーメン（Rahmen）とは「骨組」のことで、柱と梁を一体化して骨組を構成したものをラーメン構造という。また、柱がなく、壁と床だけで構成したものを壁式構造という。

RC造は流動性のあるコンクリートを型枠に流し込んで固めるため、比較的自由に形が作れるという利点があることから、貝殻のような形態（シェル構造）なども作られている。最近では高強度コンクリートや高強度鉄筋などの開発により、40階以上の建造物もRCのフレーム構造で建設されている。

SRC造

SRC造は鉄骨で柱や梁の骨組みを組み、その周りに鉄筋の配筋を行い、コンクリートを打設して作られる。RC造と鉄骨造との特徴を併せもっており、柱や梁の断面形状を小さくできることから高層建築物に多く採用されてきたが、最近ではコスト高のため、事例は少なくなりつつある。

CFT造

CFT造は鋼管内にコンクリートを充填させ、鋼管の圧縮による弱点を充填されたコンクリートによって補い、優れた靭性を確保させた構造形式である。S造、RC造、SRC造に次ぐ新しい構造として注目されている。

構造の特性評価

◉ RC造

構造：剛性が大きいが、剪断耐力、靭性が小さい。
防火：耐火性能に優れる。
欠点：自重が大きいため、高層建築や大空間には不向きである。

◉ S造 (→050)

構造：鋼構造の対比重強度が高いため、RC造と比較して部材断面を小さくでき、大スパンの架構が可能。
防火：耐火被覆が必要。
欠点：構造の特性から、揺れやすく、音が響きやすい。

◉ SRC造

構造：鉄骨を入れることでRC造よりも柱梁を細くできる。耐震性に優れ、超高層や高層建築に用いられている。
防火：鋼材がコンクリートに被覆されているので、鋼構造と比べて座屈耐力や耐火性能に優れる。
欠点：施工が煩雑なため工期が長くなり、コスト高となる。

◉ CFT造

構造：鋼管とコンクリートの相互拘束効果によって軸圧縮耐力、曲げ耐力、変形性能が増大するため、柱断面がコンパクトで平面・立面計画の自由度が高い構造が可能。鋼管とコンクリートの特性が引き出されることで、従来の構造と比較して耐震性能が高い。
防火：柱内部にコンクリートが充填されているため、耐火被覆の軽減や、一定の条件下においては無耐火被覆とすることも可能。
欠点：柱と梁の接合部の内部構造が複雑になることで、鉄骨の加工がコスト高となる。

特　性	RC造	S造	SRC造	CFT造
空間の自由度	▲	◎	○	◎
地震、台風時の揺れ	◎	▲	◎	○
耐火性	◎	▲	◎	○
高層建築への適応性	▲	◎	○	◎
耐久性	○	○	○	◎

凡例　◎：非常に優れている　○：優れている　▲：普通

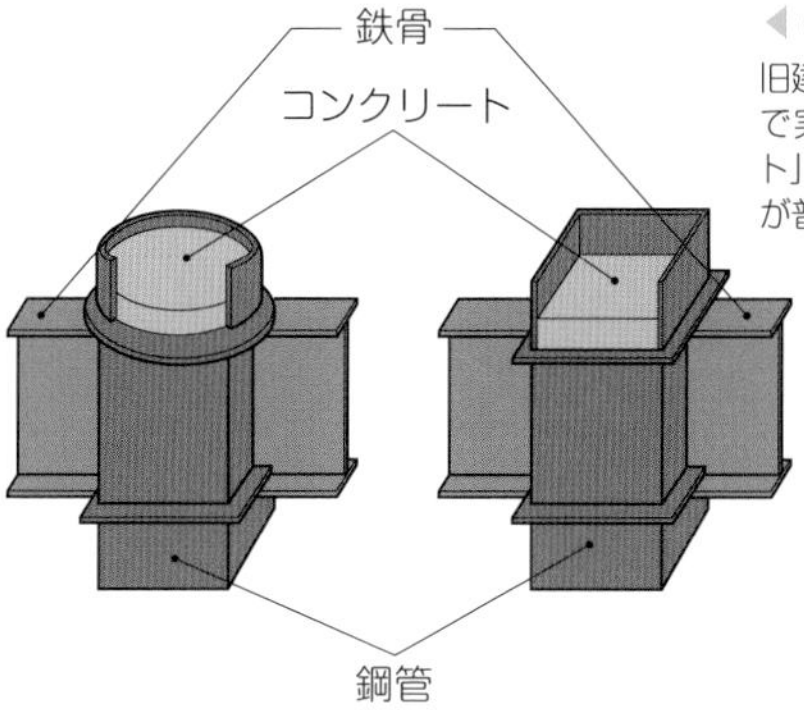

◀ CFT造の基本構造
旧建設省が1985年から1989年の5カ年計画で実施した「新都市ハウジングプロジェクト」から生まれ、(社)新都市ハウジング協会が普及業務を展開している。

▲ RC造　ソーク生物学研究所、1965年
設計：ルイス・カーン

▲ S造　ファンズワース邸、1951年
設計：ミース・ファン・デル・ローエ

▲ SRC造　沖縄県名護市庁舎
設　計：象設計集団
敷地面積：12,201.1㎡
延床面積：6,149.1㎡（3階建て）

CFT造　泉ガーデンタワー（超高層事務所ビル）▶
設計：日建設計

052 プレキャスト・プレストレストコンクリート工法

POINT

プレキャスト（工場生産した部材）とプレストレスト（工場や現場で打設しPC鋼材を使用した高強度部材）

プレキャストコンクリート工法

プレキャストコンクリート（precast concrete）工法（プレキャスト工法）とは、工場で作った成形コンクリート部材を現場で組み立てる工法をいう。

通常、現場では季節や天候の影響をどうしても受けることや、職人の技量に左右されるが、工場生産では品質管理が容易であることから、高い品質性や高強度のコンクリート部材を作ることができる。また、現場における型枠支保工組み立て、鉄筋の組み立て、コンクリート打設、養生期間などを大幅に短縮できる。部材が完成品であることから、形作るための仮設資材の撤去作業が削減できるなどのメリットもある。しかし、使用部材数が少ない場合は工場製品として管理費用がかかるためにコスト高となる。

プレキャスト工法は、日本では戦後の高度成長期の大規模団地建設に対する需要に応えるために、日本住宅公団（現ＵＲ都市機構）によって、壁式プレキャスト鉄筋コンクリート構造として開発され発展してきた。現在は、超高層マンションや高層建築物などに多く採用されている。

プレストレストコンクリート工法

プレストレストコンクリート（prestressed concrete）工法（プレストレスト工法）とはコンクリートの中に鋼材などを通して強度を高めたもので、ＰＣ鋼材を両側から引っ張り、圧縮力を加えて強化している。この工法にはプレテンション方式とポストテンション方式がある。プレテンション方式はコンクリートで固める前に鋼材を引っ張る方式で、工場で生産される場合が多い。ポストテンション方式はコンクリートを固めた後に鋼材を引っ張る方式で、現場や工場で作られる。

両方式とも強度にすぐれ、柱間のスパンを長く取ることが可能で、大空間の架構に適した工法である。

埼玉県立大学のPC工法

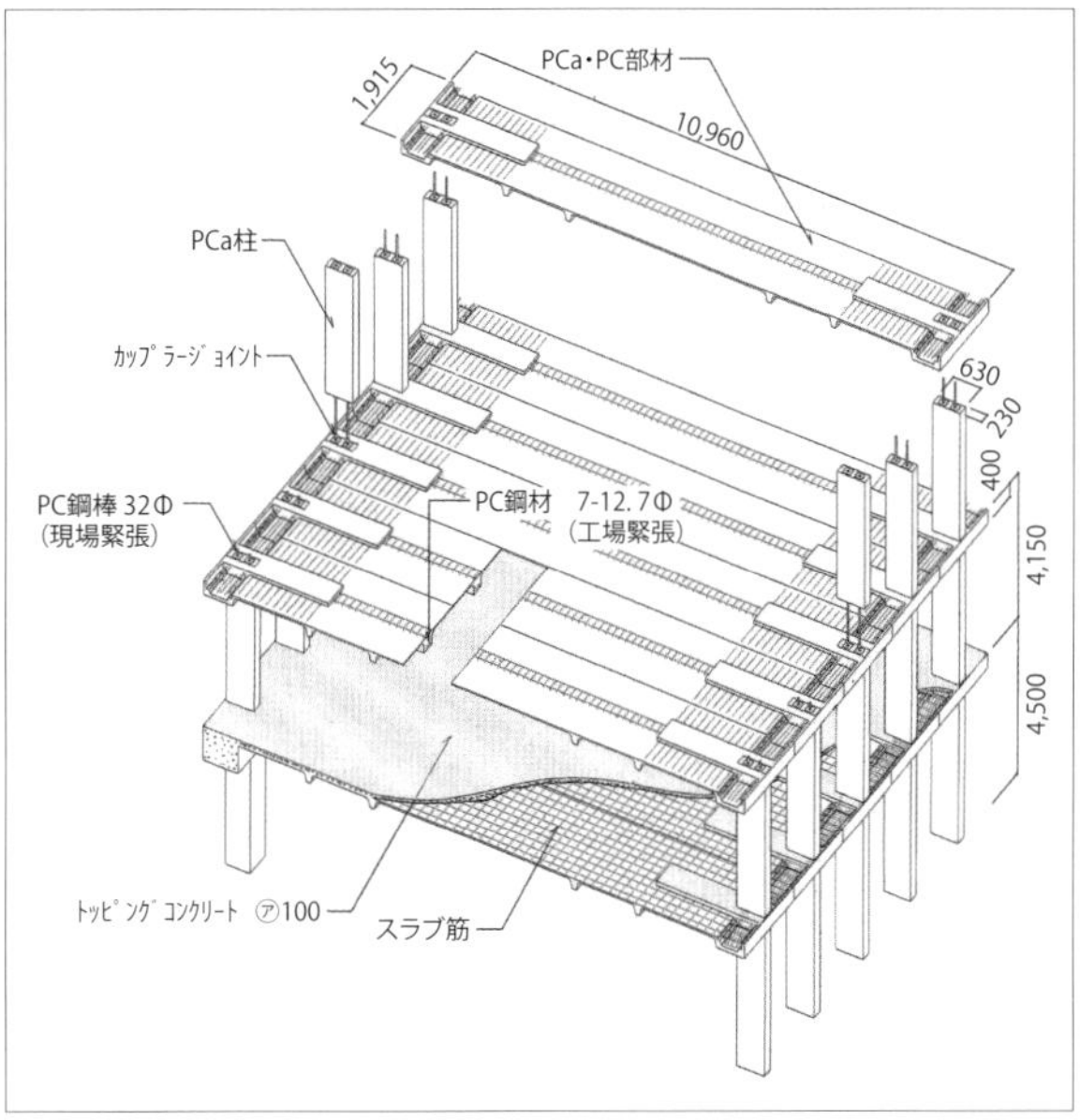

▲ **プレキャストコンクリート部材構成図**
図：構造計画プラス・ワン

この建築では、柱サイズを小さく、また空間のリズムを作り出すためにワンスパンを4分割させている。このため、部材数が増えることへの対処として、PC工法(プレキャスト工法)が採用された。
また、PCのもつ均質的な美しさを全面に出すために、仕上げなしのコンクリート色とすることや(コンクリートの色を揃えるために骨材の選定や調合についての特段の配慮が必要になる)、柱の角を丸めずに直角とすること(通常は脱型時に角が破損することを防ぐために角を丸くする)、接合部のクリアランスを極力小さくすることなど、技術的に高い精度が要求された。

設　計：山本理顕設計工場
構造設計：織本匠構造設計研究所、構造計画プラス・ワン
建築面積：34,030.77㎡
延床面積：54,080.11㎡
竣　工：1999年

▼ **大学棟メディアギャラリー**　　柱の構造断面は600×200mm

1
2
3
4
5
6
7
8

053

補強・型枠 コンクリートブロック造

POINT

組積造は、経年変化による風化も味わいとなる工法である

ブロックを積み上げて築く架構方式は、煉瓦と同様に組積造に分類される。

補強コンクリートブロック造

補強コンクリートブロック造とは、工場生産による空洞コンクリートブロックを使い、空洞部に鉄筋を配し、そこにモルタルやコンクリートを充填、補強しながらコンクリートブロックを組積し、耐力壁を作る構造をいう。

空洞コンクリートブロック製品はA種、B種、C種の3種類があり、それぞれ圧縮強度が違う。どの材種を用いるかによって、建てられる階数や軒高の制限を受ける。

空洞部が多いため断熱性が優れ、工期が短いのが特徴であるが、構造的な制約（耐震壁の長さ、厚さ、量、配置など）が多い。

型枠コンクリートブロック造

型枠コンクリートブロック造とは、型枠ブロックを組み合わせ、その中空部に鉄筋を配置し、全空洞部にコンクリートを打設して、耐力壁を構成し、壁梁、スラブ、基礎などの鉄筋コンクリート造横架材によって一体性を確保させる第1種型枠ブロック造と、型枠ブロックを型枠として用い、その内部に鉄筋コンクリート造によるラーメンもしくは壁式鉄筋コンクリート造の耐力壁を構成する第2種型枠ブロック造がある。

ブロックの風合いを保持し、断熱性能を確保させる手法として、ブロックを2重（150㎜厚の耐力壁ブロック＋100㎜厚の押出ポリスチレンフォーム＋通気層30㎜＋120㎜厚の外装ブロック）とする工法もある。

コンクリートブロックを用いると構造的な制約が多くなり、空間のプランニングやデザイン形状の自由度は制限を受けるが、煉瓦材と同様に、経年変化によって作られる風化としての味わいは大きな魅力でもある。

補強コンクリートブロック造

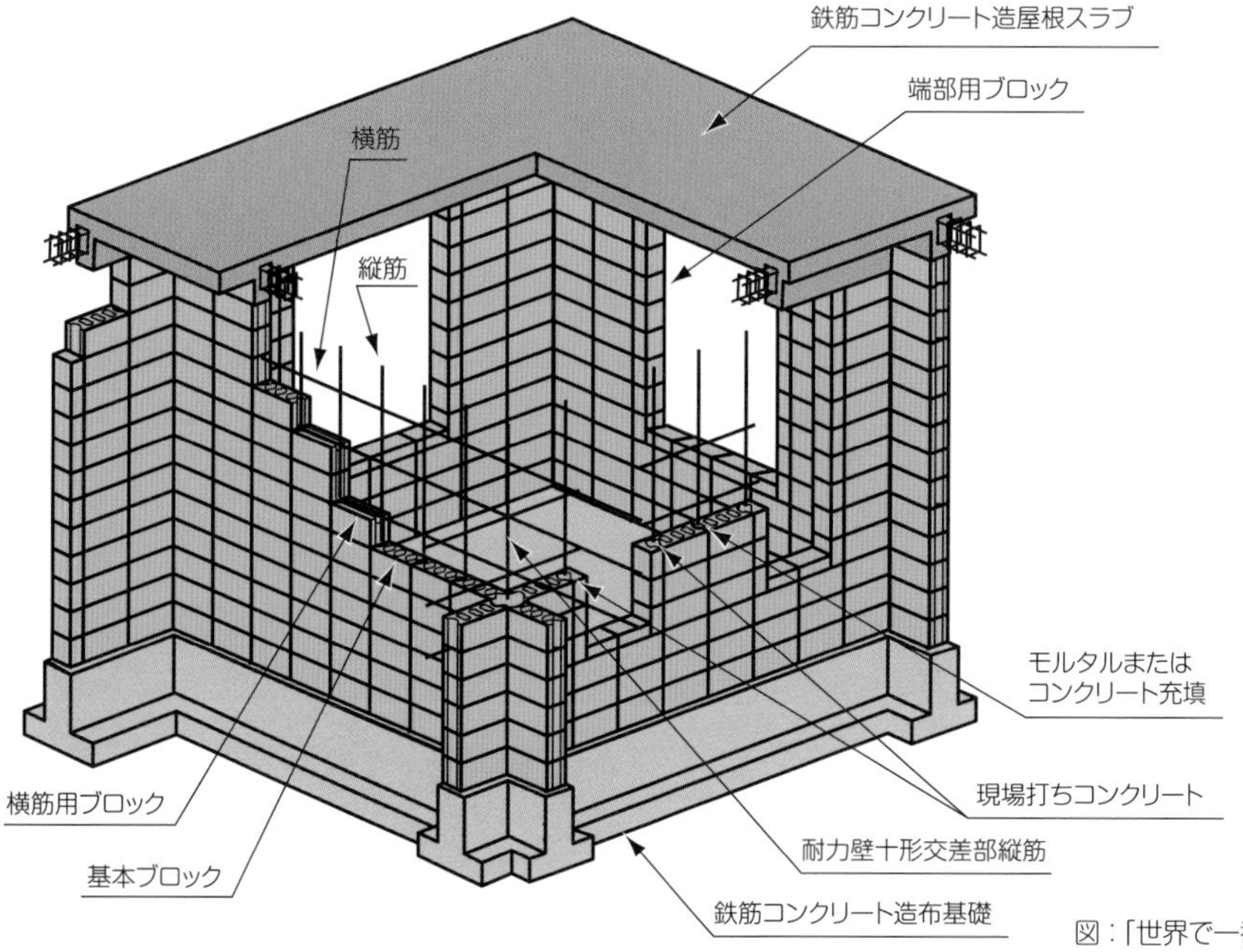

図：「世界で一番やさしい建築構造」

◀ **岡本太郎記念館（1954年、東京都港区）**

設　　計：坂倉準三

施設概要：アトリエ兼住居

構造概要：壁式コンクリートブロック造。ブロック壁の上にのる凸レンズ状の屋根は岡本太郎の要望によるもの。

坂倉準三（さかくらじゅんぞう）
建築家、1904～1969年
代表作：
　パリ万国博覧会 日本館
　神奈川県立近代美術館
　東急文化会館（現存せず）
　芦屋市民センター・ルナホール

建築用コンクリートブロック（空洞コンクリートブロック）の種類

空洞コンクリートブロックは、圧縮強度によって以下の3種類に分類される。

A種：圧縮強度4N/㎟以上、軒高7.5m以下、階数2以下
B種：圧縮強度6N/㎟以上、軒高11m以下、階数3以下
C種：圧縮強度8N/㎟以上、軒高11m以下、階数3以下

054 混構造と木質構造の未来

POINT

混構造は、単一構造で得ることができない性能や魅力を引き出すことが可能となる

混構造

混構造とは、１つの建築で、主要構造に異種の構造が組み合わされていることをいう。この混構造を選択する主な理由として以下の項目が挙げられる。

①耐震性を確保するために、木造や鉄筋コンクリート造などの既存建築に対して鉄骨を用いて補強する。

②１階を鉄筋コンクリート壁式構造、２階を木造として、それぞれの利点を合わせ、コストダウンを図り、木やコンクリートの良さを引き出す。

③壁面の構造をＲＣなどの重さを感じさせる材料で作り、屋根を軽快に見せるため木材を使用して構成するなど、デザイン上の理由。

④３階建ての住宅で、１階部分を車庫などの用途とした時、間口を広くとるために、鉄骨を選択し、その上部を木造とするなど、用途上の理由であったり、結果として混構造となったりする場合。

しかし、ここで注意すべきは、性質の異なる材を組み合わせることにより、風や地震などの外力に対してそれぞれ異なった動きをするため、異種構造の接合部分には複雑な力が掛かることである。よって、その設計および施工には細心の注意が必要となる。

木質構造の未来

２０００年の建築基準法改正で、耐火性能を満足させれば木造による高層建築も可能となり、木材の可能性を拓くことになった。木材中の炭素貯蔵量は木材重量の５割である。低炭素社会や持続可能性社会を考えるうえでも木材を積極的に用いることは有効であることから、木材の積極的な利用促進が図られている。１つの例として、木とスチールの接合金物による木質ハイブリッド部材が開発されている。これを用いて、実際に木質複合建築物として、オフィスビルや集合住宅などの中層建築や高層建築が作られ始めている。

RC造と木造の混構造（三宅ボックス、1974年）

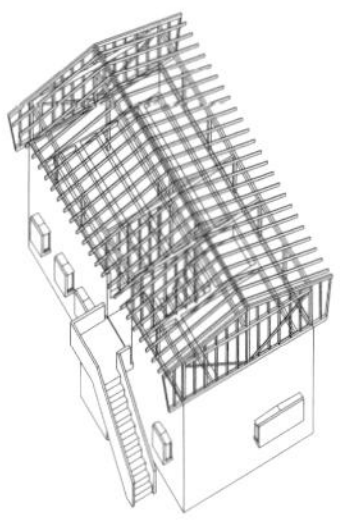

写真：山崎健一

「三宅ボックス」は、1階を鉄筋コンクリート壁式構造、2階を木造としている。
木やコンクリートの構造としての利点だけでなく、素材としての味わいを引き出している。

設計：宮脇檀
構造：1階 RC造、2階 木造
階数：地上2階

鉄筋コンクリート造、鉄骨造、高張力鋼によるサスペンション構造

▲ **国立屋内総合競技場・代々木体育館（1964年、東京都新宿区）**

コンクリートのもつ造形的な自由度、鉄骨によって作り出せる大空間、それぞれの構造的な特性を引き出すように代々木体育館は作り出されている。鉄はテンションに、コンクリートはコンプレッションに対応させ、それらを組み合わせてテンションストラクチャと圧力に抗して建っている。ストラクチャをコンセプトとして組み合わせる方法が考えられた。

設　　計：丹下健三・都市・建築設計研究所
構造設計：坪井喜勝研究室
構　　造：鉄筋コンクリート造、鉄骨造の高張力鋼のサスペンション構造による混構造
敷地面積：34,204㎡　　延床面積：910,000㎡
階　　数：地上2階、地下2階　　最高高さ：40.37m（本館）、42.29m（別館）

丹下健三（たんげけんぞう）
建築家、1913～2005年
代表作：
- 広島平和資料館
- 旧東京都庁舎
- 香川県庁舎
- 東京カテドラル聖マリア大聖堂
- 駐日クウェート大使館
- 草月会館
- グランドプリンスホテル赤坂新館
- 新東京都庁舎
- フジテレビ本社ビル

木質建築の可能性を拓いた「木材会館」

木材会館は東京木材問屋協同組合100周年記念事業として建設された。
この建築では床には20mmのフローリング材、可動間仕切りの仕上材、壁面仕上材、天井面仕上材、屋外テラスの床、壁、天井面の仕上材など、1,000㎡以上の国産木材が内外装に使用されている。
最上階ホールの梁には5.4mの梁下高さを確保させ、耐火検証法をクリアさせることで不燃化せずに構造材として木材の使用を可能としている。木材の性質を丁寧に読み取り、表現された心地よいオフィス空間に仕上がっている。

所 在 地：東京都江東区木場1丁目18
設　　計：日建設計
構　　造：鉄骨鉄筋コンクリート造　一部鉄骨造　一部木造
敷地面積：1,652.90㎡　　延床面積：1,011.26㎡
階　　数：地上7階　地下1階　最高高さ35.73m
使用木材：檜、杉、タモ、ナラ、カシ、ブナ、かえで、くるみ、山さくら

055 プレハブ工法

POINT

工期短縮や品質精度向上が図れるなどのメリットの反面、規格化された構造のために増改築などに対し制約を受ける

プレハブ工法（prefabrication method）とは、部材をあらかじめ工場などで生産、加工し、建築現場で組み立てを行う建築工法をいう。構造体の部材によって、木質系プレハブ工法、コンクリート系プレハブ工法、鉄骨系プレハブ工法、アルミ系プレハブ工法などに分類される。

プレハブ工法が生まれた背景は、工期の短縮を図ることである。建設現場でさまざまな材の加工を行うことは、職人の技量や時間による差が大きいという問題があるためである。住宅の分野では、１９５９年、大和ハウス工業が、建築確認申請が不要な10㎡以下の「ミゼットハウス」という軽量鉄骨のプレハブ住宅商品の販売を開始した。翌１９６０年、積水ハウスが「セキスイハウスA型」というプレハブ住宅商品の販売を開始した。後に、ミサワホームも木質パネル接着工法を用いた木質系プレハブ住宅の販売を開始した。１９７１年には、積水化学工業が、工場での加工比率を高めたユニット工法を用いた「セキスイハイム」の販売を開始した。

プレハブ工法は加工を行う工場の設置が求められ、ある程度の販売規模が必要となる工法である。現在、日本はプレハブ工法による住宅生産数世界１位となっている。

近年では、在来の木造軸組工法でも構造材のプレカットが広く利用されるなどして、他の分野にも影響を及ぼしている。

プレハブ工法は、工期の短縮が得られることや施工品質が均一化しているというメリットの反面、プランの制約を受けること、現場搬入に対しての制限、標準化以外のプラン、納まり、仕様は割高となること、そして増改築に対して、規格化された構造ゆえに融通されにくい面などのデメリットもある。

プレハブ住宅

◀ **大和ハウス工業　ミゼットハウス(製作：1959年)**

1959年、大和ハウス工業から、パネル工法の技術を生かした工業化住宅の原点とされる「ミゼットハウス」が発売された。家の離れとして、確認申請が不要な床面積10㎡以下として開発された。当時は3時間で建つ11万円の家「ミゼットハウス」として人気を博した。

後にさまざまな機能が付加され、「スーパーミゼットハウス」「ダイワハウスA型」など、本格的なプレハブ住宅へと移行していった。

写真：大和ハウス工業

◀ **積水ハウス　セキスイハイムM1型(製作：1971年)**

セキスイハイムの最初のモデルとして作られたのがM1型。建築家の大野勝彦が基本設計とシステム開発を担当した。工程と材料調達を工場に集約させ、コストダウンを図り、性能や品質を確保させること、空間に明確な目的性をもたせず、かつ単純なシステム(1つしかないユニットを組み合わせるユニット工法)の構築を目的として開発された。

このM1型は、ユーザーの好みに合わせるような装飾性が完全に排除され、システムや形態が原理的に表現されている。

日本でのDOCOMOMO100選に選出されている。

3D プリンター工法 (3Dプリンターによる建築製作)

3Dプリンターとは、3次元的なデジタル・モデルをもとにして断面形状を積層させ、立体の造形をつくりだすことができる機械をいう。既に、製造業や医療、航空宇宙などさまざまな現場で活躍している。建築の分野では以前より、模型製作などに使われていた。

主な利点は、複雑な形状を作成することができること、建設時間とコストの大幅な削減(鉄筋や型枠の組立て、廃棄の省略、省人化)、および再現性にある。

工法には、工場でプリント製作した部材を現場に運び、設置するプレハブ式と、現場にプリンターを設置して製作する方法がある。


日本では既に各社が3Dプリンター建築の製作、販売を開始している。下の写真はセレンディクス社の「Sphere (スフィア)」と名付けられたプロトタイプの製作時と完成風景である。現行の建築基準法外の建築とするために、10㎡以下としている。スフィアの原材料はモルタルで、3Dプリンターで外壁を4分割したパーツを製作し、現場に運び、組み立てを行っている。組み立てに要する時間は3時間。全工程23時間12分で完成する。

大林組では、鉄筋や鉄骨を使用しない3Dプリンター用特殊モルタルや、超高強度繊維補強コンクリートによる構造形式を開発し、国内で初めて建築基準法に基づく国土交通大臣認定を取得した。既に、「3Dプリンター実証棟」として建設に着手している。

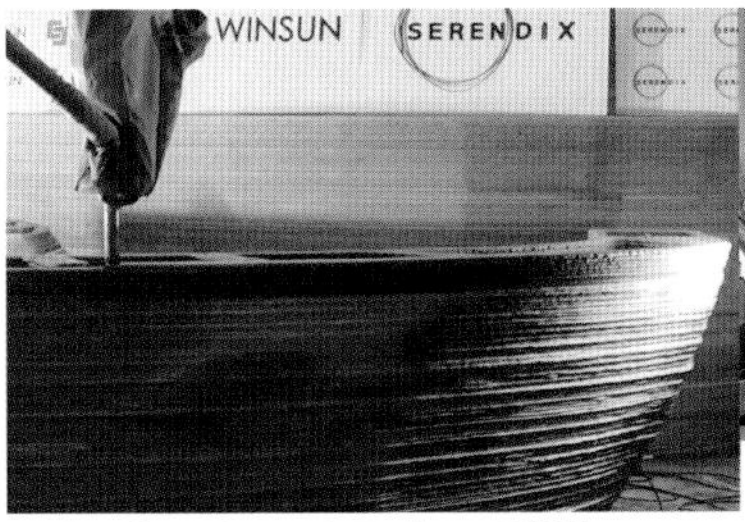

▲ 3Dプリンターによるパーツの製作

▲ コンテナへの詰め込み作業

▲ パーツ組み立て作業

▲ 完成写真

photo、イメージ図：clouds architecture office
提供：セレンディクス

056 耐震工法、免震工法、制振工法

POINT

地震動などの地盤の揺れへの対処方法には、耐震工法、免震工法、制振工法などがある

日本列島の地下では、太平洋プレート、北米プレート、フィリピン海プレート、ユーラシアプレートなど、さまざまなプレートが衝突しており、地震エネルギーが常時作られている。日本では地震による建物の倒壊という悲劇が何度も繰り返されてきたため、地震のメカニズムが少しずつ解明されてきており、建築の構造設計に反映されている。

地震力に対する構造設計の考えとして、耐震、免震、制振がある。

耐震とは、地震力に対して建築自身の構造体が耐える構造をいう。この考え方は関東大震災から発達してきた。工法としては、耐力壁をバランスよく配置し、建築が倒壊しないような構造とすることである。一般的な建築物では、建築基準法により、1次設計と2次設計の構造設計が義務づけられている。1次設計とは中規模（80～100ガル）の地震でも使用上の支障をきたさない程度の耐力を確保することで、2次設計とは大地震（300～400ガル）の襲来に対して人命を守ることに力点がおかれ、建築が損傷しても崩壊や転倒を起こさないような構造とすることである。

免震とは、地盤の揺れが全体に直接伝わらないように、建物の基礎や中間階に免震装置を設置して、地震動を免震層で減衰させる工法をいう。

制振とは、地震力による建築の振動を建築内部の機構を用いて制御する構造をいう。制振にはアクティブ（能動的）なものと、パッシブ（受動的）なものがある。アクティブ制振とは、コンピュータを使って建築に生じている揺れの情報を分析し、震動を強制的に制御する方式である。パッシブ制振とは、外部エネルギーの供給を受けずに、オイルダンパーや粘弾性物質などで地震エネルギーを吸収、減衰させる方式である（免震材、制振材→041）。

既存建築の耐震リニューアル（日本大学理工学部駿河台校舎5号館改修、東京都千代田区）

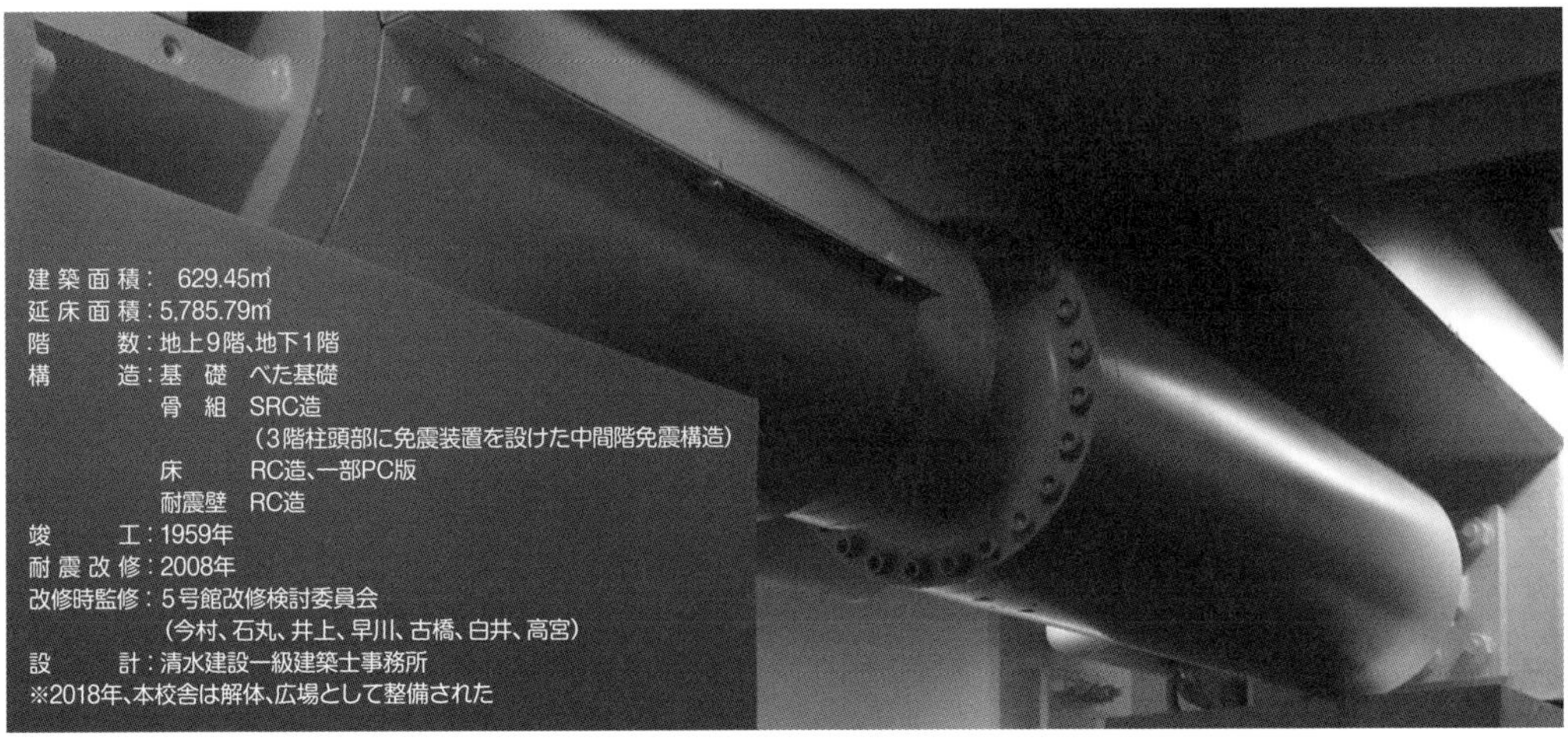

建築面積：629.45㎡
延床面積：5,785.79㎡
階　　数：地上9階、地下1階
構　　造：基　礎　べた基礎
　　　　　骨　組　SRC造
　　　　　（3階柱頭部に免震装置を設けた中間階免震構造）
　　　　　床　　　RC造、一部PC版
　　　　　耐震壁　RC造
竣　　工：1959年
耐震改修：2008年
改修時監修：5号館改修検討委員会
　　　　　（今村、石丸、井上、早川、古橋、白井、高宮）
設　　計：清水建設一級建築士事務所
※2018年、本校舎は解体、広場として整備された

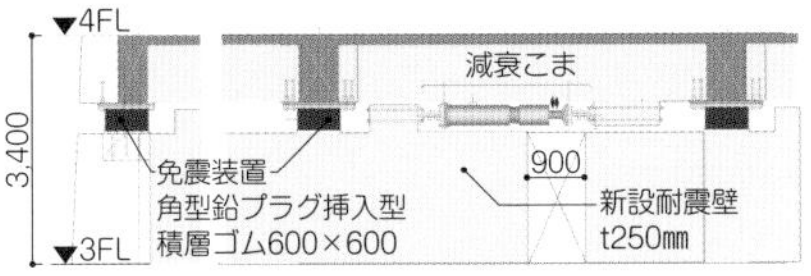

▲ 3階免震装置と減衰こまの納まり

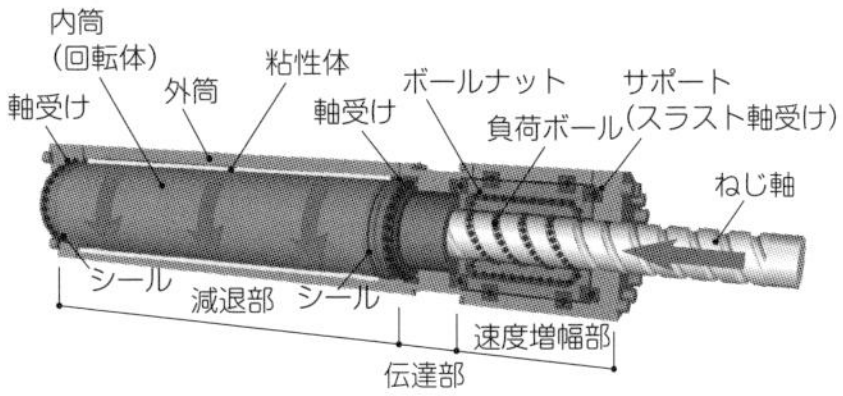

▲ 減衰こまの構造

中間免震構造のしくみ

この耐震改修では、ダイナミック・マスを利用した3階の中間階免震と、1～2階のトグル制震を併用したハイブリット工法が採用されている。ダイナミック・マスは、減衰こまというデバイスを用いることで、通常の免震構造物では30cm程度の変形が発生してしまうものを15cm程度に抑えることができる。

また、1～2階にトグルダンパーを2基配置し、地震エネルギーを効率よく吸収するように設計されている。

このように、3階免震と1～2階の耐震・制震を多様に組み合わせることで、既存のデザインを損なうことなく、耐震リニューアルを行っている。

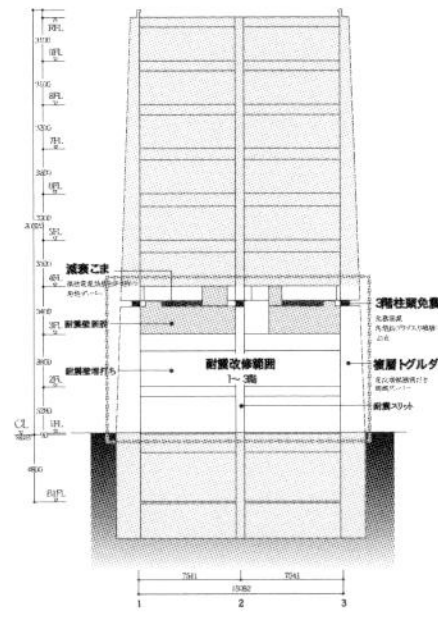

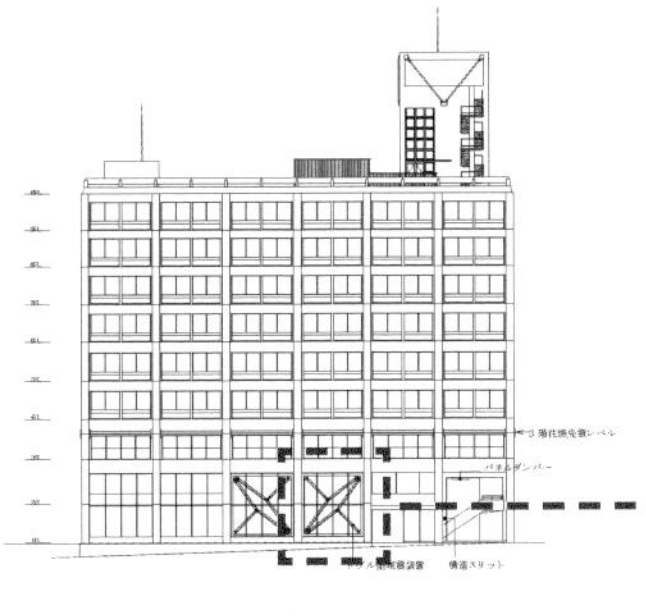

▼ トグル制振装置

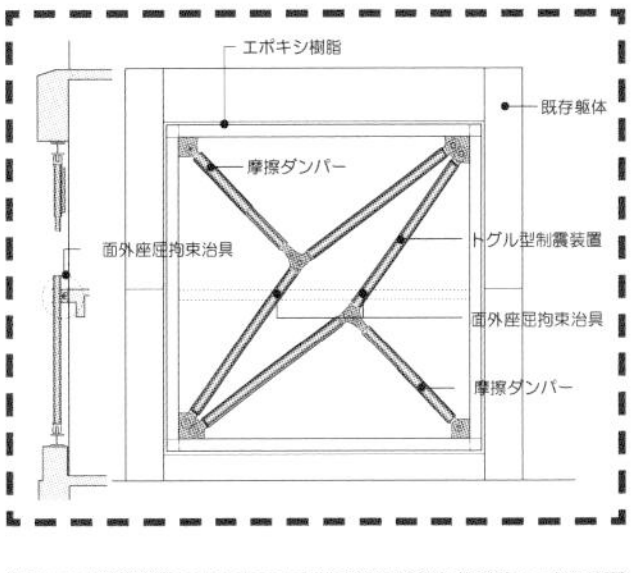

057 屋上・壁面緑化工法

POINT

緑化を行うことは、美観上の問題だけでなく、省エネルギー効果や建築本体に対する劣化抑制効果も期待できる

昨今の都市部では、道路面にアスファルト舗装がくまなく行われていることや、ビルや住宅からの排熱、自動車の排気熱など、さまざまに生じる人工廃熱により、ヒートアイランド現象が引き起こされている。このヒートアイランド現象は、光化学オキシダントの生成や、局地的な集中豪雨を引き起こす一因ともなっている。

建築に対する緑化策としては、屋上、壁面の緑化が推進されている。屋上緑化によって期待される効果は、植物による水分の蒸散による冷却、断熱性や防音性の向上、大気汚染物質の吸収や吸着、景観の向上などである。

ただ、屋上緑化導入時には植物を育てる土壌が必要となるため、植物の選定によってはかなりの重量を見積もらなければならない事例も生じる。そのような場合には、具体的な積載荷重を把握し、考慮する必要がある。また、維持管理に重要な排水設備のメンテナンスに対する配慮が必須となる。

屋上緑化は設備による省エネ対策の効果と比べると定量的な効果が見えにくい面がある。更なる普及には、積極的な行政のサポートが望まれる。

壁面緑化（→１０８）では、日射を遮るとともに、植物の蒸散作用により壁面温度の上昇を抑制する効果が得られる。壁面緑化の手法は、地面から垂直に登らせ緑化する方法と、屋上部や壁面上部にプランターを設置して上から下に緑化する方法がある。この下垂型は土が上部に設置されるため、乾きやすく、定期的な灌水が必要なので、メンテナンスが行えるような配慮も求められる。

建築の緑化は、省エネルギー効果だけでなく、建物面への日射を直接的に防ぐため、蓄熱による膨張・収縮が抑制されること、紫外線の直達の軽減がされることから、シーリング材の劣化が抑制されるなどの効果も得られる。

壁面緑化

壁面緑化には、上から下へ下垂させる下垂型、壁面にプランターやコンテナなどを取り付けて緑化を行う側面植栽型、下から上に登はんさせる登はん型などの3タイプがある。
それぞれ適した植種や水遣りなどのメンテナンスについての配慮が必要である。

下垂型
植種：つる植物全般。
特徴：補助資材なしでツル植物を下垂させる。定期的な灌水が必要。

側面植栽型（プランター型）（新丸の内ビルディングのビル北側の街路に位置する駐輪場壁面の20㎡ほどの緑化例）
植種：セダム類、コケ類、イタビカズラなど。
特徴：プランターやコンテナなどを壁面に設置した緑化法。定期的な灌水が必要。

登はん型
植種：アケビ、フジ、ナツヅタ、ヘデラ類、イタビカズラ、カロライナ、ジャスミンなど。
特徴：根が張れるように壁面上部を開放する。植種によってはネットやワイヤーなどの補助資材を用いる。

▲ **苔による壁面緑化例**
苔が枯れた場合の張り替えメンテナンスを考慮し、パネル化されて張り付けられている。

屋上緑化

屋上を緑化する場合、植種によっては適度な土が必要となることから、その分の積載重量を上乗せ計算する必要がある。

また、屋根に勾配がない場合は、保水性の高い土壌を入れて適宜灌水する。

勾配がある屋根面では、水分が蒸発しにくいようなシステムを導入したり、定期的な水遣りを可能とする仕組みを考える必要がある。

▲ **目黒天空庭園**
首都高速道路大橋ジャンクション屋上に設けられたドーナツ型の庭園。目黒区が首都高速道路から専用使用許可を受け、都市公園法に基づく立体都市公園として整備された。平均勾配6%のループ状に芝や草花、樹木などが植えられ、展望台デッキなども設えられている。車椅子の移動を可能とするため回遊路を蛇行させ勾配を緩めている。
所在地：東京都目黒区大橋1丁目9-2
面　積：約7,000㎡
長さ400m、幅16 ～ 24m、高低差24m
高木・中木約1,000本、低木・地被類約30,000株

1
2
3
4
5
6
7
8

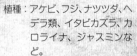

058 減築工法

POINT

低炭素型高齢社会実現のために、減築は有効な手法となる

夫婦と子から成る世帯で、子が成長して独立すると、既存建築に必要とされていた床面積が減少し、余剰空間が生まれる。この余剰空間があるために、建築全体にはエネルギーロスが生じることになる。

そのような建築の再生に、「減築」という手法がとられている。減築とは、文字どおり建築空間を減らすという改修行為であり、減らすことで既存空間の有効性（生活動線が短くなることによる利便性の向上、耐震性の向上、メンテナンスの負担軽減、バリアフリー化、温熱環境の改善など）を高めることをいう。最近では「減築リフォーム」という言葉も定着してきている。

市街地で減築した住戸が連担すれば敷地に余剰空間が生まれ、過密性が緩和される。災害時の連鎖的な倒壊や延焼の防止、日照や通風の改善が期待でき、地域の住環境改善の効果も期待できる。

すでに、公共建築や学校、戸建住宅、集合住宅、オフィスビル、商業建築などさまざまな建築で減築が試みられている。減築は低炭素型高齢社会実現の有効な手段となる。

１９６０年代に建設された大規模ニュータウンである東京都東久留米市のひばりが丘団地（昭和30、40年代に建設された住棟の多くは階段室型となっている）では、居住者の高齢化によりオールドタウン化が進行し、空家が数多く発生していた。空家が増えると、その場所が犯罪の温床になりやすくなり、老人の孤独死などの状況を招きやすくしてしまう。このようなニュータウンの再生に、解体予定の住棟を活用し、住戸の再生実証実験（ルネッサンス計画１）が行われた。C棟では最上階を撤去し、減築を行い、アクセス改修によるイメージの刷新と景観の向上が行われた。

ニュータウンの減築による再生の試み（ひばりが丘団地）

UR都市機構では、既存賃貸住宅ストックを少子高齢社会や多様化するニーズに対応できる住宅へ再生し有効活用するために、住棟単位でのバリアフリー化、間取り・内装・設備の改修、景観にも配慮したファサードの形成などの取り組みが行われている。従来の階段室型住棟の性能・イメージの一新を図るため、「ルネッサンス計画」として「団地の建替」及び「住戸リニュアール」に加え、UR賃貸住宅のストック再生に資する住棟単位での改修技術の開発研究が進められている。

◉ 団地概要

ひばりが丘団地は、昭和34年、中島航空金属田無製造所の跡地に日本住宅公団（現在のUR都市機構）によって造成され作られたマンモス団地。団地内には野球場、テニスコート、市役所出張所、緑地公園、学校、スーパーマーケットなどを擁しており、この団地は後の公団による街造りのモデルとなった。

中層フラット棟92棟、テラスハウス83棟、スターハウス4棟、店舗棟1棟からなる。

◉ ストック再生実証試験棟

A棟：エレベーター設置によるバリアフリー化
　階段室の撤去、エレベーターの設置、住戸内の梁せいの縮小、高齢者へ配慮した住宅、壁面緑化、再生材の使用など

B棟：エレベーター非設置での魅力アップ
　メゾネット住宅や最上部の一部減築によるテラス化などの上層階住宅の魅力の創出、配管設備などの集約・外部化

C棟：減築やアクセス改修によるイメージの刷新
　最上階4戸の減築、接地性の向上・バルコニーの拡張、新設スラブと階高（1.5層）住宅

出典：「ルネッサンス計画1 住棟単位での改修技術の開発」
　独立行政法人都市再生機構 都市住宅技術研究所

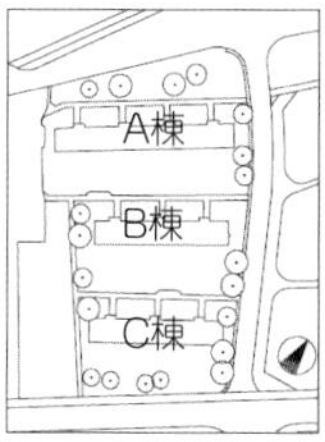

▼

▼

◉ 施工フロー

①4階住戸の内装解体

②躯体解体準備
　足場・支保工組み、墨出し、吊り元等のコア開けなどを実施。

③既存屋根の大割解体・撤去
　道路カッターで33ピース（1ピースの重量は1.5t以下）に分割し、重機（25tレッカー）にて撤去。

④4階住戸壁梁、バルコニー物置等の解体・撤去
　壁梁はウォールソーにて、バルコニー物置はワイヤーソーにて大割し重機にて撤去。解体材は場内で圧砕分別し、場外処分。

⑤躯体切断端部の補強・補修
　旧壁部の鉄筋等をはつり出し、引き抜き防止等のための鉄筋補強を行い、コンクリートにて補修。

⑥屋根防水工事
　クラック等の補修を行った上で、防水工事を実施。水勾配付の断熱材を敷設した上で、FRP防水（現場施工）を実施。

▲ ③：既存屋根の大割解体

▲ ④：4階壁の解体

▲ ⑤：切断端部の補強・補修

▲ ⑥：屋根防水工事

A棟

B棟

C棟

1
2
3
4
5
6
7
8

木造高層ビル

柱や梁の構造部材に木を使用した木造の高層ビルが国内に散見されるようになってきた。
木造の高層ビルは海外で先行し、既にカナダ・バンクーバーにて18階建ての学生用住宅「ブロックコモンズ」が2017年に完成、運用されている。また、ノルウェー・ブルムンダルに同じく18階建ての複合ビル「ミョーストーネット」が2019年に完成している。

◉ 純木造高層耐火建築物

国内で初となる「純木造高層耐火建築物」として、中高層建築物のあり方を追求したビル「Port Plus 大林組横浜研修所」（右写真）が横浜市に完成した。
柱・梁・床・耐震壁・屋根などの主要構造部全てが木材で構成されている。新たに開発された「剛接合仕口ユニット」により、施工性の向上、工期の短縮を実現。また、地下1階柱頭免震構造の採用により、大地震時でも主架構は弾性域に留まる設計となっている。

このビルは構造体に1,675㎥、耐火被覆に150㎥、仕上げ材に165㎥の木材が使用されており、木材使用が全体の9割以上（1,825㎥）を占める。

撮影：株式会社エスエス　走出直道

大林組により新たに開発された、柱と梁を一体化する「剛接合仕口ユニット」。
接合具と接着剤で木材を接合するGIR（Glued in Rod）工法と、柱と柱を貫通させて連なる貫構造を組み合わせた3層構成で、柱と梁の接合部の剛性・耐力・じん性を確保している。木質仕口パネルはt=200 ㎜、それを挟むLVLはt=150㎜。
シンプルな構造のため、工場でのユニット化を可能とした。構造性能のばらつき抑制と高い施工性を実現している。

エンジニアリングウッドの吸湿・吸水による寸法変化を抑えるため、施工中は柱に直接雨を受ける柱上面にシリコンシールをすり込み、養生フィルムを貼って対応。同様に梁端部、梁天端、床等、適した吸湿・吸水対策を行っている。

写真（上下右）　提供：株式会社大林組

Port Plus
設　　計：大林組一級建築士事務所
施　　工：大林組
所 在 地：神奈川県横浜市中区
敷地面積：563.28㎡
建築面積：397.58㎡
延床面積：3,502.87㎡
階　　数：地下1階　地上11階
構　　造：木造、地下RC造（免震構造）
工　　期：2020年3月～2022年3月

▲ **2階研修室写真**
3階への階段段板はCLT材
CLT：Cross Laminated Timber／直交集成材
ひき板（ラミナ）を並べた後、繊維方向が直交するように積層接着した木質系材料

出典：大林組HPプロジェクト最前線 日本初の高層木造耐火建築物をつくる（2021.11.09）／新建築2022年5月号

CHAPTER 5 施工とは

059 建築施工の形態

POINT

建築の施工形態は時代の推移につれて多様になり、責任の所在も明確化されてきている

建築は設計者によって図面が描かれ、その設計内容を実現させるために施工者が施工を行う。建築施工とは建築物を実際に作り上げるこのような過程をいう。建築施工は施工を専門に行う施工業者が担当するが、施工業者には、工務店、大工、ゼネコンと呼ばれる業者などがある。ゼネコンとはゼネラルコントラクター（General Contractor）の略語で、「ゼネラル＝総合＝普」「コントラクター＝請負＝請」、すなわち総合請負者をいう。つまり多種に渡る工事を一括して請け負う施工形態をいい、総合建設業とも称される。

明治になって建設という語が英語から翻訳、造語されるまでは「普請（ふしん）」が使われていた。もともと日本では、大工が設計から施工まで幅広く関わっていたが、江戸後期以降、特に明治を迎えて近代化が進むにつれて建築内容が複雑化し、施工の専門性が求められるようになっていった。そして、設計と施工がいつしか分離され、施工内容も細かく分業化され、現在のような施工体制へと変化してきた。

クライアントからの発注形式も、設計者やゼネコンに直接委託するのではなく、構想、計画、設計、企画などを一括して専門の業務に発注する方式（ターンキー方式）などもある。つまり、クライアントが専門の業者（ターンキー会社）と契約し、工事の完成後に鍵（キー）を受け取り、その鍵を回して（ターン）扉を開ければ、すぐに建築の使用が可能といった方式である。

この方式では、技術的に複雑なプラント建設などの場合、責任の明確化、契約管理の単純化、工期の短縮化などの利点があるとされる。また、分離発注・設計・施工管理をクライアントの代理人（コンストラクション・マネージャー。「ＣＭｒ」と略記）によって実施されるコンストラクション・マネージャー（ＣＭ方式）がある。

普請(ふしん)の由来

「普請」というのは、もともと禅宗の用語で、寺の堂塔建造などの労役に共同で従事してもらうことをいった。

多数の人々に呼びかける意味として、「普く(あまねく)人々に請う(こう)」とも読み、広く平等に奉仕(資金、労力、資材の提供)を願うことを多くの人々に呼びかけることからきている。

やがて、築城の際の土木工事にも用いるようになり、次第に、「普く(あまねく)請う(こう)」の意味が薄れ、建築や土木工事の意味として「普請」が使われるようになった。

家を建てる「家普請」、屋根を葺き替える「屋根普請」、用水路や溝(どぶ)を清掃する「溝普請」、田んぼの治水用水にかかわる普請である「田普請」など、さまざまな普請があり、無償の互助活動として、自分たちの住む地域を整備してきた。

それが、時代の移行とともに、労働力を提供できない人はお金を出し、大店(おおだな)が代わりに費用を負担するなどして、専門職による分業化が進行した。

現在の土木工事や建築も「普請」であるが、もともとの由来は相互扶助からきている。

◀ 普請場地ならし

出典：
文部省発行教育錦絵
衣食住之内家職幼繪解之圖
筑波大学附属図書館所蔵

普請の方式の種類

◉ ターンキー方式

建設事業を行う際の運営(請負)方式の1つで、建設業者が規格から完成まであらゆることを一括して請け負う契約方式である。この方式は、民間事業に多い。

「ターンキー」とはアメリカから入ってきた語で、「引き渡された鍵(キー)を回す(ターン)だけですぐに使用できる」という意味。

◉ フルターンキー方式

プラントや工場などの施設の設計から、施工、設備機械の据え付け、試運転指導、保証責任までのすべてを請け負う方式である。施設が完成してキーを回せば運転が可能となる状態にするまでの責任を負う。

◉ CM 方式

分離発注、設計、施工管理を建築主の代行として行う建築主の代理人(CMr)によって実施される方式。

▼ 設計施工一括発注方式とCMによる分離発注方式の比較

項　目	設計施工一括発注方式	CMによる分離発注方式
建築主の立場	できあがったものを受け取るという受動的立場だが、手間がかからない。	計画・設計・施工者選定・管理に積極的に参加できるが、手間がかかる。
設計者の立場	・設計の内容は会社のマニュアルや仕様に沿って行われることが多い。 ・外注を活用することもある。 ・コスト管理や工事管理には基本的に不参加。	・設計内容について建築主とともに話し合いながら進める。 ・設計のみならずコスト管理や工事管理まで携わる。
実務の形態	営業、設計、工事管理などの分業形態が多い。	分業はあまり行われない。
契約の形態	・設計、施工とも一括で請負契約をかわす。 ・まれに設計を分離することがある。	・設計管理や施工者選定などのマネジメント業務は委託契約。 ・工事は各専門工事会社と請負契約。
公開性・透明性	建築主に対して、基本的に原価などは非公開。	原価や施工状況などを常に建築主に公開しながら進める。

060 建築施工に求められるもの

POINT

建築施工に求められるもの＝「品質の確保」「工程の遵守」「原価の圧縮」「施工での安全性」「環境に対する配慮」

施工に求められるものは、品質の確保、工程の遵守、原価の圧縮（適正な費用）、施工での安全性、環境に対する配慮などである。

品質の確保

建築の施工精度、構造・機能などの強度、耐久性、仕上げの美しさなどをいう。このような建築の品質を確保するために品質管理（Quality Control＝ＱＣ）の手法が生み出されている。一般にＱＣ７つ道具と呼ばれるものがある。

工程の遵守

工程計画と管理が重要になる。

建築が予定されている工期内に完了し引き渡しが行えるよう、各工程において、施工方法、手順、材料、資材、機材、労務などを明確にし、所要日数などを算出し、計画を立てる。そして、これらの工程の進捗のチェック（工程管理）を行う。

原価の圧縮（適正な費用）

原価を最小に抑えるための管理目標として実行予算が組まれる。

また、施工を進める中では、変動コストを抑制させるための管理・計画が必要となる。

施工での安全性

工事に携わる職人、社員、協力業者、来所する人々などに対し、安全に工事を進めることを目的としたもので、現場での徹底した安全管理を行うさまざまな処置がとられる。

環境に対する配慮

建設地周辺の環境に対し、建設による騒音や振動、地盤沈下、電波受信障害、日照、風などの障害の予防処置をとることが求められる。

また、２０００年に公布された建設リサイクル法（建設工事に関わる資材の再資源化などに関する法律）により、施工現場で生じたコンクリート片、建設発生木材、アスファルトなどを現場で分別し、再資源化の推進と建設廃棄物減量の義務を負う。

QC (Quality Control) の7つ道具

QC (Quality Control)の7つ道具とは、品質管理に関する数値的品質管理手法をいう。
以下のように、従来から用いられている数値(統計)データを元に構成する品質管理の代表的な手法は7つある。

パレート図 ➡ 項目別に層別にして、出現頻度を大きさの順に並べるとともに、累積和を示した図である。例えば、不適合内容別に分類し、不適合品数の順に並べてパレート図を作ると、不適合の重点順位がわかる。

ヒストグラム ➡ 計量特性の度数分布のグラフ表示方法の1つである。測定値の存在する範囲をいくつかの区間に分けた場合、各区間を底辺とし、その区間に属する測定値の度数に比例する面積をもつ長方形を並べた図になる。

管理図 ➡ 連続した観測値もしくは群のある統計量の値を、通常は時間順またはサンプル番号順に打点し、上側管理限界点線および／線、または下側管理限界線をもつ図である。打点した値の片方の管理限界方向への傾向検出を補助するために、中心線が示される。

散布図 ➡ 2つの特性を横軸と縦軸とし、観測点を打点して作るグラフ表示方法の1つ。

特性要因図 ➡ 特定の結果系と原因系の関係を系統的に表した図。

チェックシート ➡ あらかじめ記入項目(印やレ点)を付けておき、工場、現場、事務所でチェックしていく方法。

層　別 ➡ 製造条件や素性が似たものをひとまとめにして、条件が違ったものと区別してデータをとること。

QC導入の歴史的事情

QCの考え方が日本に導入されたのは第2次世界大戦後になってからである。
戦前、戦中の大量生産品に対しての日本の品質管理は悪く、戦後になって、真空管の品質改善のため、GHQの指導のもとにQC手法が導入されたのが始まりとされる。
その後、日本科学技術連盟によるデミング賞(注)の設立、啓蒙活動などが功を奏して、高度成長期には多くの工場でQCが普及していった。

(注)デミング賞(Deming Prize)は、総合品質管理の進歩に功績のあった民間の個人に授与されている賞である。日本技術連盟により運営されているデミング賞委員会が選考を行っている。

061 施工計画

POINT

施工計画は、検討・留意事項を十分に確認したうえで、立案の決定を行う

施工計画の目的は、工事目的物を設計図書に基づいて完成させるために、工事における制約条件を考慮し、必要な手順、工法、施工中の管理方法などを定めるものである。

計画の立案前には、以下の検討・留意事項の確認を行う。

発注者から明示された契約条件

現場説明書、質問回答書、特記仕様書、図面、標準仕様書などを確認する。

現場の立地状況の把握

気象、地質、地形などや、交通状況（交通量、道路占用の必要性、近隣環境の把握）、建設時に発生する騒音、振動、廃材などを把握する。

施工技術計画

過去の実績・経験を生かしつつ、新技術や新工法の考慮を行い、工事の施工と施工順序、工程計画、施工機械の選定と組み合わせ、搬入計画、仮設備計画、品質管理計画の決定を行う。

調達計画

外注計画、労務計画、材料の調達、搬送計画、機械の機種・台数・機関などを確認する。

工事管理計画

現場組織の編成、実行予算の作成、安全管理、環境保全計画の確認などを行う。

代案

施工計画立案に際し、複数の案を作成することで、経済性や案ごとのメリット、デメリットの比較、検討を行い、最適な計画を選択する。

損失の低減

施工での段取り待ち、機械設備の損失時間、消耗などを可能な限り低減させるような計画を行う。

変更

施工計画書の内容に重要な変更が生じた時は、その都度、変更計画書の作成を行う。また、工程に影響を及ぼさないよう迅速な対応を行う。

施工計画の留意事項および工程表

施工計画とは、工事の品質、安全、コスト、工期の4つの要素に関してバランスのとれたものでなけらばならない。適切な工期を無視しての工期短縮は、施工品質の低下を招き、安全作業への支障だけでなく、労務、資機材の活用が阻害されてコストの増加を招く。

工程計画は、施工計画全体を時間を軸として整理したもので、施工計画の要となるものである。

工程表は、従来よりさまざまな種類のものが使われてきた。ネットワーク工程表は1950年代後半から使われるようになり、現在では工程計画に広く用いられている。

木造平屋建て専用住宅のネットワーク工程表例

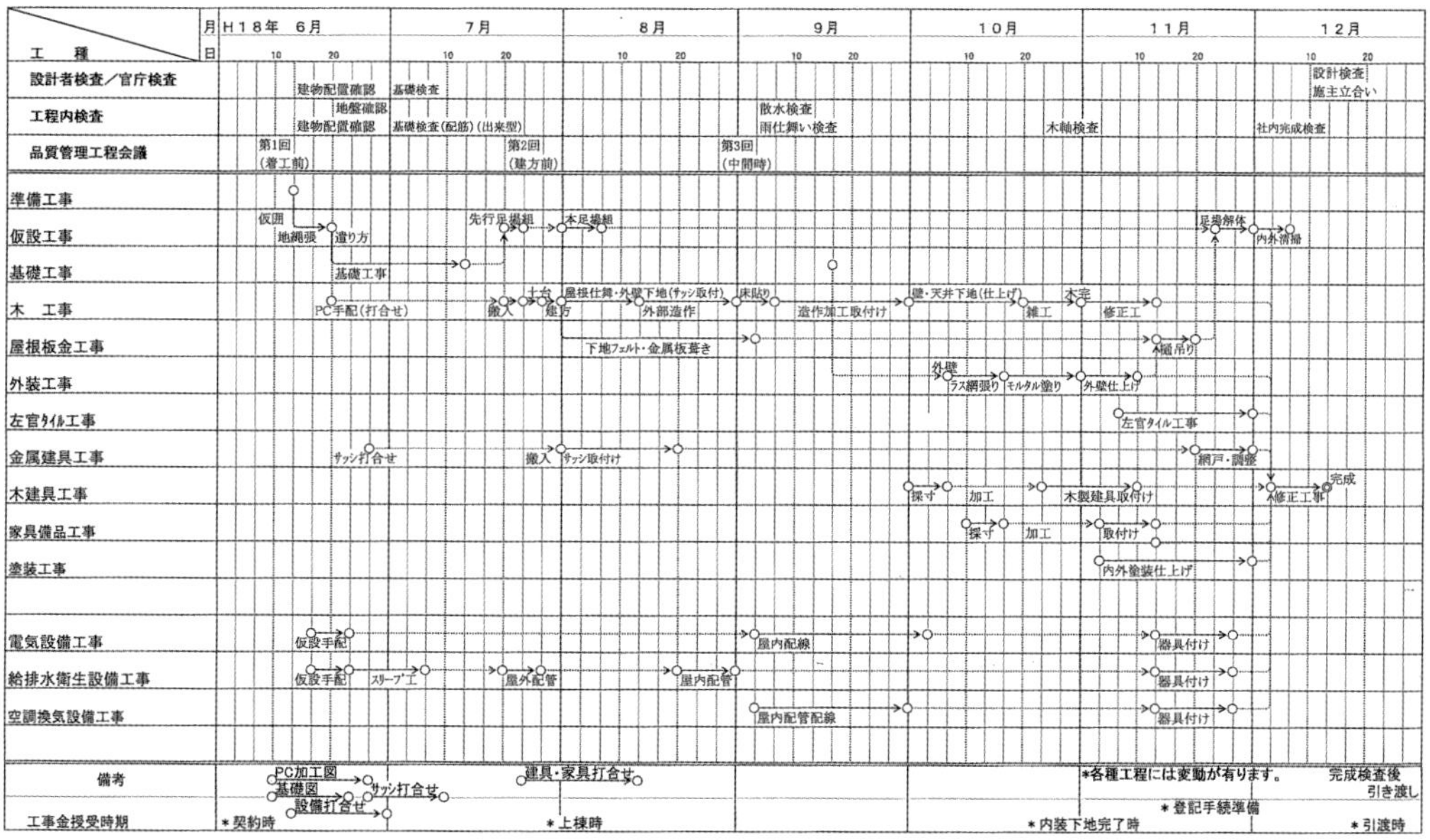

◉ ネットワーク工程表の表現方法

・結合点に入ってくる矢線の作業がすべて完了した後でなければ、次の作業は開始できない。
・1つの結合点から次の結合点へ入る矢線は1本とする。
　1つの結合点から同時に2つ以上の作業が開始される場合は、ダミーを用いる。
・開始の結合点と終了の結合点はそれぞれ1つである。
・サイクルを構成しない。

ネットワーク工程表の長所と短所

長　所

➡ 重点管理作業の把握が容易。
各作業の関連の把握が容易。
労務・資材などの投入時期の把握が容易。
工期短縮の方針を立てやすい。
コンピュータ使用による省力化が容易。

短　所

➡ 作成に手間がかかる。
各作業の進捗状況の把握が困難。

062 工事監理と施工管理

POINT

工事監理は設計業務の一環として行われ、施工管理は施工業者による自社工事の工程や品質管理のために行われる

工事監理

工事監理は設計業務の一環として考えられている。工事監理者（工事監理を行うには建築士の資格が必要であり、通常は設計者が監理者となっている）が、自らの責任において工事を設計図書と照合し、それが設計図書の通りに実施されているかいないかの確認を行う。これは、工事施工者の自主管理を基本姿勢として施工されたものを工事監理者が確認するという業務である。具体的な主な業務内容は、建築士法に以下のように定められている。

①建築士事務所の開設者は、工事監理の委託を受けた時は、工事監理の種類、内容、実施期間、方法、報酬の額などを記載した書面などを建築主に交付しなければならない。

②工事を設計図書と照合し、それが設計図書どおりに実施されているかいないかを確認する。

③工事が設計図書どおりに実施されていないと認められるときはただちに工事施工者に注意を与え、工事施工者がこれに従わないときはその旨を建築主に報告しなければならない。

④工事監理を終了したときには、ただちに、その結果を文書などで建築主に報告しなければならない。

施工管理

施工管理とは、施工業者が施工管理者としての現場監督を中心に、施工の品質確保、工事工程の進捗状況、材料の発注、作業手順の指示、実行予算の策定、専門業者の管理など、工事を円滑に進めるための監督業務をいう。

最近は、建築の欠陥や瑕疵は施工者の請負契約による瑕疵担保責任とは別に、工事監理者である建築士の過失責任が問われる傾向にある。今後、さらに工事監理の社会的役割と責任の自覚が求められるようになるだろう。

工事監理と施工管理

工事監理業務は「監理」(俗に「さらかん」と呼ばれる)であって、「管理」(俗に「たけかん」)と違った業務として定義されている。

◉ 建築基準法上の定義

建築工事監理

建築士法第2条(定義)第6項

工事監理とは、工事監理を行う場合において、工事が設計図書のとおりに実施されているか、確認することをいう。

建築士法第18条(業務執行)第4項

建築士は、工事監理を行う場合において、工事が設計図書のとおりに実施されていないと認めるときは、ただちに工事施工者に注意を与え、工事施工者がこれに従わないときは、その旨を建築主に報告しなければならない。

建築施工管理

建設業法施行令第27条

建築一式工事の実施に当たり、その施工計画および施工図の作成ならびに当該工事の工程管理、品質管理、安全管理など、工事の施工の管理を的確に行うために必要な技術のことをいう。

◉ 監理と管理

監理

設計図書のとおりに作られているかどうか、確認および検査を行う。
設計内容が不明確、不備、不足な点を調整・修正する。

管理

施工者が目的を達成するために立てた自らの計画を実行していく過程での業務をいう。
施工管理を行う現場監督が、建築士の資格をもっていれば工事監理者にすることはできるが、法律の趣旨に照らすと、工事監理者は、施主から委任を受けた施主の代理人として、施主と施工者の間で中立的な立場で業務を行う必要がある。

東京スカイツリー鋼管トラス柱脚部分(施工時)▶
竣　　工：2012年2月29日
設計監理：日建設計
施　　工：大林組
施設概要：展望施設・放送施設
敷地面積：36,844.39㎡
最高高さ：634m
構　　造：鉄骨造　鉄骨鉄筋コンクリート造
　　　　　鉄筋コンクリート造
基　　礎：場所打杭　地中連続壁杭

063 地盤調査

POINT

地盤の正確な性状を確認するために地盤調査を行い、そのデータを元に適切な施工方法の検討を行う

建築着工前の準備として、建築する際に必要な地質性状の把握を目的に地盤調査が行われる。この調査から得られたデータを元に地盤強度の計算を行う。

地質性状

地盤とは人間の活動や生活に直接影響を与える表層地質をいう。その様相は場所によって異なる。土だけの場所、岩だけの場所、切土、盛土、埋土など、目に見えない地下の様相はさまざまである。

新潟地震や阪神淡路大震災では液状化現象が見られた。この現象は、地下水位の高い砂質地盤が地震による震動で液状化する現象をいい、この現象が起きると、地盤は急激に耐力を失う。また、地中の埋設物（下水管など）の浮き上がりや地盤面の沈み込みなどが発生する。斜面などでは地盤が建築を支持するのではなく、圧壊させることもある。斜面の崩壊は土地の経年変化が風化現象と関係しているため、崩壊予兆がつかみにくい。斜面災害を未然に防ぐため、過去の災害記録などを調べることも必要である。

地盤調査

複雑な様相をもつ地質性状を正確に判断するために地盤調査が行われる。また、その調査結果により、基礎杭施工の検討、山留めの検討、水替え方法の検討、基礎、地下の掘削方法の検討などが行われる。

地盤調査手法で一般的に行われているものに、平板載荷試験、標準貫入試験、サウンディング試験、ボーリングなどがある。小規模の木造建築などでも、不同沈下や液状化などの有無を確認するために、規模の大小に関わらず、地盤調査を行う必要がある。

２００９年には住宅瑕疵担保履行法が施行され、新築住宅に地盤調査が義務化されており、地盤についても設計者の責任が重くなっている。

平板載荷試験

地盤の平板載荷試験では、試験地盤面に対して剛性の強い載荷板(円形で直径は30cm)を設置して、段階的に荷重を載荷し、そのときの載荷荷重と地盤の沈下量から、地盤の極限支持力や地盤反力係数などを求める。

荷重を載荷する際には、反力荷重が必要となる。反力荷重としては、現場の状況に応じて、砂利、鉄筋、鉄板、バックホウ加重などを用いる。

構造物の設計荷重確認を目的とする場合、試験最大荷重は設計荷重の3倍以上に設定する。

載荷方法には、段階式載荷(1サイクル)と段階式繰り返し載荷(多サイクル式)があり、目的に応じて載荷方法の選択を行う。

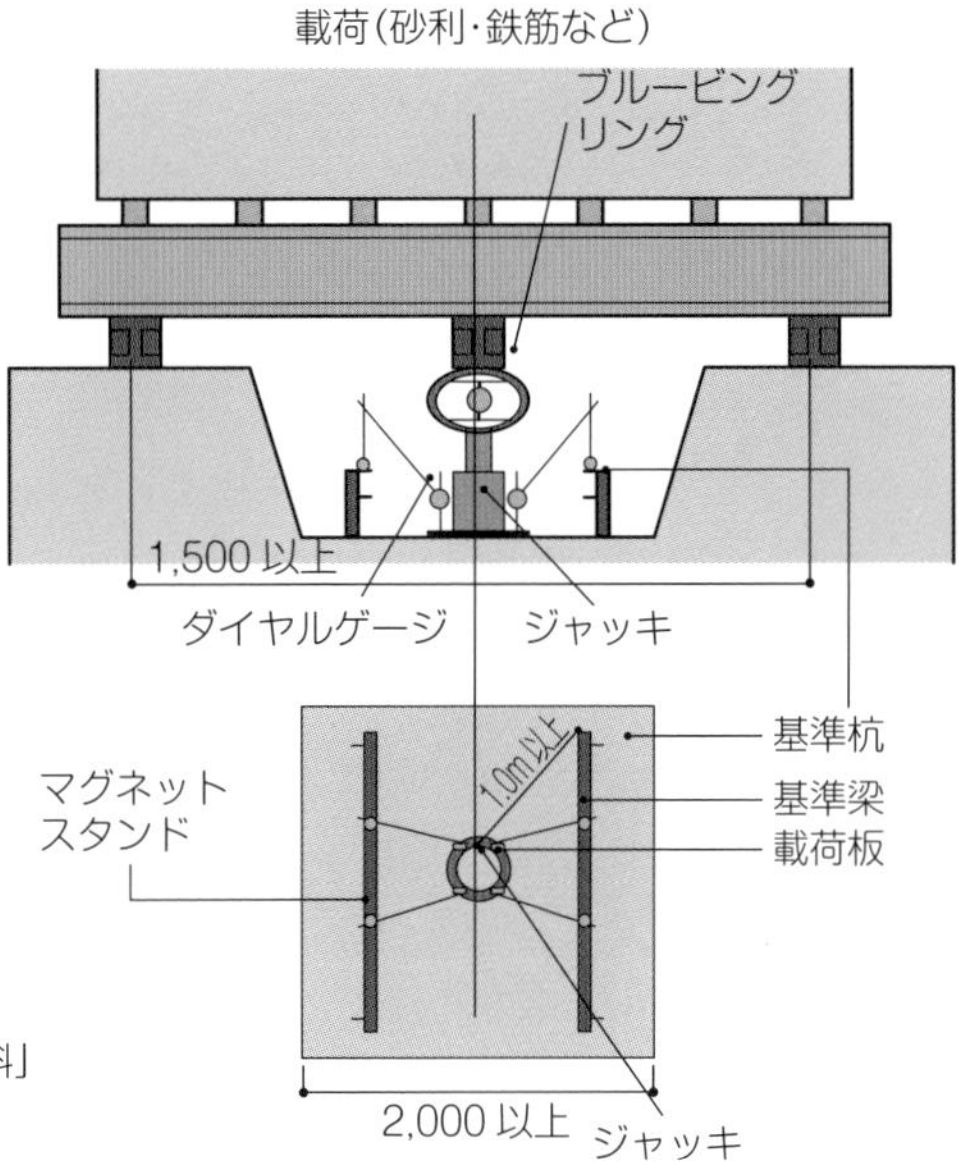

図：「世界で一番やさしい建築材料」

スウェーデン式サウンディング試験(SWS試験)

スウェーデン式サウンディング試験は、スウェーデン国有鉄道が1917年頃に不良路盤の実態調査として採用し、その後、スカンジナビア(ノルウェー、フィンランドなど)諸国で広く普及した調査を、1954年頃、日本の建設省(現、国土交通省)が堤防の地盤調査として導入したのが始まりである。1976年にはJIS規格に制定され、現在では戸建住宅向けの地盤調査のほとんどが本試験によって実施されている計測方法である。

試験方法は、スクリューポイントを取り付けたロッドの頭部に1kN (100kgのおもりの重さに相当) まで荷重を加え、ロッドの地中貫入量を計測する。貫入が止まった後、ハンドルに回転を加え、直線距離で25cmねじ込むのに必要な回転数を測定する。その結果を基に地盤強度の判定を行う仕組みである。

最近では、手動によるねじこみ回転ではなく、機械による測定が行われている(下写真右)。

▲ 手動ねじ込み測定

▲ 機械測定

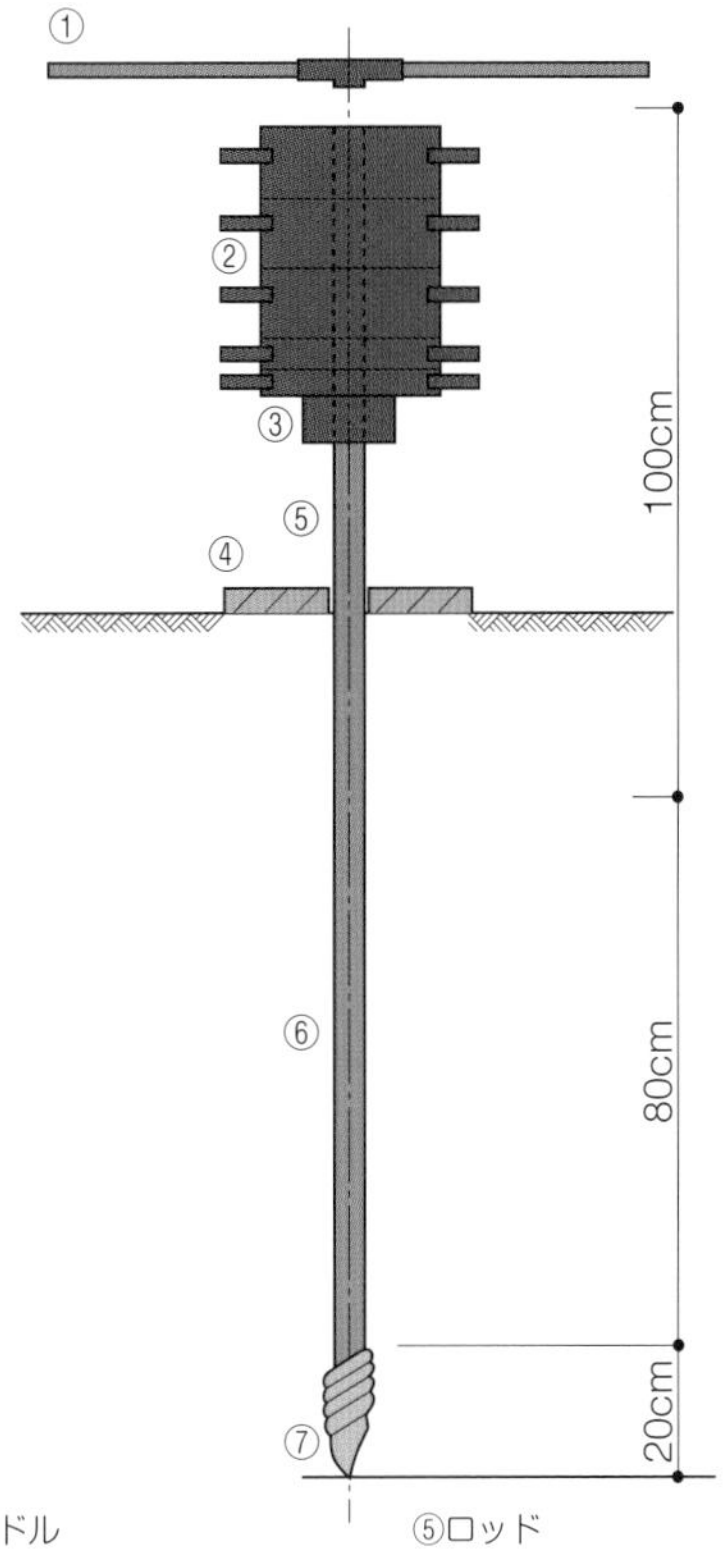

①ハンドル
②おもり (10kg×2、25kg×3)
③載荷用クランプ (5kg)
④底板
⑤ロッド
(φ19mm、L=1,000mm)
⑥スクリューポイント用ロッド
(φ19mm、L=800mm)
⑦スクリューポイント

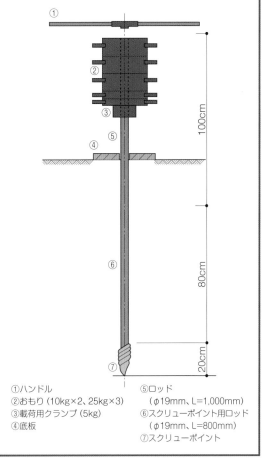

064 地盤改良工法

POINT

軟弱地盤の改良工法の選択は、構造上の安全性などを踏まえて総合的に判断する

　地盤改良とは、地盤調査などにより軟弱地盤と判定された土地に対し、地盤の改良を行うことである。

　この地盤改良の方法には、強制圧密、土の締め固め、固結、置換などの処理がある。

強制圧密工法

　飽和した粘土やシルトからなる軟弱圧密地盤に対し、強制的に間隙水を排除して圧密沈下を促進させる工法である。強制圧密工法は、載荷重工法とバーチカルドレーン工法に分類される。

締め固め工法

　砂杭を地中に造成したり、振動や衝撃など、物理的、機械的な力を加え、密度を大きくする工法である。

　土の密度を大きくすることにより、地盤の支持力や耐剪断力を増大させ、地盤を強固に改良できる。締め固め工法には、バイブロフローテーション工法、砂圧入工法、砂利圧入工法などがある。

固結工法

　土壌にセメント硬化剤を投入、撹拌し、化学的硬化促進を図る工法である。粘性土・砂質土地盤に対し、支持力の増大、沈下の抑制、液状化の防止効果がある。表層改良（浅層改良）と深層改良（柱状改良）の2種類がある。

　表層改良は、軟弱地盤層が地表から２ｍ以内の場合に基礎底盤部分の土壌改良を行い地盤強度を上げる。注意点は、腐植土層ではセメントとの化合が行われないことや、地下水が多量に湧き出る場合は硬化剤の反応に影響を及ぼすため、工法の検討が必要になることである。深層改良は軟弱地盤が２ｍ以上８ｍ以下の場合に用いられる。地盤を掘削し、柱状に凝固剤を埋めてコンクリート状の柱を作る工法をいう。

置換工法

　軟弱層の一部分もしくは全部を、良質な土、ソイルセメント、コンクリートなどに置換する工法をいう。

バーチカルドレーン工法による改良地盤

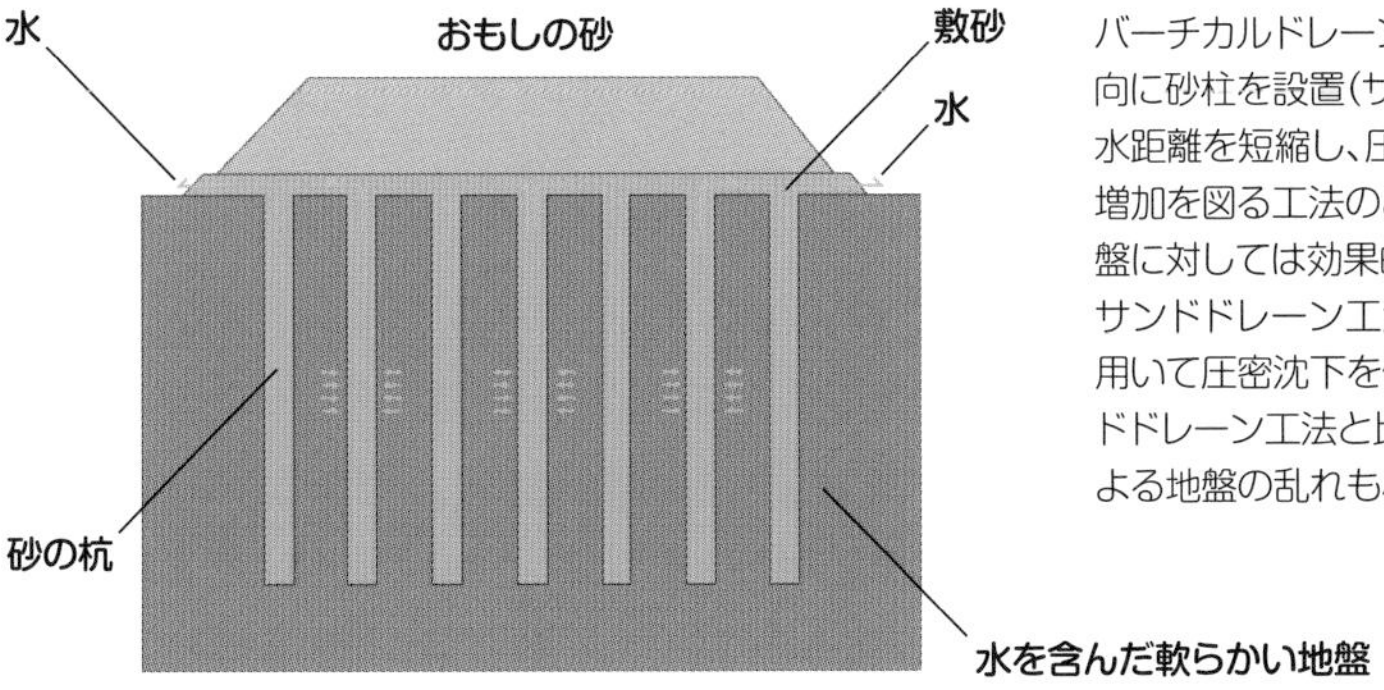

バーチカルドレーン工法とは、地盤中に適当な間隔で鉛直方向に砂柱を設置（サンドドレーン工法）し、水平方向の圧密排水距離を短縮し、圧密沈下を促進することによって地盤強度増加を図る工法のことである。層厚の大きい均質な粘土質地盤に対しては効果的な方法になる。
サンドドレーン工法の砂柱の替わりにドレーンペーパーを用いて圧密沈下を促進させるペーパードレーン工法は、サンドドレーン工法と比較して、施工管理が容易で、打ち込みによる地盤の乱れも小さいというメリットがある。

表層改良工法

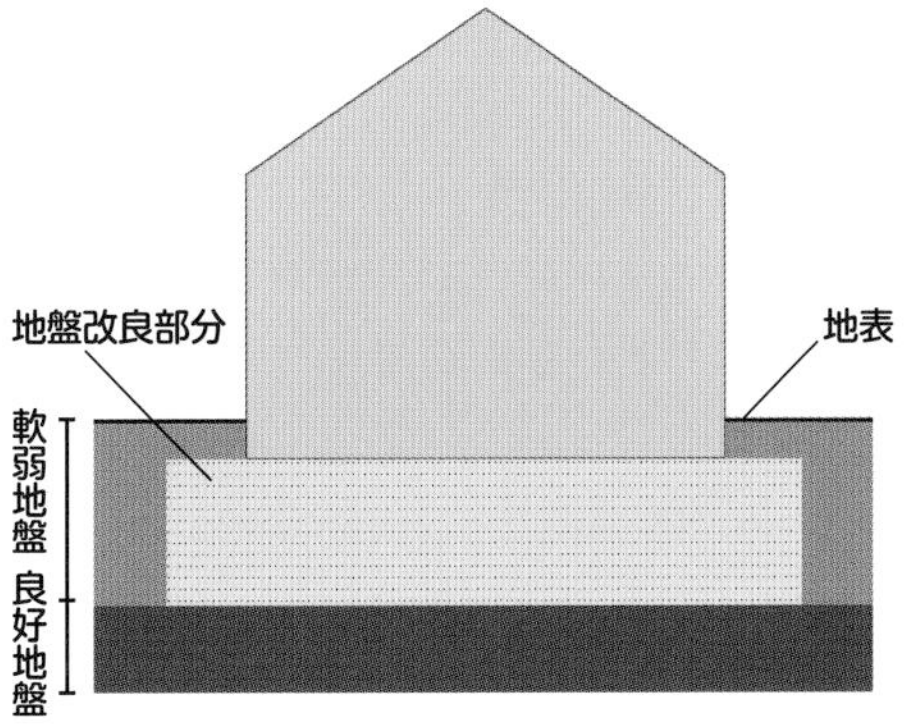

表層改良工法とは、セメント系固化材を軟弱地盤に散布して、原地盤の土と混合、撹拌、転圧を行い、版状の固結体を作る工法のことである。
軟弱層が地表から2m以内に分布している場合に適用する。改良深度内に水位があって混合撹拌が困難な場合や、改良範囲が隣地または道路際まであり、境界ブロック、隣家、道路などに影響が懸念される場合は適用しない。
工期は、通常1日から2日で、原地盤を改良するため、発生土は少なくてすむ。

深層（柱状）地盤改良工法

軟弱地盤が2m以上8m以下程度の場合に用いられる工法である。

セメント系固化材（粉体）を水と混ぜてスラリー状にし、地盤に低圧ポンプを使って注入を行い、撹拌翼によって改良対象土と混合撹拌することによって化学的に固化させ、ソイルセメントコラムを成柱する。これを深層地盤改良工法という。

機械撹拌工法であるため、他の工法に比較して、振動や騒音の周辺への影響が小さい。

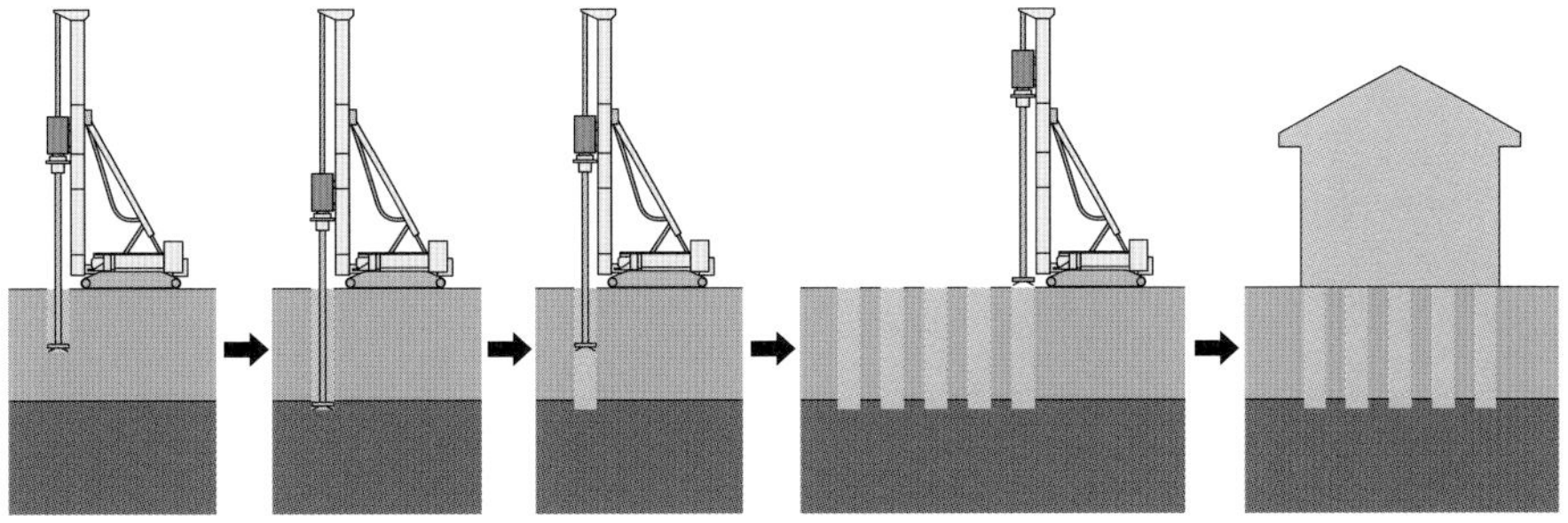

065 基礎工事

POINT

地盤の特性について詳細に分析し、適正な基礎工事の選択を行う

基礎は、建築の構造や支持方式などにより、以下のように分類される。

直接基礎

この工法は、建築の床面全体をコンクリートのスラブ全体で支持するベタ基礎と、上部構造の荷重をある広がりをもった帯状の底部で受けるフーチング基礎の2種類に分けられる。いずれも木造建築では一般的に行われている工法である。

杭基礎

軟弱地盤での建築において、浅い基礎では支えることが難しい場合に用いられる工法である。地盤への応力伝達方法に、支持地盤まで杭を直接到達させる支持杭、杭周面の摩擦力によって支持する摩擦杭に分けられる。

杭には、あらかじめ工場で作られる既製杭と、現場で作る場所打ち杭がある。いずれの杭工法を選択するかは、現場や周辺を含めた地質性状や、構造物の特性により判断する。

ケーソン基礎

ケーソン（caisson＝潜函）とは、巨大な箱型の塊をコンクリートや鋼で作って現場へ運び、土砂を掘削しながら自重、積荷重、アンカーなどの反力によって支持層まで沈下させ、設置する工法である。

上下（頂と底）に蓋のない筒構造ケーソンを、通常の大気圧で筒内を掘削しながら沈下させ、頂版・底版コンクリートを施工するオープンケーソンと、底部に掘削作業室を設け、地下水圧に相当する圧縮空気を送り、圧気によって水や泥の流入を防止して掘削作業を行うニューマチックケーソンなどがある。

特殊基礎

構造的に基礎が複合しているなどの特殊な事例として、ケーソンと杭の複合である脚付ケーソン基礎、橋梁の基礎に用いられる多柱基礎、鋼管矢板井筒基礎などがある。

直接基礎（木造ベタ基礎）

◀ 根切り・割栗石入れ
掘削を行い、砕石（比較的地盤が良好のため砕石を使用）を敷き詰め、ランマーで転圧を行う。

◀ 鉄筋の組み立て

◀ コンクリート基礎の仕上がり
基礎立ち上がりから長く突き出ている部材はアンカーボルト。

杭基礎（RC杭）

杭形状の測定およびキャップ確認 ▶

杭建て込み状況 ▶

杭圧入完了状況 ▶

066 鉄筋コンクリート工事

POINT

各工程の中での承認や現場での立ち会い、施工後の入念な確認作業を行う

鉄筋コンクリート工事は、主に鉄筋の組み立て（鉄筋工事）、型枠の建て込み（型枠工事）、コンクリートの打設（コンクリート工事）などの工程がある。これらの工事に並行して、設備の配管やスリーブ（コンクリートの壁、床、梁などにあらかじめ貫通させる穴を作るために埋め込んでおく筒状の金属管）の設置計画も、コンクリート打設後に穴を開け直すことのないよう、注意が必要である。

鉄筋工事

鉄筋工事は、コンクリート工事とともに構造体を構築するための重要な工事である。鉄筋の配筋に際して、鉄筋のかぶり厚さ（コンクリート表面から鉄筋表面までの最短寸法）、重ね継手の長さ、定着長さなどのチェック、そして、配筋終了時にはコンクリートの打設前に配筋検査を行い、是正指導があればすみやかに修正を行わなければならない。

型枠工事

型枠は躯体を形成するための鋳型である。建物の完成時には残らない仮設物であるが、躯体工事費の割合では、40～45％を占める。経済合理性などの観点から型枠の適正な転用計画を考える必要がある。また、躯体型枠の精度を上げることも、仕上工事の経済性を高めることにつながる。

コンクリートは、セメント、骨材、水を用いて作られるが、セメントは水と反応し、硬化する。コンクリートの打設計画には、打継でコールドジョイント（打ち重ねに時間間隔が開きすぎた場合に発生する不連続な打ち継ぎ目）が発生しないよう、工場からの運搬時間なども考慮に入れなければならない。

また、型枠の清掃、コンクリートの品質、施工状況、養生方法の確認、テストピース採取の確認、型枠解体後の仕上がりのチェックなどを行う。

鉄筋工事

鉄筋の搬入時にはミルシート(鋼材検査証明書)の確認を行う。かぶり厚さ、配筋間隔、設備配管や開口部などの開口補強、鉄筋の定着長さを確認する。

▲ スラブ配筋

▲ 壁配筋

型枠工事

型枠工事は、躯体コンクリートの精度に大きく影響を与えるため、直接コンクリートに接する「せき板」のパネル割り、目違いが起きないよう、入念な下地作りなどに留意する。

コンクリート打設

躯体形状に応じた打設計画を立て、打設を行う。

▼ 受け入れ検査

コンクリート打設当日に行う受入れ検査では、コンクリートスランプ、フロー値、空気量、コンクリート温度、塩化物の検査を行う。(コンクリート→034)

067 木工事

POINT

構造に求められる特性に応じた木材の種類を選択し、構造計画を考える

木工事とは、一般的に木材の加工を含め、木造の躯体を構成する軸組（在来軸組工法の他、枠組壁工法、木質系プレハブ工法、丸太組工法、大規模木質工法など）、床組、小屋組、造作工事などを指す。

ここでは、在来軸組工法の木工事について概略を解説する。

土台

木造建築の骨組みの最下部に位置するため、地盤面に近く、湿気の影響を受けやすい。外壁などから漏水があると、白蟻などを寄せ付けやすくなる。また、上部構造の荷重を受けるため、堅く丈夫で腐食しにくい材を選択する必要がある。一般にはツガ材が使われ薬剤による防蟻処理が行われるが、ヒノキやヒバのように腐りにくい材を用いるのが好ましい。

柱・梁

無垢材の場合、製材された柱が丸太に見られるような芯をもつ物を「芯持ち材」と呼び、芯を含まない材を「芯去り材」と呼ぶ。構造強度は芯持ち材の方が強い。また白蟻による食害も比較的少ない。梁に用いる材は上部の荷重を受けるため、曲げ応力に強い樹種（米マツなど）を選択する。

構造用集成材の柱や梁も最近では多く目にするようになった。集成材の強度は無垢材の1.5倍あるとされる。また狂いが少ないなど安定性がある。大きな空間には構造用集成材などが適する。

小屋組・床組

小屋組とは屋根の骨組みをいい、床組は床の骨組みをいう。これらにも曲げに強い米マツが適する。

木は、鉄などの工業製品とは違い、樹種、生育地、木取り方法、伐採年齢などにより強度は変わる。木造の構造は、一見、他の工法と比べると容易であるように見えるが、実は木の特性を正しく理解することがかなり難しい工法でもある。

木工事

柱(はしら)
建物の重さや力を支える垂直に立てる部材の総称。

梁(はり)
上からの重さや力を柱や基礎に伝達するために、水平に組む部材の総称。胴差(どうさし)、軒(のき)、桁(けた)、床梁(ゆかばり)・大引(おおびき)などがある。

通し柱(とおしばしら)
1階から2階の上まで1本の木を使った柱。

管柱(くだはしら)
各階に立てる正方形の柱。

間柱(まばしら)
管柱の間に入れる下地用の柱で、管柱の寸法の1/3～1/2の幅のもの。

小屋束(こやづか)
屋根の梁や母屋を支える柱。

土台(どだい)
基礎と建物を繋ぐ水平材。

母屋(もや)
小屋組の中の水平材。

大引(おおびき)
床を支える梁。

根太(ねだ)
床下地の直前の水平材。床の重さを大引きや床梁に伝える役割をもつ。

名称	使用部位	特　徴　と　用　途
ヒノキ	土台、柱	強度が強く耐久性が高いので土台や柱に使用
ヒバ	土台	ヒノキ以外では耐久性が高いので土台に多く使用
スギ	柱	柔らかいが、強度および耐久性はヒノキより劣る。構造材、仕上材に使用
米ツガ	土台、柱	耐久性は低いが、柔らかく加工しやすく安価なため、住宅用建材として多く使用
米マツ	梁	曲げ応力に強いので梁に使用

▼ 軸組模型：1/50

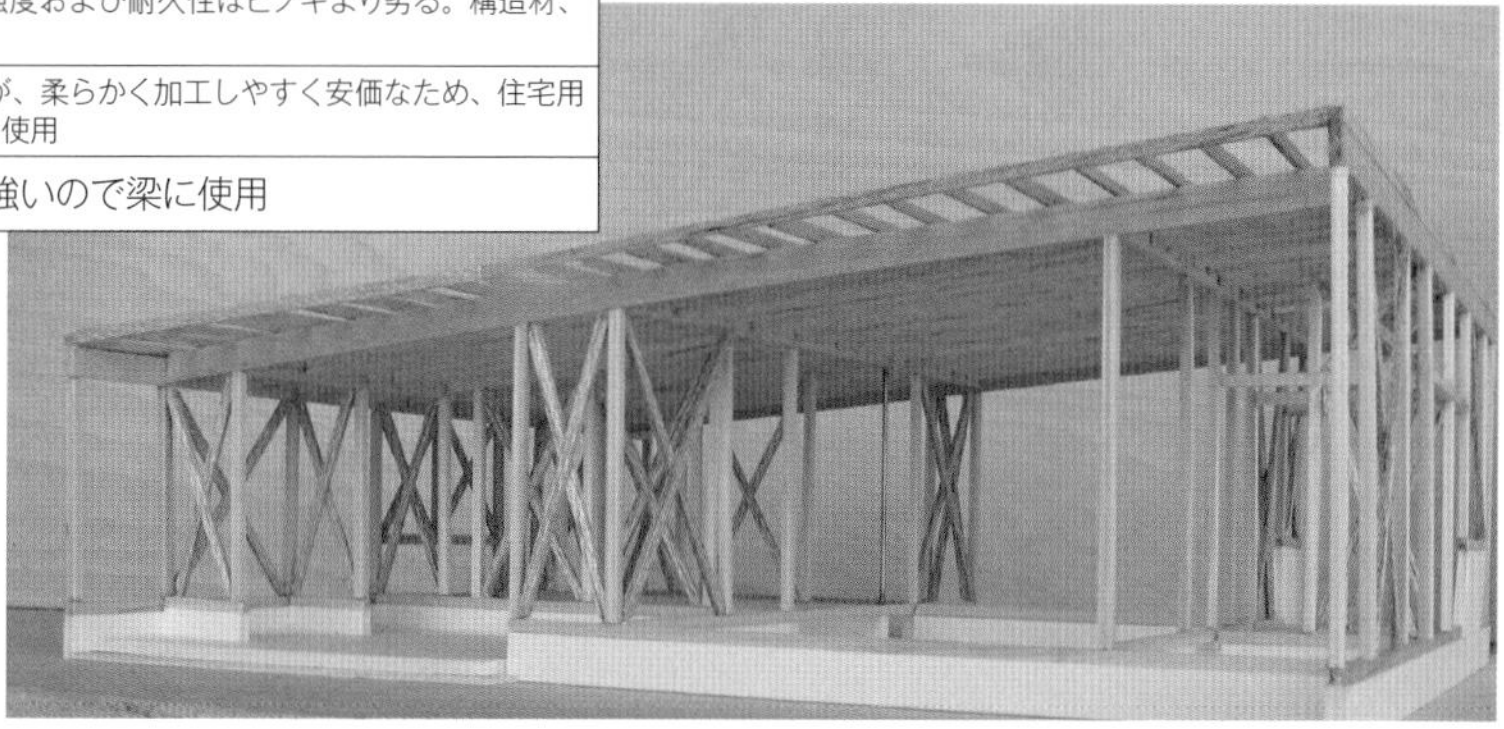

068 鉄骨工事

POINT

鉄骨工事は、現場での接合精度の善し悪しにより、建築全体の品質に大きな影響を与える

鉄骨工事は、鉄骨製作業者によって加工工場で加工された部材を、現場に運んで組み立てられる。

鉄骨工事施工者は、設計図書で指定されている内容について、質疑などを通じて詳細な確認を行い、鉄骨工事製作要領書をまとめる。

加工工場は、設計図書に基づき工作図の作成を行う。

工事監理者は、その工作図を基に、施工者や監理者と打ち合わせ、鉄骨との取り合いなどすべて確認した後、工作図の承認をする。

工作図承認の後、現場で原寸図を作成し、納まりの詳細な確認を行う。

鉄骨製作では、組み立て検査として、開先切断面などの加工状況の検査、製品検査を経て、錆止め塗装に廻され、現場に搬入される。

鉄骨の建方時には建入れ精度検査を行う。検査終了後、高力ボルト締め、現場溶接へと進行する。

鉄骨工事は現場での接合精度の善し悪しが建築全体の品質に大きく影響する。接合の種類は、高力ボルト接合、普通ボルト接合、溶接などがある。

高力ボルト接合

接合方法には、摩擦、支圧、引張の3種類があるが、現在最も普及している方法は摩擦接合（接合部材の接触面に接触圧を与えて摩擦力により応力を伝達させる接合法）である。

摩擦面には錆止めなどの塗装は行わない。接合面に不具合が発生した場合はディスクサンダーなどで除去する。

普通ボルト接合

この接合法は、長い間にボルトがゆるむなどの不安定要素があるため、構造規模の制約がある。

溶接

溶接順序は部材の組み立てが容易に行えるようにし、接合の溶接部の検査は目視や超音波探傷検査によって行う。

高力ボルト継手の接合種類

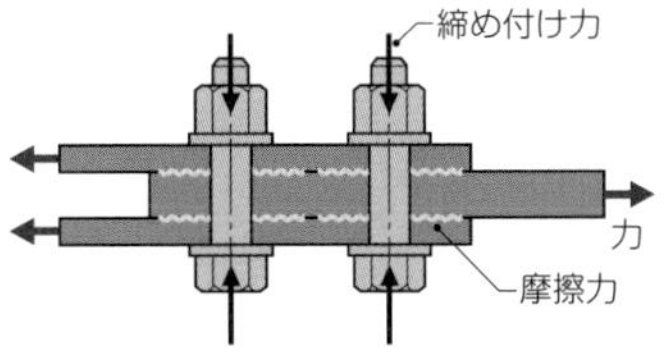

◉ 摩擦接合

高張力鋼を使用したボルトで継手部の鋼材片を締め付け、材片間の摩擦力によって荷重を伝達させる接合方法のこと。

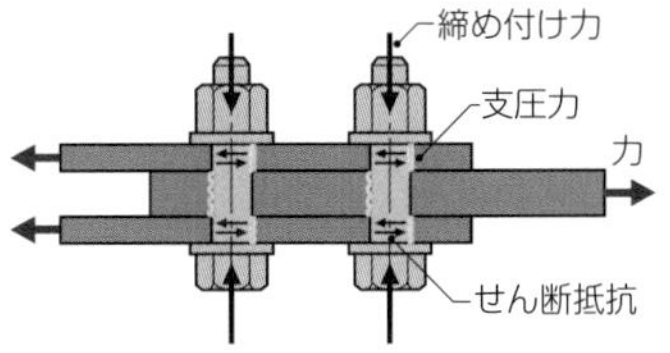

◉ 支圧接合

継手材間の摩擦力、ボルト軸部の剪断抵抗、ボルト軸部とボルト孔壁の支圧によって抵抗させる接合方法のこと。

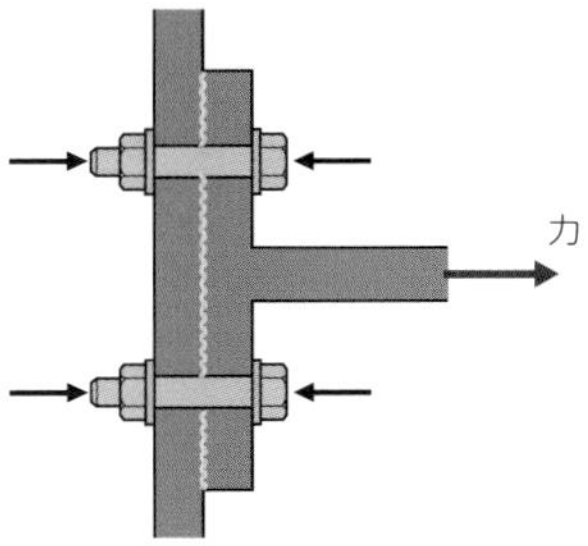

◉ 引張接合

大きな材間圧縮力を打ち消し合う形でボルトの軸方向の応力を伝達する接合方法のこと。柱と梁の接合部に用いられるスプリットティ接合や、エンドプレート接合、鋼管と鋼管をつなぐフランジ継手に代表される接合に用いられる。

高力ボルトと普通ボルト

高力ボルトとは高張力の鋼で作られた強度の高いボルトのことをいい、主に橋梁や鉄骨建築物、構造物に用いられる。

普通ボルトは、ゆるみや滑りが生じやすく、構造体の変形が大きくなるため、構造上の評価は「リベットまたは高力ボルト」「溶接」よりも低く設定されている。

建築基準法施行令第67条では、「軒高9m以下かつ梁間13m以下で、延べ面積が3000㎡以下の建築物」の範囲内の鉄骨造では、構造耐力上の主要な部分に普通ボルトの使用が認められている。

鋼材の特性

鋼材は、製造工程上、品質が常に均一ということはあり得ない。製造過程で発生する物性上のむらや、冷えて固まる際の残留応力などが内在しているからである。

鋼材に熱を加えると、鋼材内部のひずみが表に出て、捻れや歪みを強く発生させることがある。熟練工はその特性を熟知しており、あらかじめ捻れの発生を想定しながら溶接を行っている。

溶接作業と天候

溶接作業は、降雨中、降雪中は行わない。また、降雨後、降雪後に溶接を行う場合は、開先部をガスバーナーなどにより乾燥させてから開始する。

気温が0℃以下の場合は、原則として作業を行わない。ただし、0℃以下の場合でも、溶接作業に支障のないことが確認され、かつ所定の予熱温度が確保される場合は、係員と協議のうえ、溶接を行うことがある。

湿度が90%を超える場合は、原則として作業を行わない。

夕立などの急激な降雨により、やむを得ず溶接を途中で中止する必要が生じた場合は、溶接が板厚の1/2以下の場合は溶接部に雨がかからないような処置を行い溶接を継続する。

また、1溶接線の途中で止めずに溶接線全長にわたって完了させる。溶接中断後は、雨水で溶接部が急冷しないように注意する。

069 左官工事

POINT

左官工事は気温、湿度、風などに左右されるため、天候に対しての留意が必要である

左官工事とは、モルタル塗り、プラスター塗り、人造石塗り、漆喰塗りなどの左官が行う工事をいう。

モルタル塗り

モルタル塗りは、石材やタイルなどの接着材としての役割や、モルタル自身を仕上げとするものまで、さまざまな施工に使われる。モルタルは気温が低いと強度が発現しないので、施工は室温で5℃以上を目安し、2℃以下では作業しない。また、風が強い場合や急速に乾燥するような直射日光が差すなどの条件下での施工も避ける。

プラスター塗り

プラスターとは鉱物質の粉末と水を練り合わせたもので、石膏を主材とした石膏プラスターと白雲母を焼いて水和醸成させたドロマイトプラスターがある。

人造石塗り

大理石などの砕石（種石）とセメントや顔料を調合して塗り込み、洗い出し、研ぎ出し、小叩きなどで仕上げ、自然石のように見せる工法である。

漆喰塗り

漆喰（→035）は、日本では古来より土壁とともに一般的に使用されていた左官材料である。消石灰、海藻糊、植物繊維などと混合して作る。

漆喰塗りのような湿式の左官工事は特に天候などに左右され、乾燥や硬化にも時間がかかる（急速な乾燥は収縮クラックの原因となる）ので、比較的工期を要すること、乾式工法と比べて工費が高いこともあり敬遠されてきたが、最近は自然素材への関心から、壁仕上に漆喰や珪藻土などの自然素材を選択する事例が増えてきている。

左官は人の手の触感が伝わる味わい深い仕上げであり、その魅力が再認識されてきた。しかし、現場での作業比率が高く、仕事がきついというイメージが強い。結果、職人のなり手が少なく、後継者問題は深刻な状況にある。

左官工事の起源

左官工事の起源は縄文時代にまで遡る。

土は最も手に入りやすく、土を生のまま団子状に丸めて積み上げ土塀を作ったのが左官工事の始まりとされる。

飛鳥時代に入り、石灰を使うことで仕上げの色を白くする技術が開発され、左官工事として本格的に始まる。

安土桃山時代には、砂や繊維を混ぜてさまざまな表現が可能となり、茶室などに色土が使われるようになる。

江戸時代になると、漆喰仕上げが開発され、建物の耐火性が向上する。江戸幕府は、度重なる大火を防ぐため、瓦屋根とともに漆喰の土蔵壁を奨励した。また、漆喰彫刻というレリーフ状の装飾も行われるようになった。

◀ **なまこ壁**
なまこ壁は、風雨に強く、防火の面からも土壁や塗り家造りの外壁の腰まわりなどに用いられた。平瓦を竹くぎで止め、継ぎ目(めじ)を漆喰で盛り上げて塗り、「四半目地」、「芋目地」、「馬乗目地」等のデザインがある。なまこ壁の名は、蒲鉾形に盛り上げた漆喰の断面が、海にいるなまこに似ていることに由来する。

写真(左、右):伊豆の長八美術館

小舞竹組土壁工法

竹を編んで土を塗る昔ながらの工法である小舞竹とは、土壁塗の下地に使う細かく割った竹をいう。この小舞竹を縦、横に交差するように組んでいく工法である。

小舞竹と小舞竹の交差する部分を藁(わら)や棕櫚縄(しゅろなわ)で巻き結び、粘土と藁スサを混ぜたものを粗壁に上塗りする。


小舞竹組土壁の特徴と効果には、壁体の蓄熱作用、調湿作用、防火作用、防音効果がある。

070 内装工事と造作工事

POINT

内装工事では、特にシックハウスに対する配慮が必要となる

内装工事

内装工事は、躯体工事の完了後、床や壁、天井などの下地から仕上げまでを行う工事である。

この工事では、水道の配管工事、電気の配線、照明器具や空調設備との取り合いなど、設備工事との絡みが多く発生する。現場では設備業者との十分な調整を行う必要がある。また、特に留意すべき点は、火気使用室での仕上材の制限やシックハウスに対する配慮である。建築の気密性向上に伴い、シックハウス症候群を発生する事例が増加したことから、その原因物質の低減策として、２００３年の建築基準法改正で具体的な対策が法令化された。これに伴いＪＩＳ（日本工業規格）とＪＡＳ（日本農林規格）の規格変更が行われ、使用する建材の制約や室内の機械換気に対する技術基準が作られた。シックハウスの原因化学物質といわれるホルムアルデヒドの発散が最も少ない建材には「Ｆ☆☆☆☆」（通称Ｆ４）として表示されている。この建材は使用面積の制限を受けない。

造作工事

木工事における床や壁、天井などの仕上工事を総称して造作工事という。

この工事に使用する材で無垢の材（下地材には狂いの少ない集成材が使われる例が多い）を用いる場合、木材の木取りを見て、用いる場所に対して適正かどうかの判断が必要である。木取りでは柾目（まさめ）、板目（いため）、杢目（もくめ）などができる。柾目は年輪に直角に近い角度に挽いて取る材をいい、割れやよじれなどが少なく上材として用途が高い。板目は年輪に対して平行に近い角度で挽いて取る材をいい、伸縮による狂いが大きく、割れやすい。杢目は樹根に近い部分や不規則な生成など、大木などから取られた複雑な模様の木目をいい、和室天井の板張りなどに用いられる。

木目

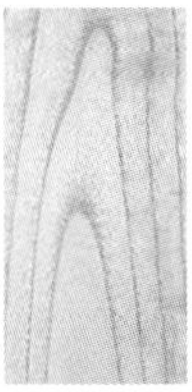

板目

◉ 板目（いため）

丸太の中心からずれて挽くと、年輪が平行ではない山形やたけのこ形の木目が現れる。この切断面の木目を板目という。

板目は、木目の特性から、床の間の床板などに用いられる。

柾目

◉ 柾目（まさめ）

丸太の中心に向かって挽いたときに、材木の表面に規則性のある平行線が現れる。この切断面の木目を柾目という。

柱など構造材に用いられる角材には4つの面がすべて柾目になっている「四方柾」、または、2つの面が柾目になっている「二方柾」が用いられる。

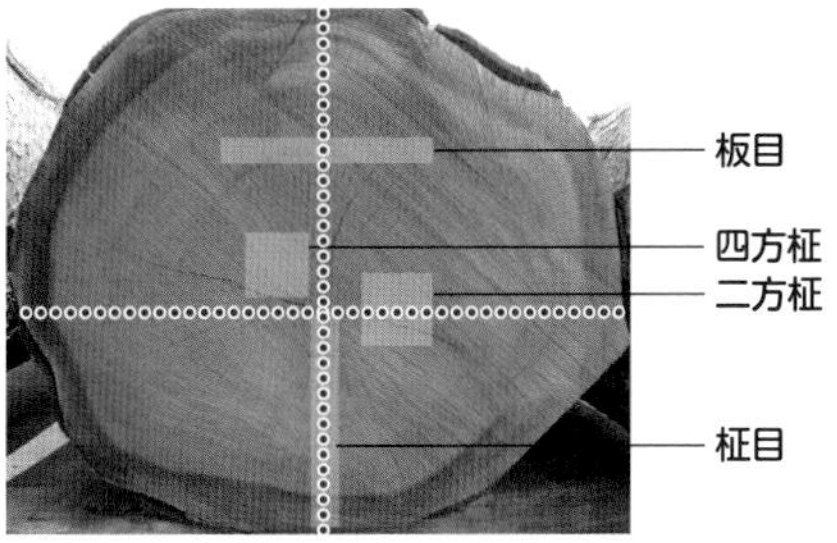

シックハウス症候群

シックハウス症候群とは、住居内で起こる、室内空気汚染に由来する倦怠感、めまい、頭痛、湿疹、のどの痛み、呼吸器疾患などの健康障害を総称したものである。単一の疾患を指すわけではなく、体調不良を指す場合が多い。

室内空気汚染源の1つとしては、建材、家具、壁紙、塗料、合板、接着剤などに含まれる揮発性化学物質（ホルムアルデヒドなど）とされている。また、近年の住宅が高気密、高断熱仕様の傾向となっていることから、揮発性化学物質が外に排出されにくくなったことも原因であるといわれている。

▼ ホルムアルデヒドに関する内装仕上の制限

ホルムアルデヒドの発散速度（注1）	告示で定める建築材料		大臣認定を受けた建築材料	内装仕上げの制限
	名称	対応する規格		
0.12mg/m²h超	第1種ホルムアルデヒド発散建築材料	JIS・JASの旧E_2、Fc_2相当、無等級		使用禁止
0.02mg/m²h超 0.12mg/m²h以下	第2種ホルムアルデヒド発散建築材料	JIS・JASのF☆☆	第20条の5第2項の認定（第2種ホルムアルデヒド発散建築材料とみなす）	使用面積を制限
0.005mg/m²h超 0.02mg/m²h以下	第3種ホルムアルデヒド発散建築材料	JIS・JASのF☆☆☆	第20条の5第3項の認定（第3種ホルムアルデヒド発散建築材料とみなす）	
0.005mg/m²h以下		JIS・JASのF☆☆☆☆	第20条の5第4項の認定	制限なし

（注1）測定条件：温度28℃、相対湿度50%、ホルムアルデヒド濃度0.1mg/m³（＝指針値）。
（注2）建築物の部分に使用して5年経過したものについては制限なし。

071 防水工事

POINT

防水工事の選択は、構造や下地の性質などにより判断を行う

防水工事とは、屋根、壁、床などに不透水の皮膜を設けて防水層を作り出す工事をいう。防水工事の工法の種類には、膜による防水工法（メンブレン防水として、アスファルト、シート、塗膜の3種）、ステンレスシート防水工法、モルタル防水工法などがある。

アスファルト防水

一般的に広く用いられており、百年以上の歴史を誇る工法でもある。

溶融したアスファルトを合成繊維不織布に含浸・コーティングしたシート状のルーフィングを張り重ねて防水層を形成させる熱工法、改質アスファルトをトーチバーナーで溶着施工させるトーチ工法がある。

また、施工に際して、下地に密着させる密着工法と、防水層の破断発生を防止するために接着部を限定させた絶縁工法がある。

シート防水

シート状に加工された合成ゴムや塩化ビニル・ポリエチレンなどの防水シートを下地に接着させ防水層を作る。単層防水であるため施工が容易で、工期の短縮が図れる。

塗膜防水

液状の防水剤の塗付や吹き付けで防水皮膜を形成する。液状なので、狭い場所や複雑な形状でも施工が容易である。ただし、下地との密着性が高いため、下地の挙動の影響を受ける。

ステンレスシート防水

1980年頃から日本で採用され始めた比較的新しい防水工法である。

一定幅のステンレス薄板を現場で溶接し、水密な防水層を形成する。施工時の設計に際しては、熱伸縮挙動を考慮する必要がある。

モルタル防水

防水剤を混和させたモルタルを用いて防水層を形成させる。

比較的小規模でクラックの発生しにくい箇所に適する。

アスファルト防水

◉ トーチ工法（写真）

トーチ工法は、建築物の屋上や地下外壁に施される防水層をトーチバーナーによる溶着施工で形成する工法である。

防水層を形成する材料には、合成繊維の不織布などを基材として、両面に改質アスファルトをコーティングした2.5～4mm程度のシートを使用する。

◉ 冷工法

冷工法は、ゴムアスファルト粘着層をコーティングした改質アスファルトシートを張り重ね、積層としていく工法である。下地に対して軟接着の状態となるため、下地亀裂追従性に優れる。

◉ 熱工法

熱工法は、アスファルトルーフィングやストレッチルーフィングを溶融した防水工事用アスファルトで張り重ねながら施工する工法である。

シート防水（シート材の種類）

◉ ゴムシート防水

ゴムには弾性があるため、伸縮性に富むシートである。

この特性により、動きが生じやすい鉄骨構造のALCによる屋根面の防水に適する。また、EPDMゴムは耐候性に優れる。

◉ 塩化ビニルシート防水

シート相互の接合が溶着（溶剤によりシート接合面を溶かし接合させる）や熱による融着が可能で、施工性に優れる。

機械的固定方法では、躯体挙動の影響を受けにくい。

◉ 断熱シート防水（写真）

防水層の上もしくは下に断熱材を設置する仕様のことをいう。

断熱材により、夏の炎天下での温度上昇を低減でき、室内環境を良くする効果がある。このシート防水は簡易であるため一般的に広く用いられているが、改質アスファルトシート工法や、熱アスファルト工法、ウレタン塗膜工法などに適用できるものもある。

断熱シート防水施工例

072 屋根工事

POINT

屋根は過酷な気象に長く耐える使命を負わされているので、その工法の選択には維持管理も含めて特段の配慮が必要

屋根には風雨や日差しなどをしのぐ重要な役目があり、建築を長い間存続させるためには、屋根の耐久性の維持について格段の配慮が求められる。一般的な屋根工事には、伝統工法である柿葺き（こけらぶき）や檜皮葺（ひわだぶき）があり、その他、瓦葺き、スレート葺き、金属板葺きなどがある。

瓦葺き

瓦材には、陶器（粘土瓦）、石（石瓦）、セメント（セメント瓦）、金属（銅瓦）などがある。

葺き方には、土を接着剤代わりに使って葺く土葺き、屋根の野地板の上にアスファルトルーフィングを敷き、その上に桟を横渡に釘を打ち付け、桟に瓦を引っ掛けて釘で固定する引っ掛け桟葺きがなどがある。

瓦には耐火、耐久、耐熱性があり、たとえ1枚が破損しても取り替えが容易で修理しやすいという利点があるが、強風や地震などの揺れには弱い。

スレート葺き

粘板岩を用いた天然スレートと、人工の石綿スレートがある。一般的には石綿スレートが多く使われている。瓦に比べて軽く、耐震性に優れる。

金属板葺き

金属板葺きの材は、亜鉛、銅、鉄、ステンレス、アルミ板が用いられる。

瓦棒葺きは、瓦棒に心木を用いたものと瓦棒を鉄板で加工して心木をなくしたものの2種類がある。

折板葺きは、鋼板や樹脂板を折板状に成形し、野地板を省略して母屋に直接架け渡す工法である。下地に対する熱膨張の考慮（強風による飛散事故が多発）が必要になる。

平板葺きは、長方形の金属板を四方子ハゼとして、金属どうしを引っ掛けながら葺き上げる。

立ハゼ葺きは、あらかじめハゼ吊り子を取り付けておき、長尺板の端を巻き込む。

瓦葺き

瓦がいつ頃作られ出したのかは不明であるが、現存する世界最古の瓦は、中国・陝西省岐山県にある西周初期の宮殿遺跡から出土したもので、今から約3千年前のものになる。

日本で瓦が作られるようになったのは西暦588年以降と考えられている。法興寺（飛鳥寺）の造営（完成は596年）には瓦が用いられていた。

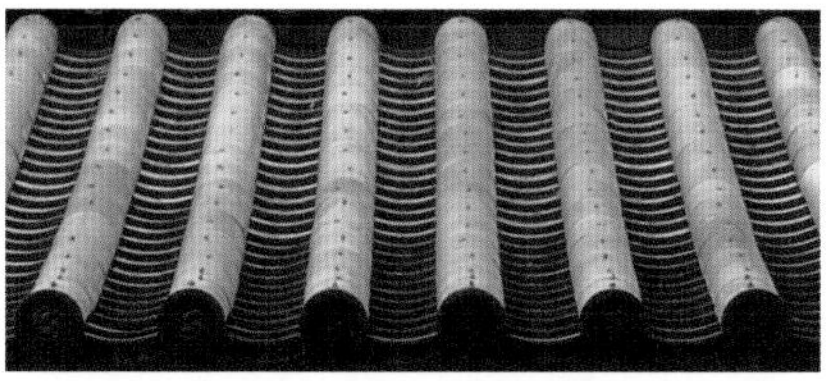

◉ 本瓦葺き

本瓦葺きは、朝鮮半島から瓦が伝来して以来の形式で、寺院建築や城郭建築などに多く用いられている。平瓦と丸瓦の組み合せで葺く。

本瓦葺きの断面構成 ▶

◉ 桟《さん》瓦葺き

江戸時代の1674年に、近江三井寺の瓦師である西村半兵衛により考案された。平瓦と丸瓦を合体させ、軽量で安価な1枚瓦が生み出され、民家を中心に広まった。

1枚瓦の製品例 ▶

◉ 洋瓦葺き（写真はＳ型瓦）

洋瓦とは、西洋風型瓦の総称で、平板瓦とS型瓦などがある。

平板瓦：和型瓦の山と谷の凹凸をなくした平板状の形状となっている。メーカーによりさまざまなデザインのものがある。

S型瓦　：S字型の形状の瓦。

スレート葺き

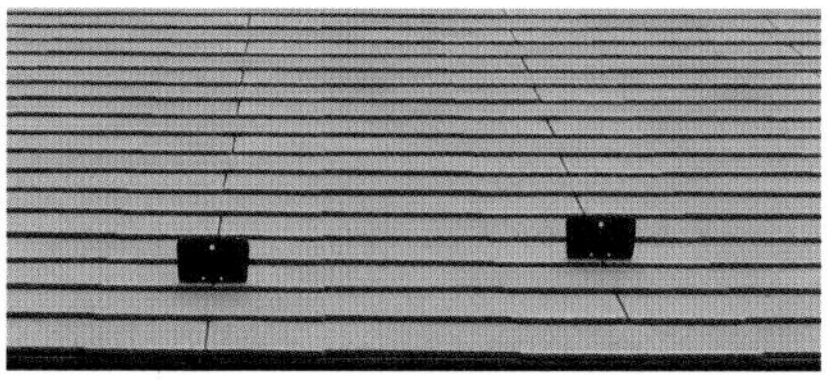

◀ 化粧スレート葺き

スレートは、天然石である玄晶石を用いたものを天然スレート、セメントを高温高圧下で養生・成型した板状の合成スレートに着色したものを化粧スレートという。化粧スレートは、軽量で、耐候性や耐震性の面でも有効である。現在は、石綿の代わりに人工繊維や天然繊維を使用した無石綿の化粧スレートとなっている。

金属板葺き

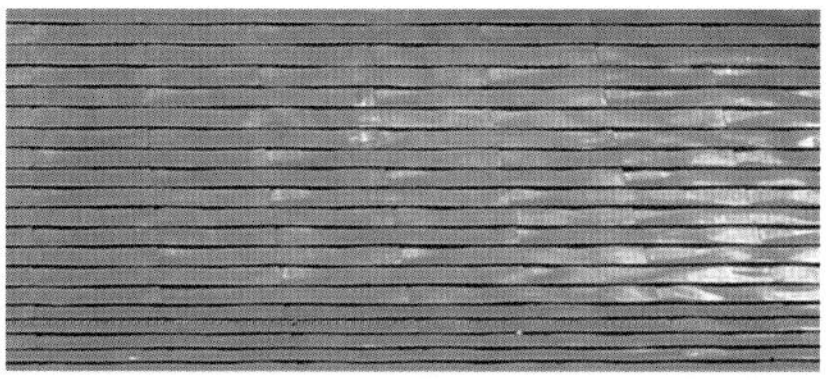

◉ 銅板葺き

銅板は古来より用いられている。銅は緑青（ろくしょう）が出て緑色に変色すると酸化皮膜となり、安定する。

◉ ガルバリウム鋼板による立ハゼ葺き工法

構造用合板特類（厚さ12mm）の上にアスファルトルーフィングを敷き込み、ガルバリウム鋼板で立ハゼ葺きの仕様としている。
この立てハゼ葺きは、軽量で、強風などの風に強く、耐久性が高いこと、そして緩勾配屋根に対応できるなど、デザイン性への汎用度も高い。

◀ ハゼ掴みの機械

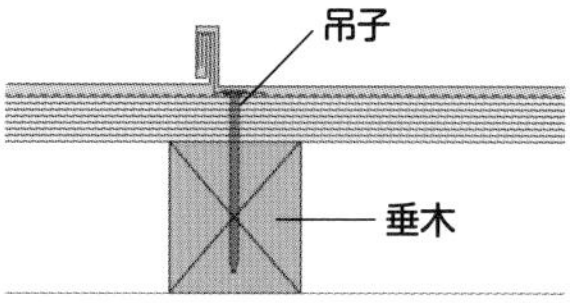

073 設備工事

POINT

設備の寿命は建築本体と比較して短いことから、後のメンテナンスなどが容易に行えるものとする

建築における設備とは、人の構造に例えると、脳、心臓、肝臓などの各種臓器であり、またそれらを繋ぐ神経や血管などのネットワークといえる。筋肉や皮膚は建築の外壁や屋根に該当し、骨は建築の柱や梁などの構造体に該当する。

血管や臓器は体の表面には表れないため、健康状態が外からは捉えにくい。これは建築にもいえる。

建築本体の寿命と比較して、建築設備の機器類の寿命は短いため、不具合や故障が生じたときは容易にメンテナンスできるような設えがなされていないと、建築本体を痛めて改修を行う事態になる。

設備工事の種類

設備工事には、電気設備工事、給排水衛生設備工事、空調設備工事、昇降機設備工事、防災設備工事、機械装置工事などがある。これらの工事は、それぞれ専門の業者により行われる。

各設備工事は建築本体工事の進捗との調整が必要になるため、事前に詳細な打ち合わせが必要である。また、業者間の調整がうまくされていないと、現場で混乱を招き、工事のやり直しなどの事態を発生させる原因となる。

設備の共通事項として、防火区画を貫通する場合は、原則として、耐火・防火材料としなければならない。構造体にスリーブを設ける場合は、適正な補強が必要になる。

給排水設備工事で、上下階に配管を行う場合はパイプスペース（ＰＳ）を設け、そのＰＳには後のメンテナンスが容易にできるように開口部を設ける。

これは、状況が同じ電気設備工事にもあてはまり、配管ダクト（ＥＰＳ）として設ける。

空調設備工事では、機器、ダクトなどの点検用開口など、計画的な設置を行うことが求められる。

PS（パイプスペース）

PSは共用の縦管を通すために設けられるが、集合住宅などでは、PSに収める排水管や給水管などはきわめて重要な配管である。

1つの住戸には、台所、浴室、洗面室、トイレなどから排水を集めるため、床下に横引き用の排水経路を確保する必要がある。リフォームを考えた場合、住戸内に上下階の排水を確保するPSがあると、間取りの変更に制約が生じる。そのため、住戸外において排水経路を確保すればリフォームやメンテナンスなども容易になる。しかし、住戸外まで排水経路を確保するには、排水勾配を考慮した床下の十分な高さが必要になる。

上記のように、設備の捉え方（スケルトン・インフィル→027）で、計画そのものに大きな影響を与える。

設備による梁貫通孔位置

構造体に梁貫通を行う場合は、構造に影響を及ぼさないよう、適正な位置に梁貫通孔を設け、補強を行う必要がある。

2009年10月1日から、新築住宅の売主（建設業者、宅建業者など）に瑕疵担保責任履行のための資力確保措置（保証金の供託または保険制度への加入）が義務付けられた。これによって、梁スリーブの位置について、建築基準法を逸脱しない現場施工が要求される。

◉ 梁貫通孔に関する一般要領

(a)梁貫通孔の大きさは、梁成の1/3以下(未満ではない)。
(b)連続して貫通する場合は、貫通孔の中心間隔は原則として孔径(φ)の3倍以上。
(c)梁貫通孔の位置は、原則として下図の範囲とする。

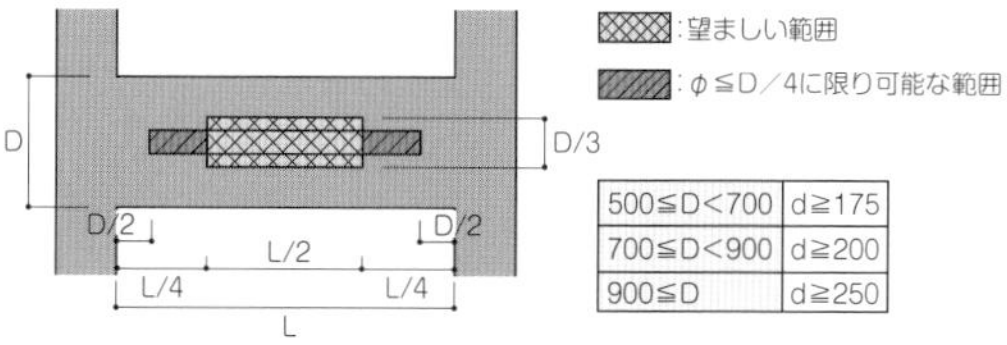

500≦D<700	d≧175
700≦D<900	d≧200
900≦D	d≧250

(d)小梁が取り付く場合は、下図のように小梁の際からD/2の範囲には貫通孔を設けない。柱に直交する梁または小梁の場合は、原則として面から1.2D以上離す。

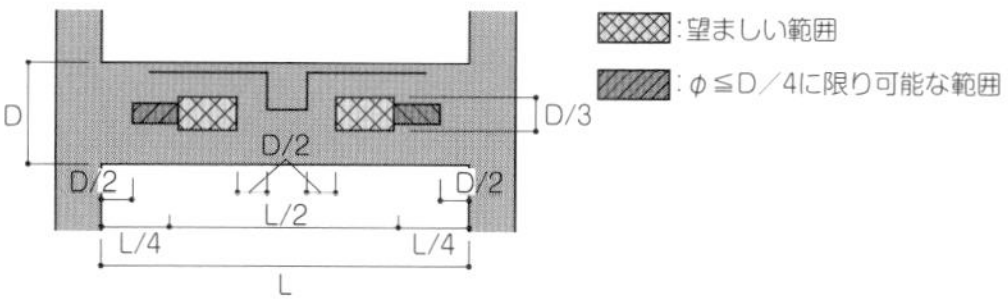

(e) 孔径が梁成の1/10以下の場合は、原則として補強を必要としない。
(f) 孔の上下方向位置は、下図のように梁成の中心付近とする。

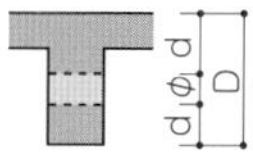

(g) 補強筋は、主筋の内側とする。
(h) 孔径が梁成の1/10以下かつ150mm未満の場合は、補強筋を省略することができる。

電灯の配線工事

エアコン室内機の設置

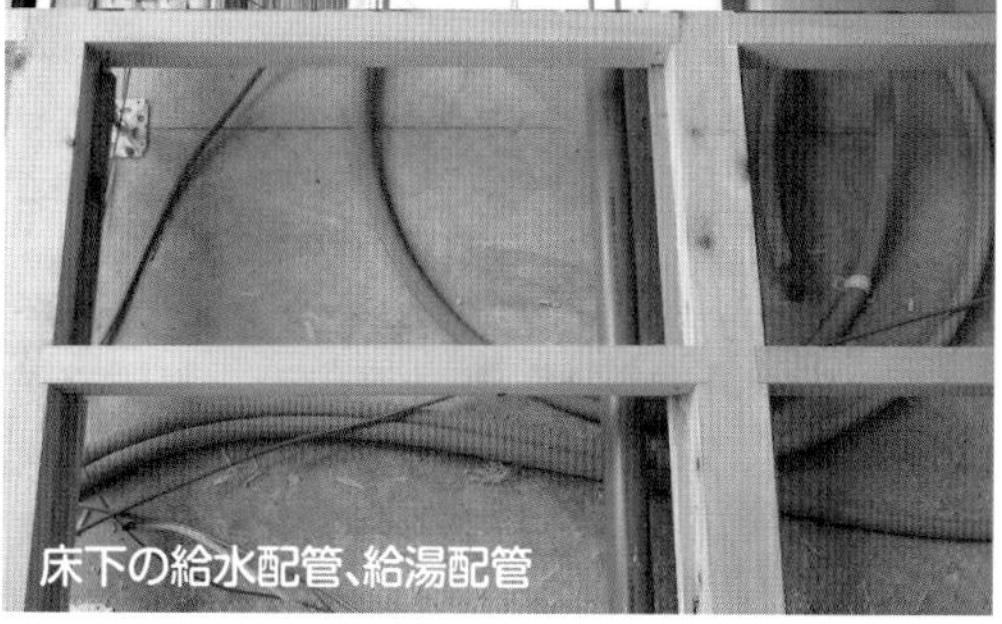
床下の給水配管、給湯配管

木造住宅の職方と工事一覧

鳶《とび》工
木造軸組工法の家屋の建築を担う。作業内容は地業(地均し、掘削)、木遣り(木材の運搬)、足場の架設、棟上、祭礼(地鎮祭、上棟式、竣工式)など。

土工
地業(掘削、割栗石敷き、捨てコンクリート・基礎コンクリートの打設、杭基礎など)。

鉄筋工
基礎や土間などの鉄筋の組み立て。

型枠大工
基礎コンクリートの型枠の組み立て。

造作大工
遣り方、墨出し、建方、床組、小屋組、軸組、内外部の造作工事を行う。

屋根葺き工
屋根材(瓦、スレート、金属板など)を屋根に葺く。

板金工
屋根、外壁、雨樋などの金属板の加工、取り付けを行う。

防水工
バルコニー、浴室、屋根などの防水を行う。シート防水、FRP防水、アスファルト防水などを行う職方。

左官工
土間や壁面のモルタル塗り、漆喰、プラスター塗り、サッシ回りのモルタル詰めなどを行う職方。

石《いしく》工
石材の張り付け、石張りなどを行う職方。

タイル工
タイル材を張る職方。

サイディング工
サイディング材(窯業系、金属系、木質系)を張る職方。

塗装工
木部、金属、内装のボード類などの塗装を行う。

内装工
壁面や天井などのクロス張り、フローリング張り、カーペット敷きなどの仕上工事にかかわる職方。

金属建具工
サッシの加工、取り付けを行う。

ガラス工
サッシ、間仕切りなどのガラス取り付けを行う。

木製建具工
建具の製作、取り付けを行う。

美装工
建築引渡前に行うクリーニング(床、ガラス、工事で汚れた箇所など)を行う。

水道工
給水、排水、給湯などの配管工事、設備機器の取り付けを行う。

電気工
電気の配線、配管、テレビ、電話、インターフォン、照明器具、スイッチ、コンセントプレートなどの取り付け。

空調工
空調用の配管、機器の取り付けなどを行う。

ブロック工
外構工事でのブロック積みなどの工事を行う。

造園工
外構での植栽工事を行う。

◀ 鉄筋工事

屋根防水工事 ▶

◀ 建方工事

塗装工事 ▶

◀ 建具工事

左官工事 ▶

◀ ガラス工事

外構工事 ▶

設計
性能評価

CHAPTER 6 法規とは

建設
性能評価

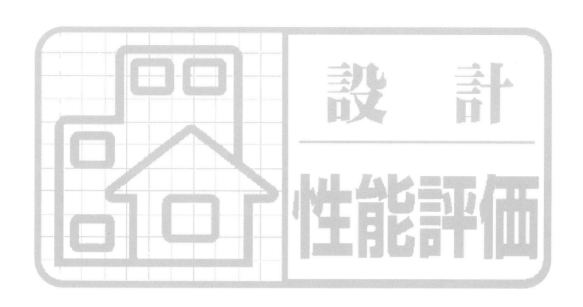

074 建築法規

POINT

建築基準法は、「最低限の基準」を定めている技術法令である

法律が存在する理由は、社会の秩序を維持する必要からであり、社会環境などのさまざまな要件が異なる複数の人が存在すれば、お互いの利害が衝突し、何らかの客間的な規制が求められる。建築に関しては、建築というものが人間社会の構成要因のすべてにまたがるため、細部において詳細な基準が必要となる。その建築に関わる主な法律として「建築基準法」がある。

この建築基準法の前身は1919年に制定され翌年に施行された「市街地建築物法」である。これは、同時に成立した「都市計画法」とともに、家屋の密集する都市を対象とした法律で、都市の防災対策として制定された。その後、第2次世界大戦後の1950年に建築基準法が制定・施行され、その後もその時々の社会情勢や現況に沿うように改正され、運用されてきた。

建築基準法の目的は「国民の生命・健康・財産の保護」と「公共の福祉の増進」に資することを念頭におかれていて、建築物に関して「最低限守らなければならない」基準とされる。

最低限の基準とされる理由の1つに、建築を自由に建てたいという私人の権利を、公権力によって強い制限を行うことは、日本国憲法第三章第一三条による「個人の尊重、幸福追求権及び公共の福祉についての規定に基づき必要最小限のものでなければならない」という理由からである。

また、最低限の基準であっても、構造や防災上の技術的な基準を遵守すれば生命や財産は担保されることを踏まえ、各地域の特性を考慮した各種の条例や建築協定を、別途組むことも可能とするために、あえて制限を最低においているという理由などからである。

しかし現実には、かなり細部まで規定が及んでおり、最低限の基準とはいえなくなっている。

建築基準法の適用範囲

建築基準法は、建築物および建築物の敷地、構造、設備、用途が規制の対象となる(法1条[目的])。
一般的な建築物はすべて適用範囲に含まれるが、文化財法による国宝や重要文化財など、鉄道の跨線橋や保安施設などは適用の範囲に含まれない(法2条1［建築物］、法3条［適用除外］)。

建築基準法の体系

建築基準法(法律)に基づき、より詳細な基準を建築基準法施行令(政令)で定め、それらの運用および行政事務について建築基準法施行規則(省令)が定められている。
また、地域的な風土や歴史の違いから生じる差異などに柔軟に対応するため、都道府県レベルで条例が定められる。

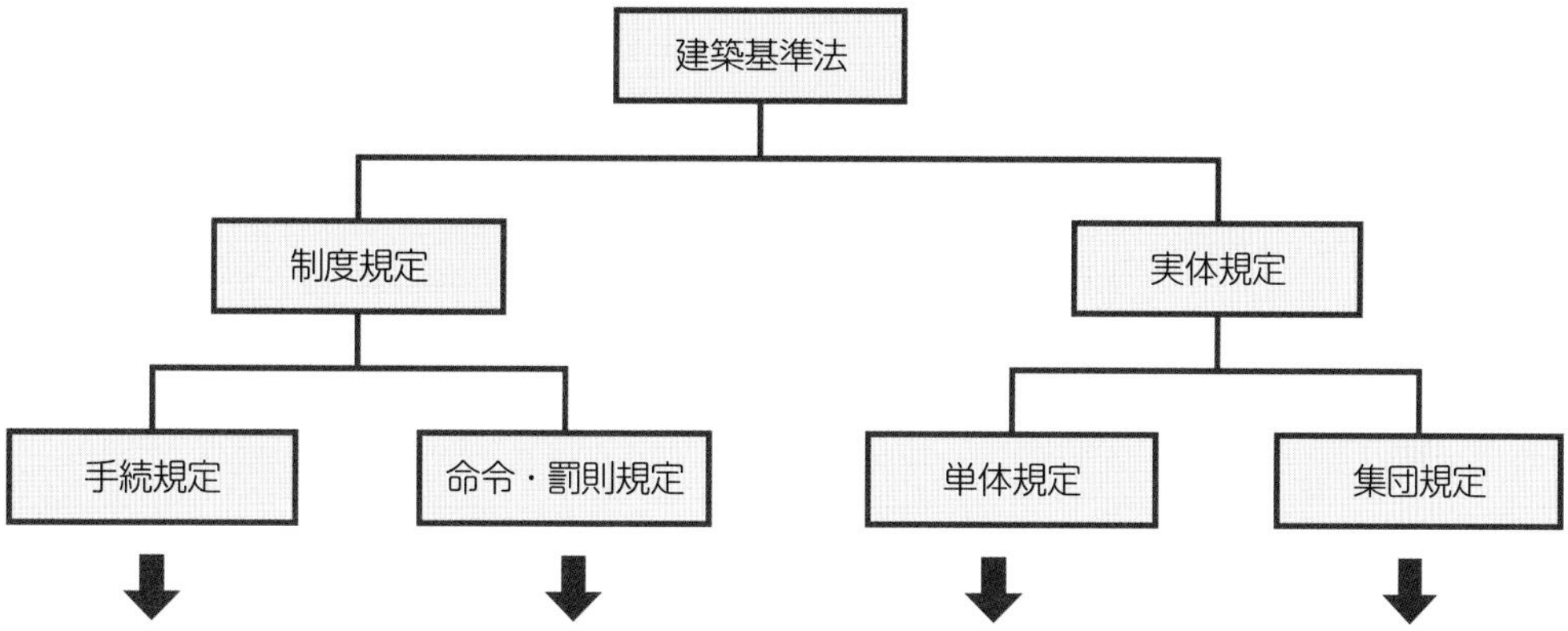

計画内容の審査、工事の検査を義務付ける規定。

- 確認申請
- 完了検査
- 形式適合認定
- 建築協定
- 指定資格検査機関
- 建築基準適合判定資格者
- 建築審査会

違反を正し、違反者に対して懲役・罰金を課す規定。

特定行政庁(都道府県知事や市町村長)は、違反に対して是正処置命令を発し、その不履行に対して行政代執行により強制実現が可能。

建築物の安全性を確保する規定(全国一律に適用)。

敷地、一般構造、構造強度、防火、避難、設備、建築材料の品質などに関する制限など、個別の建物への規定に関する最低基準を定めている。

都市機能を確保する規定(主に都市計画区域に適用)。

道路、用途、面積、高さ、防火地域など、都市の土地利用の調整、環境保護のための規制となっている。

075 建築基準法の変遷

POINT

建築基準法は、社会情勢の変化とともに常に改正され続けている

建築基準法の構成は大きく２つの規定に分けられる。１つは具体的な建築制限を義務付ける規定として「実体規定」と呼ばれるものである。もう１つは実体規定の実効性を確保する規定として「制度規定」と呼ばれるものである。

実体規定には、さらに建築物の安全性を確保する「単体規定」と都市機能を確保する「集団規定」がある。「制度規定」は、用語の定義や手続きなどについて定めている（→０７４）。

建築基準法は１９５０年に制定されたが、社会情勢の変化とともに、時代に即した形で改正され続けている。

木造の構造設計基準の変遷についてだけでも、地震災害などを経て、基礎の構造、必要壁量、部材間の接続金物の規定などが強化されてきた。

２００２年の第十次改正では、バブル崩壊後の景気低迷を続ける日本経済を背景に、社会情勢の変化に対応した都市機能の高度化および都市の居住環境の向上を図るための措置として、都市の活力ある再生に視点を向けた改正が「都市再生特別措置法」として制定された。また、シックハウス症候群に対する規制も新たに加えられた。

近年では、２００５年に発覚した建築構造の構造計算書偽装問題により、翌年に建築基準法が改正された。その中では、建築士制度自体の改正も行われ、構造基準の厳格化、専門家による構造計算の審査（ピアチェック）、３階建て以上の共同住宅の中間検査の義務付け、処分を受けた建築士や建築事務所の公表などが行われることになった。

しかし、この厳格化された法改正により、審査に多大な時間がかかるなど現場では混乱も生じている。

この状況を受け、建築確認手続きなどの運用改善が盛り込まれた法改正が行われ、２０１０年から施行されている。

建築基準法の変遷（主な改正項目）

1920（大正9）年
➡「市街地建築物法」が制定され、これが建築基準法のルーツとなる。
用途地域や建物の高さなどが定められた。
1923年に起きた関東大震災の翌年には改正が行われた。

1950（昭和25）年
➡ 市街地建築物法が建築基準法に改められ、木造建築の施工に伴い必要とされる筋交いなどの量を定めた「壁量計算」が導入された。
1959年には壁量計算を含めた改正が行われた。

1981（昭和56）年
➡ この年に行われた改正では、特に耐震基準の大幅な改正が行われた。
1981年以前を「旧耐震」、それ以降を「新耐震（新耐震基準）」として区別された。

2000（平成12）年
➡ 住宅の品質確保の促進などに関する法律が施行され、瑕疵担保保証期間を10年と定めることや、住宅性能表示が定められた。

2002（平成14）年
➡ 社会情勢の変化に対応した都市機能の高度化、居住環境の向上を図るための措置として、都市再生特別措置法が制定された。

2003（平成15）年
➡ シックハウスなどの住環境汚染防止に関する法律が定められ、使用建材の制限、24時間換気の原則義務化がなされた。

2006（平成18）年
➡ 2005年（平成17年）に起きた構造計算書偽装問題により建築士法が改正（改正建築士法）され、構造設計一級建築士、設備設計一級建築士が新たな制度として創設され公布された。

2007（平成19）年
➡ 6月20日に施行された改正建築士法の内容。
建築確認・検査の厳格化、指定確認検査機関の業務の適正化、建築士などの業務の適正化および罰則の強化、住宅の売主などの瑕疵担保責任の履行に関する情報開示などが新たに義務付けられた。

2008（平成20）年
➡ 11月28日に施行された改正建築士法の内容。
設計・工事監理契約の際の重要事項の説明、再委託の制限、定期講習の受講、管理建築士の要件の強化などが新たに義務付けられた。

2015（平成27）年
➡「木造建築関連基準の見直し」、「構造計算適合性判定制度の見直し」、「建築物の事故等に対する調査体制の強化」、「容積率制限の合理化」などが6月1日に施行された。

2019（平成30）年
➡ 建築基準法の一部を改正する法律（建築物・市街地の安全性の確保、既存建築ストックの活用、木造建築物の防火規制の合理化など）が6月25日に施行された。

構造計算書偽装問題
2005年11月17日、千葉県の建築設計事務所の元一級建築士が、地震などに対する建築物の安全性の計算を偽装していたことを国土交通省が公表したことにより発覚した、一連の事件および社会的な混乱をいう。
建築基準法に定められた耐震基準を満たさないマンションやホテルなどが建設されていたという事実は、大きな社会問題となった。後の建築士法の改正は、この事件が契機となっている。

076 単体規定と集団規定

POINT

単体規定、集団規定はそれぞれ、建築物の安全性確保、都市の住みやすさ、安全を維持することなどを目的としている

単体規定

建築物自身の安全性の確保を目的としたものであるが、この規定には7つの項目がある。

①建築物の敷地の衛生および安全性。
②構造耐力上の安全性。
③建築物の用途や規模による使用上の安全性。
④防火性・耐火性。
⑤耐久性・耐候性。
⑥建築材料に対する規制。
⑦特殊建築物に対する避難や消火に対する技術的基準。

単体規定は全国一律の規定とされているが、地域の状況により、市町村の条例による緩和、地方自治体の制限が付加されることもある。

集団規定

無秩序な開発を防ぐことや住民の住みやすさや安全性確保のために設けられた規定として、以下の項目がある。

①用途地域性の規定＝良好な住環境を保つため、地域ごとに建築の用途を制限した規定。
②形態地域性の規定＝用途地域ごとの建築物の容積率・建ぺい率・高さ制限・斜線制限・日影規制などの規定。
③道路関係の規定＝建築物と前面道路との関係の規定。
④防火地域性の規定＝地域ごとの建築物の防火性能の規定。
⑤地区計画の規定＝特定の地域を対象とした土地利用に関しての詳細な計画。

これらの規定は、戦後の経済、産業の発展という成長経済社会を基盤とした枠組で作られてきた。現在は、人口問題、環境問題、文化など、多元的な問題が重層している。都市形成のあり方として、新しい枠組が必要とされている。

単体規定と集団規定

建築基準法でいう集団とは、「単体」に対する「集団」をいい、建築物を集団として捉え、集団としての秩序を保つために建築物の相互間の取り決めた部分を指す（建築基準法第3章、第4章に具体的に規定されている）。

集団規定は、建築物の用途、形態、接道などについて制限を加え、建築物が集団で存している都市の機能確保や適正な市街地環境の確保を図るためのもので、建築基準法第68条の9に定める都市計画区域外の区域内の建築物に関わる制限を除き、都市計画に限り適用される。

単体規定は、個々の建築物の安全、衛生、防火などに関する基準を定めたもので、建築基準法の2章および、それに関する政令、条例などに規定されている。

集団規定が都市計画区域内の建築物に適用されるのに対し、単体規定は一般的にすべての建築物を対象に適用される。

集団規定の用途地域について

用途地域性の規定は、都市の良好な環境を保つためにはさまざまな用途・規模の建築が無秩序に建ち並ぶことを規制する必要があるという主旨で規定されている。

用途地域は、建築基準法ではなく、都市計画法の中の地域地区の中に定められている。

用途地域の種類は大きく分けて、以下の3つに区分される。

1　住居系の用途地域 ➡ 主に住居の環境を保護するために定められる地域。

2　商業系の用途地域 ➡ 主に商業その他の業務の利便性を増進するために定められる地域。

3　工業系の用途地域 ➡ 主に工業の利便性を増進するために定められる地域。

◉ 用途地域

都市計画法によって定められているのは以下の項目で、実際の細かな規定（建ぺい率や容積率、建築可否など）については建築基準法の規定による。

住居系
- ➡ 低層住居専用地域
  - 第一種低層住居専用地域
  - 第二種低層住居専用地域
- ➡ 中高層住居専用地域
  - 第一種中高層住居専用地域
  - 第二種中高層住居専用地域
- ➡ 住居地域
  - 第一種住居地域
  - 第二種住居地域
  - 準住居地域
  - 田園住居地域

商業系
- ➡ 近隣商業地域
- 商業地域

工業系
- ➡ 準工業地域
- 工業地域
- 工業専用地域

077 建築確認申請

POINT

法令への適合性に影響を与える変更が生じた場合は、計画変更確認申請が必要となる

建築確認申請とは、工事に着工する前に、建築の計画内容が建築基準法の関係法令に適合しているかどうかを、建築主が確認申請書を役所（建築主事）もしくは民間の検査機関（指定確認審査機関）に提出し、確認を行う申請をいう。

また、消防法により定められた防火対象物の場合は、消防長による確認前の同意が求められ、各地域の担当部署に申請書が送られる。原則、申請は建築主となっているが、一般的には設計者が建築主の委任を受け、申請の代理者となって行っている。

確認申請にかかわる審査期間は、建築主事の場合は、規模・敷地・構造によって、7日か21日以内のいずれかとなる。また、構造計算適合性判定の必要な物件については、最大で70日間の審査期間になることもある。適合と判断されると確認済証が交付される。

確認済証交付後に着工となるが、途中、中間検査申請をして検査を受け、中間検査合格証の交付も受けなければならない。そして建築工事完了日から4日以内に完了検査申請手続きを行い検査済証の交付も受けることになる。

計画変更確認申請

確認を受けた建築物の計画を変更（法令への適合性に影響する程度）して建築しようとする場合、建築主は計画変更確認申請を行う必要がある。

実体違反

このような過程で検査に失格となった場合は、通常、手直し工事が求められる。その手直し工事が適正であるとの判断の後で検査済証が交付される。

手続違反

計画変更確認申請を必要とする変更を行ったものの、その手続を怠ったままで工事を進めた場合、その工事は手続上の違反となる。手続違反の状態で完了検査を申請しても検査済証が発行されない可能性がある。

確認申請が必要な建築物(法6号)

適用区域	用途・構造	規　　模	構造工事種別	確認期限
全国	特殊建築物(注1) (1号建築物)	用途に供する床面積＞100㎡	・建築(新築、改築、増築、移転) ・大規模な修繕 ・大規模な模様替え (増築してその規模になる場合を含む) ・1号建築物への用途変更	35日
	木造建築物 (2号建築物)	下記のいずれかに該当するもの ・3階建て以上 ・延べ床面積＞500㎡ ・高さ＞13m ・軒高＞9m		
	木造以外の建築物 (3号建築物)	下記のいずれかに該当するもの ・2階建て以上 ・延べ床面積＞200㎡		
都市計画区域 準都市計画区域 準景観地区 知事指定区域(注2)	4号建築物	第1号〜第3号以外すべて	建築(新築、増築、改築、移転)	7日

防火地域・準防火地域以外で、10㎡以内の増築、改築、移転の場合は建築確認申請は不要。
(注1) 法別表第1(い)欄の用途の特殊建築物。
(注2) 都市計画区域・準都市計画区域＝都道府県知事が都道府県都市計画審議会の意見を聴いて指定する区域を除く。
準景観地区＝市町村長が指定する区域を除く。

知事指定区域＝都道府県知事が関係市町村の意見を聴いて指定する区域。

検査済証

建築基準法第7条第5項に定められたもので、「建築物及びその敷地が建築基準関連規定に適合している」ことを証する文書で、特定行政庁または指定確認検査機関で交付される。

完了検査は、建築確認申請の必要な建築行為のうち、用途変更を除くすべての行為に義務付けられている(法第7条)。

完了検査申請は、原則として完了後4日以内に行わなければならない(同条第2項)。

完了検査申請書の提出後、係員による現地での完了検査、施工写真、試験成績書などのチェックを行い、建築基準関連規定に適合していることが確かめられた場合、検査済証が交付される。

建築主は、原則として検査済証の交付を受けるまで、建築物の使用、もしくは使用させることはできない。

検査済証の取得率は、近年7割くらいまで上昇している。

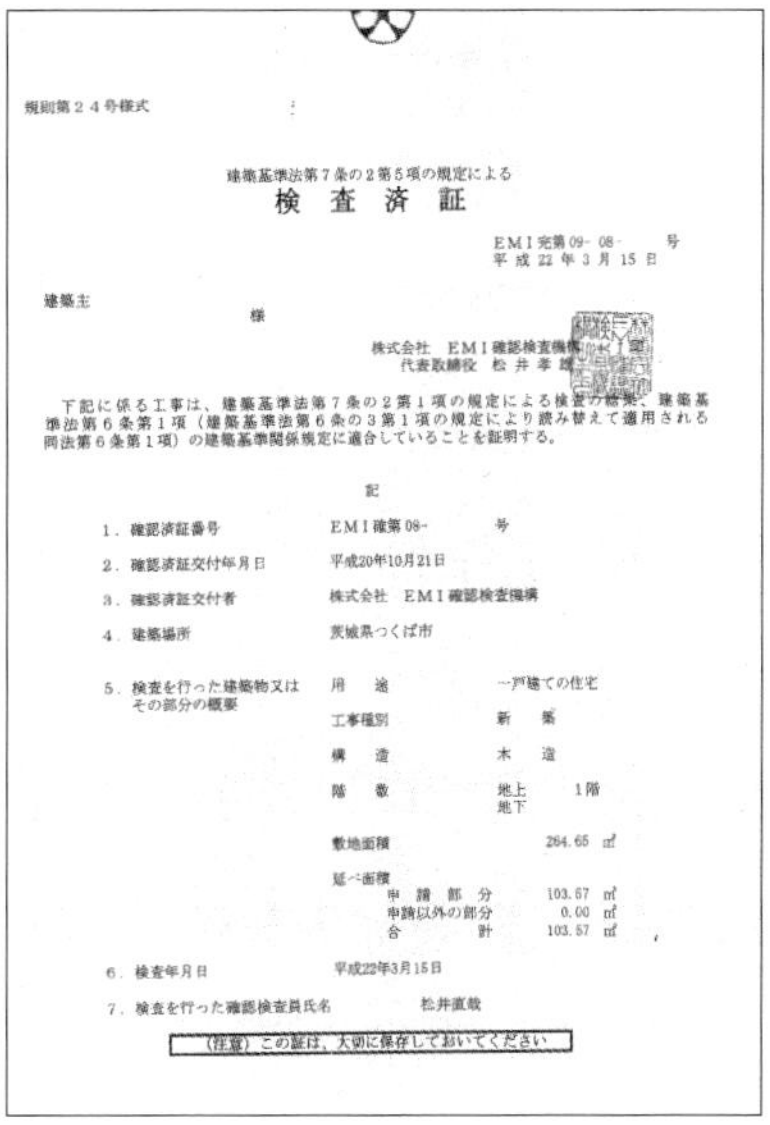

規則第24号様式

建築基準法第7条の2第5項の規定による
検査済証

EMI完第09-08-　　号
平成22年3月15日

建築主
　　　　様

株式会社　EMI確認検査機構
代表取締役　松井孝

下記に係る工事は、建築基準法第7条の2第1項の規定による検査の結果、建築基準法第6条第1項(建築基準法第6条の3第1項の規定により読み替えて適用される同法第6条第1項)の建築基準関係規定に適合していることを証明する。

記

1．確認済証番号　EMI確第08-　　号
2．確認済証交付年月日　平成20年10月21日
3．確認済証交付者　株式会社　EMI確認検査機構
4．建築場所　茨城県つくば市
5．検査を行った建築物又はその部分の概要
用途　一戸建ての住宅
工事種別　新築
構造　木造
階数　地上　1階
　　　地下
敷地面積　264.65 ㎡
延べ面積
申請部分　103.57 ㎡
申請以外の部分　0.00 ㎡
合計　103.57 ㎡
6．検査年月日　平成22年3月15日
7．検査を行った確認検査員氏名　松井直哉

(注意) この証は、大切に保存しておいてください

▲ 検査済証の例

違反建築物の是正指導

建築基準法第9条第1項において、「建築基準法令の規定又はこの法律の規定に基づいて許可に付した条件に違反した建築物又は建築物の敷地については、当該建築物の建築主、当該建築物に関する工事の請負人(請負工事の下請人を含む)もしくは現場管理者又は当該建築物もしくは建築物の敷地の所有者、管理者若しくは占有者に対して、当該工事の施工の停止を命じ、又は、相当の猶予期限を付けて、当該建築物の除却、移転、改築、修繕、模様替、使用禁止、使用制限その他これらの規定又は条件に対する違反を是正するために必要な措置をとることを命ずることができる」と規定されている。

違反建築物の是正に関して、行政指導を無視したり、是正を行わない場合は、建築基準法第9条1項、7項、10項に基づく、工事停止、使用禁止、除却などの行政命令が出されることになる。

この命令に従わない場合には、建築基準法第98条により、3年以下の懲役または300万円以下の罰金に処せられる場合がある。

また、命令を受けた場合には、建築基準法第9条第13項により、建物の所在地、命令を受けた人の住所、氏名などを記載した標識が現場に設置されたり、掲示板に掲載されることになる。

078 設計者の資格である建築士法

POINT

建築士は必要とされる能力の維持のために、定期講習の受講が課せられている

建築は、ある程度の規模以上のものについては、その建築を設計、工事監理するための資格が必要となる。建築の設計を行える資格として、「建築士」という国家資格がある。この建築士の資格を定める建築士法（１９５０年施行）には「一級建築士」「二級建築士」「木造建築士」の3種が定義されており、それぞれ設計できる規模が定められている。目的はその業務の適正を図り、建築物の質の向上に寄与させることである。

一級建築士は国土交通大臣に免許申請手続を行い、免許の交付を受ける。二級建築士および木造建築士は、都道府県知事に免許申請の手続を行い、免許の交付を受ける。

建築士が設計を行うには建築士事務所の開設が必要であり、事務所は、所在地の都道府県知事への登録が必要となる。

また、事務所で設計に従事する建築士は、設計・工事監理などの業務実施にあたり、必要とされる能力を確実に身に付けておくことが求められるため、講習制度による受講義務が課せられている。

事務所に所属する建築士は定期講習の受講が義務付けられ、事務所を管理する管理建築士は3年以上の実務経験と定期講習の他に、管理建築士講習の過程を修了する必要がある。

建築士の業務において、一定規模以上の建築については「構造設計一級建築士」「設備設計一級建築士」による建築の構造関係規定や設備関係規定の適合性の確認を受けることが義務付けられている。

設計者と建築主との設計工事監理契約締結前には、建築主に対し、書面にて、作成する設計図書の種類、工事と設計図書との照合・確認の方法など、重要事項の説明を行うことが義務付けられている。

建築士の設計範囲（士法3条～3条の3）

延べ面積（S）		高さ≦13m かつ 軒高≦9m					高さ＞13m または 軒高＞9m
		木造			木造以外		すべて
		1階	2階	3階以上	2階以下	3階以上	構造・階数に関係なく適用
S≦30㎡		無資格	無資格	2級以上	無資格	2級以上	1級のみ
30㎡＜S≦100㎡		無資格	無資格	2級以上	2級以上	2級以上	1級のみ
100㎡＜S≦300㎡		木造以上	木造以上	2級以上	2級以上	2級以上	1級のみ
300㎡＜S≦500㎡		2級以上	2級以上	2級以上	1級のみ	1級のみ	1級のみ
500㎡＜S≦1,000㎡	下記以外の用途	2級以上	2級以上	2級以上	1級のみ	1級のみ	1級のみ
	特定の用途	1級のみ	1級のみ	1級のみ	1級のみ	1級のみ	1級のみ
1,000㎡＜S	下記以外の用途	2級以上	1級のみ	1級のみ	1級のみ	1級のみ	1級のみ
	特定の用途	1級のみ	1級のみ	1級のみ	1級のみ	1級のみ	1級のみ

無資格　　：誰でもできるもの
木造以上　：木造建築士、2級建築士、1級建築士ができるもの
2級以上　：2級建築士、1級建築士ができるもの
1級のみ　：1級建築士ができるもの
特定の用途：学校、病院、劇場、映画館、観覧場、公会堂、集会場（オーデイトリアムのあるもの）、百貨店

災害時の応急仮設建築物は誰でもできる。

表：「世界で一番やさしい建築基準法」

創設された構造設計一級建築士、設備設計一級建築士とは

2006年12月に公布された新しい建築士法では、構造設計一級建築士、設備設計一級建築士制度が創設され、「一定規模以上の建築物」の構造（設備）設計について、構造（設備）設計一級建築士が自ら設計を行うか、構造（設備）設計一級建築士に構造関係規定、設備関係規定への適合性の確認を受けることが義務付けられることになった。

構造（設備）設計一級建築士の資格を取得するには、原則として、一級建築士として5年以上、構造（設備）設計の業務に従事した後、国土交通大臣の登録を受けた登録講習機関が行う講習の課程を修了することとされている。

一定規模以上の建築物とは

◉ 構造設計一級建築士の場合

・木造の建築物で、高さが13mまたは軒の高さが9mを超えるもの。
・鉄骨造の建築物で、地階を除く階数が4以上のもの。
・鉄筋コンクリート造または鉄骨鉄筋コンクリート造の建築物で、高さが20mを超えるもの。
・その他、政令で定めるもの。

《 増改築などの場合の考え方 》

増築、改築、大規模な修繕および模様替え（以下「増改築など」という）の後に、建築基準法第20条第1号または第2号に該当する建築物について、当該増改築などを行う部分が左記の項目に該当となる場合。

◉ 設備設計一級建築士の場合

・階数が3以上、かつ、床面積5,000㎡を超えるもの。

《 増改築などの場合の考え方 》

増改築などを行う部分が、階数が3以上、かつ、床面積5,000㎡超となる場合。

改正建築士法（2015年6月施行）

書面による契約の義務化（延べ面積300㎡超）、管理建築士の責務の明確化、建築士免許証提示の義務化等について、建築士法が改正された。

079 品確法

POINT

品確法は消費者保護の立場により作られている

品確法とは「住宅の品質確保の促進等に関する法律」の略で、住宅に関するトラブルを未然に防ぎ、万一のトラブルの際にも消費者保護の立場から紛争をすみやかに処理できるように制定され、２０００年に施行された。

この法律のポイントは、以下の３点である。

新築住宅の瑕疵担保責任に関する特例

この特例は、新築住宅の取得契約において、基本構造部分について瑕疵担保期間を最低10年間義務付ける法律である。また、特約を結べば20年まで伸長可能となる。

住宅性能表示制度

住宅性能を建築契約前に比較できるよう、新たに性能の表示基準を設定し、また客観的に性能を評価できる第三者機関（登録住宅性能機関）が住宅性能評価書を作成する制度である。住宅性能表示を利用するかしないかは、住宅供給者または取得者の選択による。利用すれば一定の費用がかかる。住宅性能評価書には、設計図書の段階の評価結果をまとめたもの（設計住宅性能評価書）と施工段階と完成段階の検査を経た評価結果をまとめたもの（建設住宅性能評価書）の２種類があり、それぞれ法律に基づくマークが表示される。

住宅性能評価書やその写しを新築住宅の請負契約書や売買契約書に添付すると、住宅性能評価書の記載内容を契約したものとみなされる。

住宅専門の紛争処理体制

住宅瑕疵担保責任保険が付加された住宅の売主や請負人（売主など）とその買主や発注者（買主など）の間で紛争が生じた場合は、専門の紛争処理機関が適切かつ迅速な紛争処理を行うようになっている。具体的には、売主など、または買主などが、指定住宅紛争機関に申請すると、斡旋、調停、仲裁が受けられるようになっている。

住宅性能表示制度の評価(新築住宅)

▲ 設計性能評価書のマーク

▲ 建設性能評価書のマーク

住宅性能の評価は、設計性能評価と建設性能評価の2段階に分かれる。

前者は、申請者から提供された自己評価書、各種図面、計算書などを基に、設計の内容によって性能を評価するものである。

後者は、4回にわたって施工時に現場を検査し、設計図書どおりに施工されているかのチェックを行い、完成した建物の性能を評価するものである。

具体的には、国の指定を受けた指定住宅性能評価機関が「日本住宅性能表示規準」に基づいて、以下の10項目について等級や数値などで評価する。

なお、下記項目の「8　音環境」は選択制で、この評価は受けなくてもよいことになっている。

1　構造の安定	➡ 地震や台風などに対する強度。
2　火災時の安全	➡ 火災の感知や燃えにくさ。
3　劣化の軽減	➡ 防湿、防腐、防蟻処理といった建物の劣化対策。
4　維持管理への配慮	➡ 給排水管やガス管の清掃、点検、補修などの維持管理のしやすさ。
5　温熱環境	➡ 住宅の省エネルギー効果。
6　空気環境	➡ 化学物質に対する配慮や換気対策など。
7　光・視環境	➡ 室内の明るさを左右する開口部の比率。
8　音環境	➡ 屋外の騒音に対する遮音性。
9　高齢者などへの配慮	➡ 段差や手すりなど、バリアフリーの度合い。
10　防犯	➡ 侵入防止対策上有効な措置。

住宅性能表示制度の留意点

住宅性能を表示する項目には、「地域環境との調和性」「伝統技術の継承」「デザイン性」など、抽象的な価値判断の伴う性能表示は含まれていないため、性能の高い建物を求めることが、相対的に建物の価値が上がることに直結するわけではない。

品確法の一部改正 (2019年6月)

2019年6月に、「公共工事の品質確保の促進に関する法律の一部を改正する法律」が公布、施行された。

改正の背景として、頻発・激甚化する災害対応の強化、長時間労働の是正などによる働き方改革の推進、情報通信技術の活用による生産性向上が急務となっている。また、公共工事の品質確保を図るためには、工事の前段階に当たる調査・設計において、公共工事と同様の品質確保を図ることも重要な課題となっている。

080 耐震改修促進法

POINT

耐震改修促進法は、既存建築物の耐震性の確保を目的としている

耐震改修促進法（建築物の耐震改修の促進に関する法律）は、阪神・淡路大震災の教訓から作られた。この法律は、「地震による建築物の倒壊などの被害から国民の生命、身体及び財産を保護するため、建築物の耐震改修の促進のための措置を講ずることにより建築物の地震に対する安全性の向上を図り、もって公共の福祉の確保に資することを目的とする」ものである。

２０１９年の耐震改修促進法では、２０１８年に発生した大阪北部地震による被害状況を受け、ブロック塀などの組積造の塀も耐震診断が義務化された。

耐震改修促進法の対象物

耐震改修促進法の対象建築物は、既存の建築物のうち、特に多数のものが利用する一定規模以上の建物を「特定建築物」として、その所有者は、建築物が現行の耐震基準と同等以上の耐震性を確保するよう耐震診断や改修に努める努力義務が求められる。また、偽装や違法建築物などもその対象に含まれる。

罰則規定

努力義務が課せられる特定建築物のうち、不特定多数が利用する一定規模以上のものは、所轄行政庁が所有者に対して必要な指示をすることができる「指示対象」建物として規定されている。そして、これらの指示および検査を拒絶したり従わなかった場合には、罰則の規定により、罰金や指示に従わない建築物の公表、倒壊の危険性の高い建築物については建築基準法に照らして改善を命令される。

同法には認定制度があり、この認定を受けることにより、大規模改修の際に必要な確認申請が免除され、耐震以外の既存不適格要件に関しても遡及を免れることができる。また、低利融資、補助金の交付など、各種の優遇処置を受けることができる場合がある。

耐震改修方法の紹介

◉ 非木造の場合（一例）

耐震補強

耐震補強は、耐震壁の補強、ブレースや外付けフレームの新設、柱・梁の補強を行う方法。外付けフレーム補強は、建物を使いながら改修することが可能で、使い勝手の影響が少ない。

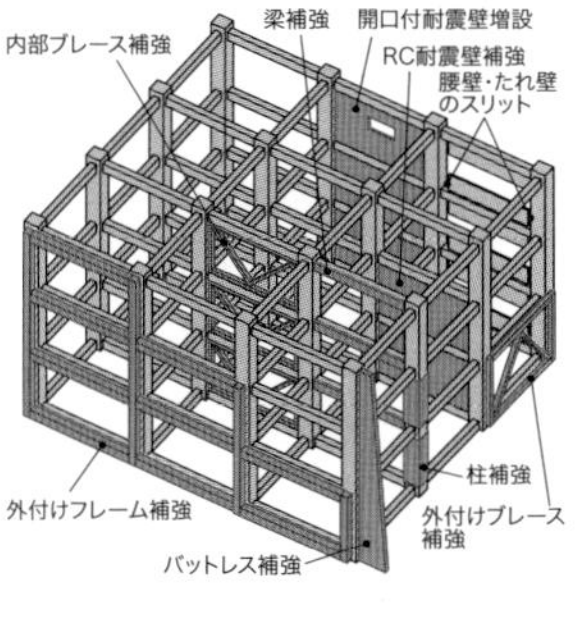

制振補強

制振補強は、制振ダンパーなどの制振装置により、建物に伝わる地震力を軽減する方法。

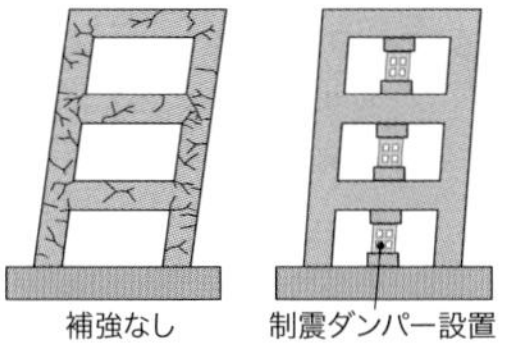

免振補強

免振補強は、免振装置を基礎下や中間層に設置して、地盤から伝わる地震力を大幅に軽減する方法。

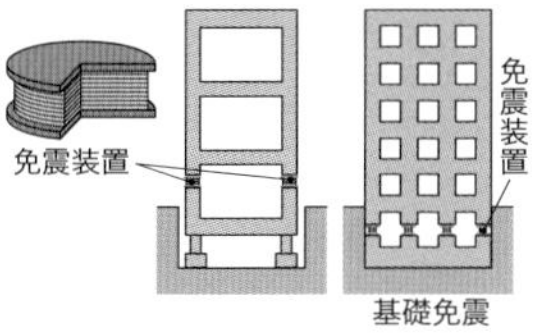

◉ 木造の場合（一例）

壁を強くする

筋かいや構造用合板で補強された壁を増やす。隅部を壁にすると一層効果的。

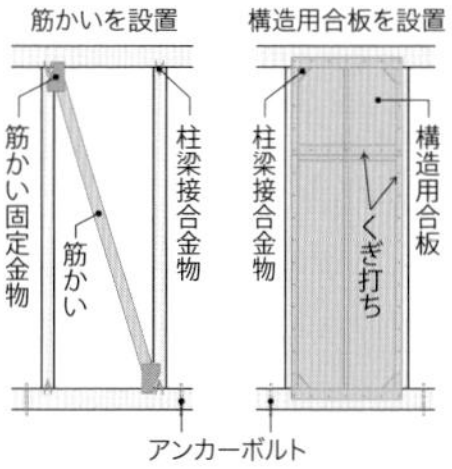

基礎を強くする

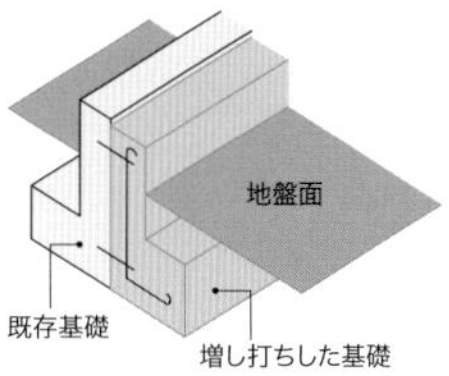

基礎の底盤が不足していたり基礎に鉄筋が入っていない場合は、基礎を打ち増しするなどで補強する。

接合部を強くする

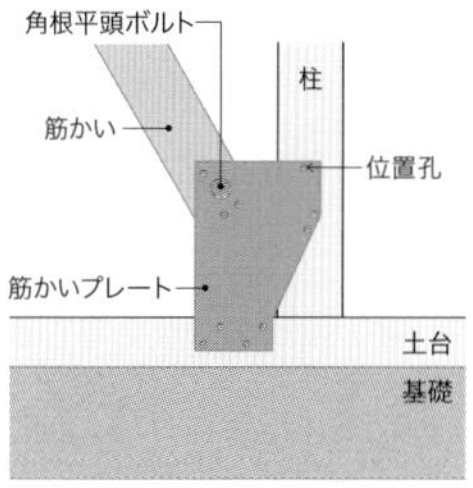

土台・柱・筋かい・梁などの接合部は、専用の金物を使用して各部材が一体となるよう緊結する。

出典：一般社団法人建築性能基準推進協会

◉ 建築基準法の緩和特例措置

階数3以上耐震改修促進法の認定を受けた計画に関わる建築物については建築基準法規定の緩和特例措置がある。

1　既存不適格建築物の制限の緩和
建築基準法第3条第2項の既存建築物について、耐震性向上のため一定の条件を満たす増築、大規模の修繕または大規模な模様替えをしようとする場合には、建築基準法第3条第3項の規定に関わらず、工事後も同法第3条第2項の規定の適用がある。

2　耐火建築物に関わる制限の緩和
耐震性の向上のために耐火建築物に壁を設けたり、柱の補強を行う結果、耐火建築物に関わる規定に適合しないこととなる場合、一定の条件を満たすときは、当該規定は適用されない。

3　建築確認の手続の特例
建築確認を必要とする改修工事については、計画の認定をもって建築確認があったものとみなされるので、建築基準法の手続が簡素化される。

◉ 耐震診断・耐震改修マーク表示制度

耐震診断・耐震改修マーク表示制度は、1981年以前の旧耐震基準によって建築された建築物で、耐震改修促進法の耐震診断の指針または建築基準法の現行耐震基準に適合することが確認できた場合に、その旨を表すマークを記載したプレートを当該建築物に表示し、建築物利用者などに情報提供するものである。これにより、建築物所有者・管理者の耐震安全意識向上を図るとともに、耐震改修を促進し、さらに地震発生時における建築物利用者などの的確な対応を可能とすることを目的としている制度である。申請によってプレートの交付を受けた者は、プレートを当該建築物に表示することができるとともに、プレートの交付を受けたことをホームページや印刷物に掲載することができる。

耐震診断・耐震改修マークのプレート例 ▲

081 建築物省エネ法

POINT

300㎡以下の小規模建築物を対象にした省エネ性能の説明義務制度は、新築のみならず増改築も対象となっている

２０１５年にパリで開催されたCOP21にて、２０２０年以降の温暖化対策の国際的な枠組み「パリ協定」が正式に採択された。日本の最終エネルギー消費の推移の中で、産業、運輸部門の減少に対し民生部門が増加している事から建築物の省エネ対策の抜本強化が必要とされ、２０１５年に建築物のエネルギー消費性能の向上に関する法律「建築物省エネ法」が制定された。

２０２１年４月１日に300㎡以下の小規模建築物を対象に、新たに「説明義務制度」が創設された。これは、建築士から建築主に省エネ基準の適否を説明することで、建築主に自ら使用する建築物の省エネ性能を高めようという気持ちをもってもらうのがこの制度の狙いとなっている。

省エネ性能の説明義務制度

300平方メートル未満の建築物（住宅を含む）について、左記が義務付けられている。（畜舎、自動車車庫などの居室を有しない、又は開放性を有することで空調の必要がない建築物および文化財指定された建築物、仮設建築物は対象外）

1：建築主への情報提供

住宅の省エネの必要性・効果の情報を提供（国交省のパンフレット等を活用）

2：建築主の意思確認

省エネ基準の評価・説明についての意思を確認（建築主が説明不要とした場合は「意思表明書面」の書面を作成）

3：建物の省エネ性能を評価

建物の省エネ性能を計算し、省エネ基準の適否を行う

4：評価結果を建築主へ説明

省エネ基準の適否および、不適合の場合は省エネ性能確保のための措置を書面にて説明（説明書面）

なお、設計変更後に省エネ基準に不適合になる場合は、改めて説明を行うことが望ましい。

CHAPTER 7 ▷▷▷▷▷▷▷ 住宅とは

082 「住宅」とは

POINT

機能性を満足させる先にあるもの

ル・コルビュジエは、著書「建築をめざして」の中で、「住宅は住むための機械である」という宣言を行った。この言説に対する一般的な理解は、「住宅とは無駄な要素を省いた機能的なもの」というものである。しかし、ル・コルビュジエは著書の中で「機械は宮殿となり得るものであり、建築、それは感動させること」と述べている。これは、当時（１９２０年代）、旧来の建築家の曖昧な様式主義者に対し、工学技士的な美学（鑑賞眼）を機械という語に込め言い放ったもので、旧体制からの決別を宣言したものであった。機械とはすなわち、美学的な運動、秩序、計算を伴った美しさの表現であり、感動をもたらすものとして捉えている。

日本では、１９７０年代以降から、ハウスメーカーや建売業者が大量に供給する住宅群によって街並みが作られてきた。日本の家屋のイメージはこれらの住宅によって作られているともいえる。そのような住宅に対しての評価基準となっているのは、部屋数、設備の充実度、機能性などである。動線的な使いやすさ、メンテナンスの容易さ、環境に配慮したエネルギーの供給、安定した温湿熱環境、自然素材による快適性など、機能性の内容についても、時代の意識変化とともに価値基準が変化し、多様性を増している。今後は、地域性や風土性などを考慮した住まいの形態が主流となっていくことが予想される。

住まいの快適性を向上させていくうえでは、機能性を充実させていくことが重要であることは間違いない。しかし、その方向性とは別の評価基準も、心豊かな住まいの創造には必要なのではないだろうか。

前述したル・コルビュジエの宣言は、いまだ多くの示唆を私たちに与えている。

ラ・ロッシュ＝ジャンヌレ邸（1923～1925年、フランス・パリ）

長い袋小路の突き当たりにこの住宅は位置する。近代絵画のギャラリーのある独身者の住まいと子供のいる家族の2戸の住宅で、外観は2戸一体となっているが、内部は壁で仕切られている。
突き当たりのピロティにより持ち上げられたフロア内部はギャラリーとなっている。インテリアで展開される吹き抜け、視線の抜け、スロープ、階段など、さまざまな仕掛けが施され、建築的なプロムナード（散策路）が形成されている。
現在は、コルビュジエ財団本部として使用されている（見学可能）。

設計：ル・コルビュジエ

ショーダン邸（1951～1956年、インド・アーメダバード）

写真：新居照和

コルビュジエ最後の住宅作品である。
もともとはハーティシング氏からの依頼で設計されていたものが、途中で施主がショーダン氏に変わり、建設場所も変更になり、あわせてプランも多少変わった。
日差しを遮るブリーズソレイユは、敷地配置と太陽の軌跡、風などを読み込んでデザインされている。インドの、高温多湿、熱帯という気候風土、伝統様式を咀嚼《そしゃく》し、アレンジを行い、さまざまな空間的な演出が行われている。

設計：ル・コルビュジエ

083 日本の住宅の変遷

POINT

技術や文化、家族構成の移り変わりにより、住居スタイルが変遷してきた

日本は森、川、海などの豊かな自然環境に恵まれ、豊富に産出される木材で住まいが作られてきた。その住居の設えは土地の気候風土により導かれ、洗練されてきた。

日本の住まいの作りは四季の中でも冬の寒さに対してとても寛容である。つまり、夏の高温多湿時をいかに快適に過ごせるかに重きを置いた設えとなっており、冬は火鉢などで直接体を温めれば良いという考えである。このような作りから、日本建築では柱梁による開放性の高い空間が生まれている。

明治期から大正期に移ると、西洋から流入する文化や建築技術が日本建築にさまざまな影響を与える。住宅においても西洋化が進み、部屋の構成が、洋間を採り入れるなど、和風から和洋折衷へ移行していく。

１９２３年に関東大震災が起こり、東京は壊滅的な打撃を受けた。これを契機に、翌年、（財）同潤会が設立され、賃貸住宅や不燃化を目的とした鉄筋コンクリート造によるアパートが作られていく。１９３４年に作られた江戸川アパートメントは、当時としては最新の設備を備えた集合住宅として注目された。

その後、同潤会は住宅公団へ受け継がれていく。１９４５年に終戦を迎え、戦災で大量に消失した住宅を補完するために、住宅公団の主導で新たに住宅供給が行われた。この住宅設計には標準設計が導入される。最初の段階では、和室２部屋、台所、トイレ、玄関が付属したもので、浴室はない。１９５１年に食寝分離型の間取りが生まれ、１９６７年には「ＤＫ＋Ｌ」が標準設計となり、この形式が戸建て住宅にも広がっていく。

家族構成が当時のように一様ではなくなってきている現在、このような定型化されない新たな形式が模索され始めている。

明治以降の日本住宅の変遷

明治中期頃から徐々に西洋化が浸透していき、それに伴い、住環境の議論が日本住宅と西洋住宅との比較において活発になる。

この議論は、洋風の住生活スタイルが前提とされ、昨今の日常生活を含めた生活改革を目的とした流れであった。

都市建築物に西洋技術が採り入れられたものが建築され始め、住宅においても、当時の貴族や富豪などによって西欧スタイルを採り入れた和洋折衷式の住まいが作られ出した。

1923年の関東大震災により壊滅的な打撃を受けた翌1924年、「財団法人同潤会」が設立される。

同潤会とは、関東大震災時、国内外から集まった義援金を原資として、1924年に設立された内務省社会局の外郭団体(財団法人)であり、日本で初めての、国家的立場からの公的住宅の供給機関であった。

同潤会が存続した18年間にわたり、賃貸住宅、分譲木造住宅、職工向分譲住宅、軍人貴族用アパートなど、延べ2,508戸が建設され、近代的な集合住宅の先駆けとなった。

昭和期には、ワルター・グロピウスによる造形・建築教育機関「バウハウス」の近代合理主義の思想が日本にも導入され、建築に影響を与えた。それは、和風建築の住様式から機能性を重視した構成への変化となり、居間を中心とした住宅形式として浸透していく。

1945年の第2次世界大戦終戦後からは、都市住宅の不足を補うため、政府主導の住宅建設が開始される。当初の「バラック住宅」に居住性や耐久性を高めるために住宅金融公庫を発足させ、「木造住宅建設基準」が設定され、戦後復興住宅の建設が行われた。また、住宅公団の主導のもと、集合住宅が標準設計によって大量供給されるようになる(→101)。

高度経済成長期の大量消費社会を迎えた1960年以降では、電化製品による生活スタイルの変化、個室の分室化、人数分の個室数確保など、多様化していく。

▲ **同潤会上野下アパート(1929年、東京都台東区上野)**
1階から3階までは家族世帯向け、4階は単身者向けとなっており、共同トイレ、共同洗面室、共同台所が設えられていた。アパート住人のコミュニティが色濃く残り、内部の状態も比較的良好に使用されていた。
(同潤会上野下アパートは2013年に解体)

▲ **復元された同潤会青山アパート**
(株)森ビルによって、旧同潤会青山アパートの建替事業が行われ、建築家の安藤忠雄の設計により、店舗と住宅の複合施設として表参道ヒルズが建設された。この施設に付随するように、旧同潤会青山アパートの一番東側の棟のみ復元された。

084 都市型戸建て住宅

POINT

都市型狭小住宅に見られる魅力

戸建て住宅とは、1つの敷地に1世帯が居住する住戸をいう。ヨーロッパの都市の多くは集合住宅で構成されているといえるが、日本では戸建て住宅が集合してできているともいえる。

戸建て住宅が都市部に多く見られるのは、日本独特の戸建てに対する執着、信仰などが背景にある。都市や郊外など、どの地域でも建てられるすべての建築は、周囲の環境から多少なりとも影響を受ける。特に、都市の住宅は建築が密集している環境にあるため、影響される要素が多い。手を伸ばせば隣の住戸に届くような敷地や、車の往来が激しい幹線通りに面しているような敷地など、敷地が狭小であることや、3角形のような不整形な敷地に遭遇することなどは、特殊な事例ではない。

そのような敷地環境では、ハウスメーカーなどの規格化された間取りで部屋を構成することが困難で、設計の依頼がハウスメーカーや建売業者から建築家に委ねられることも稀ではない。

このような都市部での住宅の特殊解として狭小住宅というジャンルがメディアなどで見られるようになった。周囲の環境や敷地の形状特性を無視して計画を行うことは、住まいの可能性を自ら放棄することになる。敷地の狭さや周囲の環境が住宅を建てるうえで必ずしも不利ということにはならず、悪環境や敷地の特殊な形状、狭小さが新しい住まいの可能性を秘めているともいえる。日本の住宅のユニークさは、都市部のこのような狭小住宅などに見ることができる。

一方、郊外型の住宅の場合、敷地を比較的広く確保できることから、ハウスメーカーによるプランニングも問題なく行える。結果として郊外の住宅地の景観はハウスメーカにより作られてきた。そこに日本住宅としてのユニークさを見つけることは難しい。

狭小都市住宅「塔の家」(1966年、東京都渋谷区)から見えるもの

「塔の家」と呼ばれるこの建築は、建築家・東孝光の自邸である。敷地面積は6坪ほどしかなく、部屋を各階ごとに1室ずつ配して、空間を縦につないでいる。この家の最大の特徴は、各階の部屋に扉を設けていない(浴室にも扉は設けられていない)ことにあり、そのため、縦に展開された1室空間となっている。視線については、各階ごとに空間が分節されているため、おおむねプライバシーは確保されているが、音に関しては、「「塔の家」白書」の中で、住人による以下のような記述がある。

「しかし音に関してはまったく筒抜けの状態である。居間のテレビの音もしゃべる声も、全部一番上の私の部屋まで聞こえてくる。反対に私の部屋のラジオの音も声も階下まで伝わる。しかし、この状態に対処する方法は、長年の経験で自然に身に付いてしまっている。テレビの音はどの程度のボリュームであれば上にいる人が気にしなくてすむのかわかっているし、ラジオの音も同様である。また、少々の音では気にならないように育っているし(幼稚園児のころはうるさい駅前に住んでいたので、そのころからあまり音を気にしなかったのかもしれない)、ガマンできない音がする時は抗議すればいいし、気になるおしゃべりの声が聞こえた時には、そこへ行って参加するのが一番である。我が家には結構お客様が多いのだが、そういう時には小さいころから自分の部屋にとじこもらずに、下の居間に降りていって、階段にすわり、参加はできないまでもおとなたちの話を熱心に聞き入ったものである。つまらない時もあったが、だいたいおもしろい話だった」。

このように、「塔の家」ではプライバシーが放棄されているがゆえに家族間の気配りが自然に醸成され、やがて常識的な行為となり、プライバシーが作られてきたようだ。ワンルームであるがゆえに生じるこのような家族間の関係性は、今日の住宅に見られる家族間の気配を意識させる設えに期待されるものでもある。

設　計：東孝光(東孝光建築研究所)
構　造：鉄筋コンクリート造
階　数：地上5階、地下1階
敷地面積：20.56㎡
建築面積：22.80㎡
延床面積：65.05㎡

5階平面図

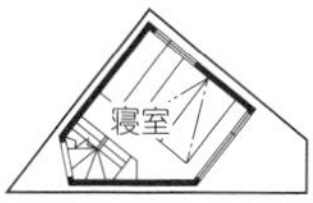

4階平面図

3階平面図

2階平面図

1階平面図

地階平面図

▼「塔の家」白書
東孝光 + 節子 + 利恵
(住まいの図書館出版局)

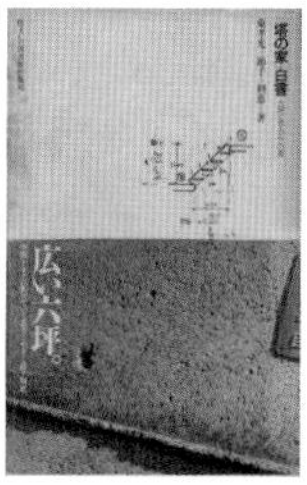

085 集合住宅

POINT

集合することの最大のメリットは、コミュニティ形成と省エネルギーである

集合住宅とは、１つの建物に複数の世帯が入居している住宅形式をいう。

戦後に行われていた大量供給型の集住形式から、ニーズの多様化に即した共用部を魅力的に生かす準接地型住宅など、より良い住環境の試みが行われてきた。また、今までの住まいに対しての一般的な要求であった広さや部屋数などから、住まい手の個別的な家族構成への対応を考慮したものへと移り変わりつつある。

これらの住要求への対応としては、プランの多様化に対応した多様化設計などの他に、リフォーム時の可変性を考慮した可変型対応の構造をもたせたものなどが見られる。

日本は高齢者世帯と単身者世帯の増加が見込まれており、また人々の住宅のへの所有意識も薄らぎつつある。戸建て住宅では、家主が継承されずに放棄されていく物件が増加傾向にあり、将来的な建物の維持管理問題が生じている。

日本各地の大規模ニュータウンでは、戸建て住宅の居住者が集合住宅へ移り住む事例が多く見られる。経済性（集合住宅は、壁、床、天井などが共有されているため、外部に対する熱負荷は戸建てに対し優位であることから、消費エネルギーは戸建ての６割程度ですんでしまう）、安全性、メンテナンス性の問題などが理由として挙げられている。

エネルギー消費を効率よく抑えることは、まさに戸建て住宅にはない集合することの最大のメリットといえる。また、住民間のコミュニティを作り出す建築的な仕掛けを行っているコレクティブハウス（→０９０）なども、阪神淡路大震災以後、日本でも作られ始め、各地に広がりつつある。

集まって住むことの利点を積極的に作り出すことは、集合住宅の魅力を大きく引き出すことでもある。

マンモス団地（高島平団地）に見る課題

高島平団地は1960年代後半から開発された大規模団地で、当時は東洋一のマンモス団地と呼ばれた。入居は1972年から始まり、若年層が多く入居した。団地内には、大型スーパー、ショッピングエリア、スポーツレクリエーション施設、図書館、警察署、消防署、役所などが整備されている。


現在、入居者の高齢化、建物の老朽化、空き室の増加などの問題を抱えている。この問題は全国の団地に共通する課題でもある。

高島平団地では、高島平再生プロジェクトとして、再生に向けての活動が行われている。

各住戸へのアクセス型

各住戸へのアクセスは、階段室型と廊下型に大別される。

◉ 階段室型

階段室型は、廊下を経由せずに、階段で直接、各住戸にアクセスできるものである。

住棟の構成は、2戸で1つのタワー型住棟、もしくは、垂直通路となる階段室が複数設けられる2戸で1つの連続型住棟となる。

共同通路部分の面積が少なくてすみ、各住戸のプライバシーが守られやすい。低層、中層住宅に多く見られる。

◉ 廊下型

廊下型は、廊下の片側に面して住戸が配置される片廊下型と、廊下の両側に住戸が配置される中廊下型に分類される。

廊下に面する住戸の開口部はプライバシー面で配慮が必要になるが、戸数密度を高めることができ、一般的となっている。

共用廊下とメゾネット住戸との組み合わせによる住形式や、片廊下型に階段室型を複合した住棟形式なども多く見られる。

超高層住棟では片廊下型で並列型の住戸配置になる。住棟全体は大きな塔状V字型の平面形式や、各住戸の内周をめぐるループ状のセンターコア形式やボイド形式などが多く見られる。

異種機能を組み込ませた集合住宅の試み（東雲キャナルコートCODAN）

東京都江東区東雲1丁目にあった三菱製鋼の工場跡地を再開発して誕生した巨大住宅団地である。棟の高さは14階建てに統一されている。中央ゾーンには南北に貫くS字形のアヴェニューが設けられ、店舗、保育園、クリニックなどが並び、街路型のまちづくりとなっている。また、住戸内にSOHOを組み込ませることで、開かれた集合住宅の可能性を試みている。
2005年に建築・環境部門／環境デザインの分野でグッドデザイン金賞を受賞。

設　計：基本計画／都市基盤整備公団
デザインアドバイザー／山本理顕
1街区：山本理顕、2街区：伊東豊男、3街区：隈研吾、
4街区：山設計工房、5街区：ADH ／ WORKSTATION設計共同体、
5街区：元倉眞琴、山本啓介、堀啓二
ランドスケープデザイン：オンサイト計画設計事務所

構　造：鉄筋コンクリート造、一部鉄骨造
竣　工：1、2街区／ 2003年7月
3、4街区／ 2004年3月
5、6街区／ 2005年3月

086 コートハウス（Court House）

POINT

室内の延長として拡張されるプライベートな空間の魅力

コートハウスとは、2面以上を建物や壁などで囲われた、コートと一体の建築をいう。

このようなデザイン手法は、スペイン、ギリシャ、ローマ、イスラム、中国など、世界各地で古代より作られ、魅力的な住居環境を現在でも見ることができる。日本ではコートハウスに類似した形態として、坪庭（注）や光庭とよばれるものがある。

コートハウスの最大の利点は、人の視線を気にしないで住めることである。建築家の西澤文隆は、著書「コート・ハウス論―その親密なる空間」の中の「技法」という項目で、コートハウスに期待するものとして「敷地全体を、庭と室内を含めて、あますところなく住居空間として企画し、屋外にも残部空間を残さない住居であり、囲われた敷地の中に自然と人、室内と室外の緊密な関係を造り出す」と記している。

この期待を込めた指摘は、敷地全体を1つの建築として捉え、空間領域について、外部を含めてデザインを行うよう促しており、コートと室内の設えの関係性を的確に表現している。

例として、室内の仕上げと外部空間の仕上げを、同素材もしくは近い素材を用いるだけで、外、内部の空間がより強くつながり、拡張させることができる。

街の景観を作るうえでも、このようなコートハウスは魅力的な景観を構築しやすい。

（注）坪庭は、平安時代での寝殿造りの宮殿が起源とされる。寝殿造りの各建物を渡り廊下で繋げた間の空間を指している。この空間は「壺」と呼ばれていたが、後に「坪」の字を当てるようになる。桃山時代に京都の町家で坪庭のスタイルが一般化する。町家の間口が狭く奥に長い「うなぎの寝床」構造であることから、採光と通風を採り入れる目的で造られていた。

サヴォア邸（1929、フランス パリ郊外） ─中空に持ち上げられたコート

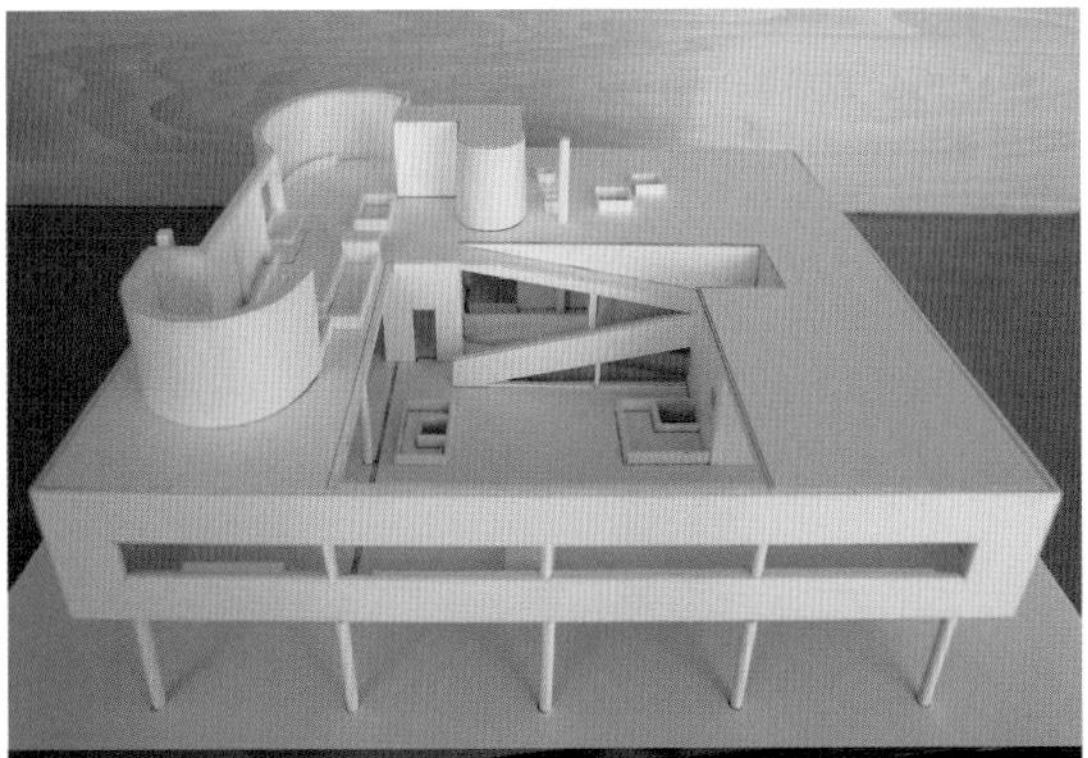

▲ 広間からコートを見る

※ル・コルビュジエが定式化した近代建築の5つの要点
1：「ピロティ」／2：「屋上庭園」／3：「自由な平面」／
4：「水平連続窓」／5：「自由な立面」

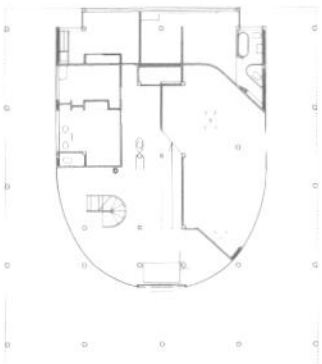

1F

2F

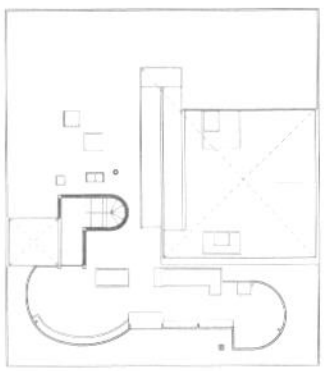

RF

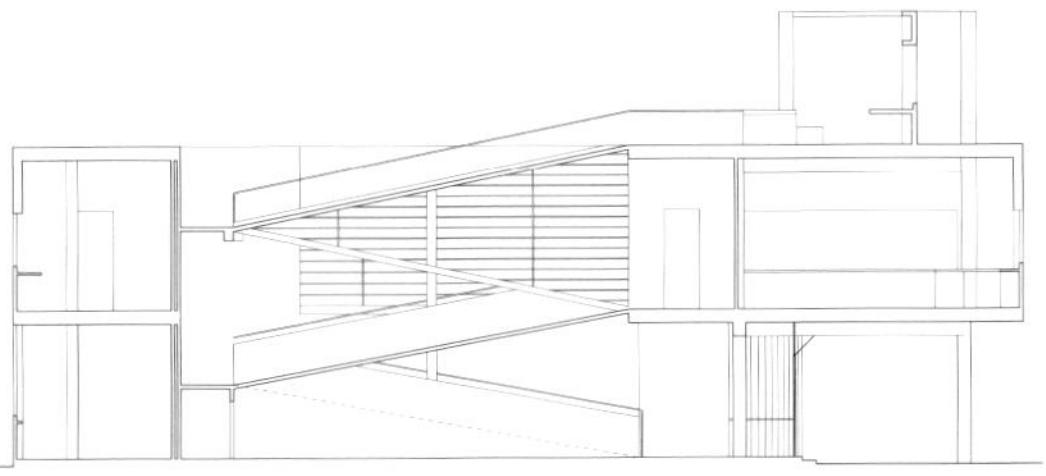

▲ 横断面図
ピロティから斜路で穏やかに上る。それは段々からなる階段から与える印象とは全く違った印象である。階段はひとつの階と他の階を切り離し、斜路は結びつける。
引用：Le Corbusier 1929-1934　作品集より

「多元的な魅力」を宿すサヴォア邸
1926年にル・コルビュジエが定式化した近代建築の5つの要点(※)を全て忠実に体現させた住宅である。
コートハウスは、敷地全体を建築で構成するため、敷地外部からの干渉を排し、プライベートな空間を作り出す。サヴォア邸はプライベートなコートに、連続水平窓によって内から外にフレーミングされた風景の切り取りによる視界の開放が設えられている。
1階のガラススクリーンがアールになっているのは、車でのアプローチに対応させたことによる。1階から屋階へ導くスロープと、U字型階段によりこの住宅に回遊性がつくられている。人の動きを誘導する「建築的散策路」によって、様々に知覚される事象がこの建築に奥行きをもたらしている。ピロティにより2階レベルに持ち上げられたコートは、広間とコートを含めたフロア全体の浮遊感と共に、空への近接感も生み出している。

▼ 2階から屋階へのスロープ

087 テラスハウス (Terraced House)

POINT

構造に耐久性をもたせ設備の更新を容易にするなどにより、テラスハウスの長期持続可能性を引き出すことができる

テラスハウスの定義としては以下の項目を満たすものをいう。

- 各戸が土地に定着
- 専用の庭を併設
- 連続建て（壁の共有）の集合住宅
- 低層（1階から3階）
- 2戸以上連続

テラスハウスは、19世紀のイギリスで、貧しい労働者住宅として大量供給されたのが始まりとされる。狭い間口をもち、大量に高密度に供給され、劣悪な生活環境を生み出していた。

１９５０年代から１９７０年代初めにかけて、これらの住宅を壊し、接地型ではない新しいタイプの集合住宅を建設するようになる。しかし、住戸が直接土地に接地していないという環境から不安を呼び、住宅の評判は定着しなかった。また、治安の悪化や高層階での精神的な不安を訴える事例が出ていること、そして、高層住宅で起きたガス爆発が引き金となり、解体間近の19世紀のテラスハウスが見直され、壊されずに生きながらえることになる。現在も現役で、改修されながら使われ続けている。

日本では、１９７０年代にテラスハウスが数多く建設されたが、現在は減少傾向にある。構造耐久性が低く、20年程度で建て替えの検討を余儀なくされるため、住民の合意を得ることが難しいという事情や、遮音性能の問題などが理由とされる。

１９６８年に建てられた東京都杉並区にある阿佐ヶ谷住宅も、現在、再開発が進んでいる。

テラスハウスの屋根のシルエット、住戸の前に広がる庭、住戸間のほどよい距離感、団地全体のボリューム。このテラスハウスは、当時携わったさまざまな設計者の思いが落とし込まれ、丁寧に作られていた。50年前のこの建築からは学ぶことは多い。

「阿佐ヶ谷住宅」のテラスハウス（1958年、東京都杉並区）

阿佐ヶ谷住宅(あさがやじゅうたく)とは、東京都杉並区成田東にある全戸数350世帯の、日本住宅公団によって造成された分譲型集合住宅団地である。
傾斜屋根のテラスハウスの設計は、前川國男建築設計事務所の設計によるもので、1958年竣工と同時に入居が始まり、2010年現在、再開発計画が進んでいる。

この団地の魅力を形成していたのは、緑豊かなパブリックスペースと、調和のとれた住棟配置、そして、特徴的な屋根形状をもつ三角屋根のテラスハウスである。
テラスハウスとは、右ページで解説したように、集合住宅でありながら、1階と2階を1家族が占有する住戸で、専用の庭が付随する戸建て住宅に近い形態をもつため、住戸としての魅力を創出しやすい。
屋根の高さを低く抑えたテラスハウス単体のスケールと専用庭との関係、そして、団地の敷地内に緩やかにカーブする道に沿って展開するテラスハウスの風景としてのリズム感などが、団地に気持ちのよい風景を作り出している。

阿佐ヶ谷住宅は、日本住宅公団の発足後、間もなかったこともあり、プロジェクトに参加した若い建築家の気概や理想の具現化が見られた希有な団地であった。

規模：2階建てテラスハウス232戸、3・4階建て中層棟118戸
設計：日本住宅公団(担当：津端修一)
　　　前川國男建築設計事務所(担当：大高正人)

写真：志岐祐一

088 タウンハウス（Town House）

POINT

コモンスペースを演出することで、魅力的な住宅環境を作り出せる

タウンハウスとは、テラスハウスと同様、接地型の住宅団地で、各住戸に専用の庭があり、1戸建て住宅を繋げたような形態をいう。

前述したテラスハウスとの違いは、敷地が共有となることである。敷地を共有とすることで、コモンスペース（ここでは集合住宅の中で居住者が共同で使用する共有空間を指す）やコミュニティ施設用地の確保、設備の整備が容易になり、良質な住環境が創出できる。例えば、ベンチやシンボルツリーなどの植栽を施し、共有部分の床の仕上げに煉瓦やインターロッキングブロックを敷き詰め、広場や建築との一体性をもたせる。このようにして居住者が共有空間としての意識を高めるような計画を行う。また、コモンスペースとプライベートスペースの境界に植栽などで緩衝帯を設けたり、あえてレベル差を作り出して、空間を有機的に絡ませるなどして魅力的な演出を行うことで、各住戸にまとまりを生み出す工夫を施す。このような設定を行うことで、住環境の質を高め、居住者のコミュニティ形成に役立たせることができる。ただし、コモンスペースの魅力がいつまでも持続できるように、タウンハウスの居住者間で管理協定を結ぶなど、コモンスペースの維持管理方法については、計画時に十分な検討を行っておく必要がある。

タウンハウスは、コモンスペースを演出することで、戸建ての住宅が集合する住宅団地よりも魅力的な街を作り出せるのだが、マンションなどの形態と違い、家並みとしてある程度のボリュームが街に作られる。つまり、周辺の景観にも少なからず影響を与えることになる。したがって、タウンハウスの屋根に地域性を反映させたデザインを考えることは、街に与える影響を考慮する意味で重要なデザイン要素といえる。

コモンスペースの演出

シンボルツリーが配されたコモンスペース

▲ **グリーンハイム手代木第一、第二（1982年、茨城県つくば市）**

設　　計：第一／納賀雄嗣
　　　　　第二／現代計画研究所　都市再生機構(UR)
構　　造：木造(2×4)
階　　数：地上2階
敷地面積：第一／ 3,997.91㎡　第二／ 7,214.15㎡
建築面積：第一／ 1,622.89㎡　第二／ 2,457.03㎡
延床面積：第一／ 2,654.06㎡（全25戸）　第二／ 4,651.87㎡（全37戸）

▲ **道路と宅盤のレベル差を利用した住戸床下の駐車スペース**

道路面のレベルとタウンハウス内のレベルに起伏が生じ、景観に変化をもたらしている。また、住棟ブロックの配置軸にバリエーションをもたせたことで、自然発生的な家並みが作り出されている。

このグリーンハイム手代木第一、第二共に、竣工してから2013年で31年目を迎える。現在でも建物そしてコモンスペースなど、美しく管理され、良好な環境が維持されている。
居住者間の共有意識がうまく作り出せている事例である。

◀ **グリーンハイム手代木第一**

コモンスペースにベンチが配され、床にはインターロッキングブロックが敷き詰められている。

◀ **コモンスペースとプライベートスペースの境界に植栽などの緩衝帯を設置**

089 コーポラティブハウス（Corporative House）

POINT

住まい手主導で作るコーポラティブハウスは、自分のライフスタイルや感性に合わせた住まいを手にすることができる

コーポラティブハウスとは、入居希望者が集まって組合を作り、組合が事業主となって用地の取得、設計者の選定、施工業者の手配などを行い、完成後の管理まで関わる集合住宅をいう。

コーポラティブハウスの発祥は、イギリスで200年ほど前に作られた建築組合、つまり組合員による相互金融の家作りであった。相互金融とは、組合員の掛金を蓄積させ、建設資金がまとまるたびに順番に家を建てていく方法をいう。20世紀に入って、ドイツや北欧諸国に広がり発展していった。現在、ドイツでは全住宅の10%、スウェーデンなどの北欧やニューヨークでは20%を占めるに至っている。

通常の分譲マンションなどは、業者主導で企画設計が行われるため居住者の意見が反映されることはないが、居住者参加事業であるコーポラティブハウスは、設計者と時間をかけて直接打ち合わせを行って設計を進めるため、自分のライフスタイルや感性に合わせた住まいを手に入れることができる。また、参加者が土地を直接取得し、工事の発注を直接行うことで、マンションデベロッパーの利益や広告費の削減が行えるというメリットがある。

さらに、参加者全員がお互いに協同して住まい作りを行うため、その過程で住民間のコミュニティが形成され、入居後の管理がスムーズに行われることが期待される。

しかし、この事業がなかなか拡がりを見せないのは、現行の分譲マンションに比べて多くの手間がかかること、計画から竣工まで多大の時間を要すること、そしてその手間の割に販売利益が見込めないという理由などがある。

近年では、業者の分譲マンションでも内装に自由度をもたせたスケルトン&インフィルによる分譲が推進されつつある。住まいに対する考え方が供給側にも徐々に変化を起こし始めている。

日本のコーポラティブハウスの歴史

日本でのコーポラティブハウスの原点とされるのは、1968年に「土地を共同で購入すれば安くなるのでは」と考えた4人の建築家によって、東京・千駄ヶ谷に建てられた建築が最初とされる。

そして、1970年に住宅金融公庫がコープ住宅に対して個人共同融資の適用を認めたことから、普及が急速に広まった。

その後、建設省（現国土交通省）の専門委員会の報告書によるガイドが作られたことや、全国的なコーディネーター組織の誕生など、コーポラティブハウスに対する環境整備が進んでいる。

コーポラティブハウスの魅力とは

コーポラティブハウスには、コーポラティブハウスでなければ実現できない魅力や利点がある。
そこに一緒に住むという賛同者どうしの関係性がもてることで、そこには穏やかな町内会のような関係性が存在する。また、このような住民間の関係性は、セキュリティの面でもリスク軽減に影響を与えている。1つの集合住宅が1つの街としての機能を醸成していく面白さがコーポラティブハウスにはあり、それが魅力を作り出している
反面、計画から竣工まで協議を重ねるため時間がかかるのが難点である。外観、共用部の意見の集約、ルールの統一などの調整に時間を要する。希望者が必要人数に満たない場合は計画が中止される場合もある。

◀ **経堂の杜（2000年、東京都世田谷区）**
この建築は、パッシブデザインの手法を採り入れて設計されたコーポラティブハウスである。建物全体が緑で覆われ、森の様相を呈している。また、このコーポラティブハウスは「つくば方式」（下記参照）を採用している。
主要用途：共同住宅、環境共生型コーポラティブハウス
構　　造：鉄筋コンクリート造
階　　数：地上3階、地下1階
敷地面積：784㎡

つくば方式（スケルトン定期借地権）とは

1992年の借地借家法改正に伴って、定期借地権制度が誕生した。この新制度では、借地期間を50年以上のある期間に取り決めて満了すると返さなければならない「一般定期借地権」（借地借家法22条）や、30年以上経過後に建物を地主が買い取ることのできる「建物譲渡特約付き定期借地権」（同23条）、10年以上20年以内で事業用に限る「事業用定期借地権」（同24条）がある。

このうち、共同住宅（マンション）の分譲方式の1つとして、22条と23条を組み合わせて作られたのが、スケルトン定期借地権「つくば方式」（建物譲渡特約付き定期借地権）である。建設省（現国土交通省）の建築研究所（茨城県つくば市）と民間企業が開発した方式であることから、通称「つくば方式」と呼ばれている。スケルトン定期借地権のマンションは、定期借地権なので安く取得することができ、コーポラティブ方式を採用しているので入居者による自由な設計が可能である。

マンションは、一般に30～35年目ぐらいになると、設備機器の老朽化により大規模な修繕を行う必要が生じる。分譲マンションではその費用が高額となり、入居者の合意形成が難しくなるが、30年目、建物の修繕状況に応じて修繕費の増減を行う大規模修繕を行えば、その費用の1/2を地主による買い取り価格に加算し、大規模修繕を行わなければ相当額を減額する。建物修繕については土地オーナーと個別契約となるため、入居者の合意形成も特に必要としない。

借地期間中に限らず、返還後も健全な管理状況の元で入居でき、入居者・地主双方にとってメリットの大きい住宅供給手法である。

メソードつくばⅠ（1996年、茨城県つくば市） ▶
つくば方式によるコーポラティブハウスの事例である。室内設計の自由度を高めるために大スパン構造を採用し、広い戸内空間を確保している。また、設備の融通性をもたせるため、2系統のパイプスペースを確保している。
主要用途：共同住宅、店舗
基本計画：小林秀樹
構　　造：鉄筋コンクリート造　　階　　数：地上5階
敷地面積：1,363.38㎡　建築面積：745.84㎡　延床面積：2,277.65㎡

090 コレクティブハウス（Collective House）

POINT

コレクティブハウスは、新しい地域コミュニティを創出している

コレクティブハウスとは、私生活の領域とは別に、コモンと呼ばれる共用空間を設け、食事、育児などをともにすることを可能にした集合住宅をいう。この住形式は北欧で始まった。

１９３０年代の北欧では、社会制度の整備とともに女性の社会進出が進んだ。集合住宅では、家事労働の外部への委託が進行し、ホテル住まいのような形態となっていく。

極端に家事労働がサービス化されていったため、家族の生活が失われるという事態になった１９７０年代には、働く女性問題の研究グループによる「生活を取り戻そう」という運動が起こり、これをきっかけとしてコレクティブハウスが生み出された。

コーポラティブハウスが土地を協同で購入して壁などを共有させることで相対的に費用を抑えるという建設に主眼をおいたハード的手法であるのに対し、コレクティブハウスは暮らし方に主眼をおいたソフト的手法といえる。

日本でコレクティブハウスへの関心が高まったきっかけは、阪神淡路大震災で共同生活を余儀なくされたことである。その頃から、日本でも各地にコレクティブハウスが作られ始めた。しかし、それは高齢者のためのコレクティブハウスが主に広まったものである。

２００３年には、東京都荒川区に「かんかん森」という名称の多世代が住むコレクティブハウスが日本で最初に作られた。

ここでは、0歳から81歳まで36人が暮らし、共有空間で調理や食事をし、菜園テラスなどで日常的コミュニケーションができる環境が作られている。

今日では、アパートのような小規模の集合住宅で共有空間（アトリエ）をメインの空間に設えた提案も見られる。コレクティブハウスの幅が広がりつつある。

コレクティブハウスの位置づけ

◉ ルームシェアリング

同じ部屋に共同で住むので、プライバシーは保ちにくい。

◉ シェアードハウス

最低限の個室と個室からはじいた共有空間で構成される大きな家をいう。最低限の個室とは居間兼寝室になるワンルームをいい、個室から除いた共有空間はリビング、キッチン、シャワールーム、トイレ、トランクルームなどをいう。

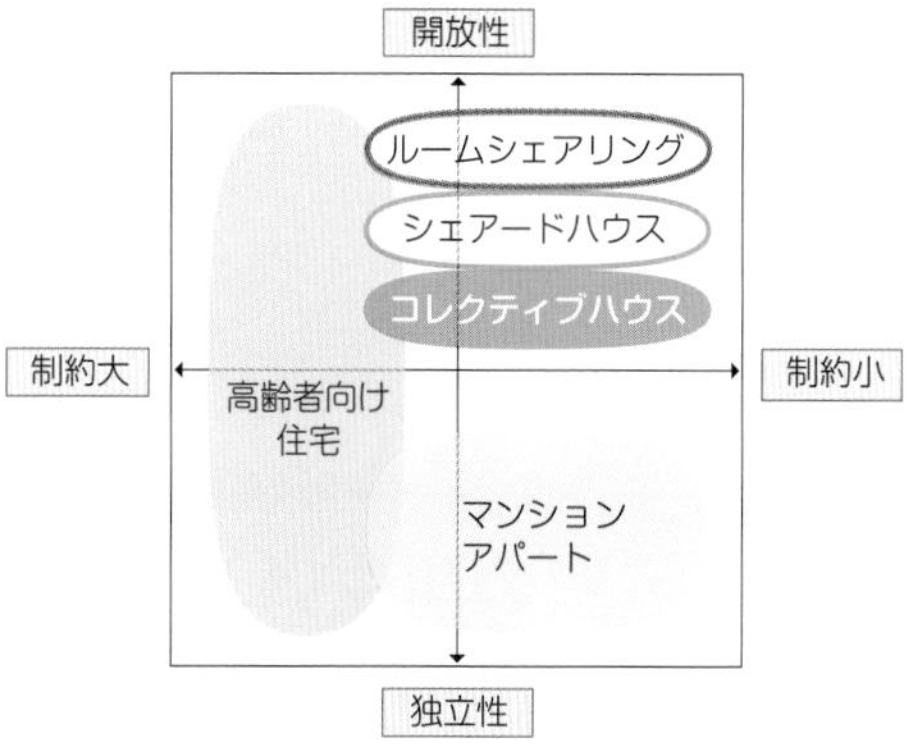

アトリエを共用の場として設えた「ヨコハマアパートメント」(2009年、横浜市)

▲ 入居者は各住戸へ共用空間から専用階段でアプローチ

この建築は、若いアーティストを対象とした集合住宅で、共用の場をアトリエ(制作の場)として特化させた、ある意味コレクティブハウスの概念に近い住まいである。
アパートの1階に半屋外となっているアトリエを設置し、そこにアイランド型キッチンやトイレなどが設けられ、共益費で購入された机が置かれている。この場は、入居者の共用の制作・発表、生活の場でもある。
この共用空間ではさまざまな形でイベントが行われ、入居者、地域住民、イベント参加者などの交流の場ともなっている。

設　　計：オンデザインパートナーズ
設計協力：坂根構造デザイン
構　　造：木造在来工法、地上2階建て
敷地面積：140.61㎡
建築面積：　83.44㎡
延床面積：152.05㎡

日本初の多世代型コレクティブハウス「かんかん森」(2003年、東京都荒川区)

この建築は、上層階に高齢者住宅、1階に内科診療所および保育園が設けられ、住人が共同で使用するリビングルーム、ランドリールーム、ゲストルーム、菜園などがある集合住宅である。共同の食事や暮らしのための自主的な活動、個々の住戸における独立した暮らしの両立が目指されている。

問合せ／（株）コレクティブハウス

設計：小谷部育子・LAU公共施設研究所
構造：RC造

091 長屋と町屋

POINT

長屋や町屋の再生は、街に対する新しい価値創造を導く

長屋

長屋とは、複数の住戸が水平方向に連なり、壁を共有して長い棟を形成する住戸形式をいう。東京都中央区月島の街並みは、今でも長屋のイメージが残る。

長屋という形式が生まれたのは100万人を抱える大都市だった江戸中期である。その人口のおよそ半数にあたる町人が江戸全体の1割半にも満たない土地へ追いやられたためである。長屋1戸の大きさは、小さいもので、間口9尺（2.7ｍ）、奥行き2間（3.6ｍ）だった。玄関と台所兼用の土間と板敷きがある1畳半のスペース、寝室兼、食卓兼仕事場の4畳半のスペースの2部屋という構成である。当然、押入れなどの収納スペースはなく、布団などはたたんで部屋の隅に置いておいた。

町屋

町屋とは、都市の中心部や宿場町などに立地した都市型の職住併用住宅や、仕舞屋（しもたや）と呼ばれる専用住宅をいう。長屋は集合住宅で、町屋は独立住宅である。

町屋は間口が狭く、奥行きのある敷地に建てられるのが特徴で、通称「うなぎの寝床」と呼ばれる構造である。

再生

長屋や町屋を再生させて居住する事例や、街おこしとして景観保存を行うなど、建築的な価値を再認識する機運が高まりを見せている。

空洞化が進む地方都市の中心街は、シャッター通り、空き店舗、空き地、建物の老朽化の放置などの問題を抱えている。このような地域に残る町屋などの改装や再生を行うなどして、テナントを誘致する街作りの再生事業が地方都市の各所で行われている。

長屋や町屋の魅力とは、木造建築のもつ独特の風合いであり、またそれらが連なって景観を構成している歴史性に情緒を見出せる点である。

江戸の長屋（東京都中央区月島）

月島近辺は1882年に埋め立てが完了した。埋立地であるため、起伏がなく平坦な土地となっている。江戸時代の街区割りが月島にも転用された。第2次世界大戦時に火事で焼失しなかったため、現在も当時の面影を残している。高密度住居地でありながら、やさしいコミュニティが感じられる。

◉ 棟割長屋（9 尺× 2 間）

棟割というのは、狭い敷地により多くの人間を収容するために屋根の棟のところで仕切って背中合わせに部屋を作っている形で、両隣だけでなく背中合わせにも隣家が繋がっている構成となっていた。

◉ 割長屋（2 間× 2 間）

1 階が 6 畳間で、2 階に 4 畳ほどの部屋を有する長屋で、2 階の昇り降りは梯子を利用する。

◉ 表長屋（2 間× 4 間半）

表通りに面する長屋で、菓子、小間物、荒物などを扱う店舗住宅などがあった

◀ **上写真：**
長屋模型写真（東京都江戸東京博物館常設展示）
■東京都江戸東京博物館
墨田区横網1-4-1 / 月曜休館
http://www.edo-tokyo-museum.or.jp/

土浦の町屋（茨城県土浦市）

霞ヶ浦に面した土浦は、古来より大津郷と呼ばれ、霞ヶ浦水運の要衝にあり、商業が発展した。
旧水戸街道沿いに残る町屋には、1833年の大火以降に建築された土蔵造りの商家が残されている。

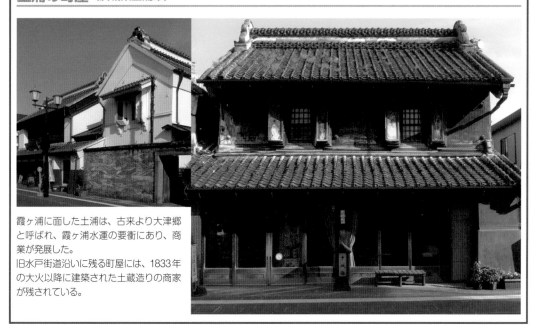

092 商品化住宅

POINT

顧客ニーズの変化が、商品化住宅のあり方を変える

商品化住宅とは、商品としての価値を追求したプレハブ住宅を含む規格住宅のことをいう。

住宅の商品価値を高めるため、顧客のニーズを発掘するべくマーケティングが行われ、その時代の時々で、人の欲求を貪欲に採り入れ、商品に反映させてきた。台所や風呂などの設え、材質、色、外観に対する趣向などの反映、そして、クレームなども住宅の基本性能（遮音や断熱性などの室内環境）の向上に寄与させている。

住宅産業の未来

今までは戸建て住宅の主力購買層だった50代の住宅建て替え層だが、ここにきて経済情勢の悪化のためと思われる買い控え傾向が続いている。そのため、住宅メーカーは、雇用不安のより少ない30代の若年層を対象とした商品展開を行っている。しかし、30代が思い描く住まい像が、豪華で華美に演出された住まいから、シンプルに洗練された都会のスタイルに向けられ始めており、住宅展示場を住宅購入の導入口とする販売手法が限界にきている。これらの指向性が変化した「都心に住む30代」の取り込みに、住宅メーカーが建築家とともに商品開発を行う事例なども増えている。

また、太陽光発電を屋根全面に使ったゼロエネルギー指向住宅や、燃料電池によるエネルギー供給なども普及が始まっている。住まいの耐震性や耐久性に加え、前述の環境技術性能など、住宅の性能が上昇し、住宅寿命は長くなってきている。そうすると、当然住宅着工件数の減少に繋がってくる。これからは、長寿命化をベースとした「住み継ぐ」ことを無理なく行えるようなシステムを構築すること、ライフスタイルや住生活などのニーズの変化に能動的に対応できる、産業としてのポテンシャルを高めていくことなどが要求される。

ビジネスモデルの転換

日本の住宅生産の工業化（プレハブ住宅）は、生産性を高める功績を果たしてきた。しかし、少子高齢化による人口減少に伴い、住宅着工数は減少傾向にある。ここにきて、住宅ストックの不足していた時代に確立された、大量生産、大量供給を前提としたプレハブメーカーのビジネスモデルの限界が見えてきた。これから建てる住宅に対して、長寿命化や省エネルギー設備の充実を目標として掲げるだけでなく、中古住宅市場を踏まえた、フローからストックの時代に適合させるビジネスモデルの転換が促されている。

◉「住み継ぐ」

少子高齢化による新築需要減少への対応、資源の有効利用の観点から、取得した住宅をメンテナンスなどにより維持管理し「住み継ぐ」（長期間住み続けることもしくは他者に当該住宅を引き継ぐこと）ことが無理なく行える住宅システムの構築が必要とされる。長期にわたる「住み継ぐ」住まいは、良質な住宅であることが前提となる。

◉ インフィルのオープン化

住宅の長期使用のためには、スケルトン（構造躯体）とインフィル（設備・内装）とを分離して管理する対応を進める。

スケルトンについては、プレハブメーカーはスケルトンの工法の技術改良を進めてきており、さらなる技術改良が期待される。

インフィルはメンテナンスの対象となる。そのメンテナンス費用をいかに低廉化するかが求められており、その場合、個々の住宅の構造、使用されている建材、設備などがデータベース化され、それが開放されていくことで、さまざまなメーカー、業者によるメンテナンスが可能となり、新規の参入者が促進され、市場が活性化されることが期待できる。

資料：
「今後の住宅産業のあり方に関する研究会
ー議論の中間的な取りまとめー」
経済産業省

住宅展示場には、複数の住宅メーカーがモデルハウスを建てている総合住宅展示場と、個別の住宅メーカーが直接運営展示する単体住宅展示場がある。総合住宅展示場は複数の会社を比較検討できるメリットがある（上下の写真とも総合住宅展示場）。

093 機能性住宅

POINT

機能性住宅には、高齢者住宅、モビリティーハウス、バリアフリー住宅などがある

機能性住宅とは、住宅に特別な機能を特化させた住宅をいい、以下に示すいくつかのタイプがある。

高齢者住宅

機能性住宅は、１９８０年台後半に高齢者専用の住宅として作られ始めた。現在の日本は、高齢者のいる世帯が全体の３割以上を占め、２０１５年には4割に達し、その約半数が高齢単身または高齢夫婦世帯になるといわれている。

　このような背景があり、高齢者に配慮した高齢者専用の住まいが、介護付、賃貸、専用、共同など、さまざまに作られている。多くの高齢者は、現在住んでいる住宅に住み続けることを望んでいるが、今後はただ住み続けるだけでなく、高齢期にふさわしい住宅への住み替えが行われ、その中での新しい提案が注目されていくだろう。

モビリティーハウス

モビリティーハウスとは、車椅子で生活する人や歩行が困難な人が、日常生活を安全かつ不自由なく行えるように配慮された住宅をいう。

　車椅子での移動に配慮した廊下幅の確保、段差の解消、間口寸法の確保、トイレの広さ、キッチンや洗面台下をオープンにさせるなどの配慮が必要となる。

バリアフリー住宅

　身体機能が衰えた人や健常者などの区別なく、ともに不自由のない生活ができるように配慮された住宅をバリアフリー住宅または長寿社会対応型住宅という。

　高齢者などの寝室はトイレと同一階に配置し、台所から食事室、洗濯室から物干場などへ物をもって移動する動線を短くし、門から玄関、玄関の上がり框の段差などをなくし、車椅子での移動に配慮した廊下やトイレの十分な幅を確保するなど、安全で暮らしやすい家を作り出すことを目的とする。

バリアフリー住宅「桜の家」

この建築は、高齢者の1人暮らしのための住まいとして計画された。1階に息子が診療を営む整骨院（診療所）が設けられ、2階に母親のための生活スペース(専用住宅)が確保されている。
構造はRCで、薄肉ラーメン構造による門型の架構を採用して壁柱とすることで、柱型によるデッドスペースの発生を極力抑えている。2階までのアプローチは、高齢の居住者を考慮し、ホームエレベーターを設けている。寝室、トイレ、洗面室などは、容易に移動できるように回遊性をもたせたプランニングとし、床の段差、間口寸法など、モビリティーハウスとしても機能できるような設えとしている。

構　　造：鉄筋コンクリート造、地上2階
敷地面積：103.46㎡
建築面積： 65.67㎡
延床面積： 99.82㎡

▲ 浴室と洗面室の床面を揃え、洗面は車椅子対応型ホスピタリティカウンター

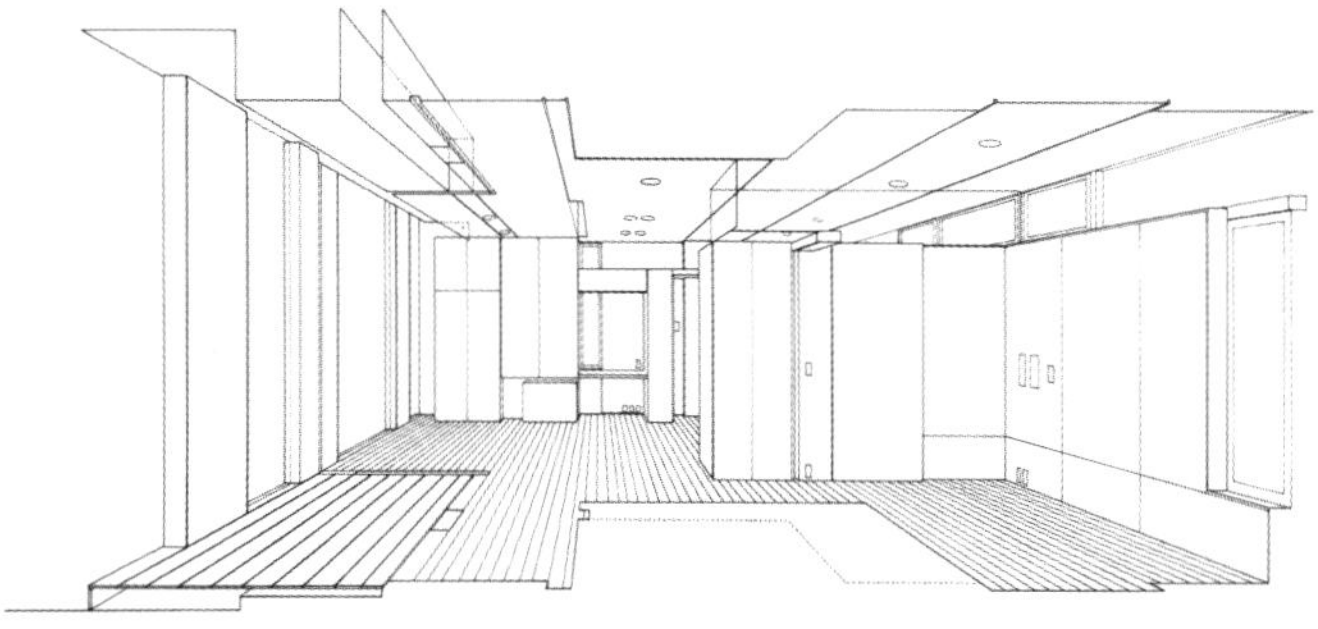

断面パース

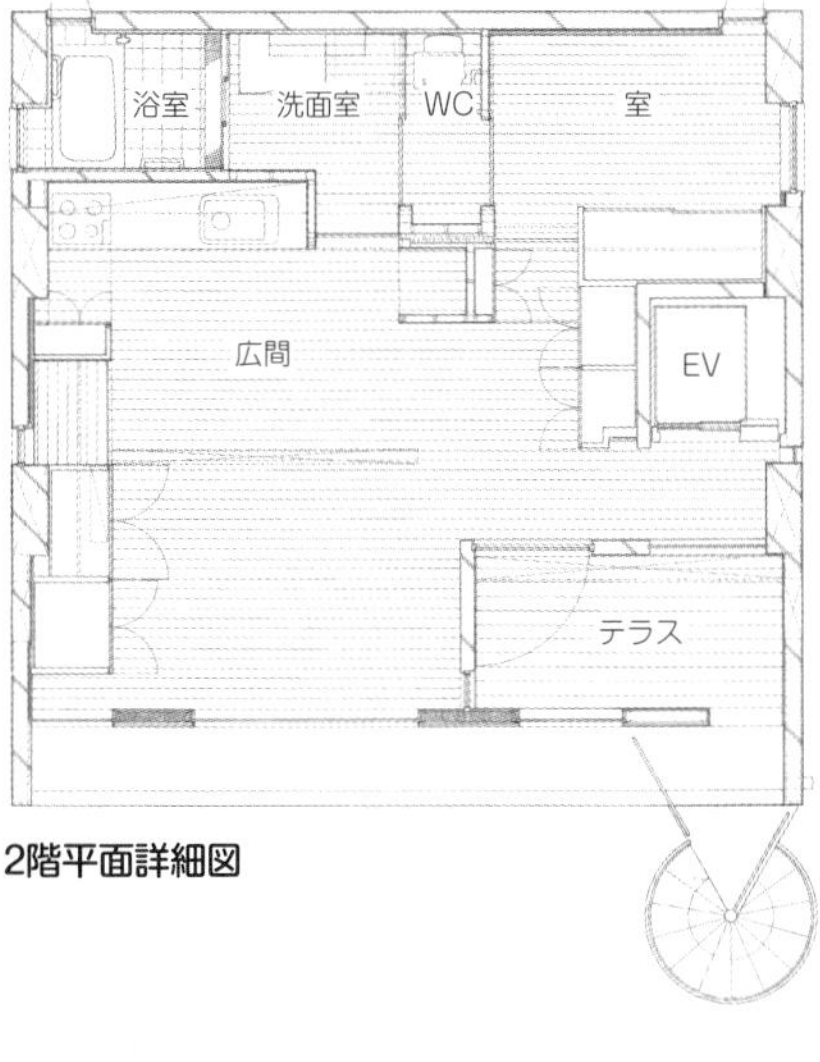

2階平面詳細図

▼ 寝室、トイレ、洗面室の扉はすべて引き戸とし、回遊性をもたせた動線

1
2
3
4
5
6
7
8

094 パッシブデザイン

POINT

機械に依存しないパッシブデザインは、敷地のもつ気候風土を的確に読み解くことが求められる

「パッシブ」とは受動的、受け身などを意味し、対語は積極的を意味する「アクティブ」である。

通常、住宅で用いられる冷暖房設備は、電力、ガス、灯油などによるエネルギー供給を受けて動かす冷暖房が機能している。これらはアクティブな建築設備方式といえる。

パッシブデザインとは、このような機械力に依存せず、太陽熱、太陽光、雨水、風力などの自然エネルギーを直接利用して建築的に解決する建築デザインをいう。このパッシブデザインを行うには、敷地の環境特性、気候風土などを正確に読み解くことが求められる。風が季節によってどのように変化していくか、湿度の高さ、日照時間、敷地形状、隣地の建物、植生などによる影響の有無について調査を行った後、建築本体の設計にとりかかる。

このようなパッシブデザインの手法は、最近作られた手法ではなく、古民家などで古くから行われていた。

「母屋の南側が平坦で、北側に山がある環境では、夏の日差しを受けた南面の庭で上昇気流が発生し、北側の山面から冷気を室内に呼び込むよう、南北に風が通る開口部が設えられていた。また、南から受ける輻射熱を遮る目的で母屋の南側に生垣を作り室内への熱の侵入を防いでいたりと、周囲の敷地環境を丁寧に読み解いて、的確なパッシブデザインがなされている」

右記は、日本各地で一般的に見られる事例をモデル化して表現したもので、特殊な事例を紹介したものではない。

パッシブデザインによって作られる室内気候は自然エネルギーに依存しているため、温度変化が緩やかになる。これは、人に対してストレスを与えないという意味で、人の健康にも良い影響を及ぼす。機械に依存しない住まいの快適性が見直されている。

パッシブデザインの手法

パッシブデザインとは、敷地固有の自然エネルギーを最大限利用し、環境と調和させて建てるデザイン手法をいう。

◉ 自然エネルギー利用試みの概要

- 夏場を快適に過ごすため、自然の風を取り入れ、冬場は閉じてなるべく熱を逃さないようにするため、季節によって吹く方向の変わる卓越風(季節風)の方向を把握し、開口部の計画を行う。また、植物による防風、通風の検証を行う。
- 冬場の太陽熱の取り入れ、夏場の温度上昇を防ぐため、日射を遮断するための開口部、庇、外構計画での工夫を行う。
- ハイサイドライトなどによる積極的な太陽光による採光を計画し、日中の照明利用を抑える。
- 室内の熱変動を少なくするよう気密や断熱性能を検討する。
- 採涼、採暖のために土中熱や地下水を利用する。

これらの条件は敷地環境により異なるため、1つ1つの条件の検討を重ね、過去の気象データも検証し、年間の変動要因をできるだけ少なくし、最適解を見出す設計を進めることが求められる。

▲「経堂の杜」(→089)に見るパッシブデザイン手法

集合住宅(コーポラティブハウス)の外部環境として、植物(落葉樹)による積極的な緑化を行うことで微気候環境を作り出している。また、冬の日射を考慮して、懐の深い共用庭の配置、風の道の取り込みなどで、自然の空調装置としての役割をもたせている。冬の日射や夏の夜間冷気を躯体に蓄熱させるため、外断熱工法なども採用している。

企画・コーディネイト・写真：(株)チームネット

屋敷林はパッシブデザイン

農村地帯によく見られる屋敷林にはどのような役割があるのだろうか。一般的に、屋敷林は防風林として認識されているが、実は多面的な役割を担っている。

◉ 防ぐ役割

防風、防砂、防潮、防塵などの対策、そして、延焼を食い止める防火効果もある。
また、河川に近く、過去に洪水が頻発した地域では、川上に幹の太い樹木を植える場合がある。これは、流木などから母屋を守ることを目的としているとされる。

◉ 住まいへの役割

屋敷林があることにより、夏は植物の蒸散作用で周囲の熱を取るため、夏季の猛暑を和らげる。また、冬は季節風を防ぎ、安定した環境を保持する。

◉ 裏山としての役割

屋敷林は「やま」とも呼ばれ、山麓地域にある農家の裏山の役割をもつ。屋敷林から供給される落葉、落枝、間伐材などは、風呂や台所の燃料としての供給源となり、広葉樹の落葉は、燃料として用いた後、灰が肥料となる。また、屋敷林に植樹される杉は建家の増改築に使われ、ケヤキは造作材に、クルミやクリなどは土台などに用いられる。果樹は食用となるなど、裏山的な機能をもたせている。

屋敷林は、さまざまな自然エネルギーのポテンシャルを生かしたデザイン、つまりパッシブデザインとなっている。
都市空間においても、このような屋敷林に見られる機能を、公園や建築の外構植栽に積極的に転写させる事例が見られる。

095 ゼロエネルギー住宅

POINT

ゼロエネルギー住宅は、戸建て住宅だけでなく、集合住宅においてもさまざまなモデルが生まれている

ゼロエネルギーとは、年間のエネルギー消費と発電エネルギーの収支をゼロにすることをいう。高気密、高断熱の施工、風の通りについての設え、冬季の日射エネルギーの取得や夏季の日射に対する遮熱などのパッシブ的な設えを行い、太陽光発電、地熱、空気熱、排熱などでエネルギー供給をまかなうなどの仕様を用いてエネルギー消費を抑えこみ、エネルギー収支をゼロにする。現在、ハウスメーカーなどでさまざまな試みが行われ、販売棟数も増えてきている。

ゼロエネルギー住宅団地

２００２年、イギリス・ロンドン南西部に再生可能エネルギー専門のコンサルタント会社と建築家との協同事業で、先駆的な試みがなされた「ベディントン・ゼロエネルギー住宅団地」が作られた。この住宅団地は80戸の住宅と200人が働くことができるオフィスやワークスペースから構成されている。「持続可能性を容易なものとし、魅力的で、購入可能なものとすること」を目標に、持続可能な方法で生活を営むことができるようにすることが、このプロジェクトの狙いとなっている。

住まいと職場が同じ敷地内に共存しているのは通勤のエネルギー消費をなくすためである。団地の象徴的なデザインである屋根の上に設けられたカラフルな換気塔群は、アパートやマンションとオフィスを含めた１６００㎡の空間を電力を用いずに換気するシステムとなっている。最上階に設けられた屋上テラスと屋根にはソーラーパネルが敷き詰められ、発熱と発電を同時に行う機器、地熱ヒートポンプ、廃水リサイクルなど、環境的な配慮が徹底して行われている。

また、環境や持続性に興味をもって入居してくる人に対して、電気自動車のシェア組織作りや各種教育イベントなども開催されている。

ベディントン・ゼロエネルギー住宅団地（BedZEDコミュニティ）

◀ 回転換気塔
（エネルギー供給を伴わない
風力による換気口）

◀ 太陽電池パネル

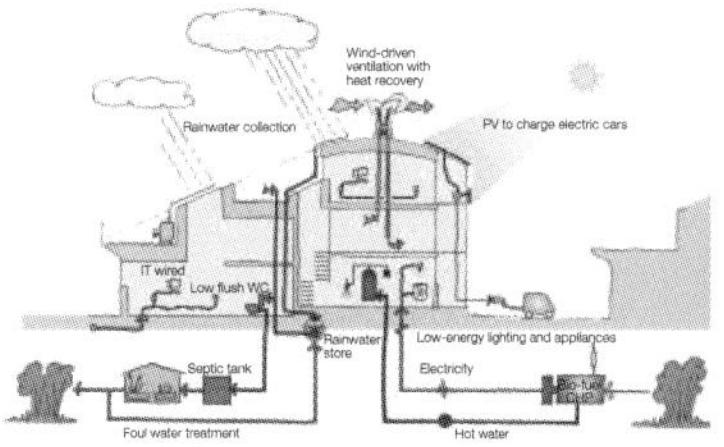

▲ 機器、電気系統図

▼ ビル環境解説図

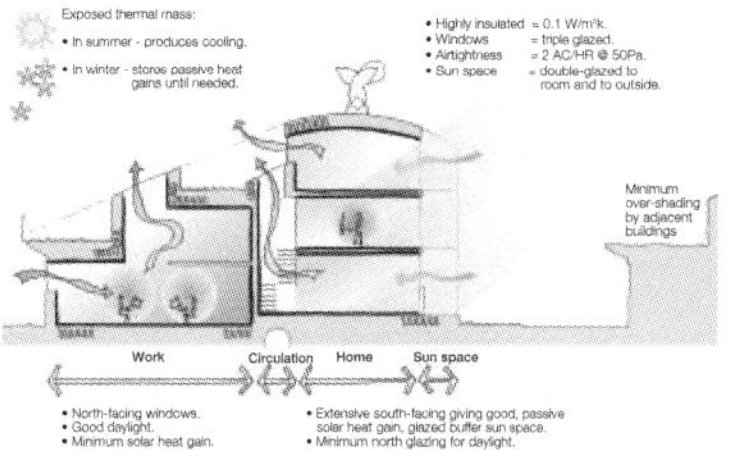

資料：THE ARUP JOURNAL 1/2003
写真：telex4

上の写真のウィンドカル(回転換気塔)は風力を使って換気するシステムで、人工的なエネルギーは使われていない。換気筒下部には熱交換器が設置されていて、排気に含まれる熱は、ここで回収されて再び建物に戻される。

屋根面に設置されている太陽電池パネルは700㎡にもなる。

外壁と内壁との間に使用されている断熱材の厚みは、厚いところで300mmもあり、北欧の基準よりも厚い。

外壁に煉瓦が緻密に積まれていること、コンクリートによる天井など、気密性の確保が随所に行われている。

◉ BedZED プロジェクト概要

事業主：ピーボディー財団、バイオリージョナル
設　計：ビル・ダンスター
所在地：イギリス・ハックブリッジ、サットン

ZEH（ゼッチ：net Zero Energy House）の推進

我が国では、エネルギー基本計画（2021年10月閣議決定）において、「2030年度以降新築される住宅について、ZEH基準の水準の省エネルギー性能の確保を目指す」とともに、「2030年において新築戸建て住宅の6割に太陽光発電設備が設置されることを目指す」とする政策目標を設定している。

2020年には、ハウスメーカーが新築する注文戸建住宅において、約56%がZEHとなった。

ZEHの定義：
快適な室内環境を保ちながら、住宅の高断熱化と高効率設備によりできる限りの省エネルギーに努め、太陽光発電等によりエネルギーを創ることで、1年間で消費する住宅のエネルギー量が正味(ネット)で概ねゼロ以下となる住宅（家電製品のエネルギー収支は除く）。
地域的制約等がある場合を除き、太陽光発電等の創エネ設備と一体であることが原則とされる。

096 バイオクライマティックデザイン

POINT

バイオクライマティック（生態気候的）デザインは、第3世代の環境形成技術として期待されている

日本では、古民家などに見られるバナキュラー（→107）な環境形成技術を第1世代デザインとすると、第2世代デザインは、人工環境技術の発展に伴い、室内気候を外界と遮断するように人工環境を作り上げた20世紀の建築が該当する。

技術の進展は、砂漠であろうと、極寒の地であろうと、地域環境を問わず均一な室内環境を作り上げることができるようになっている。住宅なども、高気密、高断熱化の促進が行われ、外部と隔絶された人工環境が作られた結果、シックハウスの問題を引き起こす弊害も生じさせた。

しかし、エネルギーの大量消費による環境負荷削減が求められている現在では、持続可能性の観点からも、今までのような環境制御技術を進展させるものとは違う、新しい自然環境との関わりを作り上げなければならない時期にきている。

そして、第3世代として注目されているものにバイオクライマティックデザインがある。

バイオクライマティックとは、バイオ（生物、生命、生態）＋クリマティック（気候、風土）の合成語で「生態気候」の意味になり、生態気候的デザインを指す。

このバイオクライマティックデザインの特徴は、地域性であり、場所性の重視にある。

第1世代のバナキュラー建築は、場所性のポテンシャルを最大限高めて計画されていた。

第3世代は、第2世代のように外部と隔絶させて室内気候を作り出すのではなく、その地域、場所での自然のポテンシャルを最大限引き出し、利用することに注力するものである。バナキュラー性を採り入れ、緩やかな微気候を室内に作り出し、制御を行い、居住環境の質を高めるデザインである。

伝統的民家から学ぶバイオクライマティックデザイン（沖縄県中頭郡北中城村：中村家住宅）

中村家住宅は、重要文化財に指定されている豪農の住宅である。

南向きの緩い傾斜地を削って、背面の三方に石垣を積み、正面に石牆《せきしょう》を築いた敷地には、主屋をはじめ、アシャギ（離れの座敷）、前の屋、籾倉、フール（豚小屋）の附属屋（いずれも重要文化財）など、屋敷構え一式がそっくり残されている。

これらの建物は18世紀中頃に建てられたとされる。建築の構造は、鎌倉・室町時代の日本建築の流れを受けているが、各部に特殊な手法が加えられて、独特の住居建築となっている。

屋敷は、南向きの緩い傾斜地を切り拓いて建てられており、東、南、西を琉球石灰岩の石垣で囲い、その内側に防風林の役目を果たしている福木(注1)を植え、台風に備えている。沖縄では南方向からの風が主なので、間取りは、風の通りを考え、南に開き、風が抜けるような設えとなっている。

建物は基壇で上がった所に建てられ、雨水の浸入を防いでいる。低い軒とアマハジ(注2)は強い日差しを遮り、影を作る。

沖縄の気象条件は、風、太陽光、気温、降雨など厳しいものがある。このような伝統的な民家形態には、それらの気候風土を読み込んだ建築的な設えを各所に見ることができる。

▲ **高倉（たかくら）**
穀倉として用いられる高倉は、沖縄在来の形式である丸柱ではなく、住まいと同じ角柱が使用されている。壁や床が板張りであることも特徴である。屋根裏の傾斜はネズミの侵入を防ぐための「ネズミ返し」となっている。

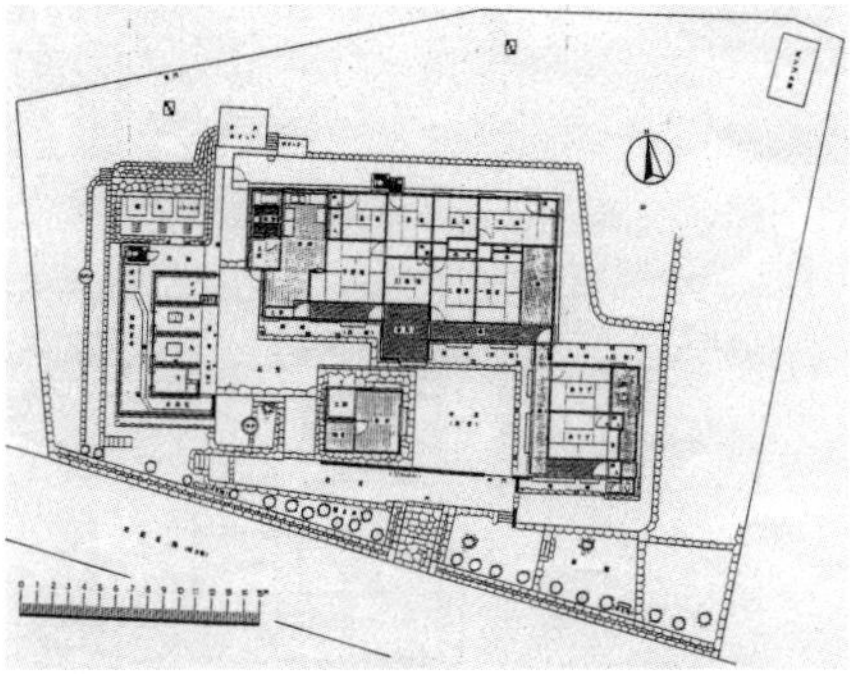

（注1）福木（ふくぎ）
インド原産のオトギリソウ科フクギ属の常緑高木で、強い風に耐えるため防風林として植えられる。
（注2）アマハジ
沖縄の民家（母屋）の、おもに南面と東面の軒に差し出した庇、または、その下の空間部分をいう。雨端柱と呼ばれる自然木の独立した柱で屋根を支える。内部空間と外部空間が交流する中間地帯であり、玄関をもたない沖縄特有の民家建築様式においては、外来者との接客の場でもあり、横なぐりの風雨や直射日光をさえぎるために効果的で、蒸し暑さをしのぐための工夫といえる。

◀ **中村家住宅配置図**　提供：中村家住宅

Off the Grid House

「Grid」とは電気やガス、上下水道などの中央集権的なインフラを指す。

都会での生活は「Grid」に接続されていることで快適な生活を送ることを可能としている。インターネットが普及している現在ではネット回線を通じて家電などの設備機器、自動車までも最適に制御し、エネルギー消費を抑える「スマートハウス」（スマートハウス→020）と呼ばれるシステムの普及が図られている。どの家電でどの時間にどれだけ消費したかなど、個人レベルできめ細かくトレースされるようになってきた。

「Grid」と「個」との繋がりは、時が進むにつれ、より繊細に管理されたものになっていく。

「Off the Grid」とは、上述のような中央集権的なインフラからの開放をいう。

息の詰まるようながんじがらめの「Grid」から脱却し、再生可能エネルギー源（太陽光、風力、流水など）をベースに据える生活スタイルを目指した、自家消費型インフラを備える自主独立型住宅を「Off the Grid House」という。

エネルギーを風力や太陽光に頼れば、時間帯によって設備の使用ができず、不便さに甘んじなければならなくなる。

中央集権的なインフラから離れることで得られる自立しているという充足感、また便利さの対になる不便さは、監視、管理されることからの開放でもある。

「Off the Grid House」には数値化されない精神的な開放感を享受できる贅沢さがある。

Lemm Hut

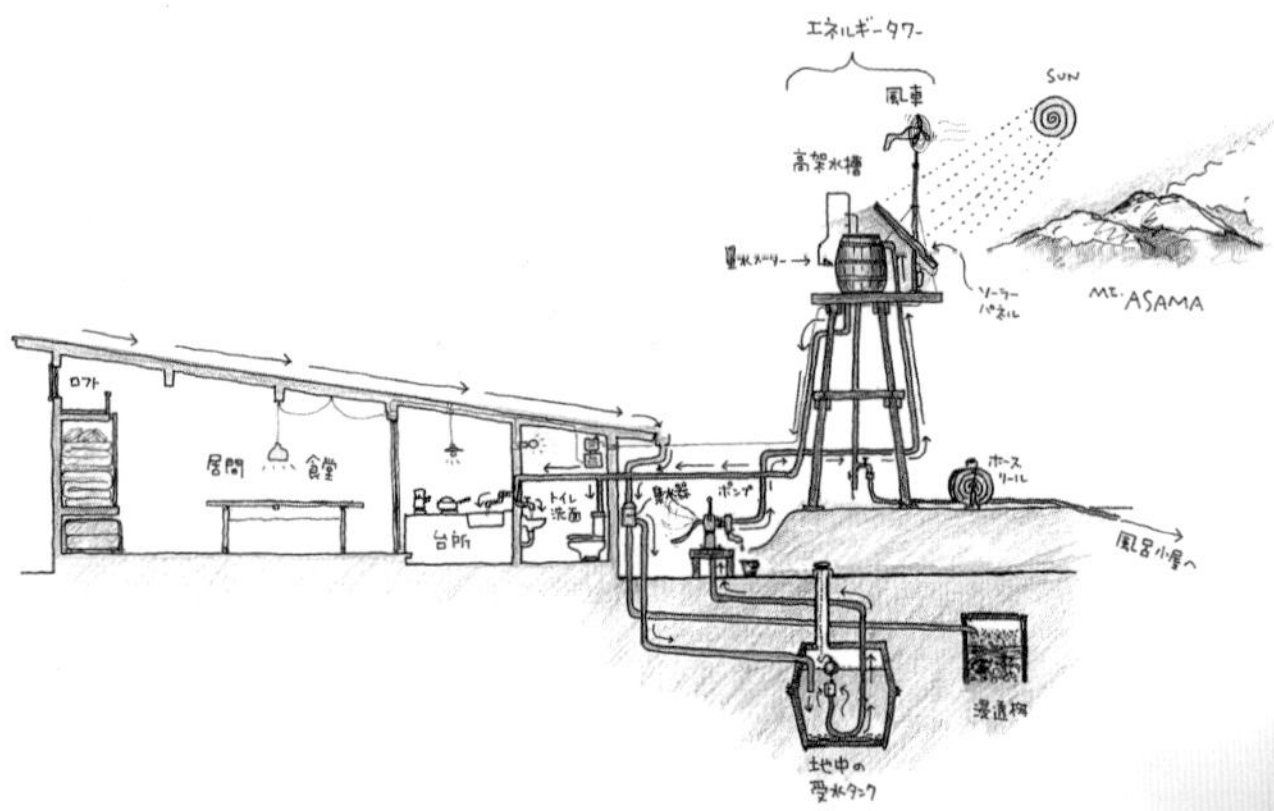

建築家の中村好文が、電線、ガス管、水道管など何も繋がれていない住宅をつくりたいという思いを実現させた住宅。

以前、この場所に住んでいた開拓者の住居と土地を借受け、構造体であったブロック壁のみを残して増改築した。電気はソーラーパネルや風車を使って蓄電。小屋の片流れ屋根から集められた雨水は水槽に溜められ生活用水として使用。台所の火力は自ら考案した七輪レンジを用いている。風呂は薪炊きによる五右衛門風呂。

小屋の前面には広大な佐久平盆地が広がる。

写　真：雨宮秀也
スケッチ：中村好文

▲ **エネルギータワー**
ソーラーパネル、風車、高架水槽などを備えている。高架水槽には内側に炭が塗られたウイスキー樽を使用。
所 在 地：長野県北佐久群御代田町
建築面積：約50㎡
用　　途：別荘
設　　計：中村好文
施　　工：丸山技研+レミングハウス
竣 工 年：2004年

CHAPTER 8 ……… 建築とは

097 「建築」とは

POINT

英語の「architecture」と日本語の「建築」

「建築」という語を広辞苑（第6版）でひも解くと、「［建築］（architecture）（江戸末期に造った造語）家屋・ビルなどの建造物を造ること。普請（ふしん）。作事（さくじ）」とある。

その建築という語が一般に認知されるようになった経緯は、1868年、建築家の伊東忠太により、当時の「造家学会」を「建築学会」に改称して、建築という語の流布を図ったものとされる。

伊藤には、もともとこの造家学会の「造家」という語には芸術的な意味合いが抜けているとの思いがあった。そのため、建造物（building）などのような機能的な構築物とは一線を画すべく、建築という語に芸術性を込め、改称を行った。しかし、建築の意味は、本人が意図したようには一般に認識されず、曖昧な理解となってしまった。

また、建築構造学者の佐野利器の出現や、関東大震災などの影響で、建築の語には工学的傾向が反映されるようになる。広義には、建築は土木との区別として認識されるにとどまり、現在でもそのような認識は継承されている。

英語の「architecture」は抽象名詞であるから複数形をとらない。つまり、物理的な建物を指す言葉ではなく、文化および芸術上の概念であり、建物に込められた「方法や表現」を指している。

コンピュータの原理（computer architecture）なども「アーキテクチュア」と呼ぶ。日本語の建築という言葉にはアーキテクチュアとして用いられる場合もあるが、一般的には「ビルディング＝建物」や「コンストラクト＝建設する」などの意味で使われている。

本来「建設基準法」とすべき用語が「建築基準法」として使用されているように、造語された当時から現在に至るまで曖昧な理解は継承されている。

伊東忠太

▲ 伊東忠太（いとうちゅうた）

1867 ～ 1954年

建築家、建築史家、建築学者、工学博士。

東京帝国大学工科大学造家学科、同大学院へ進む。1898年「法隆寺建築論」を発表。関東大震災後の帝都復興院評議員など多方面で活躍。

代表作：

伊勢両宮、明治神宮、平安神宮、台湾神宮

▲ 築地本願寺（1934年、東京都中央区築地）（正式名称：浄土真宗本願寺派本願寺築地院）

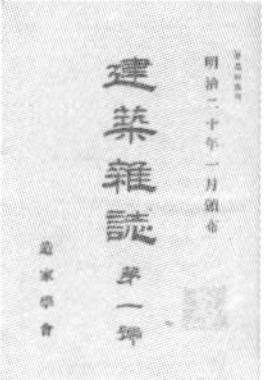

◀ 造家学会の会誌の創刊号（1887年1月）

造家学会は、1886年に工部大学校卒業生の組織である工学会造家科のメンバーによって創立された。

創刊当時の学会の政府系公式名称は「造家学会」だったが、1897年に「建築学会」と改名された。会創立の翌年、会誌の名称は「建築雑誌」となった。

佐野利器

▲ 佐野利器（さのとしかた）

1880 ～ 1956年

建築家、工学博士、建築構造学者、耐震構造学の創始者。

東京帝国大学建築学科で辰野金吾に学び、ドイツ留学を経て東京帝国大学建築科教授に就任。帝都復興院理事、東京市建築局長、日本大学工学部長、清水組副社長を歴任。帝都復興院理事時代、関東大震災後の復興事業・土地区画整理事業を推進した。「家屋耐震構造論」（1916年）では、震度法に用いる震度という概念を世界で初めて提案した。

▲ 聖徳記念絵画館（1926年、東京都新宿区霞ヶ丘町）

設計はコンペ形式で行われ、156の応募案から小林正昭の案が1等となり、それに佐野利器が設計指導を行い、工事を小林政一が担当した。この他、東京駅や神奈川県庁舎などの構造設計を行った。

◉ 佐野利器による震度の定義（原文）

「余ノ茲ニ震度ト名クルモノハ加速度(殊ニ最大加速度)ノ一ノ変形ナリ。即チ地震動ノ最大加速度αト重力ノ加速度Gトノ比ノα/Gニシテ常ニk又ハk1ヲ以テ之ヲ表ハサントス。-Wヲ以テ物体ノ重量トセバ震力αmハkWト記サレ得ベク、凡テノ物体ハ共重量ノk倍ノ力ニ依テ静止ヲ乱サレントスト云ヒ得ベシ。kハ一般ニ 0.1 或ハ 0.3 ト云フガ如キ小数ナリ」

◉ 震度法

（構造物の重量）×（設計震度）に相当する力を静的に構造物に作用させ、これに対して所用の安全率が得られるように各部の断面寸法を定める方法。

098 建築の起源

POINT

「建築の定義」と「建築の起源」との関係

建築の定義を「もの」として認識できる「構築物」として捉えた場合、建築の起源は、歴史をどこまで遡ることができるのか。

先史時代のストーンサークル、新石器時代のメンヒルと呼ばれる立石など、これらの遺跡には強いメッセージ性や構築性を強く感じ取ることができる。

一方、それ以前の旧石器時代の洞窟（岩の窪みのようなもの）は、ただ風雨をしのぐシェルターとして利用できる自然の形状を使用しているにすぎない。建築的な意味では人の手は加えられていない。外部と内部との隔たりはなく、エンドレスにつながっており、すべてがインテリアをもたない「外部」ともいえる。また時間的にも、その洞窟の占有者がその場を放棄した後も他の者に継承されていくというように、特定の期間を支配するような、構築的な痕跡は残されていない。流れるように連続的である。

したがって、建築の定義に、「もの」としての「構築性」を求めた場合は、洞窟は建築と見なされることはない。しかし、その建築の定義を、「自分と他者との関係（領域）をつなぐ境界」とした場合はどうだろうか。

壁面に動物の絵を描いたり、洞窟内の床である地面に砂を敷き詰めたりなどして、自らが置かれている環境の改善を図り、身体と自然との境界を緩やかにした時点で、それはまさしく自分と他者との関係、領域をつなぐ境界を作り上げているといえる。すなわち「建築」と呼べるのではないか。

自然と人間との関係性を「対峙すべきもの・構築」とするのか、対話ができるような「相対的なもの・領域」とするのか。その時々の社会状況や時代認識によって建築の定義は変わる。建築に向ける視点（定義）を変えることで、建築の起源も変わる。

アルタミラ洞窟壁画

スペイン北部カンタブリア州の州都サンタンデルから西へ30kmほどのサンティリャナ・デル・マール近郊にあるアルタミラ洞窟で発見された壁画。旧石器時代末期（約18,000～10,000年前）のものと推定されている。

ユネスコ世界遺産に登録された。

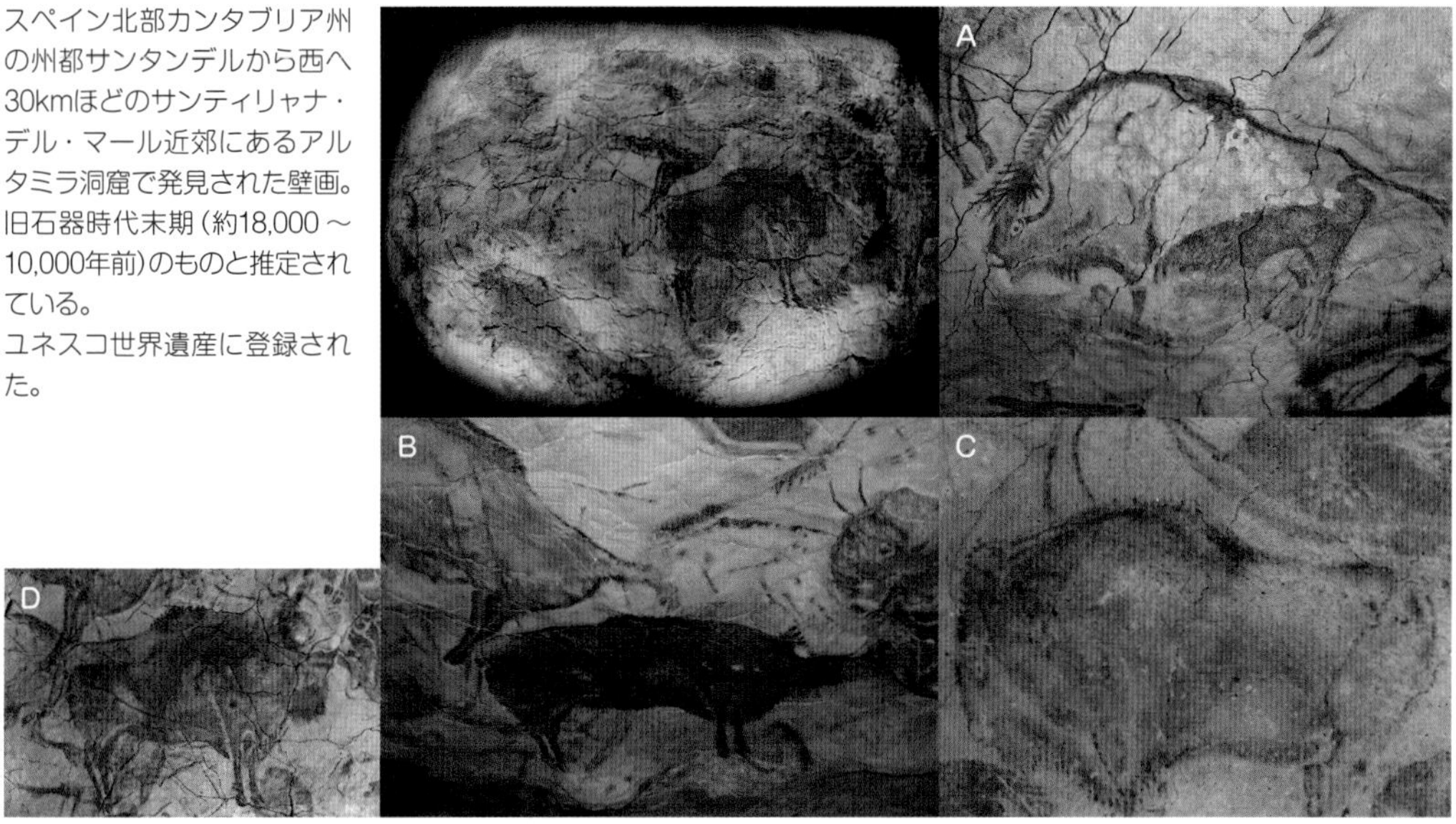

写真：A、C、D D. Rodriguez　B Matthias Kabel

写真：Anna16

メンヒル（menhir）

新石器時代から初期金属器時代にかけて立てられたヨーロッパに見られる巨石記念物の1つ（フランスのブルターニュ地方に多く存在する）。

ほとんど加工されていない自然の巨石を立てたもの。高さは10～20mに達するものもある。日本では一般に「立石」と訳され、北海道余市町の西崎山や狩太の立石が同じ物に相当するといわれている。

なお、メンヒルの文化的背景は解明されていない。

ストーンヘンジ（Stonehenge）

イギリス南部ソールズベリーから北西に13kmほどの地点に位置する環状列石で、先史時代の遺跡である。

直立巨石は紀元前の2500～2000年の間に立てられたと推定されている。構築の目的は、天文台、太陽崇拝の祭祀場、礼拝堂、治療を行う場など、さまざまな解釈がなされている。

099 シェルター

POINT

都市のシェルター機能に対する今日的課題

　シェルターとは外部の自然環境から人を守る（殻）のような機能をいう。人が着用する衣服は、温度調整、皮膚の保護、機能性への対応などの役割をもつ。衣服もそういった意味では最小のシェルターということができる。その衣服に風雨や地震などの外力から身を守るよう骨組みや皮膜を与え、強度をもたせれば住まいとなる。つまり、「建築はシェルターである」といえる。そのような個（住まい）が集合し、街が作られ、さらにさまざまな社会的機能が付加され、都市を構成する。人工物で広く満たされた都市環境では、自然災害（震災や風水害）や火災から街や住まいを守るための都市としてのシェルター機能をもたされているのである。

　しかし、その都市のシェルターとしての機能が、昨今の気象変動の影響もあって、自然災害による都市の脆弱性を露呈し始めている。自然環境への配慮を欠いた無秩序な宅地開発は、都市河川の氾濫、そして土砂崩れなどを引き起こしている。

　都市中心部では、過去の降水量記録をはるかに超えるゲリラ豪雨により、大規模な床上浸水被害が増加している。また、河川の外水氾濫に留まらず、都市に発達した下水道の氾濫である内水氾濫が同時に発生し、地下鉄や地下道などの重層化した地下空間への浸水が起き、都市機能が数カ月も麻痺するという事態が懸念されている。想定を超える巨大水害に対して、都市は脆弱であることが明らかになっているのである。

　都市のシェルターとしての機能を有効に働かせるため、防災に関するハードな空間（防災シェルターや備蓄倉庫など）だけでなく、ソフトな機能も含めて捉え、さまざまに予測されるリスクを総合的に把握し、制御する技術の獲得が求められている。

シェルター

横穴式洞窟、樹木の陰、竪穴式住居、民家など、人類社会が複雑になるにつれてシェルターの意味合いも変化し、自然災害だけでなく、戦争やウィルスからの防御も求められる時代になった。現実に核シェルターは市販されていて売り上げを伸ばしている。また、宇宙空間で使う宇宙服は、太陽面では数百度、その反対面では零下という過酷な温度環境に対峙でき、究極の建築シェルターともいえる。

社会の安定性が揺らぎ不安要因が増大してくると、シェルターの機能が比例するように強化されていく。

▲ 核シェルターの入口
スイスでは法律で核シェルターの設置が義務付けられている（普及率90%）

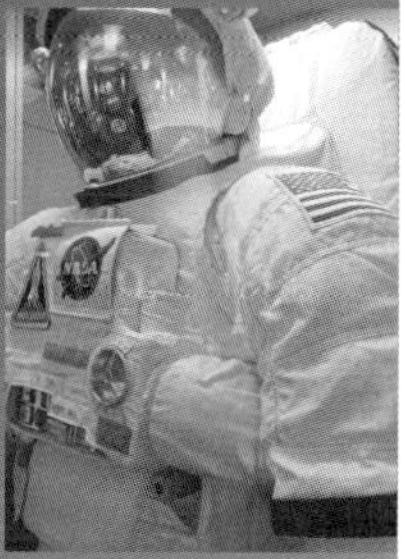

▲ 宇宙服

◀ 核シェルター内部の写真（1957年、アメリカ）

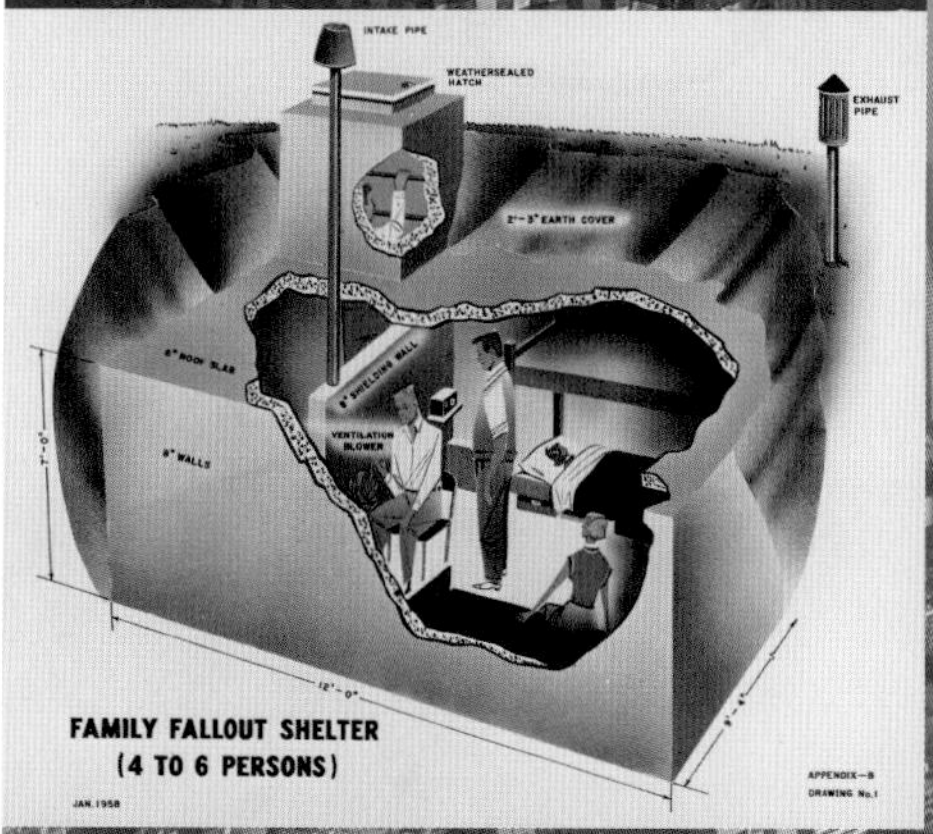

◀ 1950年代の4～6人用の放射性降下物シェルター

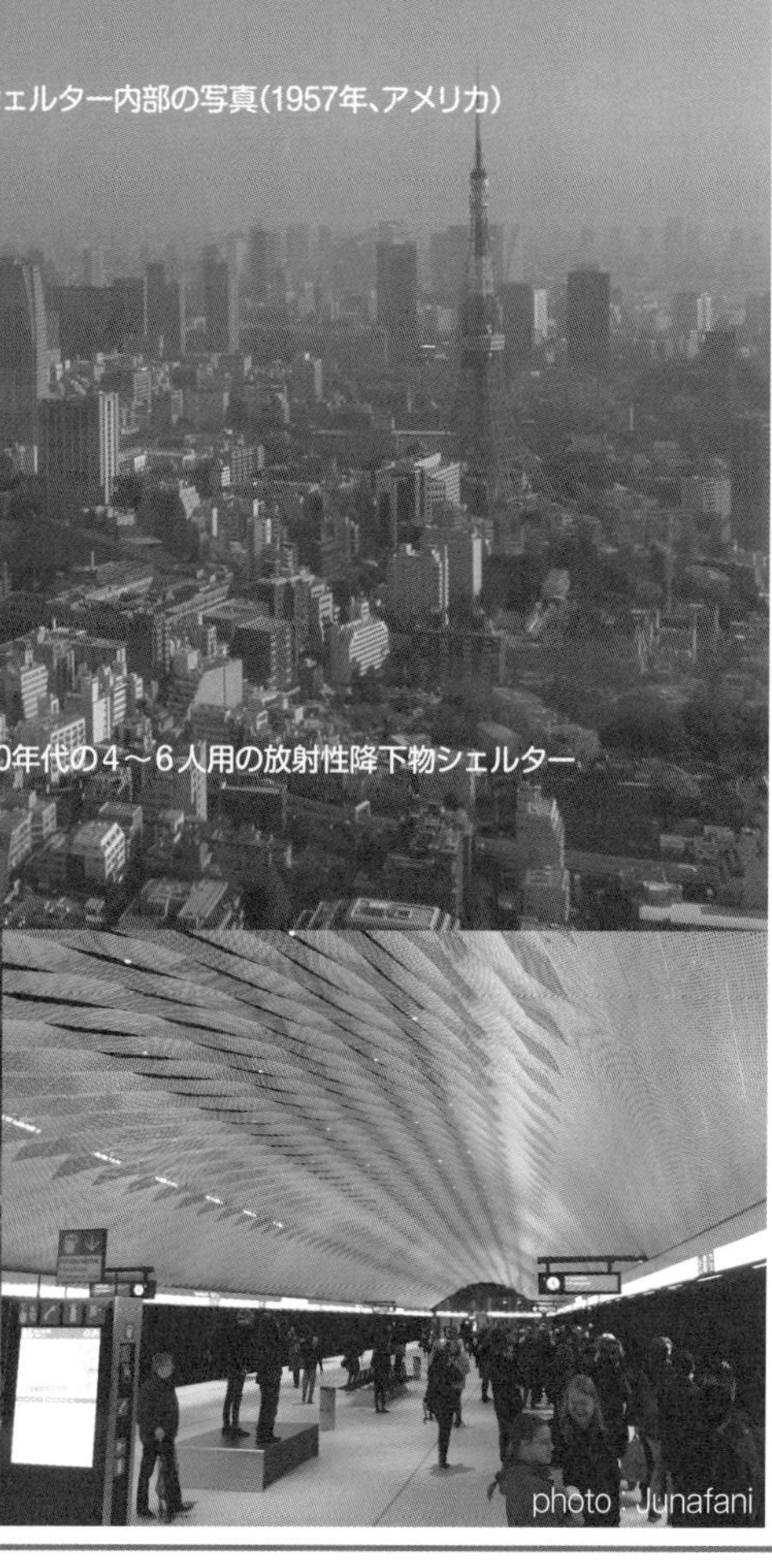

フィンランド ヘルシンキ マティンキュラ駅 ▶
核シェルターとしての機能も有する

photo：Junafani

100 建築学

POINT

建築学は、優れた建築や社会環境を作り出すことを目的としている

「建築とは人間の生活を容《い》れるための器」といわれることから、建築は人間社会の領域のほとんどすべてにおいて関わりをもたされている。

この膨大な建築領域を体系的に編纂《へんさん》した学問として建築学というものがある。この建築学は、その領域が膨大であるがゆえに、「壮大な雑学」とも称されている。

このような建築学が作られた目的は、社会に対して優れた建築や社会環境を作り出すことにある。優れた建築や社会環境とは、個々の建築に対し、耐久性、安全性、快適性、デザイン性を備え、さらに周囲の環境の向上をもたらすものをいう。

その建築学の内容は、計画系の中に、デザインや建築史などの文化的芸術的な側面と、構造や材料などの工学的な側面をもっている。その計画系には建築計画、設備、意匠、都市計画、建築史、不動産学、環境工学など、工学系には構造、材料などがある。これらの各分野はそれぞれ独立しているわけではなく、お互い重なり合い、干渉し合って編纂《へんさん》されている。

また、これらの学問はすでに完成されているものでもなく、常にその時代認識、社会情勢の変化、技術の革新などに対応し、編まれていくべきものである。

建築や建築をとりまく環境は地球の将来に関わる問題を数多く保有している。建設時や建築の運用期間、そして解体時の消費エネルギー、有限である資源と世界的な人口増加、日本での少子高齢化、水資源、食糧の安全保障、グローバリズム経済の限界など、問題は1つの国家にとどまらず全世界に広がっている。

1つの分野の探求では全体に波及している問題掌握は難しい。建築学には、細分化されている研究分野を自由に横断し総括する視点が求められる。

日本建築学の系譜

▲ 辰野金吾(たつのきんご)
1854～1919年　建築家
代表作：
日本銀行本店、日本銀行大阪支店、東京駅、奈良ホテル本館、旧第一銀行本店

◉ 日本建築学の創設の経緯(日本で最初の日本建築学の講義)

辰野金吾は、1879年の工部大学校第1回卒業生で、4年間の英国留学に選出され、その英国留学中にウィリアム・バージェスから日本の伝統建築について質問され、答えることができなかったことが、日本建築学の講義を創設する契機となった。

辰野が帰国したのは1883年で、その翌年にはジョサイア・コンドル(英国の建築家、工部大学校教授)に代わって工部大学校の教授に就任した。日本に帰国してからの6年間に、欧化主義から国粋主義への伝統復興という、伝統に関わるさまざまな動きがあった。

日本建築学の講師として、木子清敬(きこきよよし、宮内省技士)に嘱託され、授業は1889年に開始された。

◉ 木子清敬(きこきよよし、1845～1907年)

木子という名は禁裏に出入りを許された大工の家として、記録では室町時代まで遡る。先祖代々、宮中の修理職棟梁の家柄であった。明治維新前から宮中に奉仕し、東京遷都後に宮内省に入る。宮内省に籍を置いたままの嘱託講師であった。

1889年から約13年間、後進の育成にあたった。日本建築学の講義内容は、歴史については国学の成果の引用による講義、住宅設計の課題(邸宅や官舎の設計課題が残されている)、木割規矩術の解説などを行った。伊東忠太などの同世代は、この木子清敬を通じて日本の伝統建築を学んでいる。子息には建築家の木子幸三郎、木子七郎がいる。

上記引用：
帝国大学における「日本建築学」講義　建築アカデミズムと日本の伝統
稲葉信子　文化庁文化財保護部

▼ 写真(絵はがき)：東京駅竣工当時(1914年竣工)　設計：辰野金吾、葛西万司

写真右上：2012年に竣工当初の状態に復原された外観写真 ▶
写真右下：中央ホール見上げ八角形の角に干支のレリーフが8つ(東西南北に位置する子、卯、午、酉を除く)施されている

建築学の学問領域

建築計画：人間の行動や心理に適した建築を計画するための研究と応用。
建築歴史：建築と人間社会との多様な関わり方を、過去の歴史をたどり研究。
建築意匠：造形論、建築哲学、作家論、図学などの研究。
建築構造：RC造、S造、SRC造、木造などの構造および構造力学についての研究。
建築材料：建築に用いる材質についての研究。
建築環境：建築の環境調整、測定、設計の研究。環境調整や省エネルギー化研究。
建築設備：建築に用いる設備についての研究。
建築設計：建築や景観の設計研究。

101 建築計画学

POINT

時代の変遷にともない建築計画学の手法も変化していく

建築計画学とは建築学の1つの分野であり、人間の知覚、行動、認知、記憶などの仕組みをふまえ、人間と環境との関係を探求し、人間にとって望ましい建築空間を計画することをいう。この建築計画学は吉武泰水によって確立された。

建築計画が関わる領域は、居住環境、環境行動、建築設備環境工学（音環境、熱環境、光環境）など広範囲に及ぶ。また、心理学、数理手法、人間工学などと親和性が高く、フィールドワークやコンピュータによるシミュレーションを行い、人間行動に即した建築物の計画を行う。

大規模な公共建築（病院、学校、集合住宅、劇場など）の設計には建築計画学的なアプローチが必要とされる。戦後復興から現在まで、その時々の経済情勢の変化に伴い、建築のあり方、求められ方も大きく変化した。それは建築計画の指針についてもいえる。

初期の建築計画

戦後の復興期では、戦災にあった多くの住宅や諸施設の復興、新しい制度による新築が重なり、大量の施設が必要となる。その中では、公営住宅標準設計51C型が提案され、大量に市場へ供給された。51C型は戦後日本の集合住宅の原型となっている。学校建築にはRC校舎の標準設計が導入され、日本全国に地域的な風土を考慮しない同形体の学校が大量に建設された。

高度経済成長期

高度経済成長期では、大住宅団地、人工地盤、超高層建築、千里ニュータウン、筑波研究学園都市など、大規模なプロジェクトが次々と発生し、ニュータウンが構想され、建設されていった。社会・経済の変化や科学技術の進展に伴い、建築計画学の研究の領域が拡大、細分化が進行している。各研究分野の共通の問題意識、相互理解が課題となっている。

公団住宅の歴史

日本の住宅政策は、戦後、戦災による公称420万戸の住宅不足を契機に推進されることになり、越冬住宅から着手された公営住宅の建設は、1947年の東京・高輪アパート建設を経て、1951年の公営住宅法の公布をもって本格化した。

1950年の住宅金融公庫法によって融資制度が整うのだが、1956年の経済白書では「もはや戦後ではない」とうたいながら、国民生活白書では「住宅はまだ戦後である」といわざるを得ないほどで、特に、大都市圏では地方からの人口の流入に拍車がかかっていたため、住宅不足は深刻だった。

このような背景下で1955年に勤労者向けの住宅を供給するため日本住宅公団が発足し、「公営、公団、公庫」という日本の住宅政策の三本柱が確立し、住宅建設は加速することになった。

公団は、右のような特色と任務をもって、10年間で30万戸の建設目標に取り組むこととなった。

・住宅不足の著しい地域において、勤労者のための住宅を建設すること
・大都市周辺において、広域計画に基づいて住宅建設を行うこと
・耐火性能を有する集団住宅を建設すること
・公共住宅建設に民間資金を導入すること
・大規模な宅地開発を行うこと

住宅計画と公営住宅標準設計51C型

同潤会が江戸川アパートを建設した4年後の1938年には、鉄鋼工作建物建造許可規制が始まり、その後、第2次世界大戦を挟んだ約10年間は、集合住宅の建設はあまり行われなかった。

この間、西山夘三をはじめとする研究者により、集合住宅に関する基礎的な研究は続けられ、「食寝分離」「適正就寝の確保」などの新しい住宅に対する考えが確立された。

終戦後、住宅建設が始まる中、新しい考え方を盛り込んだ公営住宅の計画が行われ、東京大学吉武研究室が原案を作成した「公営住宅標準設計51C型」では、2寝室の確保と食事のできる台所(ダイニングキッチン)が提案され、その後の住宅設計に大きな影響を与えた。

写真や間取図にあるとおり、ダイニングキッチンを広くとり、ダイニングテーブルを備え付けることによって、台所で食事をするスタイルを作り出したのである。

当初の流し台は人造石研出しが一般的だったが、公団とメーカーの共同開発によりステンレス製の流し台の量産化に成功し、1958年から正式採用された。電化製品(冷蔵庫)を備えた団地での生活スタイルは「団地族」と呼ばれ、社会現象ともなった。

▼ 蓮根団地(1957年、日本住宅公団発足当時の代表的住宅)

▲ 2DK55型のダイニングキッチン

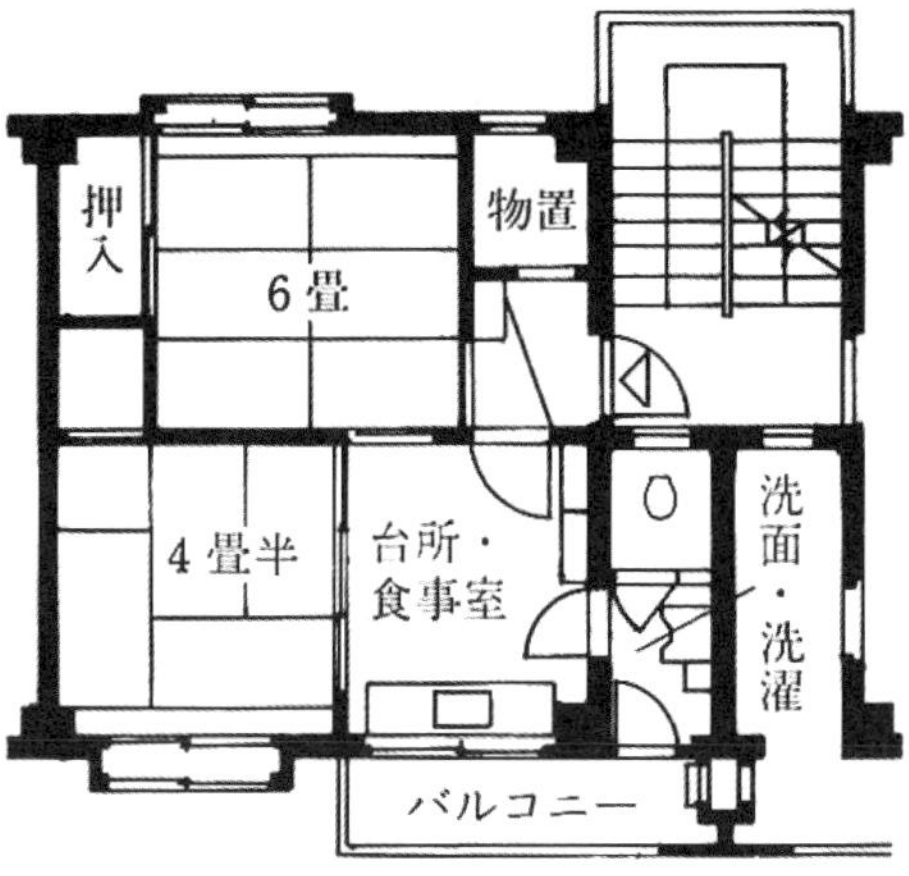

▲ 公営住宅51C型(原案)
図、写真：UR都市機構　都市住宅技術研究所

◉ 吉武泰水(よしたけひさみ、1916〜2003年)

建築家、建築学者で、日本の建築計画学の創成者。1951年、東京大学吉武研究室にて「公営住宅標準設計51C型」を提唱した。

51C型は、生活調査の結果から、「食寝分離」「親と子の就寝空間の分離」などを導き、3タイプの間取りを発表し、そのうちのダイニングキッチンと親の寝室・子の寝室からなる「公営住宅標準設計51C型」が多くの公営住宅に採用された。この後の2DKの間取りは51C型が基になっている。

◉ 西山夘三(にしやまうぞう、1911〜1994年)

建築家、建築学者で、住宅問題を科学的に研究する基礎を築く。「国民住居論巧」1944年、伊藤書店／「住み方の記」1966年、文芸春秋社／「日本のすまいⅠ・Ⅱ・Ⅲ」勁草書房、1975〜1980年をはじめ、数多くの著作がある。

102 建築の歴史を読み解くということ

POINT

過去を今日の視点で読み解くことで新たな発見が導かれる

建築は、芸術、技術、思想の影響を受けながら、人々の営みによって造られてきた。また建築は、造られる場所や地域の気候・風土なども絡んで技術が醸成され、独特な文化として形成される。つまり、建築は文化そのものである。

その建築の歴史（建築史）を今日の視点で読み解くことは、さまざまな過去の事実関係を常に今日的な立場で理解するということであり、その都度、歴史への視点が変化することで、過去の埋もれていた歴史の発掘、発見を促すことになる。最近では、町づくりや町おこしなどの機運の高まりから、建築の専門外の人々からも郷土の歴史探求として建築史が注目を集め、関心がもたれるようになった。

建築史は、美術史、技術史、社会史、文化史などの1つとしても捉えられ、建築史は多岐に専門化され、考察されている。失われた建造物に対する古文書の分析や発掘などの考古学的手法による復元的考察や、スタイルの変遷の考察による建築様式史、建築技術の歴史探究による建築技術史がある。そして、地域や時代区分などにより考察されている西洋建築史、東洋建築史、日本建築史、近代建築史、現代建築史などがある。また、日本、アジア、西洋などの都市の歴史や都市化の過程に関する包括的な考察による都市史といったものや、建築家個人を研究対象とした作家研究なども広く行われている。建築史の探求分野はこのように広大で、幅広い知識、教養が要求される。

建築史の役割には、過去の価値を認め、修復して継承を行い、未来へ渡す保存・修復や、現在起きている事象を過去にさかのぼり発見を行うこと、過去から直接意匠などを学ぶことなどがある。建築史は、建築や都市を考察し、哲学を構築する学問領域である。

2つの万国博覧会に見る建築の近代化

1851年、イギリス・ロンドンにあるハイドバーグで行われた第1回万国博覧会の会場として建てられたクリスタル・パレス(水晶宮)は、建築の本体に鉄(鋳鉄)と規格化されたガラスがふんだんに使われていた。

この鉄とガラスは、世界で初めて工場で大量生産されたプレハブリケーションの先駆けとなっている。

クリスタル・パレスのガラスと鉄骨の柱梁などは、バーミンガム近郊の工場で製作され、鉄道でハイドパークに運ばれ、組み立てられた。工期はわずか6カ月であった。会場の建設地にはニレの大木があったが、伐採されずに建築に取り込まれた。

なお、この建築の設計者は、建築家ではなく庭園技師で、数々の温室を設計していたジョセフ・パクストン(1803～1865年)である。

クリスタル・パレスは、万国博覧会が終了した後に一度解体されるが、1854年、ロンドンの南部近郊にあるシドナムに、オリジナルの1.5倍のスケールで再建された。再建されたクリスタル・パレスには、ウインター・ガーデン、4,000席のコンサートホール、博物館、美術館、中央にはパイプオルガンなどが新設されたが、残念なことに、1936年、火事で消失してしまった。


1889年、フランス革命100周年を記念してフランス・パリで行われた第4回万国博覧会では、高さ300mのエッフェル塔のほか、高さ45m、幅115m、長さ420mの大建築が作られた。

エッフェル塔は、700近くの設計案から選ばれたエッフェル社のものが建設された。クリスタル・パレスと同様、プレハブ工法によって製作された。工事期間は、クリスタル・パレスの時から大幅に短縮化がなされ、起工から26カ月後に竣工させている。

このうち、機械館の大空間は、アーチを支える壁体や柱をなくして組み立てられる「三絞アーチ」という方法が採られている。19世紀後半の工業技術と製鋼法の発展により実現させることができた。


煉瓦などによる組積造建築が主流の時代にあって、鉄とガラスによるプレハブ工法を発案し、大空間建築を作り出した2つの万国博覧会で披露されたこれらの建築は、近代建築の始まりとも称されている。

▲ **クリスタル・パレス(水晶宮)**
鉄骨とガラスで作られ、プレハブ建築の先駆けともいわれる。　設計：ジョセフ・パクストン　長さ：約563m　幅：約124m

▲ **建設途中のエッフェル塔**
設計・構造：ギュスターヴ・エッフェル
高さ：324m

▲ **万博当時のエッフェル塔のエレベーター**

▲ **万博の機械館**
設計：フェルディナン・デュテール
構造：ヴィクトル・コルタマン

103 建築の様式（style）

POINT

様式を設定することで時代や地域の区別・差異が明確になり、建築に対する整理が容易になる

建築の様式（style）とは、ある特定の地域や時代の文化、技術、宗教、政治的な背景などによって生まれ、統一感のある特徴的なデザイン・装飾に基づく特定の表現をいう。

様式の概念は、18世紀から19世紀にかけてヨーロッパで形成された。この様式を設定することで、時代や地域の区別、差異などが明確になり、建築に対する整理が容易になる。様式に対する知識は蓄積されており、建築の細部を観察することで容易に建設年代を推測することもできる。

歴史的建築物の修復現場では様式に対する考えが重視されている。しかし論者によって、その様式をどう捉えるかが異なり、建築様式の枠組では説明することが困難な事象も生じている。

日本の建築様式

日本の建築様式は、神社建築、寺院建築、城郭、住居などの個別用途により、それぞれの様式が独自に発展してきている。そのため、城郭などのように建築物としての用途が失われると、城郭建築としての様式も失われる。

西洋の建築様式

西洋建築の起源はギリシャ建築にさかのぼる。そのギリシャ建築の影響を受け、ローマ建築が発展し、ヨーロッパにおいて重要な位置を占めることになる。さらに歴史をさかのぼれば、古代エジプト建築がさまざまな時代に影響を及ぼしているのを見ることもできる。18世紀にナポレオンによってエジプト遠征がなされ、ヨーロッパにエジプト建築がもち込まれるなどして、建築や芸術に影響を与えた。

ローマ建築、初期キリスト教建築（バシリカ式）、ロマネスク建築、ゴシック建築、ルネサンス建築、バロック建築、ロココ建築、新古典主義、ゴシック・リバイバルなど、さまざまな様式が時代とともに移り変わり、作られ、現在の建築様式に至っている。

日本の建築様式の変遷

◉ 古代建築（飛鳥・奈良時代～平安時代）

飛鳥・奈良時代は、朝鮮半島や中国から建築技術が採り入れられた。仏教公伝（注1）（538 年）以降、日本でも寺院建築が行われるようになる。現存するものとしては、法隆寺西院伽藍、法起寺三重塔（ともに奈良県生駒郡斑鳩町）が最古のものである。

法隆寺西院伽藍は、かつては聖徳太子の時代の建築とされていたが、近代における研究の進展の結果、670 年の火災以後、7 世紀末から 8 世紀初めの再建と考えられている。

平安時代に入り国風文化（注2）の時代になると、建築様式も日本化し、柱を細く天井を低めにした穏やかな空間が好まれるようになる。

平安時代以降には日本独自の形態として発展した。この建築様式を「和様」と呼ぶ。

◉ 中世建築（鎌倉・室町時代）

鎌倉時代には、中国との交易が活発になったことで、再び中国の建築様式（大仏様（注3）あるいは天竺様）が伝えられた。

天平時代に建設された東大寺大仏殿は、平安時代末期の源平の争乱で焼失した。

重源が再建した大仏殿などの建築様式は非常に独特なもので、当時の中国（宋）の福建省周辺の建築様式に通じるといわれている。その建築様式は、合理的な構造、豪放な意匠で、大仏殿にはふさわしいものであったが、日本人の好む穏やかな空間とは相容れない面もあり、重源が死去すると大仏様も衰えた。

大仏殿再建に関わった職人は各地へ移り、大仏様の影響を受けた和様（注4）も生まれ、これを「折衷様」と呼ぶ。その後、禅僧が活発に往来し、中国の寺院建築様式が伝えられる。

◉ 近世建築（安土・桃山時代～江戸時代）

城郭建築が発達し、権力のシンボル的な天守閣が築かれ、御殿は華麗な障壁画で装飾された。室町時代に始まった茶の湯は千利休によって大成され、茶室という文化ジャンルが生まれた。

江戸時代は庶民文化が栄え、茶室を住宅に採り入れた数寄屋造りや、都市の娯楽施設である劇場建築・遊廓の建築など、建築でも世俗化の傾向が見られる。

また民家も、一部は書院造の要素を採り入れ、次第に発展していった。

寺院建築の中でも、庶民信仰を背景に、善光寺、浅草寺など大多数の信者を収容する大規模な本堂が作られるようになった。

（注1）
国家間の公的な交渉として仏教が伝えられることを仏教公伝という。
（注2）
奈良時代、中国の影響が強かった唐風文化に対して、唐風の文化を踏まえながら日本の風土や人々の思考に根ざした文化の形成を国風文化という。
（注3）
鎌倉時代、中国の宋の建築技術を習得した高僧「俊乗坊重源」が、東大寺大勧進として東大寺再建に採用した建築様式のことをいう。
（注4）
中国渡来の建築様式を基にし、日本の風土、生活習慣に照らして日本好みの構造、国風化を行った様式をいう。堂内の内部空間に間仕切りで部屋数を増やしたり、土間からの床式、天井を低くするなど、座式生活に合わせた空間を作り出した。

西洋の建築様式の変遷

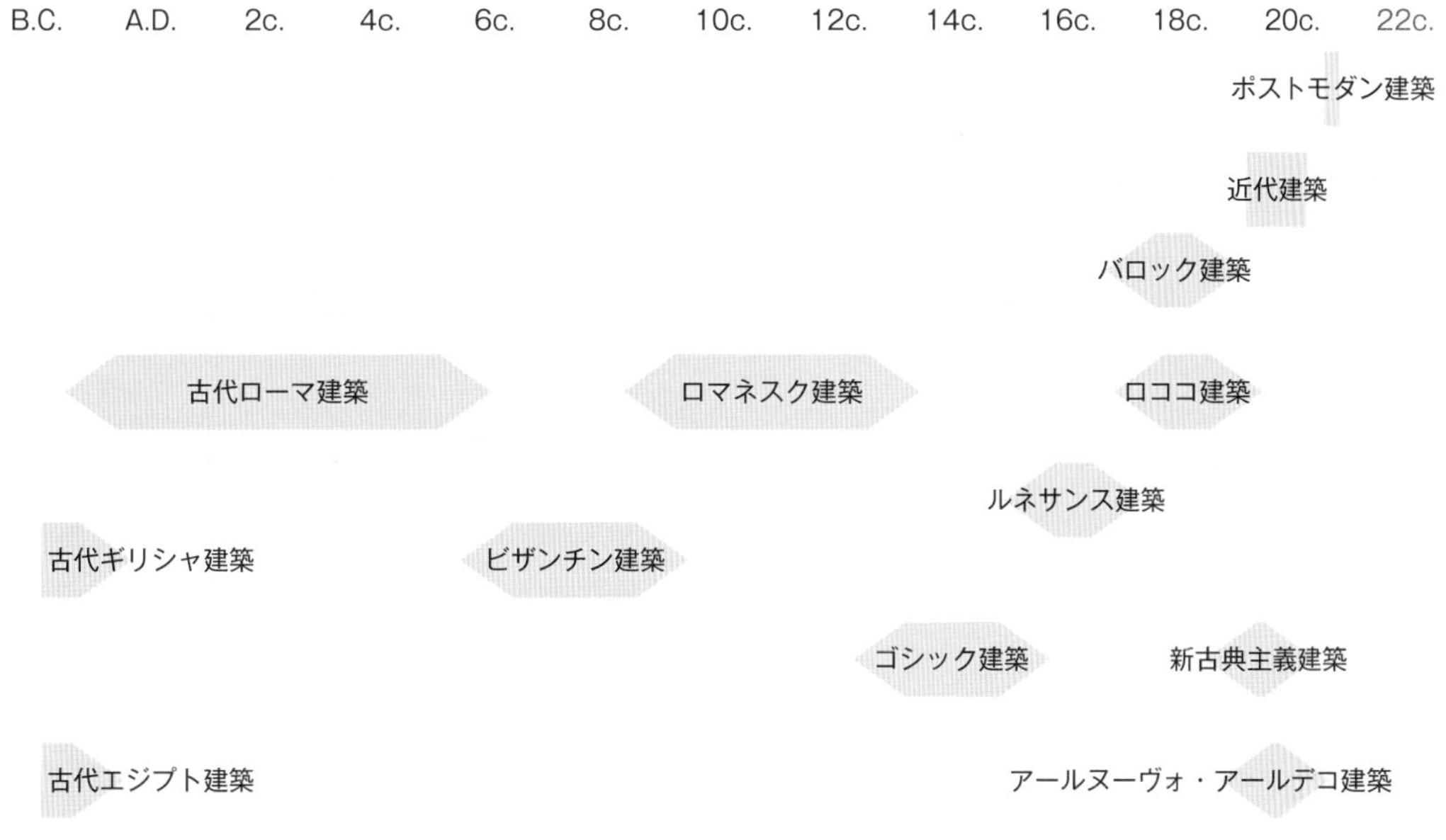

104 モダニズム建築

POINT

時代の推移とともに、モダニズム建築に対する評価も変わる

モダニズム建築はヨーロッパにおける産業革命以降の工業化に端を発している。建築の材料に鉄やコンクリートが使われるようになったことで、構造的な制約から解放され、デザインの自由度が拡がった。また、過去の様式に縛られることなく機能性や合理性をデザインに展開させ、世界に広まった。モダニズム建築の展開の大きな推進力となったのは詩人、思想家、デザイナーでもあるウイリアム・モリス（１８３４〜１８９６年）が行った英国のアーツ&クラフツ運動である。また、この運動に影響を受けたドイツ工作連盟の活躍とワルター・グロピウスによるバウハウスの教育がモダニズム建築の推進力となった。

建築家のル・コルビュジエは、１９２６年のドイツ工作連盟の展覧会のために書かれた「建築原理」の解説で、近代建築の５原則（ピロティ、屋上庭園、自由な平面、水平連続窓、自由な立面）を提唱し、このメッセージが世界に伝播する。モダニズム建築は、その後、高度経済成長期を経て市場経済に取り込まれ、形骸化していく。１９６０年代に入り、モダニズム建築の均一的で機能主義的な建築様式への批判が起こり、１９７０年代にはモダニズム建築に代わって、否定されていた装飾性（歴史的な様式）を復活させたデザインがポストモダニズム建築として勃興する。日本では当時、経済がバブル期と重なっていたこともあり、潤沢な建設費を背景として、多様な建築デザインが試みられ、バブル崩壊後の１９９０年代までポストモダンデザインの影響を及ぼした。

元来、近代建築の画一的合理性に対する批判として起こった建築運動だが、次代への継承には至っていない。その後、モダニズムの再評価が始まり、現在もさまざまな模索が行われている。

モダニズム建築

◀ バウハウス(Bauhaus)
1919年、ドイツ・ワイマール。
初代校長であるワルター・グロピウスは、「生活機能の総合場である「建築」のもと、彫刻・絵画・工芸などの諸芸術と職人的手工作など一切の造形活動を結集して、芸術と技術の再統一を図る」という教育理念に基づき、新しい教育システムを実施した。ミース・ファン・デル・ローエ校長時代の1933年に、ナチスの圧力でその幕を閉じる。
設計：ワルター・グロピウス
用途：造形芸術学校(校舎、工房、宿舎)

写真：Hans Peter Schaefer

◀ バルセロナ・パビリオン(Balcelona Pavilion)
1929年、スペイン・バルセロナ
1986年に再建(rebuild)され、「ミース・ファン・デル・ローエ記念館」として運営されている。
設計：ミース・ファン・デル・ローエ
用途：1929年のバルセロナ万国博覧会で建設されたドイツ館パビリオン

◉ アーツ＆クラフツ運動

19 世紀、産業革命による大量生産によって安価で粗悪な商品が市場に溢れていた。このような状況に対し、ウィリアム・モリス（右写真）は批判を行い、中世の熟練職人による質の高い工芸品に回帰しようという、生活と芸術を統合する「アーツ＆クラフツ運動」を主張した。日本の柳宗悦にも影響を与えている。

◉ ドイツ工作連盟

1907 年、ドイツの建築家、工芸家、企業家によって結成された団体で、良質な製品を普遍的に生産するために規格化を用い、工業化された生産方式によって製品を生み出すことを目標とした。この理念は、ワルター・グロピウスによって設立された「バウハウス」の影響を受けている。

▲ ウィリアム・モリス

ポストモダニズム建築

▲ ファニャーノ・オローナの小学校
1972年
イタリア・ファニャーノ・オローナ
設計：アルド・ロッシ

写真：David shankbone
▲ ソニービルディング(旧AT&Tビル)
1984年、アメリカ・ニューヨーク州
設計：フイリップ・ジョンソン、
ジョン・バギー

▲ つくばセンタービル
1983年、茨城県つくば市
設計：磯崎新アトリエ
用途：ホテル、劇場、飲食施設などの複合施設

105 縮小する都市

POINT

コンパクトシティへ促す「立地適正化計画」

人に成長の限界があるように、都市も人口の増加が止まれば成長の限界を迎え、縮小に向かう。昔から町として開発されてきたところでは空き家が増えていく。都市の縮小は、ふくれあがった風船のように球体がしぼむのではなく、虫食い状態のようにスカスカな状態になるということだ（都市のスポンジ化）。

急速な人口減少に伴う低密度化の進行は、固定資産税収の減少へ向かう。すなわち公園や道路、上下水道などのインフラの維持管理が厳しくなることでもある。

これらの状況を踏まえ、行政は、市街化区域外の居住者や医療・福祉・商業施設などを集約化し、コンパクトなまちづくりを促進していく必要から、２０１４年の都市再生特別措置法改正により、「立地適正化計画制度」（注）を創設した。都市拡散を抑制するために、具体的な施策として、左記の内容が定められている。

1.居住を誘導すべき区域
2.居住誘導区域外からの移転を支援する措置等
3.医療施設、福祉施設、商業施設などの都市機能増進施設の立地を誘導すべき区域（都市機能誘導区域）
4.都市機能増進施設の立地を図るための事業や支援措置

集約化されている都市でも、都市機能の撤退や人口の減少が続けば、地価の低下に伴い税収確保が難しくなること、誘導区域の災害リスク分析を適切に行なう必要があること、誘導区域外では公共施設が撤退した場合、これらに徒歩でアクセスできない地域が増大する恐れがあることなど、懸念材料は少なくない。

この制度は5年ごとに施策の実施の状況等についての調査、分析及び評価を行なうよう努めるものとされている。

立地適正化計画（注）

◉ 都市機能誘導区域

医療・福祉・商業等の、都市の居住者の共同の福祉や利便のために必要な施設であって、都市機能の増進に著しく寄与するものを都市の中心拠点や生活拠点に誘導し集約することにより、各種サービスの効率的な提供を図る区域。

◉ 居住誘導区域

人口密度を維持することにより、生活サービスやコミュニティが持続的に確保されるよう、居住を誘導する区域で、公共交通を利用できるなど便利・快適に住み続けられる、居住に適したまちづくりを目指す区域。

居住誘導区域外の区域で、右記の行為を行おうとする場合には、原則として市町村長への届出が義務付けられている。

開発行為

① 3戸以上の住宅の建築目的の開発行為
② 1戸又は2戸の住宅の建築目的の開発行為で、その規模が1,000㎡以上のもの
③ 住宅以外で、人の居住の用に供する建築物として条例で定めたものの建築目的で行う開発行為（例えば、寄宿舎や有料老人ホーム等）

建築行為

① 3戸以上の住宅を新築しようとする場合
② 人の居住の用に供する建築物として条例で定めたものを新築しようとする場合（例えば、寄宿舎や有料老人ホーム等）
③ 建築物を改築し、又は建築物の用途を変更して住宅等（①、②）とする場合

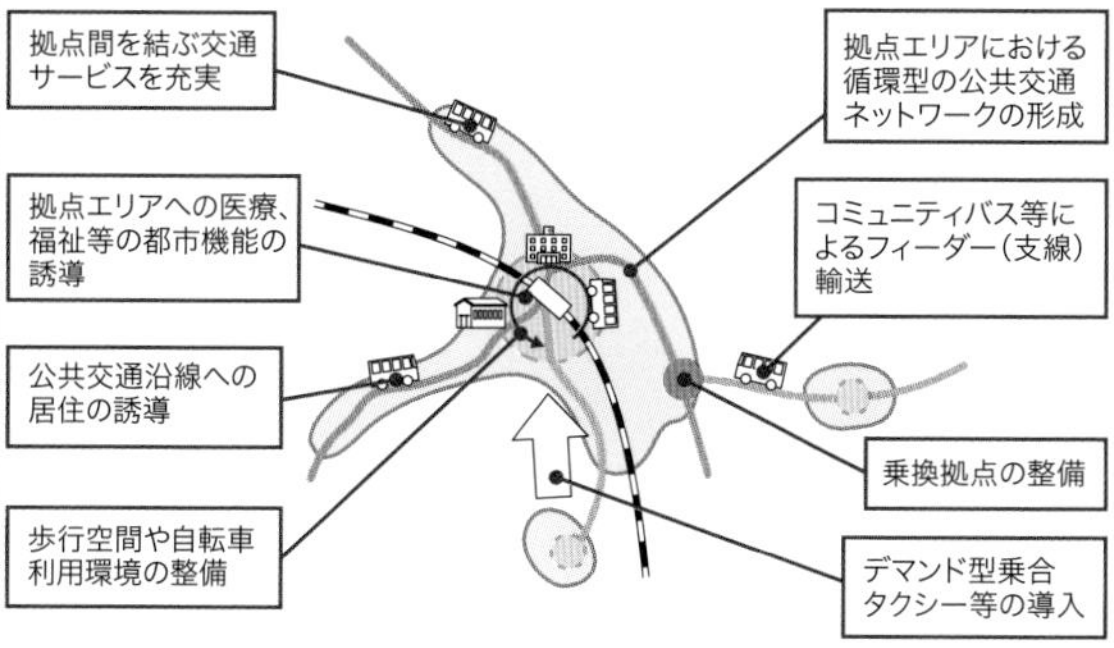

▲ これからの姿
利便性の高い公共交通で結ばれたコンパクトなまち。公共交通沿線に居住を誘導。

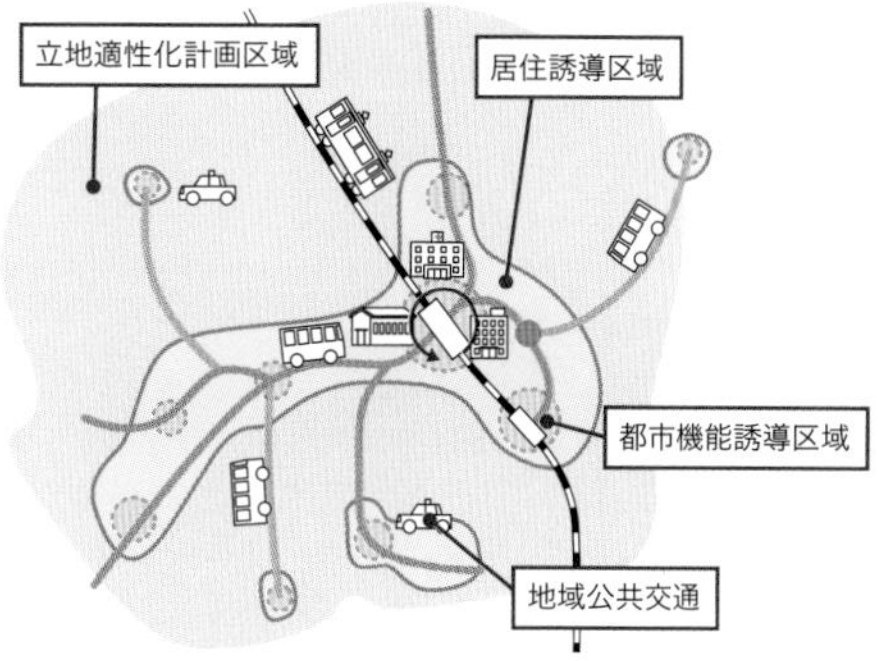

▲ 立地適正化計画のイメージ
民間施設の整備に対する支援や立地を緩やかに誘導する仕組みを用意し、インフラ整備や土地利用規制など従来の制度と立地適正化計画との融合による新しいまちづくりが可能になる。

資料出典：国土交通省 都市計画運用指針における立地適正化計画に係る概要（2016年9月1日）

空き家の現状

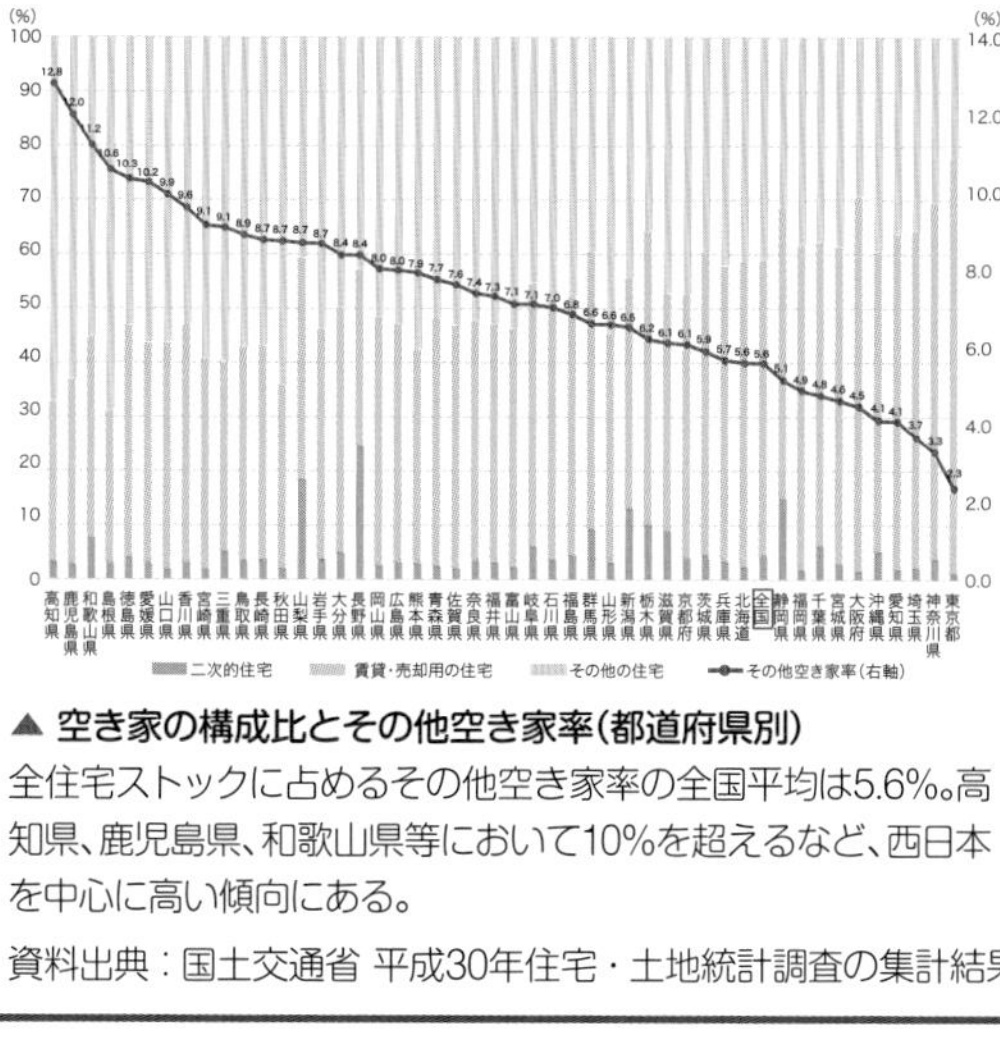

▲ 空き家の構成比とその他空き家率（都道府県別）
全住宅ストックに占めるその他空き家率の全国平均は5.6%。高知県、鹿児島県、和歌山県等において10%を超えるなど、西日本を中心に高い傾向にある。

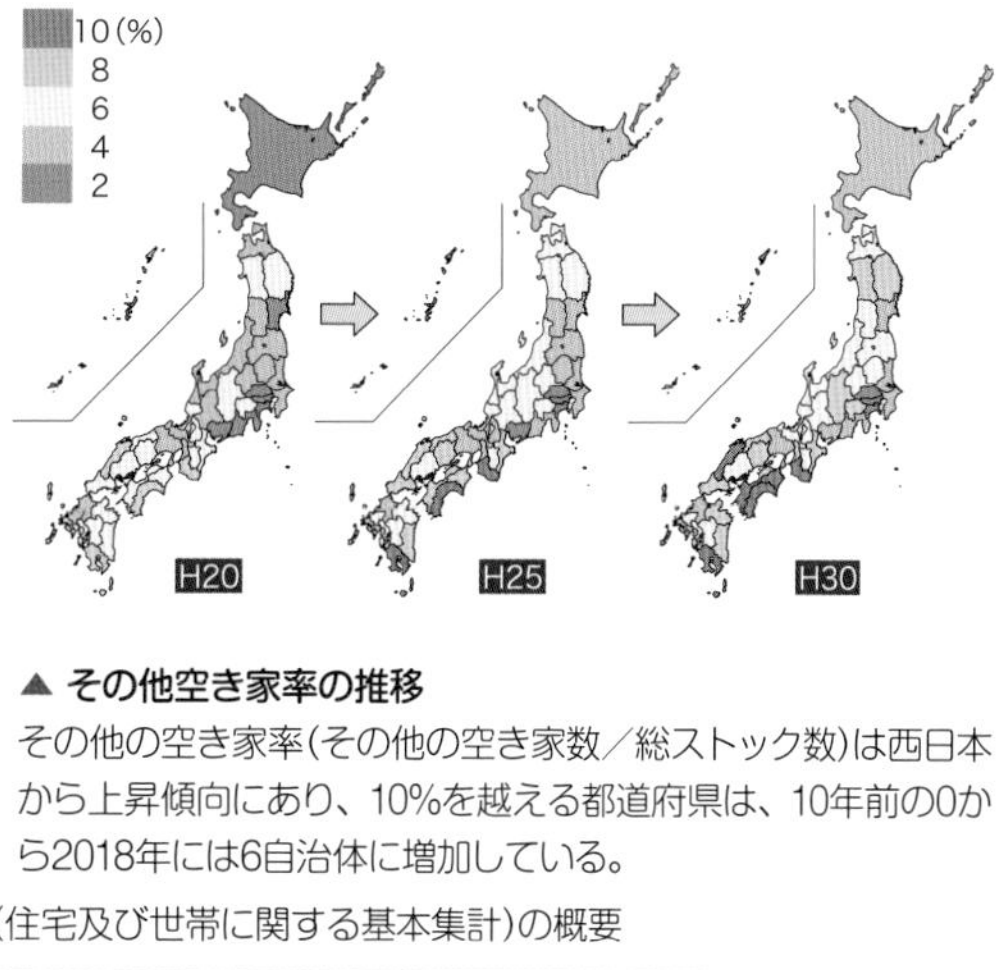

▲ その他空き家率の推移
その他の空き家率（その他の空き家数／総ストック数）は西日本から上昇傾向にあり、10%を越える都道府県は、10年前の0から2018年には6自治体に増加している。

資料出典：国土交通省 平成30年住宅・土地統計調査の集計結果（住宅及び世帯に関する基本集計）の概要

1 2 3 4 5 6 7 8

106 ライフサイクルコスト（LCC）

POINT

ライフサイクルコストを考慮した総合的な評価が必要となっている

　建築は、クライアントから依頼を受けたり、企画を立ち上げた時点で、計画と同時進行で建設に関わるコストコントロールが行われる。

　コストは、工期、工法、仕上げのグレードなど、ほとんどの領域で決断への大きな判断要因となっている。建築物のコストを考えた場合、通常は建設費用のみに視点がおかれてしまうが、実際には、建設時の建設費用（イニシャルコスト）とその後の光熱費、修繕費、保全費などの維持管理費用（ランニングコスト）とを比較した場合、ランニングコストの方が圧倒的に大きくなる。このようなことから、建築を企画、設計、建設、維持管理し、最後の解体・廃棄までの建築の全生涯に要するライフサイクルコスト（Life Cycle Cost＝LCC）までを考慮に入れた設計を行うことが求められている。

　建築の寿命が長ければ長いほど相対的にLCCは低くなるが、建築物の長寿命化は、計画から施工、維持管理までの全体を通して行われる必要がある。近年は設備が高度化されていることから、設備への維持管理費用も増大しており、LCCを考慮した評価の必要性も高まっている。LCCの低減策として以下の項目などが挙げられる。

①建物の維持管理に要する労力の低減や、管理しやすい建物の設計。
②省エネルギー化の徹底。
③建物の各部材の耐用年数を設定し、交換やリニューアルが経済的かつ計画的に行えるよう配慮する。
④建物の長寿命化の推進。

　しかし、このLCCは、導入後の外的な要因（経済情勢の変化に伴う燃料価格高騰や最終処分場の減少による有害廃棄物処理コスト増など）で変化する場合がある。また、これらの数値算出には、心理面での評価、例えば快適性というものは算入されていない。

建築のLCC

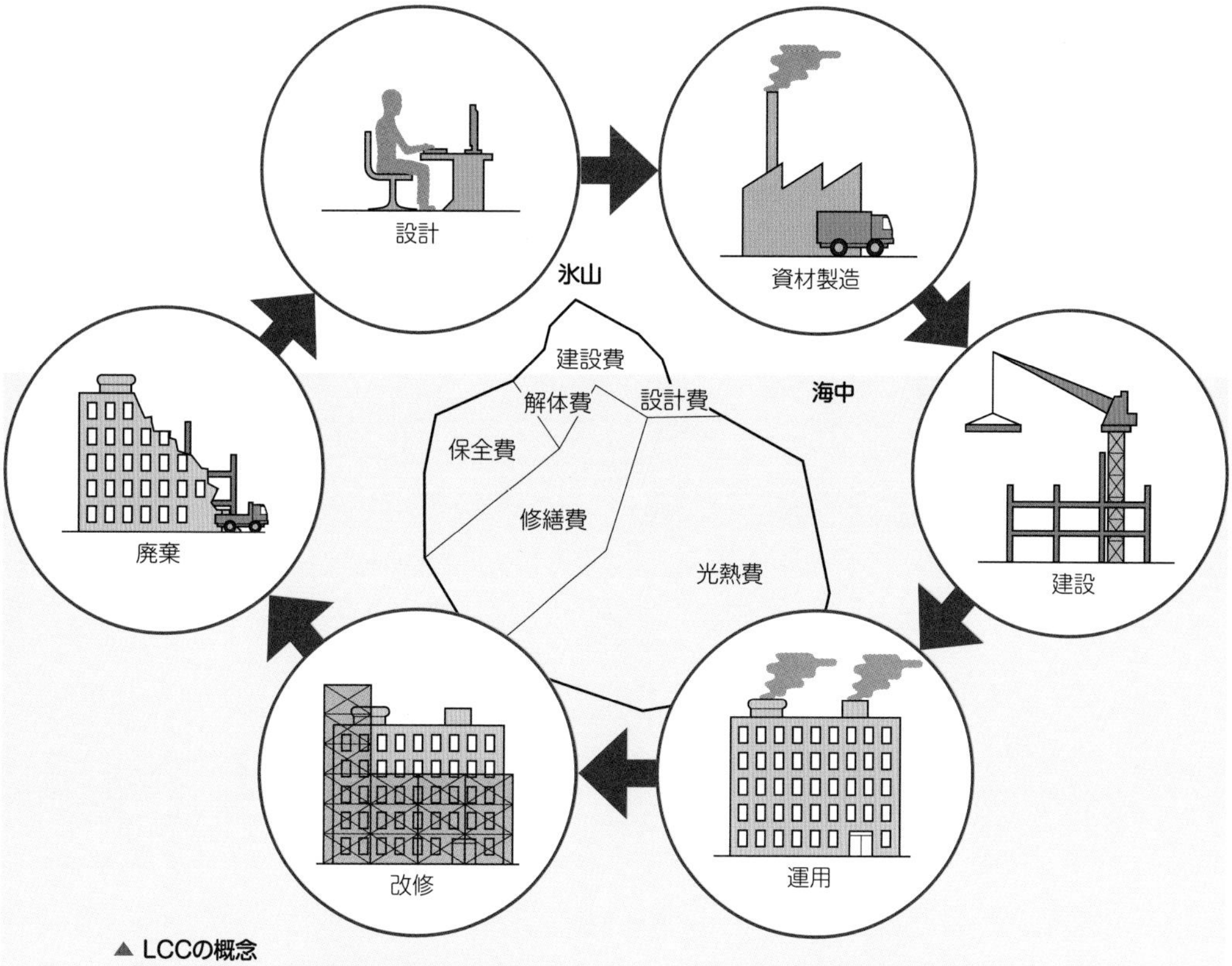

▲ **LCCの概念**

上図にあるように、建設費は、建築の全生涯を通したコストで見てみると氷山の一角でしかない。LCC全体では、保全費、光熱費などの維持・管理費が大きなウェイトを占めている。設計費のウェイトは小さいが、後のコストに大きな影響を与えるため、規格・設計段階で適正な判断が求められる重要な業務といえる。

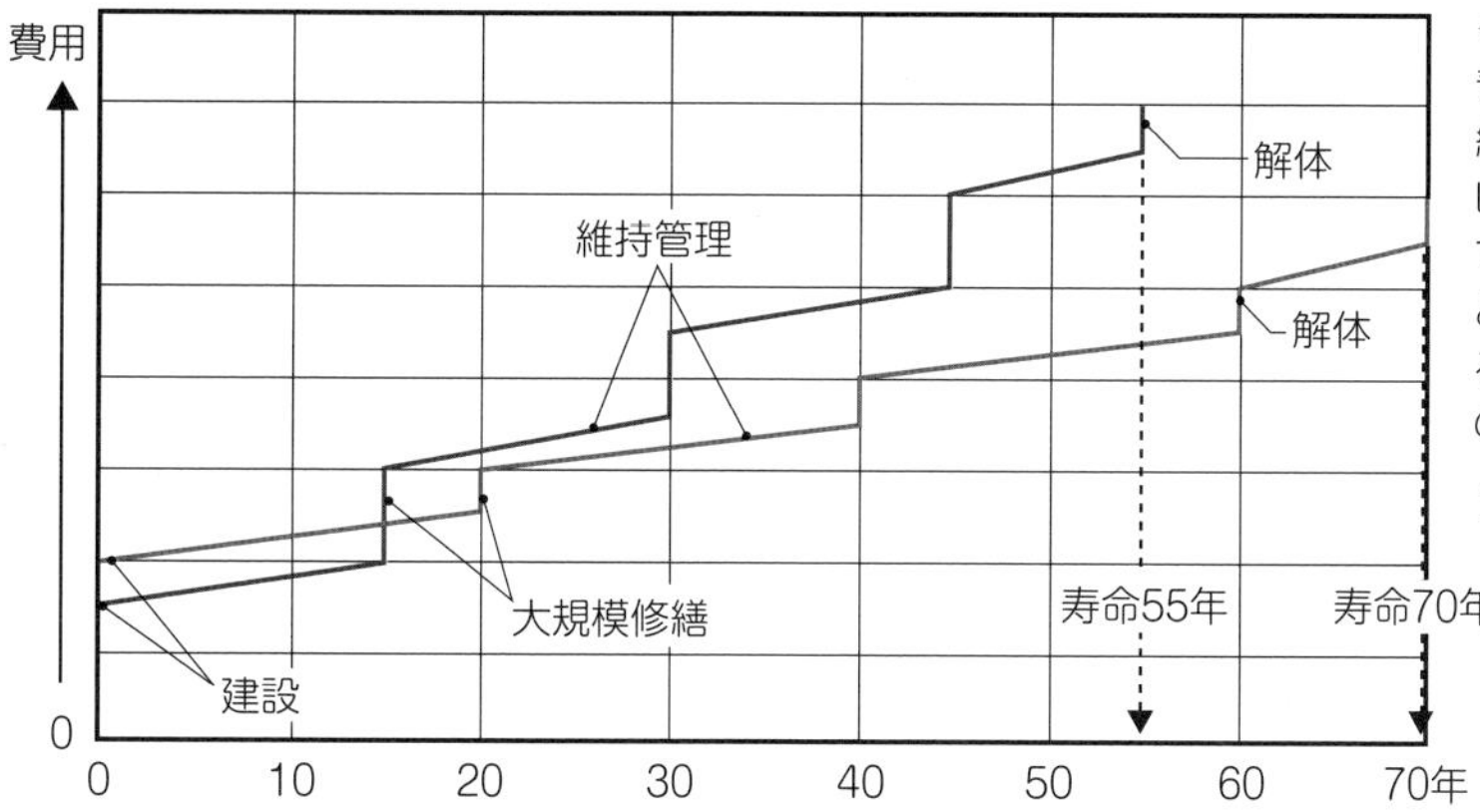

◀ **今後のLCCの考え方**

青い線は一般的な建物のLCC、赤い線は今後推奨されつつある建物のLCCの概念をモデル化したグラフである。建築耐用年数を長くすることや、リニューアルが計画的に行えるようにすることで、相対的にLCCの低減が図れる。

資料：UDIまちづくりステーション

$LCCO_2$

LCCが建築物の生涯コストであるのに対し、$LCCO_2$は運用の各段階から廃棄に至るまでのライフサイクルを通して排出されるCO_2の総量（生涯二酸化炭素放出量）をいう。
この量を指標として環境負荷評価が行われる。LCCでは建設後にかかる費用は70%程度とされるが、$LCCO_2$では84%に及び、運用に伴うエネルギー消費は全体の2/3を占めるため、設計時に建築の生涯全体を俯瞰して考える必要がある。

107 バナキュラー建築 (Vernacular Architecture)

POINT

バナキュラー建築から未来へのヒントを学ぶ

地域特有の風土的な特性（気候条件など）を反映させ、その土地に根ざした土着的なデザイン様式を採り入れた建築をバナキュラー建築（Vernacular Architecture）という。どこにでもありそうで特徴のない建築という側面もあり、また、その場所柄を受け継いだ、そこにしかない建築でもある。

先人は、長い時をかけながら、技術を磨き、工夫を重ね、その土地の気候風土に合わせた建築を作り出してきた。バナキュラー建築に使われる材料は、当然、地場のものであり、地産地消されている。高温多湿な地域、寒冷な地域、乾燥地域、さまざまな地域で独特の建築形態が育まれることになる。つまり、これは環境共生型の建築でもある。

このバナキュラー建築の調査研究は、民家における生活を主体とする民俗学の観点から行われていたが、環境工学としての観点から見てみると、前述したように、気候風土を的確に建築に採り入れていることや、周辺地域との調和が図られ、さらに地域固有の資材を用いるなどされていて、総体的に環境負荷が少ない建築となっている。

建築に供給するエネルギーを考えたとき、アクティブに捉えるか、パッシブに捉えるかで、建築の設《しつら》えは大きく変わる。パッシブの場合は建築的工夫を行うことであり、これはバナキュラー建築に通じる。また、アクティブの場合はエネルギー供給を伴った設備的な工夫を行うことであり、現在の一般的な建築工法である。

これからの建築のエネルギー消費のあり方は、バナキュラー建築に見られるように、建築単体だけでなく、その建築の周辺環境を巻き込んだ工夫、仕掛けを行うことで、可能な限りエネルギー消費を低く抑えることである。建築の設計にそのような工夫が求められている。

バナキュラー建築から学ぶもの

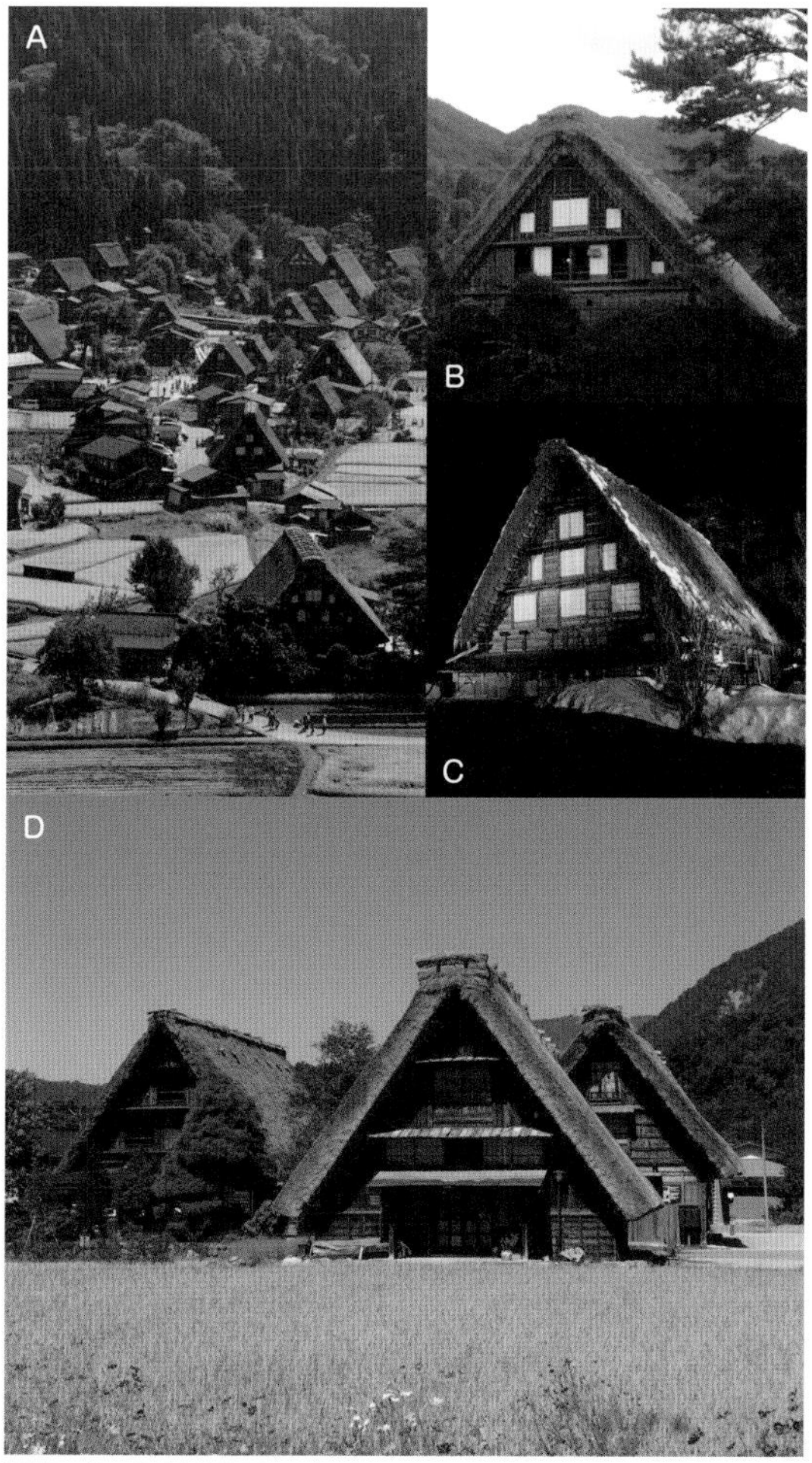

写真：A、B 663highland　C Yosemite　D Leyo

現在の建築は、建築材の原料がさまざまな場所で採られ、工場へ運ばれ、製作される。そして、その加工品は中間業者を経由して現場へ搬入される。1軒の住宅で、建材の原料の採掘から製品化して現場へ搬入されるまでの移動距離をすべて計算したら、はたしてどのくらいの距離が算出されるのだろうか。この移動距離はエネルギー消費と同義である。

バナキュラー建築を構成する建築の材料は、その土地や周辺で採取されて消費されるように、地産地消されている。つまり、流通でのエネルギー消費が現在の建築と比較すると極めて少ない。また、気候風土が的確に読まれ、その土地において室内環境が良好な環境になるように設《しつら》えられている。

しかし、現在私たちが手にしている快適性能と比較すれば、夏場は涼しく快適に過ごすことができるだろうが、冬は床下や壁からのすきま風に悩まされるように、とても不完全に思うだろう。

現代建築は、この便利さ(人工環境による快適性)を獲得したことによって、自然との距離を作り出し、環境に対して鈍感になってしまった。

バナキュラー建築のもつ快適性への理解は、便利さからの解放にあるのかもしれない。

◀ 豪雪地に建つ集落の魅力　白川郷・五箇山

特徴ある白川郷の切妻合掌造りの大屋根は、45°～60°という勾配をもつ。屋根は茅葺で、屋根組では冬季の雪による荷重や強風に対して柔軟性をもたせるために、釘を使わず縄締めとしている。急勾配の屋根によって生じる広大な屋根裏の内部空間は養蚕に充てられていた。集落は南北に細長い谷があるため、そこを通り抜ける強い風に対し抵抗を最小限とさせるため、妻面を南北に面して建てている。風は南北の妻面の開口部より通り抜ける。この風は養蚕への配慮にもなっている。

(建築の寿命→045)

白川郷・五箇山の合掌造り集落
1995年世界遺産(文化遺産)に登録

◀ 福建土楼(ふっけんどろう)

中国福建省南西部の山岳地域に点在する「客家土楼」と呼ばれる12世紀から20世紀に建てられた集合住宅がある。

外敵や盗賊から自らを守るため、中央に中庭を置き、居室を周囲に巡らせる「外に閉じ内に開く」構成としている。

土楼の形態には長方形や円形のものがある。客家土楼は厚い土壁（壁の底部の厚みは2mほどあり、上へいくほど薄く(1m))作られている。その土壁は石灰、砂、粘土を混ぜて押し固めた版築で作られた堅固な城となっている。

階層は3～5層で垂直区分で所有され、80家族以上が生活をしている。

光や風の導き方、断熱方法、水の処理方法、土壁を守る屋根の架け方など、その土地の気候風土を巧みに採り入れた建築となっている。

写真：E、F Gisling

108 サスティナブル建築（Sustainable Architecture）

POINT

サスティナブル建築とはエネルギー消費を抑え長期間耐久させることで建築物としての環境負荷を減らそうとするものをいう

サスティナブルとは「維持できる」「持続できる」という意味をもつ。将来の環境や次世代の利益を損なわない範囲内で社会発展を進めようとする理念であり、サスティナブル建築とは持続可能な建築のことをいう。

このサスティナブルという概念が登場したのは、１９７２～１９８７年の国際連合における「環境と開発に関する世界委員会」（ブルントラント委員会）である。

その委員会での報告書「我ら共有の未来」の中で「循環的なプロセスをもたない大量生産から廃棄」というシステムを批判し、環境の危機や、地球的な規模での恒久的対策をとる必要性を提唱したことに始まる。

サスティナビリティの最終目的は、人類を含む生物種が永続的に生存可能な地球環境を構築することである。このサスティナビリティを考慮した建築物の環境性能を総合的に測る評価システムとして、ＣＡＳＢＥＥ（キャスビー）が登場した（→０２８）。

サスティナブル建築のデザイン手法としては、地場産材の活用、環境負荷の少ない材の選択、リユース構成材の利用、地中熱利用、風力利用、水力利用、バイオマス利用、未利用エネルギーの利用、屋上緑化、スケルトン・インフィルなど、さまざまな手法がある。

建築を建設するうえで、依然として大きな価値基準としてあるのは経済合理性である。

しかし一方で、地球規模での温暖化や材料資源問題、廃棄物の問題などが拡大してきたことから、地球環境への意識が高まり、環境保全を行うことでコストが増加することに対する理解も進むようになった。

これらの意識変化に伴い、サスティナブル建築は、多くの人々へ認知が広がりつつある。

サスティナブル建築のデザイン手法の一例

◉ 地場産材の活用

地場産材の活用は、資材の移動エネルギーの低減が図れ、地場産業の活性化で、地域社会への貢献などが期待できる。

◉ 環境負荷の少ない材の選定

建築に使われる材の選定には、耐用年数、維持管理の容易さ、機能性だけでなく、建築の解体時や再資源化のプロセスを含めて配慮する必要がある。

◉ 自然エネルギーの利用 (→ 023)

日射、風、地中熱、雪の冷たさ、雨水といった自然のポテンシャルを積極的に利用することで、冷暖房、照明、換気などのエネルギー負荷の低減を図れる。

◉ 未利用エネルギーの利用 (→ 022)

ゴミ焼却工場のゴミ焼却熱、河川水や海水の温度差、変電所の排熱、工場などの排熱のように、今まで利用されていなかったエネルギーを利用することで、総体的にエネルギー消費を抑えることができる。

◉ 屋上緑化 (→ 057)

土壌の断熱効果や土壌からの水分蒸散による冷却効果で、夏期の表面温度上昇緩和などによる冷房負荷低減が期待できる。

◉ スケルトン・インフィル (→ 027)

耐久性の高い構造体を作り、設備が内装に干渉しないように分けて設計を行うことで、設備の更新や内装の変更が容易となり、建築の長寿命化を実現できる。

SDGs

SDGsとは「Sustainable Development Goals（持続可能な開発目標）」の略称。
「持続可能な開発のための2030 アジェンダ（2030 アジェンダ）」は、2001年に策定されたミレニアム開発目標（MDGs）の後継として、2015年9月の国連サミットで採択された、2030年までの国際開発目標。17の大きな目標と、それらを達成するための具体的な169のターゲットで構成されている。

コープ共済プラザ(2015年、東京都渋谷区)

第7回サスティナブル建築賞 受賞
設　　計：日建設計
延床面積：8,652.86㎡
階　　数：地上8階、地下2階、塔屋1階
構　　造：SRC造、一部S造(免震構造)
(サスティナブル建築賞は2022年度よりSDGs建築賞に名称変更された)

コープ共済ビルは、自立安定型サスティナブル建築を構成する7つの環境技術の提案がされている。
①ベジテーションファサード、②再生可能エネルギー利用熱源システム、③天井スラブ放射吹出併用空調、④自然換気ダイレクトナイトパージ、⑤地熱利用外気供給システム、⑥タスク&アンビエント照明、⑦環境インフォメーション

◉ ベジテーションファサード (下写真)

鎖型の雨樋をアレンジしたチェーンに登攀性つる植物を這わせた植生スクリーンによるファサード。様々な樹種が混成し、春から秋にかけて花を楽しむことができる。

1
2
3
4
5
6
7
8

109 住環境計画が求めるもの

POINT

住環境計画は、住民参加による居住者の視点を取り込む

住環境は、安全性、保健性、利便性、快適性の他、美観性、経済性（居住費）なども対象となる。住環境とは、このように住居や生活の場を取り巻く生活環境の総体をいう。１９８０年代以降からは持続可能性も住環境のテーマとなった。住環境のテーマはこのように多岐に渡る。今日、住環境はさまざまな問題に直面している。

年々進む少子高齢化問題

２０１８年に、２０４０年には全世帯の40%が一人暮らし世帯となる見通しが国立社会保障・人口問題研究所で公表された。

これは、今後、都市においても過疎化が至る所で進行し、街がスラム化していく可能性を示唆している（↓１０５）。

都市の景観問題

閑静な戸建住宅地に、景観を断ち切るように高層マンションが突如出現する事態が日本の各地で起きている。これは建築法規は景観の保全に対して効力が十分ではないことを示している。

超高層マンションを利用する人は高質な都市サービスを受けられるという利点があるが、それは景観の歴史性、将来の大規模修正、建て替えについての合意形成の困難さなどの問題をはらんでもいる。

これらの住環境が抱えるさまざまな問題は、法律の改善だけで解決することは難しい。住環境作りで重要なのは、居住者のニーズや地域性を生かすことであり、居住者が自ら参加することで、住宅や環境作りは魅力的なものになる。

住環境計画は、住環境のさまざまな外的要求（人口減少による高齢化社会、住宅の減築、空地の問題）と居住者の視点による内的要求（住みやすく、安全で、美しい街に住みたい）をふまえ、将来の住環境モデルを考えることが求められる。

進む高齢化と都市景観の問題

高齢世帯は、2030年にかけてすべての都道府県で増加し、沖縄県など9都県で2005 年の1.5倍を超える。

高齢世帯割合は、2020年以降に全都道府県で30%を上回り、2030年には秋田県など33道県で 40%を超える。

高齢単独・夫婦のみ世帯の全世帯に占める割合は、2025年には全都道府県で20%を上回り、2030年には鹿児島県など10道県で 30%を超える。

都道府県	世帯数（1,000世帯）		増加率（%）	一般世帯総数に占める割合(%)	
	2005年	2030年	2005年↓2030年	2005年	2030年
全　国	13,546	19,031	40.5	27.6	39.0
北海道	655	864	31.9	27.6	40.9
青森県	162	203	25.2	31.8	45.0
岩手県	154	191	23.8	32.2	43.9
宮城県	222	326	46.4	25.9	39.0
秋田県	146	165	13.1	37.3	49.8
山形県	137	169	24.0	35.5	46.1
福島県	210	286	36.4	29.7	42.3
茨城県	266	408	53.4	25.8	40.1
栃木県	182	285	56.3	25.8	39.0
群馬県	208	285	37.3	28.7	40.3
埼玉県	622	1,046	68.3	23.6	38.2
千葉県	558	918	64.5	24.2	38.5
東京都	1,400	2,110	50.7	24.4	33.4
神奈川県	834	1,361	63.2	23.5	35.5
新潟県	269	340	26.2	33.1	44.1
富山県	121	154	27.5	32.6	42.9
石川県	117	161	37.5	27.7	39.8
福井県	86	115	33.6	32.3	43.3
山梨県	95	129	35.3	29.7	41.4
長野県	253	313	23.5	32.5	42.6
岐阜県	213	284	33.3	30.0	40.5
静岡県	380	549	44.4	28.2	40.4
愛知県	653	1,010	54.7	24.0	34.0
三重県	200	264	32.3	29.7	39.5
滋賀県	116	183	57.9	24.3	34.8
京都府	289	383	32.3	27.2	37.8
大阪府	962	1,334	38.6	26.8	38.9
兵庫県	608	853	40.3	28.6	40.9
奈良県	144	197	36.8	28.8	43.2
和歌山県	134	153	14.1	35.0	47.3
鳥取県	68	85	25.2	32.5	42.0
島根県	93	104	12.1	36.0	45.3
岡山県	223	287	28.5	30.8	40.7
広島県	327	437	33.3	29.0	41.0
山口県	206	228	10.6	35.0	45.7
徳島県	96	116	20.8	32.3	43.3
香川県	119	148	23.9	31.7	42.9
愛媛県	187	223	19.5	32.2	43.6
高知県	112	126	11.9	34.7	44.9
福岡県	544	755	38.6	27.4	38.8
佐賀県	96	123	27.2	33.7	43.6
長崎県	184	222	21.0	33.3	45.5
熊本県	217	274	26.5	32.7	43.6
大分県	150	181	20.7	32.3	42.9
宮崎県	146	185	26.6	32.5	45.9
鹿児島県	257	290	13.0	35.5	46.2
沖縄県	121	209	72.1	24.9	35.5

▲ **都道府県別の高齢世帯の総数と一般世帯総数に占める割合の推移**

・四捨五入のため合計は必ずしも一致しない。

・高齢世帯とは世帯主の年齢が65歳以上の世帯をいう。

資料出典：国立社会保障・人口問題研究所 日本の世帯数の将来推計2009年12月推計

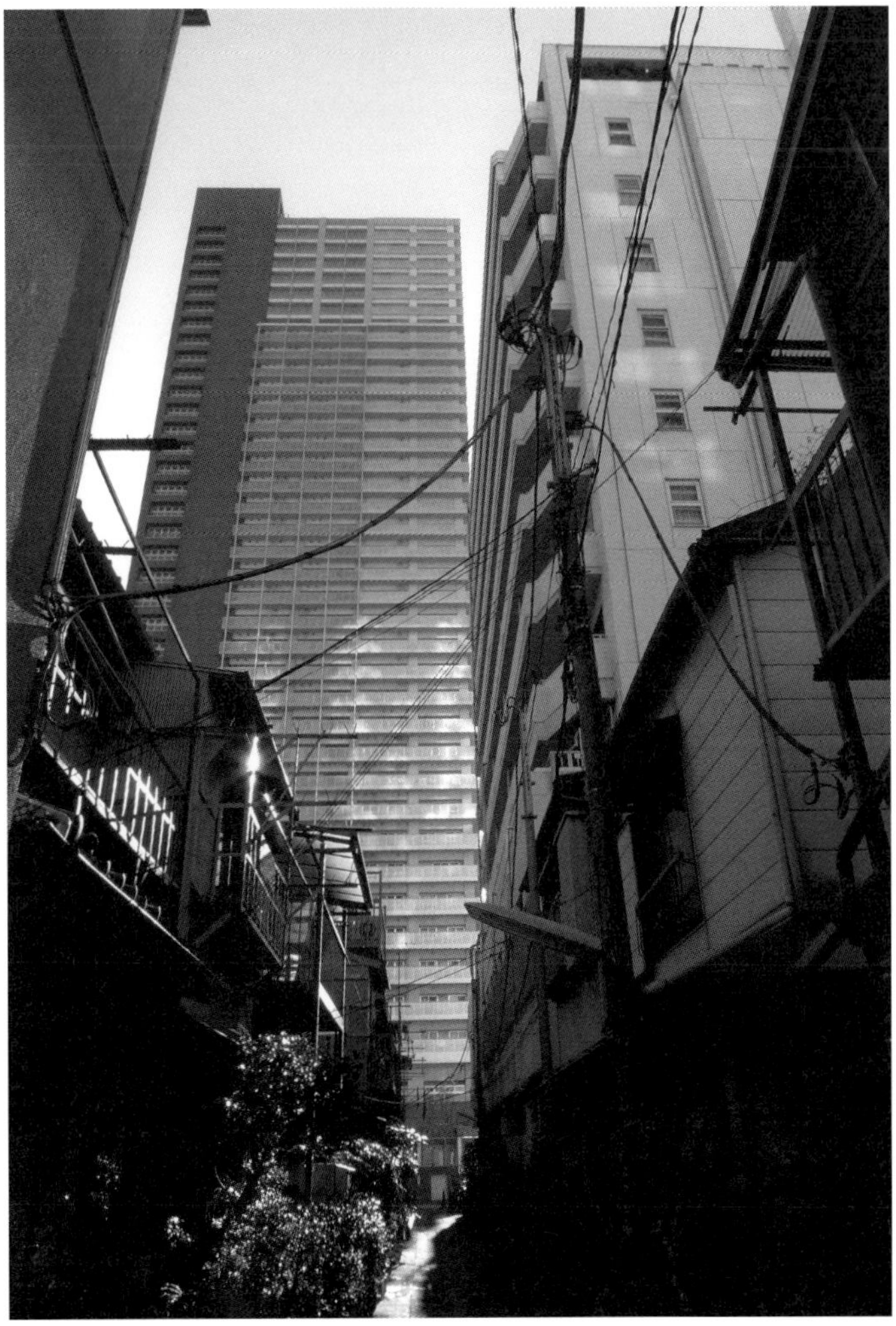

▲ **東京下町の景観（東京都中央区月島）**

東京都中央区月島は、いまだに古い下町の景観を残している。しかし、そのエリアは年々減少し、周辺には高層マンションが建ち並び、低層住宅群とのアンバランスな景観が広がりを見せている。

全国：40.5%

▲ **高齢世帯数の増加率（2005 → 2030年）**

全国：27.6%（2005年）　全国：39.0%（2030年予測）

▲ **一般世帯総数に占める高齢世帯総数の割合（左：2005年　右：2030年）**

110 まちなみの保全を促すもの

POINT

「観光まちづくり」の視点に学ぶ

街道や河川、運河などに面した歴史的な景観を有するまちなみには、統一感が見て取れる落着いた佇まいがある。このような仕上げ材と色彩の調和、軒の連なりからくる統一感のある建築物群などで構成された魅力的なまちには、来訪者も多く、活気を生み出している。

「観光」と「まちづくり」を結びつけた言葉に「観光まちづくり」がある。それは、来訪者をリソースとして、まちの関係者が自らの手で、自立的、持続的に営んでいく手法とされる。国土交通省の「観光まちづくりガイドライン」には、自治体が創発人材(注)を支援し、行政だけではない様々なステークホルダー（住民、まちづくり団体、地元金融機関、地元商工会、大学、不動産会社等）をつなぐことにより、創発人材の個々の活動を、まち全体の取り組みへと調和させていくことが重要、と示されている。

まちなみはその地域に住む人にとっては日常の風景であり、景観に対する意識が向きにくい。その地域にいる人よりも外部の人間の方が地域の価値を見つけることに長け、気づかれなかった価値が新たに発見されることがある。このように外からの視点を取り込むことで、交流を促進し、活動を展開させることが重要である。また、これらの活動は地域に住む人たちに愛着と誇りを生み出し、地域社会の内発力を向上させることにも繋がる。

観光まちづくりは、具体的な成果が現れるまで長い時間を要する。息の長い活動を行なうためには自治体のサポートのみならず、創発人材が様々なステークホルダーを巻き込みながら自律的な活動を展開していく必要がある。

（注）創造的なまちづくり活動と積極的な情報発信を行う人材や団体を指す。

歴史的なまちなみの事例

◉ 福島県下郷町　大内宿のまちなみ（宿場町）

会津若松城下より下野今市に至る南山通りの宿駅で、この地方の宿場形態の典型的なものの一つとして、現在も往時の形態をよく残している。

江戸時代末期から明治にかけて建てられた茅葺き寄棟造りの主屋が妻面を街道に向け並び、山々に囲まれた周囲の自然環境も一体となって良好な景観を形成している。

◉ 埼玉県川越市　川越のまちなみ（商家町）

川越は小江戸として繁栄したまちで、明治26年の大火により焼け残った蔵造りに商人が着目し、相次いで蔵造りによる店舗が作られたことでこのまちなみが形成された。

川越一番街商業協同組合が「町並み委員会」を発足、歴史的資産を活かしたまちづくりのルール「町づくり規範」を策定。

◉ 千葉県香取市　佐原のまちなみ（商家町）

佐原地区は江戸時代から利根川水運により繁栄した。

香取神宮へ通じる香取街道沿いには、かつて江戸から仕入れた日用品などを売り捌いた商家建築が、小野川沿いには比較的間口の大きいかつての醸造家の建物が残り、当時の繁栄を今に伝えている。

◉ 長野県南木曽町　妻籠宿のまちなみ（宿場町）

中山道木曽11宿の宿場として栄えた地区。

保存地区は出梁造《だしばりづく》りや卯建《うだつ》を用いた家屋が建ち並ぶ宿場景観を中心に、街道景観、在郷景観、そして街道から見える山々で形成された自然景観地区に分かれる。各地区の特性を生かしながら、伝統的建造物群と一体をなす広範囲な歴史風致を保存している。

◉ 京都府京都市　産寧坂のまちなみ（門前町）

八坂の塔や高台寺などの社寺建築物、産寧坂や二年坂の石段と折れ曲がった石畳の道、これらの道に沿って建ち並ぶ江戸末期から大正時代にかけての伝統的な京町屋群が一体となって、歴史的な景観を形成している。

資料出典

・世界に誇れる日本の美しい景観・まちづくり<全国47都道府県の景観を活かしたまちづくりと効果>2018年3月 国土交通省都市局公園緑地・景観課景観・歴史文化環境整備室作成資料
・文化庁重要伝統的建造物群保存地区一覧

あとがき

「建築」に求められるものは、風雨や暑さ寒さなどの気象条件や、地震、獣などから身を守るシェルターとしての機能が基本としてあります。このような基本的なシェルター機能を満足させるためだけでも、地盤の性状や建築の構造に関する知識、設備や材料、施工、法規などに関する知識などが要求されます。その他に、快適性や機能性、建築単体だけでなく周囲の景観を意識した細やかな配慮や美的なセンスなど、「設《しつら》え方」に対する繊細な感受性なども必要とされます。建築には高度な技術力だけが求められているわけではありません。しかし今日では、根幹をなす「建築のあり方」に変化が見られ出しています。

経済や社会の情勢は常に変化しています。戦後の高度経済成長期では、不足していた住宅需要を補うために公社などから住宅が大量供給されました。プレハブ建築が一般化したこともあり、大量生産、大量消費が奨励されました。その時代ではそのようなスタイルが常識でもあったのです。今日では、このようなスクラップ&ビルドスタイルが奨励されるような状況にないことは誰の目にも明らかです。社会の意識変化に応じるように、「建築」に向けられる人々の意識も変わり、建築の設《しつら》え方も意識変化の影響を受けるように変わってきています。

一例として、近代以前のバナキュラー建築に対する再評価が行われています。風土性を読み込んだエネルギー活用のあり方に今日的なテーマを含んでいるからです。サスティナビリティ（持続可能性）という言葉も、一般的に広く認識されてきました。有限である資源を有効に無駄のないように使うこと、エネルギー消費を抑える取り組みは、家電、自動車、工場などさまざまに行われています。建築は、人間の生産活動の中でエネルギー消費の比重が大きい分野であり、建築の生産、維持、解体、廃棄までの全生涯（ライフサイクル）を通じてエネルギー消費のあり方を考えなくてはならない時期にきています。これからは建築の維持管理の方法が強く問われてくる時代となるでしょう。

本書は初学者を対象としていますが、あえてこのような今日的な視点をキーワードに取り込んでいます。社会からの「建築」に対して向けられる視線は日々厳しさを増してきています。建築を担う者はそのような社会状況を見据え、責任を担っているという自覚をもつことが重要です。この本がこれからの建築のあり方のヒントとなれば幸いです。

小平恵一

参考文献

文化の翻訳　伊東忠太の失敗／神谷 武夫 著　INAX 刊「燎（かがりび）」第 22 号　1994 年 6 月
新・建築入門／隈 研吾 著　ちくま新書
建築史／藤岡 通夫・渡辺 保忠・桐敷 真次郎・平井 聖 著　市ヶ谷出版社
建築を知る（はじめての建築学）／建築学教育研究会 編　鹿島出版会
手にとるように建築学がわかる本／鈴木 隆行 監修　かんき出版
構造デザイン講義／内藤 廣 著　王国社
アメリカンランドスケープの思想／都田 徹・中瀬 勲 共著　鹿島出版会
ハニカムチューブ・アーキテクチャー　テクノロジーブック／ 2009 年　新建築社
同潤会に学べ　住まいの思想とそのデザイン／内田 青蔵 著　王国社
奇跡の団地　阿佐ヶ谷住宅／王国社
シュリンキング・ニッポン　縮小する都市の未来戦略／大野 秀敏＋アバンアソシエイツ 著　鹿島出版会
世界の建築・街並ガイド 2　イギリス・アイルランド・北欧 4 国／渡邉 研司＋松本 淳＋北川 卓 編　エクスナレッジ
コートハウス論－その親密なる空間／西沢 文隆 著　相模書房
大江戸八百八町／江戸東京博物館
NEXT21　その設計スピリッツと居住実験 10 年の全貌／「NEXT21」編集委員会 編著　エクスナレッジ
つくば建築フォトファイル／ NPO 法人つくば建築研究会 編
初学者の建築講座　建築材料／橘高 義典　小山 明男　中村 成春 著　市ヶ谷出版社
初学者の建築講座　建築施工／中澤 明夫　角田 誠 著　市ヶ谷出版社
「建築の設備」入門／「建築の設備」入門編集委員会 編著　影国社
帝国大学における「日本建築学」講義　建築アカデミズムと日本の伝統／稲葉 信子　文化庁文化財保護部
今後の住宅産業のあり方に関する研究会　－議論の中間的な取りまとめ－／経済産業省
世界で一番やさしい建築基準法／谷村 広一 著　エクスナレッジ
世界で一番やさしい建築材料／ area 045「建築材料」編纂チーム 著　エクスナレッジ
世界で一番やさしい建築設備／山田 浩幸 監修　エクスナレッジ
世界で一番やさしい建築構法／大野 隆司 著　エクスナレッジ
世界で一番やさしい 2 × 4 住宅／エクスナレッジ
世界で一番やさしい建築構造／江尻 憲泰 著　エクスナレッジ
世界で一番やさしい住宅用植栽／山﨑 誠子 著　エクスナレッジ
a+u 2022 年 5 月号 No.620 特集：フランシス・ケレ／株式会社エー・アンド・ユー

協力者（五十音順、敬称略）

今村 雅樹　金田 勝徳　鴨 ツトム　永井 正毅　小西 伸一　齋藤 紫保　志岐 祐一　白鳥 泰宏　菅 順二　関本 竜太
高橋 喜久代　堀越 泰樹　松隈 章　水野 吉樹　柳 万里　横田 雄史

小平 恵一（こだいら　けいいち）

1959 年、東京都文京区生まれ。
1983 年、日本大学理工学部建築学科卒業。
1983 ～ 1988 年、富永譲＋フォルムシステム設計研究所勤務。
1990 年、小平恵一建築研究所設立、現在に至る。
2005 ～ 2010 年、日本大学理工学部建築学科非常勤講師。

世界で一番やさしい　建築入門
最新改訂版

2022 年 10 月 14 日　初版第 1 刷発行

著　者	小平恵一
発行者	澤井聖一
発行所	株式会社エクスナレッジ 〒 106-0032 東京都港区六本木 7-2-26 https://www.xknowledge.co.jp/

本書に関する問合せ先
●編集部　TEL：03-3403-1381　FAX：03-3403-1345
　　　　　info@xknowledge.co.jp
●販売部　TEL：03-3403-1321　FAX：03-3403-1829